数智化时代
会计专业融合创新系列教材

财务管理

微课版

曾丽萍 ◆ 主编

彭李科 ◆ 副主编

**Financial
Management**

人民邮电出版社
北 京

图书在版编目（CIP）数据

财务管理：微课版 / 曾丽萍主编. -- 北京 ：人民邮电出版社，2022.10
数智化时代会计专业融合创新系列教材
ISBN 978-7-115-59234-7

Ⅰ．①财… Ⅱ．①曾… Ⅲ．①财务管理－职业教育－教材 Ⅳ．①F275

中国版本图书馆CIP数据核字(2022)第073678号

内 容 提 要

　　财务管理是一门理论性、实践性、综合性都很强的课程，也是高等院校财务管理、会计、金融等专业的必修课之一。本书主要内容包括：认识财务管理；理解财务管理的基本理念；四大财务活动（筹资活动、投资活动、营运活动和分配活动）的管理和决策，即项目投资管理、证券投资管理、筹资管理、营运资金管理、分配管理；两大财务管理重要职能，即预算管理和财务报表分析。

　　基于数字经济带来的财会行业和人才需求的巨大变革，本书将大数据、人工智能、区块链等现代信息技术融入传统内容中。此外，本书还专门增设了"数字化时代的财务管理"相关内容，详细介绍数字化时代的财务转型，以及财务共享服务和财务机器人两大数字化产物。

　　本书内容新颖，讲解透彻，既可作为应用型本科和高等职业院校相关专业财务管理、公司财务等课程的教材，也可供广大财务管理从业人员参考。

　◆ 主　　编　曾丽萍
　　　副 主 编　彭李科
　　　责任编辑　崔　伟
　　　责任印制　王　郁　彭志环
　◆ 人民邮电出版社出版发行　　北京市丰台区成寿寺路 11 号
　　　邮编　100164　　电子邮件　315@ptpress.com.cn
　　　网址　https://www.ptpress.com.cn
　　　三河市祥达印刷包装有限公司印刷
　◆ 开本：787×1092　1/16
　　　印张：15.75　　　　　　　　　2022 年 10 月第 1 版
　　　字数：434 千字　　　　　　　2022 年 10 月河北第 1 次印刷

定价：56.00 元
读者服务热线：(010)81055256　印装质量热线：(010)81055316
反盗版热线：(010)81055315
广告经营许可证：京东市监广登字 20170147 号

前　言

"互联网+"、大数据、人工智能、移动互联网、云计算、物联网、区块链等新技术给整个经济社会的商业模式、生产模式和管理模式带来了颠覆性变革，也对财务环境产生了深远影响，因此，财会行业面临巨大的挑战。数字化时代的财务工作具有以下特点：智能、联接、融合、共享。在此背景下，财务基础核算工作（如凭证编制、账簿登记和报表编制等）正在被财务机器人替代，而预算管理、风险控制、战略财务等中高端管理会计工作成为热门岗位。由此可见，财务管理课程在人才培养中的作用和地位日益凸显；同时，财务管理课程也需要进行改革，以迎接新时代的机遇和挑战。

本书立足于数字化时代背景，兼顾财务管理课程的特点和学生的学习规律，采用项目导向、任务驱动式体例，力求在结构、内容上有突破、有创新，以满足数字经济时代对新型财务管理人才的培养要求。

（1）结构创新

本书采用项目教学法进行编写，即紧密围绕财务管理工作的整个过程，把财务管理的理论知识与实践技能融入各项工作任务中，同时兼顾学生的认知和学习规律。每个项目包含：学习目标、项目背景、项目导入、任务分解、项目演练等内容，为学生构建了一条简单明了、循序渐进的学习路径。此外，本书还以二维码形式链接微课视频，方便学生巩固提高和开拓视野。

（2）内容创新

■　融入数字化时代财务管理的相关内容。本书将现代信息技术与传统财务管理理论相融合，引入财务管理学科的先进理念、方法和技术等，突出数字化时代财务管理特色。

■　注重价值引领。本书将职业道德、法律意识、合规意识培养融入财务管理课程中，促使立德树人的根本任务在专业课程教学中落地生根，为社会培养德才兼备的应用型财务管理人才。

■　注重业财融合。本书以业务为主线重组财务管理知识，将业务与财务有机融合，让财务回归业务，让学生在项目任务中学习、感悟、应用财务管理知识。

本书由上海立达学院曾丽萍任主编，彭李科任副主编，张燕雪、陶珍珍、卢楚楚、俞兆男参编。项目一、二、十由曾丽萍编写，项目三、八由张燕雪编写，项目四由陶珍珍编写，项目五、六由彭李科编写，项目七由卢楚楚编写，项目九由俞兆男编写。本书的体例由编写组多次讨论后确定，曾丽萍、彭李科负责修改、统撰。

本书的部分资料来源于远光软件李美平、唯你科技薛瑞斌、北京财贸职业学院杨宜等专家的相关讲座，在此，向各位专家表示深深的感谢！此外，编者还借鉴了财务管理相关图书，同时向这些作者深表谢意！

尽管编者在编写过程中力求准确、完善，但书中可能还有不足之处，恳请广大读者批评指正。

编者

2022 年 7 月

CONTENTS

////////// 目　　录 //////////

项目一

认识财务管理

学习目标 ↓

【知识目标】
- 理解财务管理的基本概念和目标；
- 了解财务管理的基本环节；
- 了解财务管理的内外部环境。

【能力目标】
- 能找到企业哪些活动和环节需要进行财务管理；
- 能合理选择企业的财务管理目标并协调不同利益主体的矛盾；
- 能敏锐地判断外部环境的变化对企业财务管理的影响。

【素养目标】
- 认识财务管理对企业的重要意义；
- 具有财务管理的意识和理念；
- 将社会责任和义务融入财务管理目标中。

项目背景 ↓

统计数据表明，截至 2019 年 3 月底，我国约有 2 100 万名会计持证人员，通过注册会计师（Certified Public Accountant，CPA）执业资格考试的有 25 万人，通过国际注册会计师（The Association of Chartered Certified Accountants，ACCA）考试的有 2 万人。在数千万会计从业人员中，96.8%的人员主要从事原始票据整理、记账凭证制作与审核、成本核算、账簿登记、开票、报税、报表编制等基础性的财务工作；3.2%的人员从事预算管理、风控、投融资管理、战略管理等财务管理工作。会计从业人员众多，但是懂战略、懂投融资、懂管理的高级财务管理人员极少。为进一步适应技术进步及企业财务管理发展的要求，财务工作者的角色应从传统的"账房先生"转为现代企业的管理者。

数字化时代，财务管理面临全新挑战。传统财务管理以价值管理、风险管理为核心理念，而在数字化时代，商业运行的具体方式和场景都出现了巨大变化。比如，产品、服务、货币的数字化，交易的平台化，金融的泛在化，支付结算、票据、合约的电子化，各种数据的资产化，业务流程、知识工作的自动化，管理、经营决策的智能化，等等。由此可见，新技术的迭代发展带来了商业模式、生产模式和管理模式的颠覆式变革，使财务管理面临全新挑战，"智能、连接、融合、共享"成为数字化时代财务管理的特征。

小张自毕业后就在 A 公司财务部工作，前两年担任出纳，后三年担任会计。由于工作认真负责，业务能力强，恰逢财务经理辞职，小张升任财务经理。

【思考】①小张要和原财务经理进行工作交接，交接内容有哪些？②作为财务经理，小张的工作职责有哪些？财务经理和出纳、会计岗位的工作职责有何不同？财务经理应如何开展财务工作？③小张要做好本职工作，需要具备哪些能力？

任务分解 ↓

财务部的工作一般可以分为两大部分：一部分是基础的核算工作，包括出纳、会计核算、成本核算、税务核算等；另一部分是较高层次的财务管理工作，如战略财务、业务流程外包（Business Process Outsourcing，BPO）、预算管理、司库管理、风险管理等。小张作为财务经理，一般不再直接从事核算工作，而是负责财务管理工作。因此，对以上问题的解答，可以分解为以下几步。

第一，小张需要了解财务管理的产生及发展历程，了解在各个时期财务管理需要解决的问题和侧重点，从而初步确定财务管理工作的内容。

第二，小张需要理解现代财务管理的基本内容，由此确定他的工作内容。

第三，小张需要理解财务管理的目标，由此来指导他日后的财务管理工作。

第四，小张作为财务部门负责人，需要协调相关利益主体间的关系。

第五，小张只有掌握财务管理工作的程序和各环节之间的内在关系，才能对财务工作进行有效安排和合理分工。

第六，小张需要根据外部环境的变化，及时调整财务管理的内容、技术和方法。

本项目分解为四个任务：理解财务管理的内容；理解财务管理目标及利益相关者的要求与协调；了解财务管理的基本环节；了解财务管理的环境。

任务一　理解财务管理的内容

财务管理作为企业管理的一个组成部分，是组织企业财务活动、处理财务关系的一项经济管理工作。数字化时代的财务管理，除了应具有传统财务管理的内容外，还应具有新的功能。

一、组织财务活动

财务管理最主要的内容是组织财务活动，即对筹资活动、投资活动、营运活动和分配活动进行管理，也就是筹资管理、投资管理、营运资金管理和利润分配管理。

（一）筹资管理

筹资管理是指企业根据其生产经营、对外投资和调整资本结构的需要，通过筹资渠道和资本（金）市场，运用筹资方式，经济有效地筹集企业所需资金的财务行为。筹资的方式主要有筹措股权资金和筹措债务资金两种。筹资管理的目的是满足企业资金需求，降低资金成本，增加企业的利益，减少相关风险。

筹资管理的内容包括以下几个方面。

（1）预测资金需要量。企业应根据生产经营情况，正确预测资金需要量，使筹资规模与资金需要量匹配。

（2）合理安排筹资时间，适时取得资金。企业应根据资金需求的具体情况，合理安排资金的筹集时间，适时获取所需资金，使筹资与用资在时间上衔接。

（3）选择合适的筹资类型、渠道和方式。企业应当在考虑筹资难易程度的基础上，针对不同来源资金的成本进行分析，尽可能选择经济、可行的筹资渠道与方式，力求降低筹资成本。例如：选择权益性筹资还是负债性筹资；选择直接筹资还是间接筹资；选择吸收直接投资还是发行股票；选择向银行借款还是发行债券；选择长期资金还是短期资金。

（4）确定资本结构。企业应综合考虑权益资本与债务资本的关系、长期资金与短期资金的关系、内部筹资与外部筹资的关系，合理安排资本结构。

以低成本、低风险的方式及时获得资本结构合理的资金是企业筹资管理的目标。但是，资金成本低的筹资方式，往往意味着高风险。因此，企业开展筹资管理时需要综合权衡。

（二）投资管理

投资管理的内容包括以下几个方面。

（1）确定投资领域和投资对象。这需要在把握良好投资机会的情况下，根据企业的长远发展战略、中长期投资计划和投资环境的变化来确定。

（2）评价投资方案的可行性。在评价投资项目的环境、市场、技术和生产可行性的基础上，对财务可行性做出总体评价。

（3）比较与选择投资方案。

（4）执行投资方案。

（5）再评价投资方案。在投资方案的执行过程中，应注意原来做出的投资决策是否合理、正确。一旦出现新的情况，就要根据变化做出新的评价和调整。

投资管理的核心是投资决策。投资决策主要考虑以下因素：可利用资本的成本和规模；项目的营利性；企业承担风险的意愿和能力。其中，需解决的关键问题是要在收益和风险之间进行权衡。收益与风险是共存的，一般而言，收益越大，风险也越大。企业在进行投资时，必须在考虑收益的同时认真考虑风险，只有在收益和风险达到比较好的均衡时，才有可能不断增加投资效益，实现财务管理的目标。

（三）营运资金管理

营运资金管理是对企业流动资产及流动负债的管理。营运资金管理的内容包括以下方面。

（1）企业应该投入多少资金在流动资产上，即资金运用的管理。资金运用管理主要包括现金管理、应收账款管理和存货管理。

（2）企业应该怎样进行流动资产的融资，即资金筹措的管理。资金筹措管理包括银行短期借款的管理和商业信用的管理。

营运资金管理的目标包括以下3个方面。

（1）在保证生产经营需要的前提下，节约使用资金。

（2）加速营运资金的周转，提高资金的利用效率。

（3）合理安排流动资产与流动负债的比例关系，保障企业有足够的短期偿债能力。

（四）利润分配管理

企业利润分配管理的主要内容是确定给投资者分红与企业留用利润的比例。分红过多，会使较多的资金流出企业，从而影响企业再投资的能力；而分红过少，又有可能引起投资者的不满，对于上市企业而言，这种情况可能导致股价下跌，从而使企业价值下降。因此，财务人员要根据企业自身的具体情况确定最佳的利润分配政策。

01

二、处理财务关系

　　财务关系是指由财务活动形成的企业与其他经济组织和经济个体之间的关系。企业的财务活动表面上看是钱和物的增减变动，其实，钱与物的增减变动离不开人与人之间的经济利益关系，这就是财务关系。财务关系体现着财务活动的本质特征，并影响着财务活动。企业在组织财务活动时，需要处理好以下财务关系。

（一）企业与所有者（投资者）之间的财务关系

　　它是指投资者向企业投入资金，企业向其支付投资报酬所形成的经济关系。企业的所有者按照投资合同或协议、章程的约定履行出资义务，同时拥有参与或监督企业经营、参与企业剩余权益分配的权利；企业利用资本进行营运，对出资者承担资本保值、增值的责任，实现利润后，企业应该按照出资比例或合同、章程的规定，向其所有者支付报酬。因此，企业与所有者之间的关系是风险与共和以资本保值、增值为核心的剩余权益分配关系。

（二）企业与债权人之间的财务关系

　　它是指企业向债权人借入资金，并按借款合同的规定按时支付利息和归还本金所形成的经济关系。企业除利用资本进行经营活动外，还要借入一定数量的资金，以便降低企业资金成本，扩大企业经营规模。企业利用债权人的资金，要按约定的利息率，及时向债权人支付利息；债务到期时，企业要合理调度资金，按时向债权人归还本金。因此，企业与债权人之间的关系是建立在契约之上的债务与债权关系。

（三）企业与受资者之间的财务关系

　　它是指企业以购买股票或直接投资的形式向其他单位投资形成的经济利益关系。企业向其他单位投资，应按约定履行出资义务，并根据其出资比例享有参与受资者的决策和利润分配的权利。企业与受资者之间的关系是所有权性质的投资与受资关系。

（四）企业与债务人之间的财务关系

　　它是指企业将资金以购买债券、提供借款或商业信用等形式出借给其他单位所形成的经济关系。企业将资金借出后，有权要求其债务人按约定的条件支付利息和归还本金。因此，企业与债务人之间的关系就是债权与债务关系。

（五）企业内部各单位之间的财务关系

　　它是指企业内部各单位之间在生产经营各环节中相互提供产品或劳务所形成的经济利益关系。企业在实行内部经济核算制和内部经营责任制的条件下，企业供、产、销各个部门及各个生产单位之间，相互提供劳务和产品要计价结算。这种在企业内部资金使用中的权责关系、利益分配关系与内部结算关系，体现了企业内部各单位之间的经济利益关系。

（六）企业与职工之间的财务关系

　　它是指企业向职工支付劳动报酬过程中所形成的经济关系。职工是企业的劳动者，他们以自身提供的劳动作为参加企业分配的依据。企业根据经营者的职务能力和经营能力，以及一般职工的业务能力和劳动业绩，用其收入向职工支付工薪、津贴和奖金等。企业与职工之间是以权、责、劳、绩为依据的在劳动成果上的分配关系。

（七）企业与国家之间的财务关系

　　国家作为社会管理者，担负着维护社会正常秩序、保卫国家安全、组织和管理社会活动等任务，为企业开展生产经营活动提供公平竞争的经营环境和公共设施等条件。为此所产生的"社会费用"等，须从受益企业的生产费用中扣除，从而使企业承担强制性的纳税义务。因此，国家以收缴各种税费的形式，与企业之间产生财务关系，这是一种强制性的分配关系。

三、数字化时代财务管理的主要内容

（一）提供有意义的、有价值的数据

管理者需要清晰地了解业务的财务状况，以便于获得业务的绩效并做出有依据的战略决策。例如，财务的关键绩效指标（Key Performance Indicator，KPI）需要以一种容易理解的方式呈现出来，其中较好的方式就是用直观的仪表板及定制的报表等在适当的时间提供准确的信息，帮助管理者更好地了解业务发展，并依此做出相应的计划。因此，数字化时代财务管理首先需要提供贯穿整个企业的有意义、有价值的数据。

（二）缩短计划周期并使之更精准

管理者只有通过正确的计划解决方案，才能有效地管理业务、准确预测、正确决策并跟踪预算。财务管理需要基于一系列的工具，如年度及中期计划，目标绩效比较，客户或产品级别的销售计划等，帮助管理者缩短计划周期并提升准确性，有充足时间去分析和模拟不同的业务场景。

（三）更快地出具可靠的财务报表并进行准确的预测

利用现代信息技术，可以实现财务报表生成的自动化、实时化、个性化，即根据需要，系统可以一键生成多样化的财务报表。自动生成的实时财务报表是直接从平台收集、整理数据而来的，保证数据真实可靠，为企业提供一系列实时的会计信息数据。将过去"静态报表"改为"动态报表"，突破了传统会计分期理论的制约，改变以往财务数据滞后、信息失真等常态。基于这些可靠的信息，管理者能够准确地预测企业财务状况、经营成果和现金流量。通过评估企业的关键数据表现，如息税前利润（Earnings Before Interest and Tax，EBIT）、现金流、营运资金及盈利状况，管理者可做出最优决策。

（四）实现流程自动化

流程自动化是指利用自动化技术以最少的人工干预处理业务流程任务。财务活动中涉及各种各样的单据和数据，是企业业务活动中十分复杂的部分。传统手工作业不但效率低，而且容易出现人为的错误。数字化时代的财务管理可以实现流程自动化，节约时间和资源，把错误减至最少，并简化内部工作流程。流程自动化具有以下优势：①提升效率——财务流程自动化可以让财务部门的管理人员从杂乱的数据整理和重复劳动中解脱出来，去做更多需要经验的战略决策工作；②提升准确性——非特殊情况下，流程自动化不会出现计算错误，进而提升业务处理的准确性。

（五）公司治理、风险管理以及合规管理等

有效的GRC（公司治理、风险管理、合规管理）策略对于企业在竞争中取得成功是至关重要的。这涉及识别和管理风险、支持战略决策及确保遵守所有标准、法规和条例。数字化时代的财务管理工作致力于简化上述行为，使其实现自动化，降低复杂性，并规避相关风险。

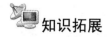 知识拓展

数字化时代的财务管理

财务机器人的出现，为整个财务行业带来了挑战和机遇。在人工智能和大数据技术的影响下，财务管理将不再局限于"互联网+财务"，而是将串联"大智移云"时代的新技术，实现更加智能

的精准计算，实现模拟人脑的自主学习、思考和判断，提供端对端的高质量服务和个性化服务。

企业的信息系统互相连通，企业所有的经营活动被智能化联结，包括企业交易的上、下游企业及银行系统，这些系统中的财务信息可以通过大数据技术轻易获取和分析。因此，企业财务及业务处理变得更加方便，可以随时随地通过网络实现。

财务基础工作将会逐渐消失，取而代之的是财务预测分析、财务决策支持等财务管理工作。财务人员不能仅仅做财务数据的阅读者或搬运工，要有意识地将重心从核算逐步过渡到管理，找到技术和管理之间新的融合点，实现财务转型。

任务二　理解财务管理目标及利益相关者的要求与协调

财务管理目标是指企业进行财务活动所要达到的根本目的，是企业经营目标在财务上的集中和概括，是企业一切理财活动的出发点和归宿。制定恰当的财务管理目标是现代企业财务管理成功的前提，有了明确、合理的财务管理目标，财务管理工作才有明确的方向。因此，企业应根据自身的实际情况和市场经济体制对企业财务管理的要求，科学合理地选择、确定财务管理目标。

一、财务管理的基本目标

（一）利润最大化

利润代表了企业创造的财富。利润越多，说明企业的财富增加得越多，越接近企业的目标，但以利润最大化为财务管理的基本目标存在以下局限性。

（1）没有考虑利润的取得时间。例如，今年获利 100 万元和明年获利 100 万元，对企业来说哪一个更好？若不考虑货币时间价值，就难以做出正确判断。

（2）没有考虑所获得利润和所投入资本额的关系。例如，同样获得 100 万元利润，一个项目需投入 500 万元，另一个项目需投入 600 万元，哪一个项目更好？若不将利润与投入的资本额联系起来，就难以做出正确判断。

（3）没有考虑获取利润和所承担风险的关系。例如，同样投入 500 万元，本年获利 100 万元，一个项目的获利已全部转化为现金，另一个项目的获利则全部处于应收账款状态，并可能发生坏账损失，哪一个项目更好？若不考虑风险大小，就难以做出正确判断。

（4）可能导致企业出现短期财务决策倾向，影响企业长远发展。由于利润通常按年计算，因此，企业决策也往往服务于年度指标。

如果投入资本相同、取得利润的时间相同、相关风险也相同，利润最大化是一个可以接受的观念。事实上，许多财务经理人把提高利润作为公司的短期目标。

（二）每股收益最大化

以每股收益最大化为财务管理基本目标的经营者认为，应当把企业的利润和股东投入的资本联系起来考察，用每股收益（或权益资本净利率）来概括企业的财务管理目标，以避免利润最大化目标的局限性。但以每股收益最大化为目标仍存在以下缺点：没有考虑每股收益的取得时间和每股收益的风险，可能导致企业出现短期行为。

如果每股收益的取得时间、风险相同，则每股收益最大化也是一个可以接受的观念。事实上，许多投资者把每股收益作为评价公司业绩的关键指标。

（三）股东财富最大化

持这种观点的经营者认为，增加股东财富才是财务管理的基本目标。

01

以股东财富最大化为财务管理的基本目标的优点是：股东财富最大化可以用股价来计量，容易量化；考虑了货币时间价值；考虑了风险因素，因为风险的高低会对股票价格产生重要影响；一定程度上能够减少企业在追求利润时的短期行为，因为不仅目前的利润会影响股票价格，而且预期未来的利润对企业股票价格也会产生重要影响。

同时，以股东财富最大化为财务管理的基本目标也存在一些缺点：它只适用于上市公司，对非上市公司很难适用；忽视了其他利益相关者的正当利益；股票价格受众多因素的影响，不一定能反映股东的财富。

（四）企业价值最大化

企业价值可以理解为企业所有者权益和债权人权益的市场价值，或者企业所能创造的预计未来现金流量的现值。以企业价值最大化为财务管理的基本目标，要求企业采用最优的财务政策，充分考虑货币时间价值和风险与报酬的关系，在保证企业长期稳定发展的基础上，使企业总价值达到最大。假设股东投资资本和债务价值不变，则企业价值最大化与股东财富最大化有相同意义。

以企业价值最大化为财务管理目标的优点是：它不仅适用于上市公司，也适用于非上市公司；将企业长期、稳定的发展和持续的获利能力放在首位，能避免管理上的片面性和短期行为；考虑了货币时间价值和风险因素；用价值代替价格，避免外界市场因素过多带来的干扰。

以企业价值最大化为财务管理目标的缺点是：过于理论化，不易操作；对于非上市公司而言，只有对企业进行专门的评估才能确定其价值，而在评估企业的资产时，由于受评估标准和评估方式的影响，很难做到客观和准确。

二、现代财务管理的目标

（一）相关者利益最大化

在市场经济中，企业的理财主体更加细化和多元化。股东作为企业所有者，在企业中拥有最高的权力，并承担着最大的义务和风险，但是债权人、员工、企业经营者、客户、供应商和政府也为企业承担着风险。因此，企业的利益相关者不仅包括股东、债权人，还包括企业经营者、客户、供应商、员工、政府等。在确定企业财务管理目标时，不能忽视这些相关群体的利益。

（二）社会价值最大化

企业的主体是多元的，涉及社会方方面面的利益关系。为此，企业目标的实现，不能仅仅从企业本身来考察，还必须从企业所从属的更大社会系统来进行规范。企业要在激烈的竞争环境中生存，必须与其周围的环境和谐发展，这包括与政府的关系、与员工的关系及与社区的关系等。企业必须承担一定的社会责任，包括解决社会就业、讲求诚信、保护消费者、支持公益事业、保护环境和搞好社区建设等。社会价值最大化就是要求企业在追求企业价值最大化的同时，实现预期利益相关者的协调发展，形成企业的社会责任和经济效益之间的良性循环关系。

社会价值最大化是现代企业追求的基本目标，这一目标考虑了时间性、风险性和可持续发展等重要因素，体现了经济效益和社会效益的统一。

三、利益相关者的要求与协调

企业财务管理的目标，实质上是股东的目标，但企业的其他利益相关者的利益也要充分考虑。

（一）经营者的利益要求与协调

经营者的利益要求通常包括以下三个方面。①增加报酬，包括物质和非物质的报酬，如工资、奖金，以及提高社会地位等。②增加闲暇时间，包括较少的工作时间或有效工作时间中较小的劳动强度等。③避免风险。经营者努力工作可能得不到应有的报酬，他们的行为和结果之间有不确定性，经营者总是力图避免这种风险，要求付出一份劳动便得到一份报酬。

经营者利益背离股东利益的表现：①道德风险，即经营者为了自己的目标，不尽最大努力实现企业目标；②逆向选择，即经营者为了自己的目标而背离股东的目标。

1. 协调措施

股东为了防止经营者背离其目标，可采用下列两种制度性措施。

（1）监督。经营者背离股东目标的条件是双方信息不对称，经营者了解的信息比股东多。避免道德风险和逆向选择的办法是股东获取更多信息，对经营者进行制度性的监督，完善公司治理结构。

股东往往是分散的或者远离经营者，得不到充分的信息；经营者比股东有更大的优势，比股东更清楚什么是对公司更有利的行动方案。但是，全面监督经营者管理行为的代价是高昂的，很可能超过它所带来的收益。因此，股东支付审计费聘请注册会计师，往往限于审计财务报表，而不是全面审查所有管理行为。股东对经营情况的了解和对经营者的监督是必要的，但受到监督成本的限制，不可能事事都监督。监督可以减少经营者违背股东意愿的行为，但不能解决全部问题。

（2）激励。防止经营者背离股东意愿的另一种制度性措施是采用激励计划，使经营者分享企业增加的财富，鼓励他们采取符合股东利益最大化的行为。例如，企业实现盈利或股价提高后，给经营者以现金、股票期权奖励。支付报酬的方式和金额有多种选择。报酬过低，不足以激励经营者，股东不能获得最大利益；报酬过高，股东付出的激励成本过大，也不能实现自己的最大利益。因此，激励可以减少经营者违背股东意愿的行为，但也不能解决全部问题。

通常，股东同时采取监督和激励两种制度性措施来协调自己与经营者的目标。尽管如此，仍不可能使经营者完全按照股东的意愿行动，经营者仍然可能采取一些对自己有利而不符合股东利益最大化的决策，由此给股东带来一定的损失。监督成本、激励成本和偏离股东目标的损失之间，此消彼长、相互制约。股东要权衡轻重，力求找出能使三项之和最小的解决办法。

2. 经营者职业道德

随着现代社会分工的发展和专业化程度的提升，市场竞争日趋激烈，整个社会对从业人员的职业观念、职业态度、职业技能、职业纪律和职业作风的要求越来越高。因此，作为现代企业制度的重要管理者，经营者必须做出表率，要爱岗敬业、诚实守信、客观公正、廉洁自律、承担社会责任，做一名有能力、高素质的职业经理人。

（二）债权人的利益要求与协调

当公司向债权人借入资本后，两者形成一种委托代理关系。债权人把资本借给公司，要求到期时收回本金，并获得约定的利息收入；公司借款的目的可能是扩大经营，也可能是投入有风险的经营项目，两者的利益并不完全一致。

债权人事先知晓借出资本是有风险的，并把这种风险的相应报酬嵌入利率。确定利率通常要考虑的因素包括：公司现有资产的风险，预计公司新增资产的风险，公司现有的负债比率，公司未来的资本结构等。

但是，借款合同一旦成为事实，债权人把资本提供给公司，就失去了对资本的控制权。股东可以通过经营者为了自身利益而损害债权人的利益，可能采取的方式如下。

第一，股东不经债权人的同意，投资于比债权人预期风险更高的项目。如果高风险的计划取得成功，超额的利润归股东独享；如果计划不幸失败，公司无力偿债，债权人与股东将共同承担由此造成的损失。尽管按法律规定，债权人先于股东分配破产财产，但多数情况下，破产财产不

01

足以偿债。所以，对债权人来说，基本拿不到超额利润，发生损失却有可能要分担。

第二，股东为了提高公司的利润，在没有征得债权人同意的情况下指使管理当局发行新债，致使旧债券的价值下降，使旧债券的债权人蒙受损失。旧债券价值下降的原因是发新债后公司负债比率增大，公司破产的可能性增加。如果公司破产，旧债权人和新债权人要共同分配破产后的财产，使旧债券的风险增加但价值下降。

债权人为了防止其利益被损害，除了寻求立法保护，如破产时先行接管、先于股东分配剩余财产等外，通常采取以下制度性措施。

第一，在借款合同中加入限制性条款，如规定贷款的用途、规定不得发行新债或限制发行新债的额度等。

第二，发现公司有损害其债权意图时，拒绝进一步合作，不再提供新的贷款或提前收回贷款。

（三）其他利益相关者的利益要求与协调

狭义的利益相关者是指除股东、债权人和经营者之外，对公司现金流量有潜在索偿权的人。广义的利益相关者包括一切与公司决策有利益关系的人，包括资本市场利益相关者（股东和债权人）、产品市场利益相关者（主要顾客、供应商、所在社区和工会组织）和公司内部利益相关者（经营者和其他员工）。

公司的利益相关者可以分为两类：一类是合同利益相关者，包括主要客户、供应商和员工，他们和企业之间存在法律关系，受到合同的约束；另一类是非合同利益相关者，包括一般消费者、社区居民及其他与公司有间接利益关系的群体。

股东和合同利益相关者之间既有共同利益，也有利益冲突。股东可能为自己的利益损害合同利益相关者的利益，合同利益相关者也可能损害股东的利益。因此，要通过立法调节他们之间的关系，保障双方的合法权益。一般来说，公司只要遵守合同就可以基本满足合同利益相关者的要求，在此基础上股东追求自身利益最大化也会有利于合同利益相关者。当然，仅有法律的约束是不够的，还需要道德规范的约束，以缓和双方矛盾。

对于非合同利益相关者，法律关注较少，享受的法律保护少于合同利益相关者。公司的社会责任政策对非合同利益相关者影响很大。

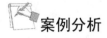 案例分析

"宝万之争"的是与非

"宝万之争"是指宝能系 2015—2017 年试图收购万科导致冲突的事件。宝能系是指以宝能集团为中心的资本集团，下辖宝能地产、前海人寿、钜盛华、深业物流、创邦集团等多家子公司。万科是我国房地产业行业的佼佼者。央企华润集团（以下简称"华润"）自 2001 年起一直为其最大股东。华润虽然为万科的最大股东，但不参与公司运营。

2015 年 7 月 10 日，宝能系首次举牌万科；8 月 26 日，宝能系所持万科股票占比为 15.04%，首次超过华润成为万科的第一大股东。2015 年 9 月 4 日，华润耗资 4.97 亿元增持万科股票，持股比例由原来的 14.89% 变为 15.29%。随后，宝能系连续购买万科股票，2015 年 12 月 8 日累计持股比例占 23.52%。万科创始人王石在内部会议上宣称不欢迎宝能系，并提出四个理由——宝能的信用不足、能力不足、短债长投和华润的无可替代。此后，王石和万科首席执行官（Chief Executive Officer，CEO）反复与华润高层沟通，提出 3 个提议：一是华润继续用现金购入万科股票；二是万科与华润子公司华润置地进行合并，间接增加华润的持股数量；三是引入战略投资者。华润则表示目前集团的业务较多，一时无法继续增持股票，否决了第一个提议；华润置地发展良好，但其市值要远低于万科，若其与万科合并，意味着华润将再失去一个可控子公司，所以也否决了第

二个提议。万科在 2016 年 3 月 13 日发布的 2015 年年报中表示原第一大股东华润将始终支持万科的发展。

2016 年 6 月 17 日，万科在未完全与华润沟通好的情况下披露重组方案，意欲引入深圳市地铁集团这一战略投资者。然而，2016 年 6 月 23 日，宝能系与华润分别发表声明反对万科的重组预案，均将矛头指向万科的内部人控制问题。2016 年 12 月 18 日，万科发布公告称，由于部分主要股东反对，终止与深圳市地铁集团重组。在此期间，宝能系对万科的持股比例上升至 24.972%，而且出现两个新的大股东——恒大集团（持股 14.07%）和安邦保险（7.01%）。万科独立董事华生连续四次在《上海证券报》上详述了万科董事会决议的背景和过程，引发了激烈的争议。此时，网上正流传华润与宝能系在多地存在地产合作的事项，甚至华润向宝能系提供资金购买万科的股票，直指华润与宝能系是一致行动人的事实。以上事项引起高层的关注。

2017 年 1 月 12 日，万科发布公告称，公司股东华润股份及其全资子公司中润国内贸易有限公司（以下简称"中润贸易"）于 2017 年 1 月 12 日与深圳市地铁集团签署了《关于万科企业股份有限公司之股份转让协议》，华润股份和中润贸易拟以协议转让的方式将其合计持有的万科 1 689 599 817 股 A 股股份转让给深圳市地铁集团。转让完成后，华润股份和中润贸易将不再持有万科股份。2017 年 3 月 16 日，恒大集团发布公告称，恒大集团与深圳市地铁集团在当日签署战略合作框架协议，恒大集团将公司下属企业持有的万科股份（约占万科总股本的 14.07%）的表决权不可撤销地委托给深圳市地铁集团行使，期限为一年。

2017 年 7 月 6 日，华润集团、恒大集团转让给深圳市地铁集团的万科 A 股股份完成过户。深圳市地铁集团在万科的持股比例达到 29.38%，超过宝能系，成为万科第一大股东。2017 年 6 月 21 日，万科公告新一届董事会候选名单，王石宣布将接力棒交给郁亮。历时近两年的万科股权之争在深圳市地铁集团公布新一届董事会提名之后落下帷幕。

自 2018 年 4 月 17 日起，宝能系开始减持万科股票，逐步套现。截至 2019 年 12 月 19 日，宝能系持有万科股票比例仅为 4.99%。据统计，经过宝万之争，宝能系共获利 292 亿～350 亿元。

【思考】请从公司治理、金融杠杆收购与国家经济稳定、依法治国等角度对上述案例加以分析和讨论。

任务三　了解财务管理的基本环节

财务管理环节是根据财务管理工作的程序及各部分间的内在关系划分的，分为财务预测、财务决策、财务计划、财务控制、财务监督和财务分析。财务管理的各个环节相互联系，形成财务管理工作的完整过程，被称为财务管理循环。

一、财务预测

财务预测是根据财务活动的历史资料，考虑现实的要求和条件，对企业未来的财务活动和财务成果做出科学的预计和测算。其主要任务在于：测算各项生产经营方案的经济效益，为决策提供可靠的依据；预计财务收支的发展变化情况，以确定经营目标；测定各项定额和标准，为编制计划、分解计划指标服务。

（一）基本程序
财务预测一般按以下程序进行。

1. 明确预测对象和目标
财务预测首先要明确预测对象和目标，然后根据预测的目标、内容和要求确定预测的范围和时间。

2. 制定预测计划

预测计划包括预测工作的组织、人事安排、工作进度、经费预算等。

3. 收集整理资料

收集资料是预测的基础。公司应根据预测的对象和目的，明确收集资料的内容、方式和途径，然后进行资料收集。对收集到的资料要检查其可靠性、完整性和典型性，分析其可用程度及偶然事件的影响，做到去伪存真、去粗取精，并根据需要对资料进行归类和汇总。

4. 确定预测方法

财务预测工作必须通过一定的科学方法才能完成。公司应根据预测的目的及取得信息资料的特点，选择适当的预测方法。使用定量方法时，应建立数理统计模型；使用定性方法时，要按照一定的逻辑，制定预算的提纲。

5. 进行实际预测

进行实际预测即运用所选择的科学预测方法编制财务预算，并得出初步的预测结果。预测结果可用文字、表格或图片等形式表示。

6. 评价与修正预测结果

预测毕竟是对未来财务活动的设想和推断，难免会出现预测误差。因此，对于预测结果，要经过分析评价之后，才能予以采用。分析评价的重点是影响未来发展的内外因素的变化。若误差较大，就应进行修正或重新预测，以确定最佳预测值。

（二）预测方法

财务预测有定性预测和定量预测两类方法。

（1）定性预测是通过判断事物所具有的各种因素、属性进行预测的方法，是建立在经验判断、逻辑推理基础之上的，主要特点是利用直观的材料，依靠个人经验进行综合分析，对事物未来状况进行预测。经常采用的定性预测方法有专家会议法、德尔菲法、访问、现场观察、座谈等方法。

（2）定量预测是通过分析事物各项因素、属性的数量关系进行预测的方法。它的主要特点是根据历史数据找出内在规律，运用连贯性原则和类推性原则，通过数学运算对事物未来状况进行数量预测。定量预测的方法很多，应用比较广泛的有时间序列预测法（包括算术平均法、加权平均法、移动平均法、指数平滑法、最小二乘法等）、相关因素预测法（包括一元线性回归法、多元线性回归法等）、概率分析预测法（主要指马尔可夫预测法）等。

上述两类方法并不是相互孤立的，在进行财务预测时，经常要综合运用。

二、财务决策

财务决策是指按照财务战略目标的总体要求，利用专门的方法对各种备选方案进行比较和分析，从中选出最佳方案的过程。财务决策是财务管理的核心，决策的成功与否直接关系企业的兴衰成败。

进行财务决策的主要过程如下。

（1）确定决策目标。其指确定决策所要解决的问题和达到的目的。

（2）进行财务预测。即通过财务预测，取得财务决策所需的业经科学处理的预测结果。

（3）方案评价与选优。这是指依据预测结果制定若干备选方案，运用决策方法并根据决策标准对各方案进行分析论证，做出综合评价，选取其中最优的方案。

（4）进行具体的计划安排，组织实施，并对计划执行过程进行控制和搜集执行结果的反馈信息，以判断决策的正误，及时修正方案，确保决策目标的实现。

财务决策的方法分为定性决策方法和定量决策方法两类。

（1）定性决策是通过判断事物所特有的各种因素、属性进行决策的方法，建立在经验判断、逻辑推理之上，主要特点是依靠个人经验进行综合分析来决策。定性决策的方法有专家会议法、德尔菲法等。

（2）定量决策是通过分析事物各项因素、属性的数量关系进行决策的方法，主要特点是在决策的变量与目标之间建立数学模型，根据决策条件，形成决策结果。定量决策的方法主要有：适用于确定型决策的本量利分析法、线性规划法、差量分析决策法、效用曲线法、培欣决策法、马尔可夫法等；适用于非确定型决策的小中取大法、大中取大法、大中取小法、后悔值法等。

三、财务计划

财务计划是根据企业整体战略目标和规划，结合财务预测和财务决策的结果，对财务活动进行规划，并以指标形式落实到每一计划期间的过程。财务计划主要通过指标和表格，以货币形式反映在一定的计划期内，企业生产经营活动所需要的资金及其来源、财务收入和支出、财务成果及其分配的情况。

财务计划按编制方式不同划分的种类主要有：固定计划，即按计划期某一固定的经营水平编制的财务计划；弹性计划，即按计划期内若干经营水平编制的具有弹性的财务计划；滚动计划，即用不断延续的方式，使计划期始终保持一定时间长度的财务计划；零基计划，即对计划期内指标不从原有基础出发，而是以零为起点，考虑各项指标应达到的水平而编制的财务计划。

四、财务控制

财务控制是指利用有关信息和特定手段，对企业的财务活动施加影响或调节，以便实现计划所规定的财务目标的过程。

财务控制的方法通常有前馈控制、过程控制、反馈控制三种。财务控制措施一般包括预算控制、运营分析控制和绩效考评控制等。

财务控制的方式有组织规划、授权批准、预算控制、实物资产控制、成本控制、风险控制、审计控制等。

五、财务监督

财务监督是运用单一或系统的财务指标对企业的生产经营活动或业务活动进行的观察、判断、建议和督促。它通常具有较明确的目的性，能督促企业各方面的活动合乎程序与合乎要求，促进企业各项活动的合法化、管理行为的科学化。它是公共组织财务管理工作的重要组成部分，也是国家财政监督的基础。财务监督对规范公共组织的财务活动，严格财务制度及财经纪律，改善公共组织财务管理工作，保证收支预算的实现具有重要意义。

六、财务分析

财务分析是以会计核算和报表资料及其他相关资料为依据，采用一系列专门的分析技术和方法，对企业等经济组织过去和现在有关筹资活动、投资活动、经营活动、分配活动的盈利能力、营运能力、偿债能力和发展能力等进行分析与评价的经济管理活动。财务分析的本质是搜集与决策有关的各种财务信息，并对其加以分析和解释的一种技术。

任务四　了解财务管理的环境

　　财务管理环境是指对企业财务活动和财务管理产生影响的企业内、外部各种条件和要素的统称。内部环境主要指企业的组织形式、技术水平、发展阶段等；外部环境主要包括技术环境、经济环境、金融环境、法律环境等。企业的财务活动都是在一定的财务管理环境下进行的。此外，在数字化时代，财务管理必须充分关注数字经济对传统商业带来的影响和冲击，即充分关注面临的数字化环境。本任务重点介绍财务管理的外部环境和数字化环境。

一、财务管理的外部环境

（一）技术环境

　　财务管理的技术环境，是指财务管理得以实现的技术手段和技术条件，它决定着财务管理的效率和效果。目前，我国进行财务管理所依据的会计信息是通过会计系统提供的，占企业经济信息总量的 60%～70%。在企业内部，会计信息主要提供给管理层决策使用，而在企业外部，会计信息则主要为企业的投资者、债权人等提供服务。

　　目前，我国正全面推进会计信息化工作，全力打造会计信息化人才队伍，基本实现大型企事业单位会计信息化与经营管理信息化的融合，进一步提升企事业单位的管理水平和风险防范能力，做到数出一门、资源共享，便于不同信息使用者获取、分析和利用信息，进行投资和相关决策；基本实现大型会计师事务所采用信息化手段对客户的财务报告和内部控制进行审计，进一步提升社会审计质量和效率；基本实现政府会计管理和会计监督的信息化，进一步提升会计管理水平和监管效能。通过全面推进会计信息化工作，我国的会计信息化可接近或达到世界先进水平。我国企业会计信息化的全面推进，必将促使企业财务管理的技术环境进一步完善和优化。

（二）经济环境

　　在影响财务管理的各种外部环境中，经济环境是最为重要的。经济环境内容十分广泛，包括经济体制、经济周期、经济发展水平、宏观经济政策及通货膨胀水平等。

1. 经济体制

　　在计划经济体制下，国家统筹企业资本、统一投资、统负盈亏，企业利润统一上缴、亏损全部由国家补贴，企业虽然是一个独立的核算单位，但无独立的理财权利；财务管理活动的内容比较单一，财务管理方法比较简单。在市场经济体制下，企业成为自主经营、自负盈亏的经济实体，有独立的经营权，同时也有独立的理财权；企业可以从其自身需要出发，合理确定资本需要量，然后到市场上筹集资本，再把筹集到的资本投放到高效益的项目上获取更大的收益，最后将收益根据需要和实际情况进行分配，保证企业自始至终根据自身条件和外部环境做出各种财务管理决策并组织实施。因此，市场经济体制下的财务管理活动的内容比较丰富，方法也复杂多样。

2. 经济周期

　　市场经济条件下，经济发展与运行有一定的波动性，大体上经历复苏、繁荣、衰退和萧条几个阶段的循环，这种循环叫作经济周期。

　　在经济周期的不同阶段，企业应采用不同的财务管理战略。西方财务学者探讨了经济周期中不同阶段的财务管理战略，现择其要点归纳如表 1-1 所示。

表1-1　　　　　　　　　　　经济周期中不同阶段的财务管理战略

经济周期阶段	财务管理战略
复苏	增加厂房设备；实行长期租赁；建立存货储备；开发新产品；增加劳动力
繁荣	扩充厂房设备；继续建立存货储备；提高产品价格；开展营销规划；增加劳动力
衰退	停止扩张；出售多余设备；停产不利产品；停止长期采购；削减存货；停止扩招雇员
萧条	建立投资标准；保持市场份额；压缩管理费用；放弃次要利益；削减存货；裁减雇员

3. 经济发展水平

财务管理的发展水平是和经济发展水平密切相关的，经济发展水平越高，财务管理水平也越高。财务管理水平的提高，将推动企业降低成本，提升效率，提高效益，从而促进经济发展水平的提高；而经济发展水平的提高，将改变企业的财务战略、财务理念、财务管理模式，财务管理的方法和手段，从而促进财务管理水平的提高。财务管理应当以经济发展水平为基础，以宏观经济发展目标为导向，从业务工作角度保证企业经营目标和经营战略的实现。

4. 宏观经济政策

不同的宏观经济政策，对企业财务管理影响不同。金融政策中的货币发行量、信贷规模会影响企业投资的资金来源和投资的预期收益；财税政策会影响企业的资金结构和投资项目的选择等；价格政策会影响资金的投向和投资的回收期及预期收益；会计制度的改革会影响会计要素的确认和计量，进而对企业财务活动的事前预测、决策及事后的评价产生影响等。

5. 通货膨胀水平

通货膨胀对企业财务活动的影响是多方面的，主要表现在以下几个方面。

（1）引起资金占用的大量增加，从而增加企业的资金需求。

（2）引起企业利润虚增，造成企业资金由于利润分配而流失。

（3）引起利率上升，增加企业筹资成本。

（4）引起有价证券价格下降，增加企业的筹资难度。

（5）引起资金供应紧张，增加企业的筹资难度。

为了减轻通货膨胀对企业造成的不利影响，企业应当采取措施予以防范。在通货膨胀初期，货币面临着贬值的风险，这时企业进行投资可以避免风险，实现资本保值；与客户签订长期购货合同，以减少物价上涨造成的损失；取得长期负债，保持资本成本的稳定。在通货膨胀持续期，企业可以采用比较严格的信用条件，减少企业债权；调整财务政策，防止和减少企业资本流失等。

（三）金融环境

1. 金融机构、金融工具、金融市场

（1）金融机构。金融机构主要是指银行和非银行金融机构。银行是指经营存款、放款、汇兑、储蓄等金融业务，承担信用中介的金融机构，包括各种商业银行和政策性银行，如中国工商银行、中国农业银行、中国银行、中国建设银行、国家开发银行、中国农业发展银行。非银行金融机构主要包括保险公司、信托投资公司、证券公司、财务公司、金融资产管理公司、金融租赁公司等机构。

（2）金融工具。金融工具是指通资金双方在金融市场上进行资金交易、转让的工具，借助金融工具，资金从供给方转移到需求方。金融工具分为基本金融工具和衍生金融工具两大类。常见的基本金融工具有货币、票据、债券、股票等；衍生金融工具又称派生金融工具，是在基本金融工具的基础上通过特定技术设计形成的新的融资工具，如各种远期合约、互换、掉期、资产支

01

持证券等，衍生金融工具种类非常复杂、繁多，具有高风险、高杠杆效应的特点。

一般认为，金融工具具有流动性、风险性和收益性的特征。

- 流动性。流动性是指金融工具在必要时迅速转变为现金而不致遭受损失的能力。
- 风险性。风险性是指购买金融工具的本金和预期收益遭受损失的可能性。风险一般包括信用风险和市场风险。
- 收益性。收益性是指金融工具能定期或不定期地给持有人带来收益。

（3）金融市场。金融市场是指资金供应者和资金需求者双方通过一定的金融工具进行交易进而融通资金的场所。金融市场的构成要素包括资金供应者（或称资金剩余者）和资金需求者（或称资金不足者）、金融工具、交易价格、组织方式等。金融市场的主要功能就是把社会各个单位和个人的剩余资金有条件地转让给社会各个缺乏资金的单位和个人，使财尽其用，促进社会发展。资金供应者为了取得利息或利润，期望在最高利率条件下贷出资金；资金需求者则期望在最低利率条件下借入资金。因利率、时间、安全性等条件不会使借贷双方都十分满意，于是就出现了金融机构和金融市场从中协调。

在金融市场上，资金的转移方式有两种。

- 直接转移。它是需要资金的企业或其他资金不足者直接将股票或债券出售给资金供应者，从而实现资金转移的一种方式。
- 间接转移。它是需要资金的企业或其他资金不足者，通过金融中介机构将股票或债券出售给资金供应者；或者以自身所发行的证券来交换资金供应者的资金，再将资金转移到各种股票或债券的发行者（即资金需求者），从而实现资金转移的一种方式。

金融市场不仅为企业融资和投资提供了场所，而且还可以帮助企业实现长短期资金转换、引导资本流动，提高资金转移效率。

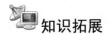
知识拓展

金融市场的分类

金融市场可以按照不同的标准进行分类。

（1）以期限为标准，金融市场可以分为货币市场和资本市场。

货币市场又称短期金融市场，是指以期限不超过1年的金融工具为媒介，进行短期资金融通的市场，包括同业拆借市场、票据市场、大额定期存单市场和短期债券市场；资本市场又称长期金融市场，是指以期限在1年以上的金融工具为媒介，进行长期资金交易活动的市场，包括股票市场、债券市场和融资租赁市场等。

（2）以功能为标准，金融市场可以分为发行市场和流通市场。

发行市场又称为一级市场，主要处理金融工具的发行与最初购买者之间的交易；流通市场又称为二级市场，主要处理现有金融工具转让和变现的交易。

（3）以融资对象为标准，金融市场可分为资本市场、外汇市场和黄金市场。

资本市场以货币和资本为交易对象，外汇市场以各种外汇金融工具为交易对象，黄金市场则是集中进行黄金买卖和金币兑换的交易市场。

（4）以所交易金融工具的属性为标准，金融市场可分为基础性金融市场和金融衍生品市场。

基础性金融市场是指以基础性金融产品为交易对象的金融市场，如商业票据、企业债券、企业股票的交易市场；金融衍生品市场是指以金融衍生产品为交易对象的金融市场，如远期、期货、掉期（互换）、期权的交易市场，以及具有远期、期货、掉期（互换）、期权中一种或多种特征的结构化金融工具的交易市场。

（5）以地理范围为标准，金融市场可分为地方性金融市场、全国性金融市场和国际性金融市场。

2. 货币市场

货币市场的主要功能是调节短期资金融通，其主要特点有以下几个方面。

（1）期限短。一般为 3～6 个月，最长不超过 1 年。

（2）交易目的是解决短期资金周转问题。它的资金来源主要是资金所有者暂时闲置的资金，融通资金的用途一般是弥补短期资金的不足。

（3）货币市场上的金融工具有较强的货币性，具有流动性强、价格平稳、风险较小等特性。货币市场主要有拆借市场、票据市场、大额定期存单市场和短期债券市场等。拆借市场是指银行（包括非银行金融机构）同业之间进行短期资金拆借交易的场所。拆借交易一般没有固定的场所，主要通过电讯手段成交，期限按日计算，一般不超过 1 个月。票据市场包括票据承兑市场和票据贴现市场。票据承兑市场是票据流通转让的基础；票据贴现市场是对未到期票据进行贴现，为客户提供短期资本融通的市场，包括贴现、再贴现和转贴现市场。大额定期存单市场是一种买卖银行发行的可转让大额定期存单的市场。短期债券市场主要买卖 1 年期以内的短期企业债券和政府债券，尤其是国债。短期债券的转让可以通过贴现或买卖的方式进行。短期债券以其信誉好、期限短、利率优惠等优点，成为货币市场中的重要金融工具之一。

3. 资本市场

资本市场的主要功能是实现长期资本融通，其主要特点是：融资期限长，一般在 1 年以上，最长可达 10 年以上；融资目的是解决长期投资性资本的需要，用于补充长期资本，扩大生产能力；资本借贷量大；收益较高，但风险也较大。

资本市场主要包括债券市场、股票市场和融资租赁市场等。

债券市场和股票市场由证券（债券和股票）发行和证券流通构成。有价证券的发行是一项复杂的金融活动，一般要经过以下三个环节：选择证券种类；确定偿还期限；选择发售方式。在证券流通中，参与者除了买卖双方外，中介也非常活跃。中介主要有证券经纪人、证券商，其在流通市场中起着不同的作用。融资租赁市场是通过资产租赁实现长期资金融通的市场，具有融资与融物相结合的特点，融资期限一般与资产租赁期限一致。

（四）法律环境

法律环境是指企业与外部发生经济关系时应遵守的有关法律、法规和规章，主要包括公司法、证券法、金融法、证券交易法、税法、企业财务通则、内部控制基本规范等。市场经济是法治经济，企业的经济活动是在一定法律规范内进行的。法律既约束企业的非法经济行为，也为企业从事各种合法经济活动提供保护。

二、数字化环境

当前经济发展已经进入数字化时代。以现代通信技术、物联网技术、云计算技术、大数据技术、人工智能技术、现代供应链等现代数字技术为代表的各类技术的深入发展与应用，正在催生一场新的席卷各行各业的工业革命。这场新的工业革命自消费端发起，掀起了产品/服务创新、商业模式创新、管理创新的浪潮，新业态、新模式层出不穷，颠覆、冲击着旧有的传统商业理念、商业格局、商业秩序，所有企业的商业经营都面临前所未有的机遇与挑战。

党的十八大以来，党中央就建设数字中国、智慧社会做出全面部署，把大数据建设提升到了国家战略高度。2015 年，国务院下发《促进大数据发展行动纲要》，要求全面推进大数据发展，加快建设数据强国，抢占新一轮科技革命和产业变革制高点、提升国家竞争力。

面对数字化宏观环境和政策背景，数字化转型成为重构企业核心竞争力和高质量发展的必然之路。通过数字化转型，企业既能够实现智能化运营，又可进行数字化创新，最终实现智慧企业的目标。浪潮集团副总裁魏代森认为，以低成本实现高效率提升，推动高价值转化是本轮企业数字化转型的关注点，而财务成为企业数字化转型的一个关键切入点。

数字化不仅拓宽了传统意义上的财务管理幅度，如降本、增效、提质等，使得传统的财务管理从狭义的财务领域拓展到所有的业务领域，并通过穿透性管理赋能业务；同时，也增加了财务管理的深度和厚度，传统的单一维度的公司损益管理，可拓展至公司、产品、区域、客户等多维度，从而有利于业务升级，进而构建立体化的财务管理模型，赋予财务管理新的生命力，让财务管理工作变得更有价值。

（一）数字化给财务管理带来的变革

数字化对企业所处的内外部环境、商业模式、用户思维方式等产生了五个方面的影响。

1．新的财务模式

传统的财务模式通常采用或分散或集中的组织方式，现在大多企业都建立了财务共享、BP（Business Partner，业务伙伴）模式，而未来前、中、后台的模式则会成为财务模式的主流。

2．新的财务能力

过去企业以核算型财务能力框架为基础搭建自身的财务管理模式，未来财务管理工作将在企业中发挥更加重要的作用，应当同时兼具财务分析能力、网络安全管理能力，甚至还应当具有商业思维。

3．新的管理方式

财务管理的对象将从单纯的管人、管物、管财变成管战略、管资本、管市值，因此，衡量一个企业的财务价值的指标也应当随之变化。

4．新的管理平台

通信技术与计算机技术的飞速发展必然推动财务信息系统的升级革新，未来企业的财务管理基础设施必然是在数字化的基础上重构的。以"新基建"为代表的新的信息化技术系统架构必然取代旧的信息化系统架构。

5．新的管理思维

传统的财务管理思维侧重于管控、管理，新的管理思维则侧重于赋能与主动。企业通过已搭建好的平台帮助员工自主完成各类工作，获得自我成长的空间。

（二）数字化给财务管理模式带来的转变

1．预警性数据代替事后补救

在传统的财务管理模式下，财务分析工作严重依赖于企业的财务报表，一般是在财务结果发生之后才可开展分析，缺乏财务管理的预警性。而在运用大数据财务管理系统之后，企业可利用云系统收集所有内、外部信息，对消费者的消费趋势进行深入分析，准确建立消费者需求变化曲线，预测产品的需求量，有效指导企业调整产品的生产及库存数量。与此同时，企业通过对海量数据进行深入分析，还可对市场波动情况进行精准检测，进而构建有针对性的预警机制。在数据达到阈值时，企业财务管理系统会发出预警提示，极大地提高企业应对各种风险的能力和水平，帮助企业对高风险投资进行规避，充分发挥企业财务管理工作的积极作用。

2. 精准核算转变为全面管理

传统财务管理系统的主要功能是算账、记账和报账，而在数字化环境下的财务管理系统不仅能对财务信息进行快速准确地处理，还可以对人力、库存、生产和销售等多个方面的信息进行有效处理，从而为企业管理人员决策提供重要的财务参考信息。现代财务管理系统并不仅仅依赖于财务信息报表，而是对企业各项管理工作进行全盘综合考虑，可实现对企业现状及未来发展情况的估算、统计和规划。比如企业的财务云管理系统，可在收集商品物流中的燃油成本和其他成本数据的基础上，分析出燃油的最低运输成本，在与企业云系统进行对接之后，还可分析出最佳运输路线，并合理配置人员和车辆，可极大地提升企业的工作效率。

3. 智能化客户管理

企业可利用大数据分析来了解客户偏好，对产品配置进行有针对性的改进，并在保证财务部门有效运作的情况下，给企业及员工指明商业谈判方向，确保企业运营效率，促进企业高效完成业绩，为客户提供更为优质的服务。企业可利用大数据构建合作伙伴数据库，从而更好地形成规模经济，确保企业财务实现良性运转。随着大数据计算能力的不断提升，企业财务系统对数据的敏感程度大大提高，企业财务管理人员可更加清楚地认识到如何借助合作伙伴的能力来减少对人力和资本的投入，从而使企业更好地达到快速发展的目的。

（三）数字化为企业财务管理带来的助力

1. 提高企业财务管理效率

各种数字化的财务管理工具与管理人员的工作相辅相成，能够在大大节约时间成本的同时，降低由于员工操作失误而造成损失的可能。将数字化的财务管理方式引入企业，在前期或许会花费一定的时间成本及财务成本，但当企业的数字化管理系统逐渐完善后，其对于企业财务管理效率的提升则可以为企业带来巨大的效益。

数字化为企业财务管理工作注入了新的生机与活力，为企业财务管理的革新带来了新的契机。信息化技术可以大幅提高对企业财务数据的处理效率和效果，减少企业财务管理工作者的工作量，同时提高企业的财务管理质量，最终达到降低企业财务管理的成本的效果。

2. 方便数据收集与项目决策

数字化的财务管理，能够在收集数据后对其进行数字化处理，以更加科学的形式进行存储，并在有需要时以严谨的应用程序进行分析计算。数字化管理所得出的管理成果是更加可靠的，管理者能够放心地对其高效处理出的数据结果进行参考，辅助投资决策及管理决策。

3. 提升企业预算管理能力

在数字化背景下，企业可以利用高超的信息技术和发达的数据处理技术有效降低错误率，使企业可对预算数据进行高效、快速的搜集、整理、汇总和全面有效的分析处理；同时，保证预算数据的有效性和真实性，大大提升企业预算决策的正确性、预测分析和预测管理的能力，从而全面提高企业的预算管理能力。

4. 有效提高财务风险管理能力

数字化技术具备准确性高、时效性强的优良特性，能够将企业风险管理所需的信息和数据进行准确及时的记录、处理、分析和存储，有利于提高企业的风险分析能力、风险应对能力和风险处理能力。同时，利用数字化技术可以对财务信息进行实时、动态的追踪和监测，实时监控企业的资金流向和风险分析等各方面，可以有效地预警和防控企业面临的风险，合理、准确地预测和管理财务风险，提高企业对内部控制及财务风险的管理能力。

项目演练

一、单项选择题

1. 企业支付利息属于由（　　　）引起的财务活动。
   A. 投资 　　　　B. 分配 　　　　C. 筹资 　　　　D. 资金营运

2. 下列（　　　）属于企业购买商品或接受劳务形成的财务关系。
   A. 企业与供应商之间的财务关系 　　　　B. 企业与债务人之间的财务关系
   C. 企业与客户之间的财务关系 　　　　D. 企业与受资者之间的财务关系

3. 每股收益最大化的优点是（　　　）。
   A. 考虑了货币时间价值 　　　　B. 考虑了风险
   C. 考虑了创造利润与投入资本之间的关系 D. 避免短期行为

4. 某公司董事会召开公司战略发展讨论会，拟将企业价值最大化作为财务管理目标，下列理由中，难以成立的是（　　　）。
   A. 有利于规避企业短期行为 　　　　B. 有利于量化考核和评价
   C. 有利于持续提升企业获利能力 　　　　D. 有利于均衡风险与报酬的关系

5. 根据相关者利益最大化目标理论，承担最大风险并可能获得最大报酬的是（　　　）。
   A. 股东 　　　　B. 债权人 　　　　C. 经营者 　　　　D. 供应商

6. 某上市公司针对经常出现中小股东质询管理层的情况，拟采取措施协调所有者与经营者的矛盾。下列各项中，不能实现上述目的的是（　　　）。
   A. 解聘总经理 　　　　B. 强化内部控制
   C. 加强对经营者的监督 　　　　D. 将经营者的报酬与其绩效挂钩

7. 根据财务报表等有关资料、运用特定的方法，对企业财务活动过程及其结果进行分析和评价的工作是指（　　　）。
   A. 财务控制 　　B. 财务决策 　　C. 财务规划 　　D. 财务分析

8. 利用专门的方法对各种备选方案进行比较和分析，从中选出最佳方案的过程是（　　　）。
   A. 财务预测 　　B. 财务决策 　　C. 财务控制 　　D. 财务分析

9. （　　　）是根据财务活动的历史资料，考虑现实的要求和条件，对企业未来的财务活动和财务成果做出科学的预计和测算。
   A. 财务预测 　　B. 财务预算 　　C. 财务决策 　　D. 财务控制

10. 在下列各项中，不属于企业财务管理的金融环境内容的是（　　　）。
    A. 利息率和金融市场 　　　　B. 金融机构
    C. 金融工具 　　　　D. 税收法规

二、多项选择题

1. 下列各项中属于资金营运活动的有（　　　）。
   A. 采购原材料 　　B. 购买国库券 　　C. 销售商品 　　D. 支付现金股利

2. 下列各项企业财务管理目标中能够同时考虑避免企业追求短期行为和风险因素的财务管理目标有（　　　）。
   A. 利润最大化 　　B. 股东财富最大化 　　C. 企业价值最大化 　　D. 相关者利益最大化

3. 下列属于所有者与债权人的矛盾协调措施的有（　　　）。
   A. 限制性借款 　　　　B. 接收

01

    C. "股票选择权"方式   D. 收回借款或停止借款

4. 假定甲公司向乙公司赊销产品，并持有丙公司的债券和丁公司的股票，且向戊公司支付公司债利息。假定不考虑其他条件，从甲公司的角度看，下列各项中属于本企业与债务人之间财务关系的有（　　）。

    A. 甲公司与乙公司   B. 甲公司与丁公司

    C. 甲公司与丙公司   D. 甲公司与戊公司

5. 下列属于企业需要承担的社会责任有（　　）。

    A. 按时足额发放劳动报酬，提供安全、健康的工作环境

    B. 主动偿债，不无故拖欠

    C. 确保产品质量，保障消费安全

    D. 及时支付股利，确保股东的利益

三、判断题

1. 在一定时期内，营运资金周转额越大，资金的利用效率就越高，企业就可以生产出更多的产品，取得更多的收入，获取更多的利润。（　　）

2. 将企业价值最大化作为企业财务管理的基本目标的首要任务就是要协调相关利益群体的关系，化解他们之间的利益冲突。（　　）

3. 对于上市企业，即期市场上的股价能够直接揭示企业的获利能力。（　　）

4. 解聘是通过市场约束经营者的措施。（　　）

5. 企业与受资者之间的财务关系体现为债权性质的投资与受资关系。（　　）

6. 财务分析可以改善财务预测、决策、预算和控制，改善企业的管理水平，提高企业经济效益，所以财务分析是财务管理的核心。（　　）

7. 过分地强调社会责任而使企业价值减少，就可能导致整个社会资金运用的次优化，从而使社会经济发展步伐减缓。（　　）

8. 在经济衰退初期，公司一般应当出售多余设备，停止长期采购。（　　）

9. 以融资对象为划分标准，可将金融市场分为资本市场、外汇市场和黄金市场。（　　）

10. 受通货膨胀的影响，使用固定利率会使债务人的利益受到损害。（　　）

四、案例分析题

宏伟公司是一家从事IT产品开发的企业。该公司由三位志同道合的伙伴共同出资100万元，三人平分股权比例共同创立。企业发展初期，创始股东都以企业的长远发展为目标，关注企业的持续增长能力，所以，他们注重加大研发投入，不断开发新产品，这些措施有力地提高了企业的竞争力，使企业实现了营业收入的高速增长。在开始的几年间，销售业绩以每年60%的速度增长。然而，随着利润的不断增长，三位创始股东开始在收益分配上产生了分歧。股东王力、张伟倾向于将利润分红，而股东赵勇则认为应将企业取得的利益用于扩大再生产，以提高企业的持续发展能力，实现长远利益的最大化。由此产生的矛盾不断升级，最终导致坚持企业长期发展的赵勇被迫出让持有的1/3股份而离开企业。但是，此结果引起了与企业有密切联系的广大供应商和分销商的不满，因为他们的业务发展壮大都与宏伟公司密切相关，他们深信宏伟公司的持续增长将为其带来更多的机会。于是，这些供应商和分销商表明：如果赵勇离开企业，他们将断绝与宏伟公司的业务往来。面对这一情况，王力和张伟提出他们可以离开，条件是赵勇必须收购他们的股份。赵勇的长期发展战略需要较多投资，这样做将导致企业陷入没有资金维持生产的境地。这时，众多供应商和分销商伸出了援助之手，他们或者主动延长应收账款的期限，或者预付货款，最终赵勇又重新回到了宏伟公司，成为宏伟公司的掌门人。经历了股权变更的风波后，宏伟公司在赵勇

的领导下不断加大投入，实现了企业规模化发展，在同行业中处于领先地位，企业的竞争力和价值不断提升。

阅读案例资料，请回答以下问题。

（1）赵勇坚持企业长远发展，而其他股东要求更多的分红，你认为赵勇的目标是否与股东财富最大化的目标相矛盾？

（2）拥有控制权的大股东与供应商和客户等利益相关者之间的利益是否矛盾，如何协调矛盾？

（3）宏伟公司的所有权与经营权是合二为一的，这对企业的发展有什么利弊？

（4）重要利益相关者能否对企业的控制权产生影响？

项目二

理解财务管理的基本理念

学习目标 ↓

【知识目标】

- 理解货币时间价值和风险价值的概念;
- 掌握货币时间价值和风险价值的相关计算。

【能力目标】

- 能判断企业哪些经营管理活动需要考虑货币时间价值和风险;
- 能初步应用货币时间价值和风险价值进行相关决策。

【素养目标】

- 树立货币时间价值和风险价值的理念;
- 认识风险与收益的对称性规律,深刻明白有付出才有回报,只有诚实劳动、勤劳付出,才能拥有自己想要的未来;
- 具有风险意识,能直面风险,具备底线思维。

项目背景 ↓

货币时间价值是分析资本支出、评价投资经济效果、进行财务决策的重要依据,是企业财务管理的一个重要概念,企业在筹资、投资、利润分配中都要考虑货币时间价值。任何企业的财务活动,都是在特定的时空中进行的,因而货币时间价值是一个影响财务活动的基本因素。如果财务管理人员不了解货币时间价值,就无法正确衡量、计算不同时期的财务收入与支出,也无法准确地评价企业是处于盈利状态还是亏损状态。

风险是市场经济的一个重要特征,而企业的财务管理活动常常在有风险的情况下进行,冒风险就要获得额外的报酬,否则就不值得去冒险。因此,离开了风险因素,就不可能正确地评价报酬的高低。风险报酬原理正确地揭示了风险和报酬之间的关系,进而为进行财务决策提供了可靠的依据。

因此,财务管理作为一种价值管理,必须考虑货币时间价值和风险价值。

项目导入 ↓

案例一: 1797 年拿破仑在卢森堡第一国立小学演讲时说了这样一番话:"为了答谢贵校对我和我的夫人约瑟芬的盛情款待,不仅今天我要给贵校呈献一束玫瑰花,以后每年的今天,我都将亲自派人送来一束价值相等的玫瑰花,作为法兰西与卢森堡友谊的象征。"说完,他便潇洒地把一束价值 3 个法郎的玫瑰花送给了校长。

这一番演讲看似浪漫又热情，却在一百多年后，给法国惹了麻烦。事过境迁，拿破仑穷于应付连绵的战争和此起彼伏的政治事件，最终在滑铁卢惨败而被流放到圣赫勒拿岛（又翻译为圣海伦娜岛），他早已把在卢森堡的诺言忘得一干二净。可卢森堡对拿破仑与卢森堡和谐相处的一刻念念不忘，并将其载入史册。

1984 年年底，卢森堡旧事重提，向法国政府提出违背"赠送玫瑰花"诺言案的索赔：要么从 1797 年起用 3 个法郎作为一束玫瑰花的本金，以 5 厘复利（利滚利）计息，清偿价款；要么法国政府在各大报刊上公开承认拿破仑是个言而无信的小人。

起初，法国政府准备不惜重金维护拿破仑的声誉，但又被计算机算出的数字惊呆了：原本价值 3 个法郎的许诺，本息如今已高达 1 375 596 法郎。经过考虑，法国政府斟字酌句答复道："以后，无论在精神上还是物质上，法国将始终对卢森堡大公国的中小学教育事业予以支持与赞助，来兑现我们的拿破仑将军那一诺千金的'玫瑰花'信誉。"这一回复最终得到了卢森堡人民的谅解。

案例二：2008 年 1 月 18 日，法国兴业银行收到了一封来自另一家大银行的电子邮件，要求确认此前约定的一笔交易，但法国兴业银行和这家银行根本没有交易往来。因此，法国兴业银行进行了一次内部清查，结果发现这是一笔虚假交易。伪造邮件的是法国兴业银行的交易员凯维埃尔。深入调查后发现，法国兴业银行因凯维埃尔的行为损失了 49 亿欧元，约合 71 亿美元。究竟凯维埃尔从事的是什么业务，给法国兴业银行带来如此巨额的损失？原来是一种衍生金融工具——欧洲股指期货交易。早在 2005 年 6 月，凯维埃尔就利用自己高超的计算机技术，绕过法国兴业银行的五道安全限制，开始了违规的欧洲股指期货交易。"我在安联保险上建仓，赌股市会下跌。不久，股市真的大跌。我就像中了头彩……盈利 50 万欧元。"2007 年，凯维埃尔再赌市场下跌，因此大量做空，他又赌赢了。到 2007 年 12 月 31 日，他的账面盈余达到了 14 亿欧元，而当年法国兴业银行的总盈利是 55 亿欧元。从 2008 年开始，凯维埃尔认为欧洲股指上涨，于是开始买涨。然而，欧洲乃至全球股市都在暴跌，凯维埃尔的巨额盈利转眼变成了巨额损失。

【思考】这两个案例对学习财务管理知识有何启发？

任务分解 ↓

案例一启示货币具有时间价值，同样金额的资金在不同时间点上的价值完全不一样，如果间隔期很长，甚至会如案例中一样差额巨大。案例二启示风险无处不在，在追求收益最大化的同时，不能忽视风险因素。财务管理，实质是考虑货币时间价值下的风险和收益的权衡。因此，货币时间价值和风险价值是财务管理的两大基础理念。本项目分解为两个任务：认识货币时间价值和风险价值。

任务一　认识货币时间价值

本杰明·弗兰克说过："钱生钱，并且所生之钱会生出更多的钱。"这就是货币时间价值的本质。货币时间价值（Time Value of Money）理念认为，当前拥有的货币比未来收到的同样金额的货币具有更大的价值，因为当前拥有的货币可以进行投资，即使有通货膨胀的影响，只要存在投资机会，货币的现值就一定大于它的未来价值。

微课

货币时间价值

一、货币时间价值的含义

货币时间价值，是指在没有风险和没有通货膨胀的情况下，资金经历一定时间的投资和再投资所增加的价值，也称为资金时间价值。

在商品经济中，有这样一种现象：现在的 1 元和 1 年以后的 1 元其经济价值不相等，或者说其经济效用不同。现在的 1 元，比 1 年后的 1 元的经济价值要大一些，即使不存在通货膨胀也是如此。为什么会这样呢？因为资金投入生产经营后，其金额会随时间持续不断地增长，这是一种客观的经济现象。例如，生产型企业投入资金购买所需的资源，然后生产出新的产品，产品出售时得到的资金量大于最初投入的资金量。又如，将现在的 1 元投入银行，1 年后可得1.10 元（假设存款利率为 10%）。这 1 元经过 1 年时间的投资价值增加了 0.10 元，这就是货币时间价值。

在实务中，人们习惯使用相对数字表示货币时间价值，即用增加价值占投入资金的百分比表示。例如，前述货币时间价值为 10%。用相对数表示的货币时间价值也称为纯粹利率（以下简称"纯利率"）。纯利率是指没有通货膨胀、无风险情况下资金市场的平均利率。没有通货膨胀时，短期国库券的利率可以视为纯利率。

由于资金随时间的延续而增值，现在的 1 元与将来的 1 元多甚至是几元在经济上是等效的。换言之，就是现在的 1 元和将来的 1 元经济价值不相等。由于不同时间资金的价值不相等，所以，不同时间的资金不宜直接比较，需要折算到同一个时点上，才能进行比较。

二、货币时间价值在财务管理中的应用

（一）货币时间价值在筹资活动中的应用

企业在筹资活动中，首先要考虑资金成本（取得资金使用权所支付的费用）。货币时间价值是资金成本的基础构成部分。因为不论通过何种渠道筹集资金，企业都要为资金所有者暂时失去资金的使用价值而付出代价，这个代价即货币时间价值。由于各种筹资渠道、方式的资金成本不同，所以企业必须比较不同来源的资金成本合理配置资金，最终选出对企业有利的一种或几种筹资方式。

（二）货币时间价值在投资活动中的应用

货币时间价值必须通过投资才能获得，如果货币闲置，是不会产生货币时间价值的。因此，企业必须充分地利用资金，将资金用于投资以获得增值，即获得投资收益。可见，货币时间价值是投资收益的主要构成部分。但不同的投资项目，其投资收益是不同的，企业需要选择合适的投资方案，即进行投资决策。

企业进行投资决策时，由于存在货币时间价值，会使投资项目在不同时点产生的收入和成本费用不具有可比性，不能直接运算，因此，需要把不同时点的收入和成本费用折算到同一个时点，才能进行计算或比较。

（三）货币时间价值在经营活动中的应用

企业经营活动表现为资金的循环与周转，资金从货币资金开始，经过供、产、销三个过程，依次由货币资金转化为固定资金、储备资金，再转化为生产资金、成品资金，最后又转化为货币资金，这个过程便是资金的循环。随着生产经营过程的不断进行，资金不断地循环就叫作资金的周转。通过资金的循环，一定量的货币资金变成了更多的货币资金。可见，资金在循环中完成了增值，并通过周转不断地增值。资金周转的次数越多，增值额也越大。因此，对营运资金的管理，要致力于加速资金的周转，让资金在一定的时期内实现最大的增值，即获得最大的时间价值。

同时，在对应收账款、存货等营运资金进行管理时，需要考虑机会成本，以及它们所涉及的货币时间价值。

三、货币时间价值的计算

货币时间价值的计算方式包括单利计息和复利计息两种。单利计息方式下，只对本金计算利息，所生利息不再计入本金计算利息。复利计息方式下，既对本金计算利息，也对前期的利息计算利息，即每经过一个计息期，要将该期的利息加入本金再计算利息，逐期滚动计算，俗称"利滚利"。除了特别说明外，本书中所有关于货币时间价值的计算都按复利计息。

货币时间价值主要包括两个指标，即终值和现值。终值（Future Value）是现在的一笔钱或一系列支付款项按给定的利率计算所得到的在未来某个时点的价值，通常记作 F。现值（Present Value）是未来的一笔钱或一系列支付款项按给定的利率计算所得到的现在的价值，通常记作 P。

（一）一次性款项终值与现值的计算

1. 单利终值与现值

单利的相关计算公式如下。

$$F=P+I=P+P\times i\times n=P(1+i\times n) \tag{式2-1}$$

$$P=F/(1+i\times n) \tag{式2-2}$$

$$I=P\times i\times n \tag{式2-3}$$

其中，P 为现值（或初始值），i 为计息期利率，F 为终值（或本利和），n 为计息期数，I 为计息期获得的利息。

【例 2-1】某人现在一次性存入银行 10 000 元，年利率为 10%，时间为 5 年，按单利计息。5 年期满后的本利和是多少？

解： 利息=10 000×10%×5=5 000（元）

本利和=10 000+5 000=15 000（元）

【例 2-2】某人为了 5 年期满后得到 25 000 元，年利率为 5%，按单利计息。目前应存入多少钱？

解： 已知 F=25 000，i=5%，n=5，则 $P=F/(1+i\times n)$=25 000/（1+5%×5）=20 000（元）

2. 复利终值与现值

（1）复利终值。复利终值是指现在的特定资金按复利计算方法，折算到将来某一时点的价值；或者是现在的一定本金在将来一定时间，按复利计算的本金与利息之和。

【例 2-3】某人将 100 万元存入银行，年利率为 10%，请分别计算复利计息下一年、两年后的本利和。

解： 一年后的本利和 F_1=100+100×10%=100×（1+10%）=110（万元）

两年后的本利和 F_2=100×（1+10%）×（1+10%）=100×（1+10%）^{2}=121（万元）

由此递推，经过 n 年的本利和 F_n=100×（1+10%）^{n}，因此，复利终值的计算公式如下。

$$F=P(1+i)^n \tag{式2-4}$$

式 2-4 中，$(1+i)^n$ 称为复利终值系数，用符号（F/P，i，n）表示，即 $F=P(F/P,i,n)$。为方便计算，复利终值系数的值可查阅本书附表一"复利终值系数表"得到。例如，通过该表可查出（F/P，10%，3）=1.331 0，表明在利率为 10% 的情况下，现在的 1 元和 3 年后的 1.331 0 元在经济上是等效的。

【例 2-4】某人将 100 万元存入银行，年利率为 4%，半年计息一次，按照复利计算，求 5 年后的本利和。

解： 本例中，一个计息期为半年，一年有两个计息期，所以，计息期利率=4%÷2=2%，即 i=2%。由于 5 年共计有 10 个计息期，故 n=10。

5 年后的本利和 $F=100\times1.219\,0=121.90$（万元）

（2）复利现值。复利现值是指未来某一时点的特定资金按复利计算方法，折算到现在的价值；或者是为取得将来一定的本利和，现在需要支出的本金。

对复利终值计算公式移项，可得复利现值的计算公式，如下。

$$P=F\left(1+i\right)^{-n} \tag{式 2-5}$$

式 2-5 中，$\left(1+i\right)^{-n}$ 称为复利现值系数，用符号 $\left(P/F,i,n\right)$ 表示，即 $P=F\left(P/F,i,n\right)$。为方便计算，复利现值系数的值可查阅本书附表二"复利现值系数表"得到。

【例 2-5】 刘某拟在 5 年后获得本利和 100 万元。假设存款年利率为 4%，按照复利计息，他现在应存入多少元？

解： $P=100\times\left(P/F,4\%,5\right)=100\times0.821\,9=82.19$（万元）

> **提示**
>
> 在复利终值和复利现值的计算中，现值可以泛指资金在某个特定时间段的"前一时点"（而不一定真的是"现在"）的价值，终值可以泛指资金在该时间段的"后一时点"的价值。我们可以按照要求，将该时间段划分为若干个计息期，使用相应的利息率和复利计息方法，将某个时点的资金计算得出该笔资金相当于其他时点的价值。

（二）年金终值与现值的计算

年金是指间隔期相等的系列等额收付款项。例如，间隔期固定且金额相等的分期付款赊购、分期偿还的贷款、养老金、分期支付的工程款及每年相同的销售收入等，都属于年金。年金包括普通年金、预付年金、递延年金、永续年金等形式。在年金中，间隔期间可以不是一年，如每季末等额支付的债务利息也是年金。

1. 普通年金

普通年金是基本的年金形式，它是指从第一期起，在一定时期内每期期末等额收付的系列款项，又称为后付年金。等额收付 3 次的普通年金如图 2-1 所示。

图 2-1 中数字代表的时点是期末，例如，"2"代表的时点是第二期期末。需要说明的是，上期期末和下期期初是同一个时点，所以，"2"代表的时点也可以表述为第三期期初。通常"0"代表的时点是第一期期初。A 表示每次等额收付的金额。

（1）普通年金终值。对于等额收付 n 次的普通年金而言，其终值指的是各期等额收付金额在第 n 期期末的复利终值之和，如图 2-2 所示。

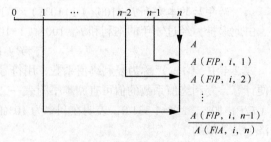

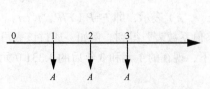

图 2-1　等额收付 3 次的普通年金　　　　图 2-2　普通年金终值计算示意

计算普通年金终值的一般公式如下。

$$F=A+A\left(1+i\right)^{1}+A\left(1+i\right)^{2}+\cdots+A\left(1+i\right)^{n-1} \tag{式 2-6}$$

$$=A \times \frac{(1+i)^n - 1}{i}$$

$$=A(F/A, i, n)$$ （式2-7）

式2-7中，$\frac{(1+i)^n - 1}{i}$ 称为年金终值系数，记作 $(F/A, i, n)$。$(F/A, i, n)$ 可直接查阅本书附表三 "年金终值系数表" 得到。$(F/A, i, n)$ 中的 "n" 指的是等额收付的次数（即 A 的个数）。

【例2-6】 2018年1月16日，某人制定了一个存款计划，计划从2019年1月16日开始，每年存入银行10万元，共计存款5次，最后一次存款时间是2023年1月16日。每次的存款期限都是1年，到期时利息和本金自动续存。假设存款年利率为2%，问：在2023年1月16日总共可以取出多少钱？如果2024年1月16日取出，则可以取出多少钱？

解： 2023年1月16日取出的全部本利和=10×$(F/A, 2\%, 5)$

$$=10 \times 5.2040$$

$$=52.04（万元）$$

2024年1月16日取出的全部本利和=10×$(F/A, 2\%, 5)$×$(1+2\%)$

$$=10 \times 5.2040 \times 1.02$$

$$=53.08（万元）$$

（2）普通年金现值。普通年金现值是指普通年金中各期等额收付金额在第一期期初（0时点）的复利现值之和，如图2-3所示。

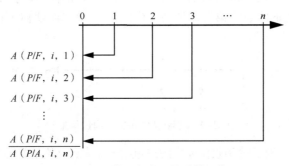

图2-3　普通年金现值计算示意

计算普通年金现值的一般公式如下。

$$P=A(1+i)^{-1}+A(1+i)^{-2}+A(1+i)^{-3}+\cdots+A(1+i)^{-n}$$ （式2-8）

$$=A \times \frac{1-(1+i)^{-n}}{i}$$

$$=A(P/A, i, n)$$ （式2-9）

式2-9中，$\frac{1-(1+i)^{-n}}{i}$ 称为年金现值系数，记作 $(P/A, i, n)$。$(P/A, i, n)$ 的数值可以查阅本书附表四 "年金现值系数表" 得到。$(P/A, i, n)$ 中的 "n" 指的是等额收付的次数（即 A 的个数）。

（3）年偿债基金。年偿债基金是指为了在约定的未来某一时点清偿某笔债务或积聚一定数额的资金而必须分次、等额形成的存款准备金，也就是为使年金终值达到既定金额的年金数额（即已知终值 F 求年金 A）。在普通年金终值公式中解出 A，这个 A 就是年偿债基金。

由 $F=A \times \frac{(1+i)^n - 1}{i}$，可得 $A=F \times \frac{i}{(1+i)^n - 1}$。其中，$\frac{i}{(1+i)^n - 1}$ 称作偿债基金系数，

记作（A/F，i，n），其与普通年金终值系数互为倒数关系。

【例 2-7】某家长计划 10 年后一次性取出 50 万元，作为孩子的留学费用。假设银行存款年利率为 5%，按复利计息。该家长计划 1 年后开始存款，每年存一次，每次存款数额相同，共计存10 次。假设每次存款的数额为 A 万元，则有 $A=F/（F/A，5\%，10）=50/12.578=3.98$（万元）。

（4）年资本回收额。资本回收额是指在约定年限内等额回收初始投入资本的金额。年资本回收额的计算实际上是已知普通年金现值 P，求年金 A，其计算过程如下。

由 $P=A\times\dfrac{1-(1+i)^{-n}}{i}$，可得 $A=P\times\dfrac{i}{1-(1+i)^{-n}}$。其中，$\dfrac{i}{1-(1+i)^{-n}}$ 称作资本回收系数，记作（A/P，i，n），其与普通年金现值系数互为倒数关系。

【例 2-8】某人于 2021 年 1 月 25 日按揭贷款买房，贷款金额为 100 万元，年限为 10 年，年利率为 6%，月利率为 0.5%。从 2021 年 2 月 25 日开始还款，每月还一次，共计还款 120 次，每次还款的金额相同。假设每次还款额为 A 万元，则有 $A=P/（P/A，i，n）=100/（P/A，0.5\%，120）$。其中，$（P/A，0.5\%，120）$ 的数值无法在附表四中查到，可根据 $（P/A，i，n）$ 的数学表达式用计算器求得 $（P/A，0.5\%，120）=90.08$，由此可得每月的还款额 $A=100\div90.08=1.11$（万元）。

2. 预付年金

预付年金是指从第一期起，在一定时期内每期期初等额收付的系列款项，又称即付年金或先付年金。预付年金与普通年金的区别仅在于收付款时点不同，普通年金发生在期末，而预付年金发生在期初。等额收付 3 次的预付年金如图 2-4 所示。对于等额收付 3 次的预付年金而言，等额收付发生的时点为第一期期初（0 时点）、第二期期初（1 时点）和第三期期初（2 时点）。

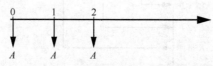

图 2-4　等额收付 3 次的预付年金

（1）预付年金终值。对于等额收付 n 次的预付年金而言，其终值指的是各期等额收付金额在第 n 期期末的复利终值之和。等额收付 n 次的预付年金终值的计算如图 2-5 所示。

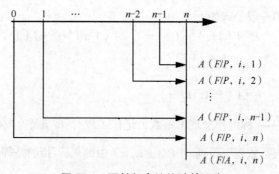

图 2-5　预付年金终值计算示意

计算预付年金终值的一般公式如下。

$$F=A(1+i)+A(1+i)^{2}+\cdots+A(1+i)^{n-1}+A(1+i)^{n} \qquad （式 2-10）$$

基于普通年金终值的计算公式，对式 2-10 进行适当处理，可推导出预付年金终值计算的常用公式。

方式一：等式两边同时乘以 $(1+i)^{-1}$

$$F(1+i)^{-1}=A+A(1+i)+A(1+i)^{2}+\cdots+A(1+i)^{n-1}$$
$$=A(F/A,\ i,\ n)$$
$$F=A(F/A,\ i,\ n)\times(1+i) \tag{式 2-11}$$

方式二：等式右边加 A 并减 A

$$F=A+A(1+i)+A(1+i)^{2}+\cdots+A(1+i)^{n-1}+A(1+i)^{n}-A$$
$$=A(F/A,\ i,\ n+1)-A$$
$$=A[(F/A,\ i,\ n+1)-1] \tag{式 2-12}$$

【例 2-9】 2020 年 1 月 16 日，某人制定了一个存款计划，计划从 2020 年 1 月 16 日开始，每年存入银行 10 万元，共计存款 5 次，最后一次存款时间是 2024 年 1 月 16 日。每次的存款期限都是 1 年，到期时利息和本金自动续存。假设存款年利率为 2%，打算在 2025 年 1 月 16 日取出全部本金和利息。问：可以取出多少？

解：本例以 2020 年 1 月 16 日为 0 时点，此存款方式为预付年金。已知 $n=5$，$i=2\%$，$A=10$ 万元，求解预付年金终值。

基于式 2-11，2025 年 1 月 16 日取出的全部本利和

$$=10\times(F/A,\ 2\%,\ 5)\times(1+2\%)=10\times5.204\ 0\times1.02=53.08（万元）$$

基于式 2-12，2025 年 1 月 16 日取出的全部本利和

$$=10\times[(F/A,\ 2\%,\ 6)-1]=10\times(6.308\ 1-1)=53.08（万元）$$

（2）预付年金现值。预付年金现值是指预付年金中各期等额收付金额在第一期期初（0 时点）的复利现值之和。等额收付 n 次的预付年金现值的计算如图 2-6 所示。

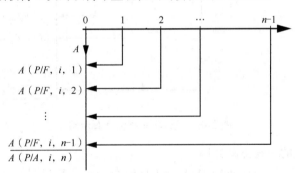

图 2-6　预付年金现值计算示意

计算预付年金现值的一般公式如下。

$$P=A+A(1+i)^{-1}+A(1+i)^{-2}+A(1+i)^{-3}+\cdots+A(1+i)^{-(n-1)} \tag{式 2-13}$$

基于普通年金现值的计算公式，对式 2-13 进行适当处理，可推导出预付年金现值计算的常用公式。

方式一：等式两边同时乘以 $(1+i)^{-1}$ 可得

$$P\times(1+i)^{-1}=A(1+i)^{-1}+A(1+i)^{-2}+A(1+i)^{-3}+\cdots+A(1+i)^{-n}$$
$$=A(P/A,\ i,\ n)$$

等式两边同时乘以 $(1+i)$ 得到

$$P=A(P/A,\ i,\ n)\times(1+i) \tag{式 2-14}$$

方式二：

$$P=A+A(1+i)^{-1}+A(1+i)^{-2}+A(1+i)^{-3}+\cdots+A(1+i)^{-(n-1)}$$
$$=A+A(P/A,\ i,\ n-1)$$

$=A[1+(P/A, i, n-1)]$ （式 2-15）

【例 2-10】甲公司购买一台设备，付款方式为现在付 10 万元，以后每年付 10 万元，共计付款 6 次。假设年利率为 5%，如果打算现在一次性付款，应该付多少？

解： 本例的支付形式为预付年金。已知 $i=5\%$，$n=6$ 年，$A=10$ 万元，求解预付年金现值。

基于式 2-14，$P=10\times(P/A, 5\%, 6)(1+5\%)=10\times5.075\ 7\times1.05=53.295$（万元）

基于式 2-15，$P=10\times[1+(P/A, 5\%, 5)]=10\times(1+4.329\ 5)=53.295$（万元）

3. 递延年金

递延年金由普通年金递延形成，递延的期数称为递延期，一般用 m 表示递延期。递延年金的第一次收付发生在第（$m+1$）期期末（m 为大于 0 的整数）。递延年金的收付形式如图 2-7 所示。

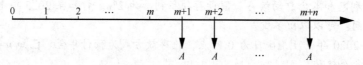

图 2-7　递延年金的收付形式

（1）递延年金终值。对于递延期为 m、等额收付 n 次的递延年金而言，其终值指的是各期等额收付金额在第（$m+n$）期期末的复利终值之和，其计算如图 2-8 所示。

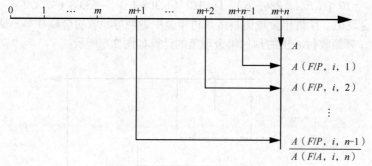

图 2-8　递延年金终值计算示意

计算递延年金终值的一般公式如下。

$$F=A+A(1+i)+A(1+i)^2+\cdots+A(1+i)^{n-1}$$ （式 2-16）

经过比较可知，递延期为 m、等额收付 n 次的递延年金的一般公式与等额收付 n 次的普通年金终值的一般公式完全相同。因此，递延年金的计算公式可进一步简化如下。

$$F=A+A(1+i)+A(1+i)^2+\cdots+A(1+i)^{n-1}$$
$$=A(F/A, i, n)$$ （式 2-17）

可见，递延年金终值与递延期无关。

【例 2-11】2018 年 1 月 16 日，某人制定了一个存款计划，计划从 2020 年 1 月 16 日开始，每年存入银行 10 万元，共计存款 5 次，最后一次存款时间是 2024 年 1 月 16 日。每次的存款期限都是 1 年，到期时利息和本金自动续存。假设存款年利率为 2%，计算在 2024 年 1 月 16 日全部本金和利息的合计。

解： 基于式 2-17，$F=10\times(F/A, 2\%, 5)=10\times5.204\ 0=52.04$（万元）。

（2）递延年金现值。递延年金现值是指递延年金中各期等额收付金额在第一期期初（0 时点）的复利现值之和。递延年金现值的计算有两种方式。

方式一：递延年金的计算方式一如图 2-9 所示，计算过程如下。

① 计算以 m 为 0 时点的 n 期普通年金的现值 P'。

$$P'=A（P/A，i，n）$$

此时，将递延年金折算到了 m 时点。

② 计算 P' 的复利现值，即递延年金的现值。

$$P=P'（P/F，i，m）=A（P/A，i，n）（P/F，i，m）\qquad（式 2-18）$$

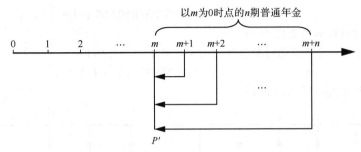

图 2-9　递延年金现值的计算（一）

方式二：递延年金的计算方式二如图 2-10 所示，虚构 m 期支付款项，由此可以构造出两种普通年金：m 期普通年金和 $m+n$ 期普通年金，计算过程如下所示。

① 分别计算出这两种普通年金的现值。

m 期普通年金现值 $P_m=A（P/A，i，m）$

$m+n$ 期普通年金现值 $P_{m+n}=A（P/A，i，m+n）$

② 计算递延年金的现值 P。

$$P=P_{m+n}-P_m=A[（P/A，i，m+n）-（P/A，i，m）]\qquad（式 2-19）$$

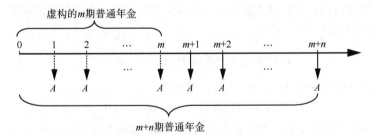

图 2-10　递延年金现值的计算（二）

【例 2-12】A 公司 2021 年 12 月 10 日欲购一批计算机，销售方提出三种付款方案，具体如下。

方案一：2021 年 12 月 10 日付款 10 万元，从 2023 年开始，每年 12 月 10 日付款 28 万元，连续支付 5 次。

方案二：2021 年 12 月 10 日付款 5 万元，从 2022 年开始，每年 12 月 10 日付款 25 万元，连续支付 6 次。

方案三：2021 年 12 月 10 日付款 10 万元，从 2022 年开始，6 月 10 日和 12 月 10 日付款，每次支付 15 万元，连续支付 8 次。

假设 A 公司的投资收益率为 10%，A 公司应该选择哪个方案？

解：把 2020 年 12 月 10 日作为 0 时点，方案一的付款形式如图 2-11 所示。

02

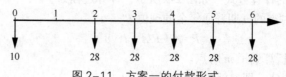

图 2-11　方案一的付款形式

根据式 2-18 可知，方案一的付款现值=10+28×（P/A，10%，5）×（P/F，10%，1）

=10+28×3.790 8×0.909 1=106.49（万元）

方案二的付款形式如图 2-12 所示。

根据式 2-9 可知，方案二的付款现值=5+25×（P/A，10%，6）

=5+25×4.355 3=113.88（万元）

方案三的付款形式如图 2-13 所示。

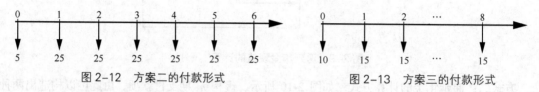

图 2-12　方案二的付款形式　　　　　图 2-13　方案三的付款形式

方案三中，等额付款间隔时间为半年，折现率为 10%÷2=5%。

根据式 2-9 可知，方案三的付款现值=10+15×（P/A，5%，8）=10+15×6.463 2=106.95（万元）

由于方案一的付款现值最小，所以 A 公司应该选择方案一。

4. 永续年金

永续年金是普通年金的极限形式，当普通年金的收付次数为无穷大时即为永续年金。永续年金的第一次等额收付发生在第一期期末。永续年金没有终值。

永续年金的现值可以看成收付次数为 n 时普通年金的现值，永续年金的现值可以通过普通年金现值的计算公式导出：

$$n 期普通年金现值 P=A\times\frac{1-(1+i)^{-n}}{i}\qquad（式 2-20）$$

当 $n\rightarrow\infty$ 时，$(1+i)^{-n}\rightarrow0$，$1-(1+i)^{-n}\rightarrow1$，因此，

$$永续年金的现值 P（n\rightarrow\infty）=A/I\qquad（式 2-21）$$

【例 2-13】某年金的收付形式为从第 1 期期初开始，每期支付 80 元，一直到永远。假设年利率为 5%，其现值为多少？

解：本例中第一次支付发生在第 1 期期初，所以，该年金不是永续年金。

方法一：若不考虑第 1 期收付，将第 2 期看作第 1 期期末收付，则从第 2 期期初开始收付的年金是永续年金。所以现值 P=80+80÷5%=1 680（元）。

方法二：在第 1 期前再构造 1 期，现值 P=80÷5%×（1+5%）=1 680（元）。

四、货币时间价值计算中的插值法与逐步测试法

假设所求利率为 i，i 对应的现值（或者终值）系数为 B，B_1、B_2 为现值（或者终值）系数表中 B 相邻的系数，i_1、i_2 为 B_1、B_2 对应的利率，则可以按照下面的方程计算：

$$（i_2-i）/（i_2-i_1）=（B_2-B）/（B_2-B_1）$$

或

$$（i-i_1）/（i_2-i_1）=（B-B_1）/（B_2-B_1）$$

02

下面通过三个例题来介绍货币时间价值计算中的插值法与逐步测试法的计算过程。

【例2-14】 郑先生自主创业第 1 年获得 50 000 元利润，他决定将这笔钱存起来作为孩子的教育基金。如果 20 年后这笔钱连本带利达到 250 000 元，那么银行存款的年利率为多少，郑先生的计划才能实现？

解： 根据题意可知，$50\,000 \times (F/P, i, 20) = 250\,000$，即 $(F/P, i, 20) = 5$。

采用插值法计算：

利率	复利终值系数
8%	4.661 0
i	5
9%	5.604 4

即 $(i-8\%) / (9\%-8\%) = (5-4.661\,0) / (5.604\,4-4.661\,0)$

得 $i = 8.36\%$

【例2-15】 某人投资 10 万元，预计每年可获得 25 000 元的回报，若项目的寿命期为 5 年，则投资回报率为多少？

解： 根据题意可知，$25\,000 \times (P/A, i, 5) = 100\,000$，即 $(P/A, i, 5) = 4$。

采用插值法计算：

利率	年金现值系数
7%	4.100 2
i	4
8%	3.992 7

即 $(i-7\%) / (8\%-7\%) = (4-4.100\,2) / (3.992\,7-4.100\,2)$

得 $i = 7.93\%$

【例2-16】 某公司发行分期付息、到期还本的 10 年期债券，债券面值为 100 元，票面利率为 5%，发行价格为 104 元，求此债券的投资收益率。

解： 根据题意可得，$100 \times 5\% \times (P/A, i, 10) + 100 \times (P/F, i, 10) = 104$。

先进行逐步测试，找出与所求利率相邻的两个利率。

经过测试可知：

$i=5\%$ 时，$5 \times (P/A, i, 10) + 100 \times (P/F, i, 10) = 5 \times 7.721\,7 + 100 \times 0.613\,9 = 100$。

$i=4\%$ 时，$5 \times (P/A, i, 10) + 100 \times (P/F, i, 10) = 5 \times 8.110\,9 + 100 \times 0.675\,6 = 108.11$。

下面可以使用插值法计算 i 的值。

利率	对应数值
5%	100
i	104
4%	108.11

即 $(5\%-i) / (5\%-4\%) = (100-104) / (100-108.11)$

得 $i = 4.51\%$

五、名义利率与实际利率

（一）一年多次计息时的实际利率

一年多次计息时，给出的年利率为名义利率，按照复利计算的年利息与本金的比值为实际利率。假设本金为 100 元，年利率为 10%，一年计息 2 次，即一年复利 2 次。则每次复利的利率为 5%，一年后的本利和（复利终值）为 $100×（1+5\%）^2$，按照复利计算的年利息为 $100×（1+5\%）^2-100=100×[（1+5\%）^2-1]$，则实际利率为 $100×[（1+5\%）^2-1]÷100=（1+5\%）^2-1$，用公式表示为

$$i=（1+r/m）^m-1 \qquad\qquad （式2-22）$$

式 2-22 中，i 为实际利率，r 为名义利率，m 为每年复利计息的次数。

从式 2-22 可以看出，在一年多次计息时，实际利率高于名义利率，并且在名义利率相同的情况下，一年计息次数越多，实际利率越大。

（二）通货膨胀情况下的实际利率

在通货膨胀情况下，央行或其他提供资金借贷的机构所公布的利率是未调整通货膨胀因素的名义利率，即名义利率中包含通货膨胀率。实际利率是指剔除通货膨胀率后储户或投资者得到利息回报的真实利率。

假设本金为 100 元，实际年利率为 5%，通货膨胀率为 2%。如果不考虑通货膨胀因素，则一年后的本利和=100×（1+5%）=105（元）。如果考虑通货膨胀因素，通货膨胀导致货币贬值，则

一年后的本利和=100×（1+5%）×（1+2%）=107.1（元）

年利息=100×（1+5%）×（1+2%）-100=100×[（1+5%）×（1+2%）-1]=7.1（元）

即名义利率=（1+5%）×（1+2%）-1 或 1+名义利率=（1+5%）×（1+2%）。用公式表示名义利率与实际利率之间的关系为

$$1+名义利率=（1+实际利率）×（1+通货膨胀率）$$

所以，实际利率的计算公式为

$$实际利率=（1+名义利率）/（1+通货膨胀率）-1$$

公式表明，如果通货膨胀率大于名义利率，则实际利率为负数。

【例 2-17】假如商业银行一年期存款利率为 3%，通货膨胀率为 2%，则实际利率为多少？

解： 由题意知，实际利率=（1+3%）÷（1+2%）-1=0.98%。

如果本例中通货膨胀率为 4%，则实际利率=（1+3%）÷（1+4%）-1=-0.96%。

任务二　风险价值

风险是指各种可能结果偏离预期结果的程度。风险通常按照期望收益的标准差和标准差率来衡量。

一、单项资产的风险衡量

衡量风险的指标主要有收益率的方差、标准差和标准差率等。

（一）已知未来收益率的可能值及发生的概率

1. 概率分布

衡量风险需要使用概率和统计方法。在经济活动中，某一事件在相同的条件下可能发生也可能不发生，这类事件称为随机事件。概率是用来表示随机事件发生可能性大小的数值。通常，把必然发生的事件的概率定为 1，把不可能发生的事件的概率定为 0，

微课

单项资产的风险和报酬

而一般随机事件的概率则介于 0 与 1 之间。概率越大就表示该事件发生的可能性越大。随机事件所有可能结果出现的概率之和等于 1。

2. 期望值

期望值是一个概率分布中的所有可能结果，以各自相应的概率为权数计算的加权平均值。期望值通常用符号 $\overline{E}$ 表示，计算公式如下。

$$\overline{E} = \sum_{i=1}^{n} X_i P_i \qquad （式 2-23）$$

式 2-23 中，X_i 表示的是第 i 种情况可能出现的结果，P_i 表示的是第 i 种情况可能出现的概率。

3. 方差、标准差和标准差率

（1）方差。在概率已知的情况下，方差的计算公式如下。

$$\sigma^2 = \sum_{i=1}^{n} (X_i - \overline{E})^2 \times p_i \qquad （式 2-24）$$

式 2-24 中，$(X_i - \overline{E})$ 表示第 i 种情况可能出现的结果与期望值的离差。

方差的计算公式可以表述为：离差的平方的加权平均数。

（2）标准差。标准差也叫作标准离差，是方差的平方根。在概率已知的情况下，其计算公式如下。

$$\sigma = \sqrt{\sum_{i=1}^{n} (X_i - \overline{E})^2 \times P_i} \qquad （式 2-25）$$

标准差以绝对数衡量决策方案的风险。在期望值相同的情况下，标准差越大，风险越大；反之，标准差越小，则风险越小。

由于无风险资产没有风险，所以无风险资产的标准差等于零。

【例 2-18】某企业有 A、B 两个投资项目，两个投资项目的收益率及其概率分布情况如表 2-1 所示，分别计算 A、B 两个项目投资收益率的方差和标准差，并比较 A、B 两个项目的风险大小。

表 2-1　　　　　　　　　　项目 A 和项目 B 投资收益率的概率分布

项目实施情况	该种情况出现的概率		投资收益率	
	项目 A	项目 B	项目 A	项目 B
好	0.2	0.3	15%	20%
一般	0.6	0.4	10%	15%
差	0.2	0.3	0	-10%

解： 项目 A 的期望投资收益率=0.2×15%+0.6×10%+0.2×0=9%

项目 B 的期望投资收益率=0.3×20%+0.4×15%+0.3×（-10%）=9%

项目 A 投资收益率的方差=0.2×（15%-9%）²+0.6×（10%-9%）²+0.2×（0-9%）²=0.002 4

项目 B 投资收益率的方差=0.3×（20%-9%）²+0.4×（15%-9%）²+0.3×（-10%-9%）²=0.015 9

项目 A 投资收益率的标准差=$\sqrt{0.002\,4}$=4.90%

项目 B 投资收益率的标准差=$\sqrt{0.015\,9}$=12.61%

由于项目 A 和项目 B 投资收益率的期望值相同（均为 9%），所以，标准差大的风险大，计算结果表明项目 B 的风险高于项目 A。

（3）标准差率。标准差率是标准差同期望值之比，通常用符号 V 表示，其计算公式如下。

$$V = \frac{\sigma}{\overline{E}} \times 100\%$$

标准差率是一个相对指标，它以相对数反映决策方案的风险程度。方差和标准差作为绝对数，只适用于期望值相同的决策方案风险程度的比较。对于期望值不同的决策方案，评价和比较其各自的风险程度只能借助于标准差率这一相对数值。在期望值不同的情况下，标准差率越大，风险越大；反之，标准差率越小，风险越小。

【例 2-19】假设项目 A 和项目 B 的期望投资收益率分别为 10%和 12%，投资收益率的标准差分别为 6%和 7%，比较项目 A 和项目 B 的风险大小。

解： 由于项目 A 和项目 B 投资收益率的期望值不相同，所以，不能根据标准差比较风险大小，应该计算各自的标准差率，然后得出结论。

项目 A 投资收益率的标准差率=6%÷10%×100%=60%

项目 B 投资收益率的标准差率=7%÷12%×100%=58.33%

计算结果表明项目 A 的风险高于项目 B。

通过上述方法将决策方案的风险加以量化后，决策者便可据此做出决策。对于多方案择优，决策者应选择低风险、高收益的方案，即选择标准差率最低、期望收益最高的方案。然而高收益往往伴有高风险，低收益方案的风险程度往往也较低，究竟选择何种方案，不仅要权衡期望收益与风险，还要考虑决策者对风险的态度，综合做出决定。对风险比较反感的人可能会选择期望收益较低，同时风险也较低的方案；喜欢冒风险的人则可能选择风险虽高，但同时收益也高的方案。一般投资者和企业管理者对风险比较反感，在期望收益相同的情况下，会选择风险小的方案。

（二）已知收益率的历史数据

1. 平均收益率

$$\overline{R} = \frac{\sum_{i=1}^{n} R_i}{n} \qquad （式 2-26）$$

2. 方差

$$\sigma^2 = \frac{\sum_{i=1}^{n} (R_i - \overline{R})^2}{n-1} \qquad （式 2-27）$$

3. 标准差

$$\sigma = \sqrt{\frac{\sum_{i=1}^{n} (R_i - \overline{R})^2}{n-1}} \qquad （式 2-28）$$

4. 标准差率

$$V = \frac{\sigma}{\overline{R}} \times 100\% \qquad （式 2-29）$$

【例 2-20】假定甲、乙两项资产的历史收益率的有关资料如表 2-2 所示。

表 2-2 　　　　　　　　　　　　甲、乙两项资产的历史收益率

年份	甲资产的收益率	乙资产的收益率
2017	−10%	15%
2018	5%	10%
2019	10%	0%
2020	15%	−10%
2021	20%	30%

要求：估算两项资产的预期收益率、标准差、标准差率。

解：甲资产的预期收益率=（-10%+5%+10%+15%+20%）÷5=8%

乙资产的预期收益率=（15%+10%+0-10%+30%）÷5=9%

$$甲资产方差=\frac{(-10\%-8\%)^2+(5\%-8\%)^2+(10\%-8\%)^2+(15\%-8\%)^2+(20\%-8\%)^2}{5-1}=0.013\,25$$

$$乙资产方差=\frac{(15\%-9\%)^2+(10\%-9\%)^2+(0\%-9\%)^2+(-10\%-9\%)^2+(30\%-9\%)^2}{5-1}=0.023\,0$$

$$甲资产标准差=\sqrt{0.013\,25}=0.115\,1$$

$$乙资产标准差=\sqrt{0.023\,0}=0.151\,7$$

甲资产标准差率=0.115 1÷8%=1.44

乙资产标准差率=0.151 7÷9%=1.69

二、证券投资组合的风险衡量

两项或两项以上资产所构成的集合，称为资产组合。如果资产组合中的资产均为有价证券，则该资产组合也称为证券资产组合或证券组合。

证券资产组合的风险与收益具有与单项资产不同的特征。尽管方差、标准差、标准差率是衡量风险的有效工具，但当某项资产或证券成为投资组合的一部分时，这些指标就可能不再是衡量风险的有效工具。

（一）两项资产组合的风险衡量

两项证券资产组合的收益率的方差满足以下关系式：

$$\sigma_\rho^2=W_1^2\sigma_1^2+W_2^2\sigma_2^2+2W_1W_2\rho_{1,2}\sigma_1\sigma_2 \qquad （式2\text{-}30）$$

式2-30中：σ_ρ 表示证券资产组合的标准差，它衡量的是证券资产组合的风险；σ_1 和 σ_2 分别表示组合中两项资产收益率的标准差；W_1 和 W_2 分别表示组合中两项资产所占的价值比例；$\rho_{1,2}$ 反映两项资产收益率的相关程度，即两项资产收益率之间的相对运动状态，称为相关系数。理论上，相关系数在区间 [-1，1] 内。

当 $\rho_{1,2}$ 等于 1 时，表明两项资产的收益率具有完全正相关的关系，即它们的收益率变化方向和变化幅度完全相同。这时，$\sigma_\rho^2=(W_1\sigma_1+W_2\sigma_2)^2$，即 σ_ρ^2 达到最大。由此表明，组合的风险等于组合中各资产风险的加权平均值。换句话说，当两项资产的收益率完全正相关时，两项资产的风险完全不能相互抵消，所以这样的组合不能降低任何风险。

当 $\rho_{1,2}$ 等于-1 时，表明两项资产的收益率具有完全负相关的关系，即它们的收益率变化方向和变化幅度完全相反。这时，$\sigma_\rho^2=(W_1\sigma_1-W_2\sigma_2)^2$，即 σ_ρ^2 达到最小，甚至可能是零。因此，当两项资产的收益率完全负相关时，两项资产的风险可以充分地相互抵消，甚至完全消除。这样的组合能够最大限度地降低风险。

在实务中，两项资产的收益率具有完全正相关或完全负相关关系的情况几乎是不可能的。绝大多数资产两两之间都具有不完全的相关关系，即相关系数小于 1 且大于-1（多数情况下大于 0）。因此，会有 $0<\sigma_\rho<(W_1\sigma_1+W_2\sigma_2)$，即证券资产组合收益率的标准差小于组合中各资产收益率标准差的加权平均值，也即证券资产组合的风险小于组合中各项资产风险的加权平均值。因此，大多数情况下，证券资产组合能够分散风险，但不能完全消除风险。

（二）系统风险和非系统风险

在证券资产组合中，能够随着资产种类增加而降低直至消除的风险，被称为非系统风险；不能随着资产种类增加而分散的风险，被称为系统风险。

1. 非系统风险

非系统风险，是指个别公司的特有事件造成的风险。例如，一家公司的工人罢工、新产品开发失败、失去重要的销售合同、诉讼失败，或者发现新矿藏、取得一份重要合同等。这类事件是非预期的、随机发生的，它只影响一个或少数公司，不会对整个市场产生太大影响。这种风险可以通过资产组合来分散，即发生于一家公司的不利事件可以被其他公司的有利事件抵消。

由于非系统风险是个别公司或个别资产所特有的，因此也称"特殊风险"或"特有风险"。由于非系统风险可以通过资产组合分散，因此也称"可分散风险"。

值得注意的是，在分散风险的过程中，不应当过分夸大资产多样性和资产数量的作用。实际上，在资产组合中资产数量较少时，增加资产的数量，风险分散的效果会比较明显，但资产数量增加到一定程度时，风险分散的效果就会逐渐减弱。数据表明，组合中不同行业的资产数量达到20个时，绝大多数非系统风险可被消除。此时，如果继续增加资产数量，对分散风险已经没有多大的实际意义，只会增加管理成本。另外，不要指望通过资产多样化达到完全消除风险的目的，因为系统风险是不能够通过分散风险来消除的。

2. 系统风险

系统风险又称为市场风险或不可分散风险，是影响所有资产的、不能通过资产组合消除的风险。系统风险是由影响整个市场的风险因素引起的。这些因素包括宏观经济形势的变动、国家经济政策的变化、税制改革、企业会计准则改革、世界能源状况、政治因素等。

（三）系统风险衡量

不同资产的系统风险不同，为了对系统风险进行量化，用 β 系数衡量系统风险的大小。以市场组合（由市场上所有资产组成的组合）的系统风险（市场组合的非系统风险已经被消除）为基准，指定市场组合的 β 系数等于 1，某资产的 β 系数等于该资产的系统风险相当于市场组合系统风险的倍数。

绝大多数资产的 β 系数是大于0的，也就是说，绝大多数资产收益率的变化方向与市场平均收益率的变化方向是一致的，只是变化幅度不同；当某资产的 β 系数大于1时，说明该资产收益率的变动幅度大于市场组合收益率的变动幅度。

由于无风险资产没有风险，所以，无风险资产的 β 系数等于零。极个别资产的 β 系数是负数，表明这类资产的收益率与市场平均收益率的变化方向相反，即当市场平均收益率增加时，这类资产的收益率却在减少。比如，国外个别收账公司和再保险公司的 β 系数就是接近0的负数。

对于证券资产组合来说，其所含的系统风险的大小可以用组合 β 系数来衡量。证券资产组合的 β 系数是所有单项资产 β 系数的加权平均数，权数为各种资产在证券资产组合中所占的价值比例，其计算公式如下。

$$\beta_P = \sum_{i=1}^{n} W_i \beta_i \qquad （式2-31）$$

式2-31中，β_P 表示证券资产组合的 β 系数，W_i 为第 i 项资产在组合中所占的价值比例，β_i 表示第 i 项资产的 β 系数。

由于单项资产的 β 系数不尽相同，因此通过替换资产组合中的资产或改变不同资产在组合中的价值比例，可以改变资产组合的系统风险。

【例2-21】某投资者打算用 20 000 元购买A、B、C三种股票，股价分别为40元、10元、50元，β 系数分别为0.7、1.1和1.7。现有以下两个组合方案可供选择。

甲方案：购买A、B、C三种股票的数量分别是200股、200股、200股。

乙方案：购买A、B、C三种股票的数量分别是300股、300股、100股。

问：如果该投资者最多能承受 1.2 倍的市场组合系统风险，应选择哪个方案。

解：（1）甲方案

A 股票比例=40×200÷20 000×100%=40%

B 股票比例=10×200÷20 000×100%=10%

C 股票比例=50×200÷20 000×100%=50%

故甲方案的 β 系数=40%×0.7+10%×1.1+50%×1.7=1.24。

（2）乙方案

A 股票比例=40×300÷20 000×100%=60%

B 股票比例=10×300÷20 000×100%=15%

C 股票比例=50×100÷20 000×100%=25%

故乙方案的 β 系数=60%×0.7+15%×1.1+25%×1.7=1.01。

该投资者最多能承受 1.2 倍的市场组合系统风险，意味着该投资者能承受的 β 系数最大值为 1.2，所以，该投资者应选择乙方案。

三、资本资产定价模型

风险报酬是投资者因冒风险进行投资而要求的超过无风险报酬的额外报酬。风险和报酬的基本关系是风险越大，要求的报酬率越高。资本资产定价模型探求的是风险资产收益与风险的数量关系，即为了补偿某一特定程度的风险，投资者应该获得多少报酬率。

（一）资本资产定价模型

资本资产定价模型是"必要收益率=无风险收益率+风险收益率"的具体化，资本资产定价模型的完整表达式如下。

$$R=R_f+\beta（R_m-R_f）\qquad（式2-32）$$

式 2-32 中，R 表示某资产的必要收益率，β 表示该资产的系统风险系数，R_f 表示无风险收益率，$\beta（R_m-R_f）$ 表示风险收益率，R_m 表示市场组合收益率。由于当 $\beta=1$ 时，$R=R_m$，而 $\beta=1$ 时代表的是市场组合的平均风险，所以，R_m 还可以称为平均风险的必要收益率、市场组合的必要收益率等。

式 2-32 中的（R_m-R_f）称为市场风险溢酬。由于市场组合的 β 系数为 1，所以，（R_m-R_f）也可以称为市场组合的风险收益率或股票市场的风险收益率。由于 $\beta=1$ 代表的是市场平均风险，所以，（R_m-R_f）还可以表述为平均风险收益率。它是附加在无风险收益率之上的，由于承担了市场平均风险所要求获得的补偿，反映的是市场作为整体对风险的平均"容忍"程度，也就是市场整体对风险的厌恶程度。市场整体对风险越是厌恶和回避，要求的补偿就越高，因此，市场风险溢酬的数值就越大。反之，如果市场的抗风险能力强，则对风险的厌恶和回避不是很强烈，要求的补偿就低，因此，市场风险溢酬的数值就小。

在资本资产定价模型中，计算风险收益率时只考虑了系统风险，没有考虑非系统风险，这是因为非系统风险可以通过资产组合消除，一个充分的投资组合几乎没有非系统风险。财务管理研究中假设投资者都是理智的，都会选择充分投资组合，非系统风险与资本市场无关。资本市场不会对非系统风险给予任何价格补偿。

在资本资产定价模型中，所谓资本资产主要指的是股票资产，而定价则试图解释资本市场如何决定股票收益率，进而决定股票价格。

【例 2-22】 假设平均风险收益率为 5%，平均风险的必要收益率为 8%，计算【例 2-21】中乙方案的风险收益率和必要收益率。

解： 乙方案的 β 系数为 1.01，则乙方案的风险收益率=1.01×5%=5.05%。

由于 R_m=8%，R_m-R_f=5%，故 R_f=3%。

故乙方案的必要收益率=3%+5.05%=8.05%。

（二）资本资产定价模型的有效性和局限性

资本资产定价模型最大的贡献在于提供了对风险和收益的一种实质性表述，资本资产定价模型首次将"高收益伴随着高风险"这样一种直观认识，用简单的关系式表达出来。到目前为止，资本资产定价模型是对现实中风险与收益关系最为贴切的表述，因此长期以来，被财务人员、金融从业者及经济学家作为处理风险问题的主要工具。

然而，将复杂的现实简化的这一模式，必定会遗漏许多有关因素，也必定会限制在许多假设条件之下，因此也受到了一些质疑。在实际运用中，资本资产定价模型有以下局限。

（1）某些资产或企业的 β 值难以估计，特别是一些缺乏历史数据的新兴行业。

（2）经济环境的不确定性和不断变化，使得依据历史数据估算出来的 β 值对未来的指导作用必然要打折扣。

（3）资本资产定价模型是建立在一系列假设之上的，其中一些假设与实际情况有较大偏差，使得资本资产定价模型的有效性受到质疑。这些假设包括：市场是均衡的、市场不存在摩擦、市场参与者都是理性的、不存在交易费用、税收不影响资产的选择和交易等。

由于以上局限，资本资产定价模型只能大体描绘出证券市场运动的基本情况，而不能完全确切地揭示证券市场的一切。因此，在运用这一模型时，应该更注重它所揭示的规律。

四、数字化背景下的风险管理

（一）数字风险管理背景

多项数据显示，近年各国数字经济的国内生产总值（Gross Domestic Product，GDP）占比正在稳步增长。数字化不再仅是一种工具，而是企业核心战略。数字化转型已经不只是一种选择，而是企业的必然发展方向。数字化转型在给企业带来价值的同时，也带来了风险。世界经济论坛在其发布的《全球风险报告（2019）》中，明确提及了诸如网络攻击、技术进步的负面影响，以及数据欺诈或窃取、关键信息基础设施故障等数字风险，数字风险已经成为全球风险的重要组成部分。企业管理者正越来越关注企业的数字风险管理。高德纳咨询公司（Gartner）相关调研发现：65%的企业管理者认为对风险管理的研究和投资已经滞后于实际需求；77%的企业管理者认为数字业务将引入新的风险类型与等级；83%的企业管理者认为敏捷方法越来越重要，对风险管理提出了新的要求。

（二）数字风险管理内容

面对新时期的数字风险，企业风险管理的思路与方法都面临着变革。

第一，风险管理范围在横向上，应扩展到全方位的数字风险管理，不仅包括安全风险、合规风险，还应包括数字战略风险、IT 治理风险、数字业务流程风险、数字业务数据风险、客户体验风险等；在纵向上，设计新业务时，要同步规划、同步设计和同步运营内嵌必要的安全措施，以控制数字风险。

第二，"先找监管规范，再建内控体系，之后再进行审计" 这套风控流程方法已经不适用了。技术、市场的快速变化，风险与创新的矛盾，要求企业必须开始思考具有数字化思维、兼具风险控制和鼓励创新的数字风险管控模式。

第三，风险管控思路应有所调整。企业的内控、风险管理及审计部门，一方面，不能因为自身缺乏对数字化的了解，就对数字风险视而不见；另一方面，也不能完全沿用传统的风险管控思路与方法，将数字化转型过程中的创新事物，因风控机制不完善而扼杀在摇篮中。这些部门需要多调查研究，多提管理建议，把对数字风险的管控视角放在数字业务的输入、输出及治理机制上。输入指的是灵活、弹性、安全的数字化支撑能力，主要包括战略迅速决策能力、需求有效把握能力、项目快速实施能力、系统部署与服务能力、数据分析支持业务的能力、自适应信息安全能力、IT 投资管理能力等；输出指的是数字业务应具有数据分析、客户体系、数字营销、数字运营等方面的特征；治理机制则是指数字化过程中的决策机构、控制体系和支撑能力。

五、风险管理理念与底线思维

（一）具备风险管理理念

风险无处不在，企业需要正确面对风险，而不是一味回避，或者放任不管。企业需要具备以下风险管理理念：对于导致收益不确定的风险，需要在风险和收益间进行权衡，在收益一定的条件下，追求风险最小化；在风险一定的条件下，追求收益最大化。另外，企业还要正确评估自身的抗风险能力，不能盲目实施一些高风险项目。

现代大学生应该树立风险理念，正确对待风险和不确定性。既不能盲目自信，无视各种不利因素；也不能故步自封、安于现状。大学生要正确认识自己，对各种不确定性进行充分评估，积极应对各种困难和挑战。

（二）树立底线思维

所谓底线思维，是指从可能出现的最坏情况出发，调动一切积极因素使事物朝着预期目标发展的一种思维方法。大学生应牢筑底线思维，在生活中和将来的工作中守住底线，谋划未来。

项目演练

一、单项选择题

1. 下列指标中可以用来表示货币时间价值的是（　　　）。
   A. 企业债券利率　　　　　　　　　　B. 社会平均利润率
   C. 通货膨胀率极低情况下的国债利率　　D. 无风险报酬率

2. 在利率和计算期相同的条件下，以下公式中正确的是（　　　）。
   A. 普通年金终值系数×普通年金现值系数=1　B. 普通年金终值系数×偿债基金系数=1
   C. 普通年金终值系数×投资回收系数=1　　　D. 普通年金终值系数×预付年金现值系数=1

3. 已知（F/A，10%，9）=13.580，（F/A，10%，11）=18.531。则 10 年、10%的即付年金终值系数为（　　　）。
   A. 17.531　　　　　B. 15.937　　　　　C. 14.579　　　　　D. 12.579

4. 某人希望在 5 年后取得本利和 20 000 元，则在年利率为 2%、单利计息的方式下，此人现在应当存入银行（　　　）元。
   A. 18 114　　　　　B. 18 181.82　　　　C. 18 004　　　　　D. 18 000

5. 某人进行一项投资，预计 6 年后会获得收益 880 元，在年利率为 5%的情况下，这笔收益的现值为（　　　）元。
   A. 4 466.62　　　　B. 656.66　　　　　C. 670.56　　　　　D. 4 455.66

6. 企业有一笔 5 年后到期的贷款，到期值是 15 000 元，假设存款年利率为 3%，则企业为偿还借款建立的偿债基金为（　　）元。

　　A. 2 825.34　　　　B. 3 275.32　　　　C. 3 225.23　　　　D. 2 845.34

7. 某企业进行一项投资，目前支付的投资额是 10 000 元，预计在未来 6 年内收回投资，在年利率是 6%的情况下，为了使该项投资是合算的，那么企业每年至少应当收回（　　）元。

　　A. 1 433.63　　　　B. 1 443.63　　　　C. 2 023.64　　　　D. 2 033.64

8. 某人分期购买一套住房，每年年末支付 50 000 元，分 10 次付清，假设年利率为 3%，则该项分期付款相当于现在一次性支付（　　）元。（P/A，3%，10）=8.530 2

　　A. 469 161　　　　B. 387 736　　　　C. 426 510　　　　D. 504 057

9. 某一项年金前 4 年没有流入，后 5 年每年年初流入 4 000 元，该项年金的递延期是（　　）年。

　　A. 4　　　　B. 3　　　　C. 2　　　　D. 5

10. 关于递延年金，下列说法错误的是（　　）。

　　A. 递延年金是指隔若干期以后才开始发生的系列等额收付款项

　　B. 递延年金没有终值

　　C. 递延年金现值的大小与递延期有关，递延期越长，现值越小

　　D. 递延年金终值与递延期无关

11. 某人现在从银行取得借款 20 000 元，贷款年利率为 3%，要想在 5 年内还清，每年应该等额归还（　　）元。

　　A. 4 003.17　　　　B. 4 803.81　　　　C. 4 367.10　　　　D. 5 204.13

12. 某人于第一年年初向银行借款 30 000 元，预计在未来每年年末偿还借款 6 000 元，10 年还清，则该项贷款的年利率为（　　）。

　　A. 20%　　　　B. 14%　　　　C. 16.13%　　　　D. 15.13%

13. 某人拟进行一项投资，投资额为 1 000 元，该项投资每半年可以给投资者带来 20 元的收益，则该项投资的年实际报酬率为（　　）。

　　A. 4%　　　　B. 4.04%　　　　C. 6%　　　　D. 5%

14. 下列说法不正确的是（　　）。

　　A. 对于同样风险的资产，风险回避者会钟情于具有高预期收益的资产

　　B. 当预期收益相同时，风险追求者会选择风险小的资产

　　C. 当预期收益率相同时，风险回避者偏好于具有低风险的资产

　　D. 风险中立者选择资产的唯一标准是预期收益的大小

15. 下列各项中会引起企业财务风险的是（　　）。

　　A. 举债经营　　　B. 生产组织不合理　　　C. 销售决策失误　　　D. 新材料出现

16. 甲、乙两个投资项目收益率的标准差分别是 10%和 15%，投资比重分别为 40%、60%，两种资产收益率的相关系数为 0.8，则由这两个投资项目组成的投资组合的标准差为（　　）。

　　A. 13%　　　　B. 15%　　　　C. 12.43%　　　　D. 15.63%

17. 下列因素引起的风险中，投资者可以通过投资组合予以消减的是（　　）。

　　A. 国家进行税制改革　　　　　　B. 世界能源状况变化

　　C. 发生经济危机　　　　　　　　D. 被投资企业出现新的竞争对手

18. 已知短期国库券利率为 4%，纯利率为 2.5%，投资者要求的必要报酬率为 7%，则风险收益率为（　　）。

　　A. 3%　　　　B. 1.5%　　　　C. −1%　　　　D. 4%

02

19. 已知甲、乙两个方案投资收益率的期望值分别为 10% 和 12%，两个方案都存在投资风险，在比较甲、乙两方案风险大小时应使用的指标是（　　）。

    A. 标准差率　　　　　B. 标准差　　　　　　C. 协方差　　　　　　D. 方差

20. 如果 A、B 两只股票的收益率变化方向和变化幅度完全相同，则由其组成的投资组合（　　）。

    A. 不能降低任何风险　　　　　　　　B. 可以分散部分风险

    C. 可以最大限度地抵消风险　　　　　D. 风险等于两只股票风险之和

二、多项选择题

1. 年金是指一定时期内每期等额收付的系列款项，下列各项中属于年金形式的有（　　）。

    A. 按照直线法计提的折旧　　　　　　B. 等额分期付款

    C. 融资租赁的租金　　　　　　　　　D. 养老金

2. 某人决定在未来 5 年内每年年初存入银行 1 000 元（共存 5 次），年利率为 2%，则在第 5 年年末能一次性取出的款项额计算正确的有（　　）。

    A. $1\,000 \times (F/A, 2\%, 5)$

    B. $1\,000 \times (F/A, 2\%, 5) \times (1 + 2\%)$

    C. $1\,000 \times (F/A, 2\%, 5) \times (F/P, 2\%, 1)$

    D. $1\,000 \times [(F/A, 2\%, 6) - 1]$

3. 某项年金前三年没有流入，从第四年开始每年年末流入 1 000 元，共计 4 次，假设年利率为 8%，则该递延年金现值的计算公式正确的有（　　）。

    A. $1\,000 \times (P/A, 8\%, 4) \times (P/F, 8\%, 4)$

    B. $1\,000 \times [(P/A, 8\%, 8) - (P/A, 8\%, 4)]$

    C. $1\,000 \times [(P/A, 8\%, 7) - (P/A, 8\%, 3)]$

    D. $1\,000 \times (F/A, 8\%, 4) \times (P/F, 8\%, 7)$

4. 下列说法正确的有（　　）。

    A. 普通年金终值系数和偿债基金系数互为倒数

    B. 普通年金终值系数和普通年金现值系数互为倒数

    C. 复利终值系数和复利现值系数互为倒数

    D. 普通年金现值系数和资本回收系数互为倒数

5. 企业取得借款 100 万元，借款的年利率是 8%，每半年复利一次，期限为 5 年，则该项借款的终值计算公式正确的有（　　）。

    A. $100 \times (F/P, 8\%, 5)$　　　　　　B. $100 \times (F/P, 4\%, 10)$

    C. $100 \times (F/A, 8\%, 5)$　　　　　　D. $100 \times (F/P, 8.16\%, 5)$

6. 下列说法正确的有（　　）。

    A. 投资组合收益率的相关系数为 -1 时能够抵消全部风险

    B. 投资组合收益率的相关系数为 0～+1 时，相关程度越低，分散风险的程度越大

    C. 投资组合收益率的相关系数为 -1～0 时，相关程度越低，分散风险的程度越小

    D. 投资组合收益率的相关系数为 0 时，不能分散任何风险

7. 下列说法正确的有（　　）。

    A. 非系统风险包括经营风险和财务风险两部分

    B. 经营风险是指由于企业内外部条件变化对企业盈利能力或资产价值产生影响形成的风险

    C. 由于行业技术的发展引起的风险属于系统风险

D. 在投资组合中投资项目增加的初期，风险分散的效果比较明显，但增加到一定程度，风险分散的效果就会逐渐减弱

8. 单项资产或者投资组合的必要收益率受（　　）的影响。

A. 无风险收益率　　　　　　　　　　B. 市场组合的平均收益率

C. β 系数　　　　　　　　　　　　D. 某种资产的特有风险

9. 下列各项中，能够影响特定投资组合 β 系数的有（　　）。

A. 该组合中所有单项资产在组合中所占比重

B. 该组合中所有单项资产各自的 β 系数

C. 市场投资组合的无风险收益率

D. 该组合的无风险收益率

10. 下列指标中可用于衡量项目风险的有（　　）。

A. 预期值　　　　B. 方差　　　　C. 标准差　　　　D. 标准差率

三、判断题

1. 在期数一定的情况下，折现率越大，年金现值系数越大。（　　）

2. 每半年付息一次的债券利息不是年金的形式。（　　）

3. 利率不仅包含时间价值，而且也包含风险价值和通货膨胀补偿率。（　　）

4. 如果市场上短期国库券的利率为6%，通货膨胀率为2%，风险收益率为3%，则货币时间价值为4%。（　　）

5. 递延年金终值的大小与递延期有关，在其他条件相同的情况下，递延期越长，则递延年金的终值越大。（　　）

6. 李先生希望在退休后每年还能获得8 000元，以贴补家用，已知银行的存款年利率为4%，那么李先生在退休时应该在银行存入200 000元。（　　）

7. 风险收益率的大小与风险有关，风险越大，风险收益率一定越大。（　　）

8. 如果两种证券收益率的相关系数=1，则两种证券组成投资组合报酬率的标准差一定等于两种证券报酬率的标准差的算术平均数。（　　）

9. 在风险分散过程中，随着资产组合中资产数量增加，分散风险的效果会越来越明显。（　　）

10. 按照资本资产定价模型，某项资产的风险收益率等于该资产的系统风险系数与市场风险溢酬的乘积。（　　）

四、计算题

1. 某公司拟租赁一间厂房，期限是10年，假设年利率是10%，出租方提出以下几种付款方案。

（1）立即付全部款项，共计20万元。

（2）从第4年开始每年年初付款4万元，至第10年年初结束。

（3）第1年到第8年每年年末支付3万元，第9年年末支付4万元，第10年年末支付5万元。

要求：通过计算回答该公司应选择哪一种付款方案比较合算。

2. 归国华侨吴先生想支持家乡建设，特地在祖籍所在县设立奖学金。奖学金每年发放一次，奖励每年高考的文、理科状元各10 000元。奖学金的基金保存在中国银行该县支行。银行一年的定期存款利率为2%。问：吴先生应存入多少钱作为奖励基金？

3. 某公司拟进行一项投资。目前有甲、乙两种方案可供选择。如果投资于甲方案，其原始投资额会比乙方案高60 000元，但每年可获得的收益比乙方案多10 000元。假设该公司要求的最低报酬率为12%，方案的持续年限为 n 年，分析 n 处于不同取值范围时，该公司应当选择哪一种方案。

4. A矿业公司（以下简称"A公司"）决定将一处矿产的10年开采权公开拍卖，因此向世界各国煤炭企业招标开矿。已知甲公司和乙公司的投标书最具有竞争力。甲公司的投标书显示，如果该公司取得开采权，从获得开采权的第1年开始，每年年末向A公司交纳10亿美元的开采费，直到10年后开采结束。乙公司的投标书表示，该公司在取得开采权时，直接付给A公司40亿美元，在第8年末再付给A公司60亿美元。如A公司要求的年投资回报率为15%，问应接受哪个公司的投标？

5. 已知：A、B两种证券构成证券投资组合。A证券的预期收益率为10%，方差是0.014 4，投资比重为80%；B证券的预期收益率为18%，方差是0.04，投资比重为20%。

要求：

（1）A证券收益率与B证券收益率的相关系数是0.2，计算下列指标：①该证券投资组合的预期收益率；②A证券的标准差；③B证券的标准差；④证券投资组合的标准差。

（2）当A证券与B证券收益率的相关系数为0.5时，计算下列指标：①该证券投资组合的预期收益率；②证券投资组合的标准差。

（3）结合（1）和（2）的计算结果回答以下问题：①相关系数的大小对投资组合预期收益率有没有影响？②相关系数的大小对投资组合风险有什么样的影响？

6. 某公司拟进行股票投资，计划购买A、B、C三种股票，并分别设计了甲、乙两种投资组合。已知三种股票的β系数分别为1.5、1.0和0.5，它们在甲种投资组合下的投资比重为50%、30%和20%，在乙种投资组合下的风险收益率为3.4%。同期市场上所有股票的平均收益率为12%，无风险收益率为8%。

要求：

（1）根据A、B、C股票的β系数，分别评价这三种股票相对于市场投资组合而言的投资风险大小。

（2）按照资本资产定价模型计算A股票的必要收益率。

（3）计算甲种投资组合的β系数和风险收益率。

（4）计算乙种投资组合的β系数和必要收益率。

（5）比较甲、乙两种投资组合的β系数，评价它们的投资风险大小。

7. 某公司持有由甲、乙、丙三种股票构成的证券组合，三种股票的β系数分别是2.0、1.3和0.7，它们的投资额分别是60万元、30万元和10万元。股票市场平均收益率为10%，无风险利率为5%。假定资本资产定价模型成立。

要求：

（1）确定证券组合的预期收益率；

（2）若公司为了降低风险，出售部分甲股票，使甲、乙、丙三种股票在证券组合中的投资额分别变为10万元、30万元和60万元，其余条件不变。试计算此时的风险收益率和预期收益率。

五、综合题

1. 某公司现有甲、乙两个投资项目可供选择，有关资料如表2-3所示。

表2-3　　　　　　　　　　　　甲、乙投资项目的预测信息

市场销售情况	概率	甲项目的收益率	乙项目的收益率
很好	0.3	20%	30%
一般	0.4	16%	10%
很差	0.3	12%	−10%

要求：

（1）计算甲、乙两个项目的预期收益率、标准差和标准差率。

（2）比较甲、乙两个项目的风险，说明该公司应该选择哪个项目。

（3）假设资本资产定价模型成立，政府短期债券的收益率为4%，证券市场平均收益率为9%，市场组合的标准差为8%，计算市场风险溢酬、乙项目的 β 系数及其收益率与市场组合收益率的相关系数。

2. K公司原持有甲、乙、丙三种股票构成证券组合，它们的 β 系数分别为2.0、1.5和0.5；它们在证券组合中所占比重分别为60%、30%和10%，市场上所有股票的平均收益率为14%，无风险收益率为10%。该公司为降低风险，出售部分甲股票，买入部分丙股票，甲、乙、丙三种股票在证券组合中所占比重变为20%、30%和50%，其他因素不变。

要求：

（1）计算原证券组合的 β 系数。

（2）判断原证券组合的收益率达到多少时，投资者才会愿意购买。

（3）判断新证券组合的收益率达到多少时，投资者才会愿意购买。

项目三
预算管理

学习目标 ↓

【知识目标】

- 理解预算管理的概念和财务预算在全面预算控制体系中的地位及意义；
- 掌握业务预算、专门决策预算、现金预算与预计财务报表的编制方法。

【能力目标】

- 能够根据企业编制不同财务预算的要求，收集相关资料；
- 能够根据企业财务管理需要和不同预算的特点，正确选择预算的编制方法；
- 能够正确依据相关资料，按一定的程序和方法，编制各类预算；
- 能组织、建立企业内部预算基本控制体系。

【素养目标】

- 能够形成企业财务活动"一盘棋"的管理理念；
- 培养谨慎、细致的工作态度，具备良好的协调控制能力及敏捷思维能力。

项目背景 ↓

预算管理是利用预算对企业内部各部门、各单位的各种财务及非财务资源进行分配、考核、控制，以便有效地组织和协调企业的生产经营活动，完成既定的经营目标。财务预算、业务预算、资本预算、筹资预算等共同构成企业的全面预算。

预算管理是现代企业管理的重要组成部分，对企业的发展起着举足轻重的作用。预算管理作为一种较为成熟有效的企业内部控制方法，实现了对企业业务流、信息流的整合，对企业规划战略目标、控制日常活动、分散经营风险及优化资源配置具有重大意义。

项目导入 ↓

华远集团目前拥有两个控股子公司、三个全资子公司和十九个分支机构。近年来，华远集团逐步建立和完善了一套切合本企业实际的以企业全面预算控制体系为中心的基本制度。在内容上，全面预算控制体系具体包括八项预算：资本性支出预算、销售预算、产量预算、采购预算、成本预算、各项费用预算、现金预算和总预算。

全面预算控制体系紧紧围绕资金收支两条线，将产供销、人财物全部纳入预算范围，涉及企业生产经营活动的方方面面，每个环节疏而不漏。全面预算目标确定后，层层分解到各分厂、车间、部门，各部门再落实到每个人，从而使每个人都紧紧围绕预算目标各司其职。

【思考】华远集团如何构建高效的预算管理体系？

任务分解　↓

华远集团的全面预算控制体系表明，企业盈利源自事先周密部署，于运筹帷幄中把握事态发展的趋势。预算本身就是计划的数量化表述，可见预算的重要作用。

随着大数据概念的普及，多维分析、人工智能、机器学习等新技术被引入企业管理领域。大数据时代背景下，如何让数据更好地服务于企业管理？如何将信息系统与大数据相结合？怎样充分挖掘数据和发挥数据的价值？本项目分解为四个任务：认识预算管理；预算的编制方法与程序；预算编制；预算的控制。

03

任务一　认识预算管理

预算是企业在预测、决策的基础上，用数量和金额以表格的形式反映企业未来一定时期内经营、投资、筹资等活动的具体计划，是为实现企业目标而对各种资源和企业活动所做的详细安排。预算是一种可据以执行和控制经济活动的、具体的计划，是目标的具体化，是企业实现预定目标的有力工具。

微课

预算管理

一、预算的特征与作用

（一）预算的特征

预算具有两个基本特征：首先，预算与企业的战略目标保持一致，因为预算是为实现企业目标而对各种资源和企业活动所做的详细安排；其次，预算是数量化的并具有可执行性，因为预算作为一种数量化的详细计划对未来活动进行细致、周密安排，是未来经营活动的依据。数量化和可执行性是预算最主要的特征。此外，预算还具有以下特点。

（1）全面性：全面预算管理的预算体系包括企业业务预算、资本预算、筹资预算和财务预算，既能反映企业日常经济活动的预算，也能反映企业资本性财务资金筹措和使用的预算。

（2）全员性：全面预算管理是一种涉及企业内部权、责、利关系的制度安排，它不是某一个部门的事，而需要上下配合、全员参与。

（3）全程性：对企业经营活动全过程的控制及对企业经营活动结果的评价考核都在全面预算管理中得到体现。

（4）目标性：全面预算管理的目标明确，除目标利润外，企业的资本结构、股东权益也得到体现。

（5）指令性：全面预算管理由预算委员会负责，预算一经确定，一般不轻易调整。

（二）预算的作用

预算的作用主要表现在以下三个方面。

（1）预算通过规划、控制和引导经济活动，使企业经营达到预期目标。企业通过预算指标可以控制实际活动过程，随时发现问题，采取必要的措施，纠正不良偏差，避免经营活动漫无目的，进而实现预期目标。因此，预算具有规划、控制、引导企业经济活动有序进行，以及以最经济有效的方式实现预期目标的功能。

（2）预算可以协调企业内部各个部门之间的工作。从系统论的观点来看，局部计划的最优化，对全局来说不一定是最合理的。为了使各个职能部门向着共同的战略目标前进，它们的经济活动必须密切配合，相互协调，统筹兼顾，全面安排，实现综合平衡。各部门预算的综合平衡，能促使各部门管理人员清楚地了解本部门在全局中的地位和作用，尽可能地做好部门之间的协调工作。各级各部门因其职责不同，往往会出现相互冲突的现象。各部门之间只有协调一致，才能最大限度地实现企业整体目标。例如，企业的销售、生产、财务等各部门可以分别编制出最适合本部门的计划，但该计划在其他部门却不一定能行得通。销售部门根据市场预测提出了一个庞大的销售计划，但生产部门可能没有那么大的生产能力；生产部门可能编制了一个充分利用现有生产能力的计划，但销售部门可能无法将这些产品销售出去；销售部门和生产部门都认为应该扩大生产能力，财务部门却认为无法筹到必要的资金。全面预算经过综合平衡后可以提供解决各级各部门冲突的办法，该办法代表企业的最优方案，可以使各级各部门的工作在此基础上协调地进行。

（3）预算是业绩考核的重要依据。预算作为企业财务活动的行为标准，使各项活动的执行有章可循。各部门进行考核必须以预算为基础。经过分解落实的预算规划目标能与部门、责任人的业绩考评结合起来，成为奖勤罚懒、评估优劣的重要依据。

二、预算的分类

1. 根据内容不同进行分类

根据内容不同，企业预算可分为业务预算（即经营预算）、专门决策预算和财务预算。

（1）业务预算是指与企业日常经营活动直接相关的经营业务的各种预算，主要包括销售预算、生产预算、直接材料预算、直接人工预算、制造费用预算、产品成本预算、销售费用预算和管理费用预算等。

（2）专门决策预算是指企业不经常发生的、一次性的重要决策预算。专门决策预算直接反映相关决策的结果，是实际中选方案的进一步规划。如资本支出预算，其编制依据可以追溯到决策之前搜集到的有关资料，只不过预算比决策估算更细致、更精确。例如，企业购置一切固定资产都必须在事先做好可行性分析的基础上来编制预算，具体反映投资额需要多少、何时进行投资、资金从何筹得、投资期限多长、何时可以投产、未来每年的现金流量是多少等。

（3）财务预算是指企业在计划期内反映有关预计现金收支、财务状况和经营成果的预算，主要包括现金预算和预计财务报表。财务预算作为全面预算体系的最后环节，从价值方面总括地反映企业业务预算与专门决策预算的结果，故亦称为总预算，其他预算则相应称为辅助预算或分预算。显然，财务预算在全面预算中占有举足轻重的地位。

2. 根据预算指标覆盖的时间长短进行分类

根据预算指标覆盖的时间长短，企业预算可分为短期预算和长期预算。

通常将预算期在1年以内（含1年）的预算称为短期预算，预算期在1年以上的预算称为长期预算。预算的编制时间可以视预算的内容和实际需要而定，可以是1周、1月、1季、1年或若干年等。在预算编制过程中，应结合各项预算的特点，将长期预算和短期预算结合使用。一般情况下，企业的业务预算和财务预算多为1年期的短期预算，年内再按季或月细分，而且预算期间往往与会计期间保持一致。

三、预算体系

各种预算是一个有机联系的整体。一般将由业务预算、专门决策预算和财务预算组成的预算体系，称为全面预算体系。其结构如图3-1所示。

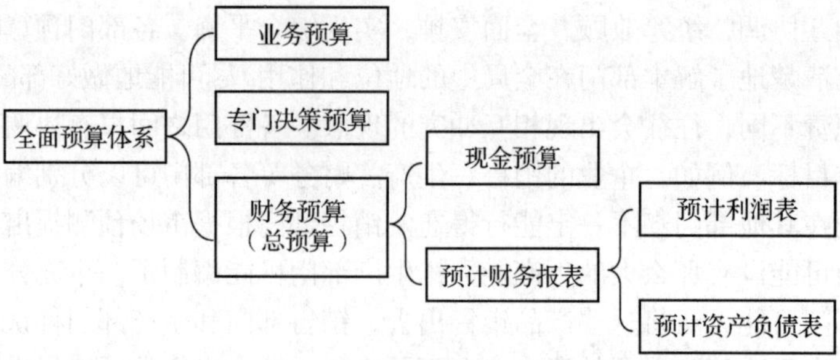

图 3-1　全面预算体系

四、预算工作的组织

企业的年度财务预算方案、决算方案由企业董事会制定，经股东会审议批准后方可执行。预算工作的组织包括决策层、管理层、执行层和考核层，具体内容如下。

（1）企业董事会或类似机构应对企业预算的管理工作负总责。企业董事会或者经理办公会可以根据情况设立预算管理委员会或指定财务管理部门负责预算管理事宜，并对企业法定代表人负责。

（2）预算管理委员会或财务管理部门主要负责拟订预算的目标、政策，制定预算管理的具体措施和办法，审议、平衡预算方案，组织下达预算，协调解决预算编制和执行中的问题，组织审计、考核预算的执行情况，督促企业完成预算目标。

（3）企业财务管理部门具体负责企业预算的跟踪管理，监督预算的执行情况，分析预算与实际执行的差异及原因，提出改进管理的意见与建议。

（4）企业内部生产、投资、物资、人力资源、市场营销等职能部门具体负责本部门业务涉及的预算编制、执行、分析等工作，并配合预算管理委员会或财务管理部门做好企业总预算的综合平衡、协调、分析、控制与考核等工作。其主要负责人参与企业预算管理委员会的工作，并对本部门预算执行结果承担责任。

（5）企业所属基层单位是企业预算的基本单位，在企业财务管理部门的指导下，负责本单位现金流量、经营成果和各项成本费用预算的编制、控制、分析工作，接受企业的检查、考核。其主要负责人对本单位财务预算的执行结果承担责任。

任务二　预算的编制方法与程序

一、预算的编制方法

企业全面预算的构成内容比较复杂，因此编制预算需要采用适当的方法。常见的预算编制方法主要包括增量预算法与零基预算法、固定预算法与弹性预算法、定期预算法与滚动预算法，这些方法广泛应用于营业活动有关预算的编制。

（一）增量预算法与零基预算法

按出发点的不同，编制预算的方法可分为增量预算法和零基预算法两大类。

1. 增量预算法

增量预算法，是指以历史期实际经济活动及其预算为基础，结合预算期经济活动及相关影响因素的变动情况，通过调整历史期经济活动项目及金额形成预算的预算编制方法。增量预算法以过去的费用发生水平为基础，主张不需在预算内容上做较大的调整，它的编制遵循以下假定。

（1）企业现有业务活动是合理的，不需要进行调整。

（2）企业现有各项业务的开支水平是合理的，在预算期予以保持。

（3）以现有业务活动和各项活动的开支水平，确定预算期各项活动的预算数。

增量预算法的缺点是可能导致无效费用开支无法得到有效控制，使得不必要开支合理化，造成预算上的浪费。

2. 零基预算法

零基预算法，是指企业不以历史期经济活动及其预算为基础，以零为起点，从实际需要出发分析预算期经济活动的合理性，经综合平衡，形成预算的预算编制方法。零基预算法适用于企业各项预算的编制，特别是不经常发生的预算项目或预算编制基础变化较大的预算项目。零基预算法的编制程序如下。

（1）明确预算编制标准。企业应搜集和分析对标单位、行业等外部信息，结合内部管理需要形成企业各预算项目的编制标准，并在预算管理过程中根据实际情况不断分析评价、修订完善预算编制标准。

（2）制定业务计划。预算编制责任部门应依据企业战略、年度经营目标和内外环境变化等安排预算期经济活动，在分析预算期各项经济活动合理性的基础上制定详细、具体的业务计划，作为预算编制的基础。

（3）编制预算草案。预算编制责任部门应以相关业务计划为基础，根据预算编制标准编制本部门相关预算项目，并报预算管理责任部门审核。

（4）审定预算方案。预算管理责任部门应在审核相关业务计划合理性的基础上，逐项评价各预算项目的目标、作用、标准和金额等，按战略相关性、资源限额和效益性等进行综合分析和平衡，汇总形成企业预算草案，上报企业预算管理委员会等专门机构审议后报董事会等机构审批。

零基预算法的优点表现在：一是以零为起点编制预算，不受历史期经济活动中的不合理因素影响，能够灵活应对内外环境的变化，预算编制更贴近预算期企业经济活动需要；二是有助于增加预算编制透明度，有利于进行预算控制。

零基预算法的缺点主要体现在：一是预算编制工作量较大、成本较高；二是预算编制的准确性受企业管理水平和相关数据准确性的影响较大。

（二）固定预算法与弹性预算法

编制预算的方法按其业务量基础的数量特征不同，可分为固定预算法和弹性预算法。

1. 固定预算法

固定预算法又称静态预算法，是指以预算期内正常的、可实现的某一业务量（指企业产量、销售量、作业量等与预算项目相关的弹性变量）水平为固定基础，不考虑可能发生的变动的预算编制方法。固定预算法的缺点表现在以下两个方面。

（1）适应性差。因为编制预算的业务量基础是事先假定的某个业务量，所以在这种方法下，不论预算期内业务量水平实际可能发生哪些变动，都只以事先确定的某一个业务量水平作为编制预算的基础。

（2）可比性差。当实际的业务量与编制预算所依据的业务量出现较大差异时，有关预算指标的实际数与预算数就会因业务量基础不同而失去可比性。例如，某企业预计业务量为销售 100 000 件产品，按此业务量给销售部门的预算费用为 5 000 元。如果该销售部门实际销售量达到 120 000 件，超出了预算业务量，但固定预算下的费用预算仍为 5 000 元。

2. 弹性预算法

弹性预算法又称动态预算法，是指企业在分析业务量与预算项目之间数量依存关系的基础上，分别确定不同业务量及其相应预算项目所消耗资源的预算编制方法。理论上，弹性预算法适用于编制全面预算中所有与业务量有关的预算，但实务中主要用于编制成本费用预算和利润预算，尤其是成本费用预算。

编制弹性预算，要选用一个最能代表生产经营活动水平的业务量计量单位。例如，以手工操作为主的车间，业务量计量单位应选用人工工时；制造单一产品或零件的部门，可以选用实物数量；修理部门可以选用直接修理工时等。

弹性预算法所采用的业务量范围，视企业或部门的业务量变化情况而定，但实际业务量不能超出相关的业务量范围。一般来说，业务量范围可定在正常生产能力的70%～110%，或以历史最高业务量和最低业务量为其上、下限。利用弹性预算法编制预算的准确性，在很大程度上取决于成本性态分析的可靠性。

与按特定业务量水平编制预算的固定预算法相比，弹性预算法的主要优点是考虑了预算期可能的不同业务量水平，更贴近企业经营管理实际情况。弹性预算法的主要缺点有：编制工作量大；对市场及其变动趋势预测的准确性、预算项目与业务量之间依存关系的判断等会对弹性预算的合理性造成较大影响。

企业应用弹性预算法，一般按照以下程序进行。

第一步，确定弹性预算适用项目，识别相关的业务量并预测业务量在预算期内可能存在的不同水平和弹性幅度。

第二步，分析预算项目与业务量之间的数量依存关系，确定弹性定额。

第三步，构建弹性预算模型，形成预算方案。

第四步，审定预算方案并上报企业预算管理委员会等机构审议后，报董事会等机构审批。

弹性预算法又分为公式法和列表法两种具体方法。

（1）公式法。公式法是运用成本性态模型，测算预算期的成本费用数额，并编制成本费用预算的方法。根据成本性态，成本与业务量之间的数量关系可用公式表示为

$$y=a+bx$$ （式3-1）

式3-1中，y表示某项预算成本总额，a表示该项成本中的固定基数，b表示与业务量相关的弹性定额，x表示预计业务量。

【例3-1】A企业经过分析得出某种产品的制造费用（单位：元）与人工工时（单位：小时）密切相关，采用公式法编制的制造费用预算如表3-1所示。

表3-1　　　　　　　　　　　制造费用预算（公式法）

费用项目	业务量范围（420～660人工工时）	
	固定费用/（元/月）	变动费用/（元/小时）
运输费用		0.20
电力费用		1.00
材料费用		0.10
修理费用	85	0.85
油料费用	108	0.20
折旧费用	300	
人工费用	100	
合计	593	2.35
备注	当业务量超过600工时后，修理费中的固定费用将由85元上升为185元	

公式法的优点是便于在一定范围内计算任何业务量的预算成本，可比性和适应性强，编制预算的工作量相对较小。其缺点是按公式进行成本分解比较麻烦，对每个费用子项目甚至细目逐一进行成本分解，工作量很大。另外，对于阶梯成本和曲线成本只能先用数学方法修正为直线成本，才能应用公式法。必要时，还需在"备注"中说明适用不同业务量范围的固定费用和单位变动费用。此外，应用公式法编制预算时，相关弹性定额可能仅适用于一定业务量范围内，当业务量变动超出该适用范围时，应及时修正、更新弹性定额，或改用列表法编制。

（2）列表法。列表法是指企业通过列表的方式，在业务量范围内依据已划分出的若干个不同等级，分别计算并列示该预算项目与业务量相关的不同可能预算方案的方法。

应用列表法编制预算，首先要在确定的业务量范围内，划分出若干个不同水平，然后分别计算各项预算值，汇总列入一个预算表格。

列表法的优点：不管实际业务量多少，不必经过计算即可找到与业务量相近的预算成本；混合成本中的阶梯成本和曲线成本，可按总成本性态模型计算填列，不必用数学方法修正为近似的直线成本。但是，运用列表法编制预算，在评价和考核实际成本时，往往需要使用插值法来计算实际业务量的预算成本，比较麻烦。

【例 3-2】根据表 3-1，A 企业采用列表法编制的 2021 年 6 月制造费用预算如表 3-2 所示。

表 3-2　　　　　　　　　　　　　制造费用预算（列表法）

业务量	420 人工工时	480 人工工时	540 人工工时	600 人工工时	660 人工工时
占正常生产能力百分比/%	70	80	90	100	110
变动成本：					
运输费用/元（$b=0.2$）	84	96	108	120	132
电力费用/元（$b=1.0$）	420	480	540	600	660
材料费用/元（$b=0.1$）	42	48	54	60	66
合计/元	546	624	702	780	858
混合成本：					
修理费用/元	442	493	544	595	746
油料费用/元	192	204	216	228	240
合计/元	634	697	760	823	986
固定成本：					
折旧费用/元	300	300	300	300	300
人工费用/元	100	100	100	100	100
合计/元	400	400	400	400	400
制造费用总计/元	1 580	1 721	1 862	2003	2 244

在表 3-2 中，分别列示了五种业务量水平的成本预算数据（根据企业情况，也可以按更多的业务量水平来列示）。这样，无论实际业务量达到何种水平，都有适用的一套成本数据来发挥控制作用。

如果固定预算法下按 600 人工工时业务量编制预算，成本总额为 2 003 元。在实际业务量为 500 人工工时的情况下，不能用 2 003 元评价实际成本的高低，也不能根据按业务量变动的比例调整后的预算成本 1 669（=2 003÷600×500）元考核实际成本，因为并不是所有的成本都一定同业务量成同比例变动关系。

如果采用弹性预算法，就可以根据各项成本与业务量的不同关系，采用不同方法确定实际业务量的预算成本，并据此评价和考核实际成本。实际业务量为 500 人工工时，运输费用等各项变动成本可用实际工时数乘以单位业务量变动成本来计算，即变动总成本为 650（=500×0.2+500×1+

500×0.1）元。固定总成本不随业务量变动，仍为 400 元。混合成本可用插值法逐项计算：500 人工工时在 480～540 人工工时，修理费用应该在 493～544 元，设实际业务的预算修理费用为 x 元，则：（500-480）÷（540-480）=（x-493）÷（544-493），求得 x=510。

业务量为 480 人工工时和 540 人工工时对应的油料费用分别为 204 元和 216 元，用插值法计算 500 人工工时对应的油料费用为 208 元。可见，500 人工工时业务量对应的预算成本=（0.2+1+0.1）×500+510+208+400=1 768（元）。

这样计算出来的预算成本比较符合成本的变动规律，可以用来评价和考核实际成本，比较确切并容易被考核人接受。

（三）定期预算法与滚动预算法

编制预算的方法按其预算期的时间特征不同，可分为定期预算法和滚动预算法两大类。

1. 定期预算法

定期预算法是指在编制预算时，以不变的会计期间（如日历年度）作为预算期的一种预算编制方法。这种方法的优点是能够使预算期间与会计期间相对应，便于将实际数与预算数进行对比，也有利于对预算执行情况进行分析和评价。但这种方法固定以 1 年为预算期，在执行一段时期之后，往往使管理人员只考虑余下的几个月的业务量，缺乏长远打算，导致出现一些短期行为。

2. 滚动预算法

滚动预算法又称连续预算法或永续预算法，是指在编制预算时，将预算期与会计期间脱离，随着预算的执行不断地补充预算，逐期向后滚动，使预算期始终保持一个固定长度（一般为 12 个月）的一种预算编制方法。滚动预算法的基本做法是使预算期始终保持 12 个月，每过 1 个月或 1 个季度，立即在期末增列 1 个月或 1 个季度的预算，逐期往后滚动，因而在任何一个时期都使预算期保持为 12 个月。这种预算能使企业各级管理人员对未来始终保持整整 12 个月时间的考虑和规划，从而保证企业的经营管理工作能够稳定而有序地进行。

采用滚动预算法编制预算，按照滚动的时间单位不同可分为逐月滚动、逐季滚动和混合滚动。

（1）逐月滚动。逐月滚动是指在预算编制过程中，以月份为预算的编制和滚动单位，每个月调整一次预算的方法。如在 2021 年 1 月至 12 月的预算执行过程中，需要在 1 月末根据当月预算的执行情况修订 2 月至 12 月的预算，同时补充下一年 1 月的预算；到 2 月末可根据当月预算的执行情况，修订 3 月至 2022 年 1 月的预算，同时补充 2022 年 2 月的预算；以此类推。逐月滚动预算方式如图 3-2 所示。

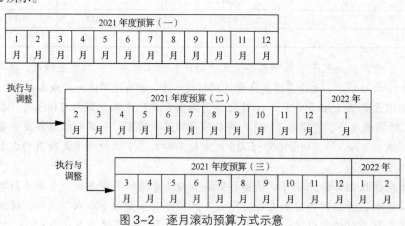

图 3-2　逐月滚动预算方式示意

按照逐月滚动方式编制的预算比较精确，但工作量较大。

（2）逐季滚动。逐季滚动是指在预算编制过程中，以季度为预算的编制和滚动单位，每个季度调整一次预算的方法。逐季滚动编制预算比逐月滚动编制预算的工作量小，但精确度较差。

【例 3-3】某公司甲车间采用滚动预算法编制制造费用预算。已知 2021 年分季度的制造费用预算如表 3-3 所示（其中间接材料费用忽略不计，间接人工费用预算工时分配率为 4 元/小时，水电与维修费用预算工时分配率为 2.5 元/小时）。

表 3-3　　　　　　　　　　　　2021 年全年制造费用预算

项目	第一季度	第二季度	第三季度	第四季度	合计
直接人工预算总工时/小时	52 000	51 000	51 000	46 000	200 000
变动制造费用：					
间接人工费用/元	208 000	204 000	204 000	184 000	800 000
水电与维修费用/元	130 000	127 500	127 500	115 000	500 000
小计/元	338 000	331 500	331 500	299 000	1 300 000
固定制造费用：					
设备租金/元	180 000	180 000	180 000	180 000	720 000
管理人员工资/元	80 000	80 000	80 000	80 000	320 000
小计/元	260 000	260 000	260 000	260 000	1 040 000
制造费用合计/元	598 000	591 500	591 500	559 000	2 340 000

2021 年 3 月 31 日，公司在编制 2021 年第二季度至 2022 年第一季度滚动预算时，发现未来的 4 个季度中将出现以下情况。

① 间接人工费用预算工时分配率将上涨 10%，即上涨为 4.4 元/小时。

② 原设备租赁合同到期，公司新签订的租赁合同中设备年租金将降低 20%，即降低为 576 000 元。

③ 2021 年第二季度至 2022 年第一季度预计直接人工总工时分别为 51 500 小时、51 000 小时、46 000 小时和 57 500 小时。

根据上述资料编制的 2021 年第二季度至 2022 年第一季度制造费用预算如表 3-4 所示。

表 3-4　　　　　　　　2021 年第二季度至 2022 年第一季度制造费用预算

项目	2021 年度			2022 年度
	第二季度	第三季度	第四季度	第一季度
直接人工预算总工时/小时	51 500	51 000	46 000	57 500
变动制造费用：				
间接人工费用/元	226 600	224 400	202 400	253 000
水电与维修费用/元	128 750	127 500	115 000	143 750
小计/元	355 350	351 900	317 400	396 750
固定制造费用：				
设备租金/元	144 000	144 000	144 000	144 000
管理人员工资/元	80 000	80 000	80 000	80 000
小计/元	224 000	224 000	224 000	224 000
制造费用合计/元	579 350	575 900	541 400	620 750

（3）混合滚动。混合滚动是指在预算编制过程中，同时以月份和季度作为预算的编制和滚动单位的方法。这种预算编制方法的理论依据是：人们对未来的了解程度具有对近期的预计把握较大、对远期的预计把握较小的特征。混合滚动预算方式示意如图 3-3 所示。

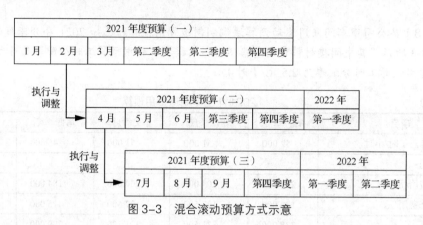

图 3-3　混合滚动预算方式示意

运用滚动预算法编制预算，使预算期间依时间顺序向后滚动，能够保持预算的持续性，有利于结合企业短期目标和长期目标，考虑未来业务活动；同时使预算随时间的推进不断加以调整和修订，能使预算与实际情况更加适应，有利于充分发挥预算的指导和控制作用。

二、预算的编制程序

预算编制程序指编制全面预算必须遵循的科学步骤，主要包括以下内容：由企业最高领导层制定目标利润，然后确定预算的编制方针；根据企业总的目标利润确定各个部门的目标利润，为实现部门的利润目标要求达到的目标销售额、费用和收益，以及其他重要的计划项目等。企业编制预算的具体程序如下。

1. 下达目标

企业董事会或经理办公会根据企业发展战略和预算期经济形势的初步预测，在决策的基础上，提出下一年度企业预算目标，包括销售或营业目标、成本费用目标、利润目标和现金流量目标，并确定预算编制的政策，由预算管理委员会下达各预算执行单位。

2. 编制上报

各预算执行单位按照企业预算管理委员会下达的预算目标和政策，结合自身特点及预算的执行条件，提出详细的本单位预算方案，上报企业财务管理部门。

3. 审查平衡

企业财务管理部门对各预算执行单位上报的财务预算方案进行审查、汇总，提出综合平衡的建议。在审查、平衡过程中，预算管理委员会应当进行充分协调，对发现的问题提出初步调整意见，并反馈给有关预算执行单位予以修正。

4. 审议批准

企业财务管理部门在有关预算执行单位修正、调整的基础上，编制企业预算方案，报企业预算管理委员会讨论。对于不符合企业发展战略或者预算目标的事项，企业预算管理委员会应当责成有关预算执行单位进一步修订、调整。在讨论、调整的基础上，企业财务管理部门正式编制企业年度预算草案，提交董事会或经理办公会审议批准。

5. 下达执行

企业财务管理部门对董事会或经理办公会审议批准的年度总预算，一般在次年 3 月底以前，分解成一系列的指标体系，由预算管理委员会逐级下达各预算执行单位执行。

任务三 预算编制

预算的编制包括业务预算的编制、专门决策预算的编制和财务预算的编制。

一、业务预算的编制

业务预算是指有关业务收入和业务费用的预算，即企业各项具有实质性的基本活动的预算。在工业系统中，业务预算主要包括直接材料的采购预算、生产预算、销售预算、直接人工预算、工厂间接费预算、单位产品工厂成本预算及管理费用预算等。在商业系统中，业务预算主要包括商品流通费中运杂费预算、保管费预算、包装费预算、利息预算、工资预算及其他费用预算等。业务预算与资本预算构成预算的两大类别。

（一）销售预算

销售预算是指在销售预测的基础上编制的，用于规划预算期销售活动的一种业务预算。销售预算是整个预算的编制起点，其他预算的编制都以销售预算作为基础。表 3-5 是 M 公司全年的销售预算（为方便计算，本项目均不考虑增值税）。

表 3-5　　　　　　　　　　　　销售预算

项目	第一季度	第二季度	第三季度	第四季度	全年
预计销售量/件	100	150	200	180	630
预计销售单价/（元/件）	200	200	200	200	200
预计销售收入/元	20 000	30 000	40 000	36 000	126 000
预计现金收入/元					
上年应收账款/元	6 200				6 200
第一季度（销货 20 000 元）	12 000	8 000			20 000
第二季度（销货 30 000 元）		18 000	12 000		30 000
第三季度（销货 40 000 元）			24 000	16 000	40 000
第四季度（销货 36 000 元）				21 600	21 600
现金收入合计/元	18 200	26 000	36 000	37 600	117 800

销售预算的主要内容有预计销售量、预计销售单价和预计销售收入等项目。预计销售量是根据市场预测或销货合同并结合企业生产能力确定的，预计销售单价是通过价格决策确定的，预计销售收入是两者的乘积。

销售预算通常要分品种、分月份、分销售区域、分推销员来编制。为了简化，本例只划分了季度销售数据。

销售预算中通常还包括预计现金收入的计算，其目的是为编制现金预算提供必要的资料。第一季度的现金收入包括两部分，即上年应收账款在本年第一季度收到的货款及本季度销售中可能收到的货款。本例中，假设每季度销售收入中，本季度收到 60% 的现金，另外 40% 的现金要到下季度才能收到。

（二）生产预算

生产预算是为规划预算期生产规模而编制的一种业务预算，是在销售预算的基础上编制的，并可以作为编制直接材料预算和产品成本预算的依据。其主要内容有预计销售量、期初和期末产成品存货、预计生产量。在生产预算中，只涉及实物量指标，不涉及价值量指标。表 3-6 是 M 公司全年的生产预算。

表 3-6　　　　　　　　　　　　　　　　　生产预算　　　　　　　　　　　　　　　　单位：件

项目	第一季度	第二季度	第三季度	第四季度	全年
预计销售量	100	150	200	180	630
加：预计期末产成品存货	15	20	18	20	20
合计	115	170	218	200	650
减：预计期初产成品存货	10	15	20	18	10
预计生产量	105	155	198	182	640

通常，企业的生产和销售不宜做到"同步同量"，需要设置一定的存货，以保证能在发生意外需求时按时供货，并均衡生产，节省赶工的额外支出。期末产成品存货数量通常按下期销售量的一定百分比确定，本例按 10%安排期末产成品存货，预计期初产成品存货是编制预算时预计的，预计期末产成品存货根据长期销售趋势来确定。本例假设预计期初产成品存货有 10 件，预计期末产成品存货有 20 件。

生产预算的"预计销售量"来自销售预算，其他数据在表 3-6 中计算得出。

$$预计期末产成品存货=下季度销售量×10\%$$

$$预计期初产成品存货=上季度期末产成品存货$$

$$预计生产量=预计销售量+预计期末产成品存货-预计期初产成品存货$$

生产预算在实际编制时是比较复杂的，产量受到生产能力的限制，产成品存货数量受到仓库容量的限制，只能在此范围内来安排产成品存货数量和各期生产量。此外，有的季度可能销量很大，可以用赶工方法增产，为此要多付加班费。如果提前在淡季生产，会因增加产成品存货而多付资金利息。因此，要权衡两者得失，选择成本最低的方案。

（三）直接材料预算

直接材料预算是为了规划预算期直接材料采购金额而编制的一种业务预算。直接材料预算以生产预算为基础编制，同时要考虑原材料存货水平。

直接材料预算的主要内容有单位产品材料用量、生产需用量、预计期初和期末存量等。"预计生产量"的数据来自生产预算，"单位产品材料用量"的数据来自标准成本资料或消耗定额资料，"生产需用量"是上述两项的乘积。预计期初和期末存量，是根据当前情况和长期销售预测估计的。各季度期末材料存量根据下季度生产需用量的一定百分比确定，本例按 20%计算。各季度期初材料存量等于上季度的期末材料存量。各季度预计材料采购量根据下式计算确定。

$$预计材料采购量=生产需用量+预计期末存量-预计期初存量$$

为了便于以后编制现金预算，通常要预计材料采购各季度的现金支出。每个季度的现金支出包括偿还上期应付账款和本期应支付的采购货款。本例假设材料采购的货款有 50%在本季度内付清，另外 50%下季度付清。这个百分比一般是根据经验确定的。如果材料品种很多，需要单独编制材料存货预算。M 公司全年的直接材料预算如表 3-7 所示。

表 3-7 直接材料预算

项目	第一季度	第二季度	第三季度	第四季度	全年
预计生产量/件	105	155	198	182	640
单位产品材料用量/（千克/件）	10	10	10	10	10
生产需用量/千克	1 050	1 550	1 980	1 820	6 400
加：预计期末存量/千克	310	396	364	400	400
减：预计期初存量/千克	300	310	396	364	300
预计材料采购量/千克	1 060	1 636	1 948	1 856	6 500
单价/（元/千克）	5	5	5	5	5
预计采购金额/元	5 300	8 180	9 740	9 280	32 500
预计现金支出/元					
上年应付账款/元	2 350				2 350
第一季度（采购 5 300 元）	2 650	2 650			5 300
第二季度（采购 8 180 元）		4 090	4 090		8 180
第三季度（采购 9 740 元）			4 870	4 870	9 740
第四季度（采购 9 280 元）				4 640	4 640
合计/元	5 000	6 740	8 960	9 510	30 210

（四）直接人工预算

　　直接人工预算是一种既能反映预算期内人工工时消耗水平，又可用于规划人工成本开支的业务预算。直接人工预算也是以生产预算为基础编制的，其主要内容有预计产量、单位产品工时、人工总工时、每小时人工成本和人工总成本。"预计产量"的数据来自生产预算，"单位产品工时""每小时人工成本"的数据来自标准成本资料，"人工总工时""人工总成本"是根据相关数据计算出来的。由于人工工资都需要使用现金支付，所以，不需要另外预计现金支出，直接人工预算可直接参加现金预算的汇总。M 公司全年的直接人工预算如表 3-8 所示。

表 3-8 直接人工预算

项目	第一季度	第二季度	第三季度	第四季度	全年
预计产量/件	105	155	198	182	640
单位产品工时/（小时/件）	10	10	10	10	10
人工总工时/小时	1 050	1 550	1 980	1 820	6 400
每小时人工成本/（元/小时）	2	2	2	2	2
人工总成本/元	2 100	3 100	3 960	3 640	12 800

（五）制造费用预算

　　制造费用预算通常分为变动制造费用预算和固定制造费用预算两部分。变动制造费用预算以生产预算为基础编制。如果有完善的标准成本资料，用单位产品的标准成本与产量相乘，即可得到相应的预算金额。如果没有标准成本资料，就需要逐项预计计划产量需要的各项制造费用。固定制造费用需要逐项进行预计，通常与本期产量无关，按每季度实际需要的支付额预计，然后求出全年数。表 3-9 是 M 公司全年的制造费用预算。

表 3-9 制造费用预算 单位：元

项目	第一季度	第二季度	第三季度	第四季度	全年
变动制造费用：					
间接人工（1 元/件）	105	155	198	182	640
间接材料（1 元/件）	105	155	198	182	640
修理费（2 元/件）	210	310	396	364	1 280
水电费（1 元/件）	105	155	198	182	640
小计	525	775	990	910	3 200
固定制造费用：					
修理费	1 000	1 140	900	900	3 940
折旧	1 000	1 000	1 000	1 000	4 000
管理人员工资	200	200	200	200	800
保险费	75	85	110	190	460
财产税	100	100	100	100	400
小计	2 375	2 525	2 310	2 390	9 600
合计	2 900	3 300	3 300	3 300	12 800
减：折旧	1 000	1 000	1 000	1 000	4 000
现金支出的费用	1 900	2 300	2 300	2 300	8 800

为了便于以后编制产品成本预算，需要计算小时费用率。

变动制造费用小时费用率=3 200÷6 400=0.5（元/小时）

固定制造费用小时费用率=9 600÷6 400=1.5（元/小时）

为了便于以后编制现金预算，需要预计现金支出。制造费用中，除折旧费外都需支付现金，所以，根据每个季度制造费用数额扣除折旧费后，即可得出"现金支出的费用"。

（六）产品成本预算

产品成本预算，是销售预算、生产预算、直接材料预算、直接人工预算、制造费用预算的汇总，主要内容是产品的单位成本、生产成本、存货成本和销货成本。单位成本的有关数据来自直接材料预算、直接人工预算和制造费用预算。生产量、期末存货量来自生产预算，销售量来自销售预算。生产成本、存货成本和销货成本等数据，根据单位成本和有关数据计算得出。表 3-10 是 M 公司全年的产品成本预算。

表 3-10 产品成本预算 金额单位：元

项目	单位成本			生产成本 （640 件）	期末存货 （20 件）	销货成本 （630 件）
	单价	耗用量	成本			
直接材料	5 元/千克	10 千克/件	50	32 000	1 000	31 500
直接人工	2 元/小时	10 小时/件	20	12 800	400	12 600
变动制造费用	0.5 元/小时	10 小时/件	5	3 200	100	3 150
固定制造费用	1.5 元/小时	10 小时/件	15	9 600	300	9 450
合计			90	57 600	1 800	56 700

（七）销售及管理费用预算

销售费用预算，是指为了实现销售预算所需支付的费用的预算。它以销售预算为基础，分析销售收入、销售利润和销售费用的关系，力求实现销售费用的最有效使用。在安排销售费用时，要利用本量利分析方法，以使支出的费用获取更多的收益。在草拟销售费用预算时，要对过去的销售费用进行分析，考察过去销售费用支出的必要性和效果。销售费用预算应和销售预算相配合，应有按品种、按地区、按用途的具体预算数额。

管理费用是开展一般管理业务所必需的费用。随着企业规模的扩大，一般管理职能日益重要，其费用也相应增加。在编制管理费用预算时，要分析企业的业务成绩和一般经济状况，务必做到费用合理化。管理费用多属于固定成本，所以，管理费用预算一般以过去的实际开支为基础，按预算期的可预见变化来调整。重要的是，必须充分考察每种费用是否必要，以提高费用使用效率。表 3-11 是 M 公司全年的销售及管理费用预算。

表 3-11　　　　　　　　　　　　　销售及管理费用预算　　　　　　　　　　　　单位：元

项目	金额
销售费用：	
销售人员工资	2 000
广告费	5 500
包装、运输费	3 000
保管费	2 700
折旧	1 000
管理费用：	
管理人员薪金	4 000
福利费	800
保险费	600
办公费	1 400
折旧	1 500
合计	22 500
减：折旧	2 500
每季度支付现金（20 000÷4）	5 000

二、专门决策预算的编制

专门决策预算主要是长期投资预算（又称资本支出预算），通常是指与项目投资决策相关的专门预算，它往往涉及长期建设项目的资金投放与筹集，并经常跨越多个年度。编制专门决策预算的依据，是项目财务可行性分析资料及企业筹资决策资料。

专门决策预算的要点是准确反映项目资金投资支出与筹资计划，它同时也是编制现金预算和预计资产负债表的依据。表 3-12 是 M 公司全年的专门决策预算。

表 3-12　　　　　　　　　　　　　　专门决策预算　　　　　　　　　　　　　单位：元

项目	第一季度	第二季度	第三季度	第四季度	全年
投资支出预算	50 000	—	—	80 000	130 000
借入长期借款	30 000	—	—	60 000	90 000

03

三、财务预算的编制

（一）现金预算

现金预算是以业务预算和专门决策预算为依据编制的，专门反映预算期内预计现金收入与现金支出，以及为满足理想现金余额而进行筹资或归还借款等的预算。现金预算的内容主要有可供使用现金、现金支出、现金余缺、现金筹措与运用四部分。M 公司全年的现金预算如表 3-13 所示。

表 3-13　　　　　　　　　　　　　　　　现金预算　　　　　　　　　　　　　　　单位：元

项目	第一季度	第二季度	第三季度	第四季度	全年
期初现金余额	8 000	3 200	3 060	3 040	8 000
加：现金收入（表 3-5）	18 200	26 000	36 000	37 600	117 800
可供使用现金	26 200	29 200	39 060	40 640	125 800
减：现金支出					
直接材料（表 3-7）	5 000	6 740	8 960	9 510	30 210
直接人工（表 3-8）	2 100	3 100	3 960	3 640	12 800
制造费用（表 3-9）	1 900	2 300	2 300	2 300	8 800
销售及管理费用（表 3-11）	5 000	5 000	5 000	5 000	20 000
所得税费用	4 000	4 000	4 000	4 000	16 000
购买设备（表 3-12）	50 000			80 000	130 000
股利				8 000	8 000
现金支出合计	68 000	21 140	24 220	112 450	225 810
现金余缺	（41 800）	8 060	14 840	（71 810）	（100 010）
现金筹措与运用					
借入长期借款（表 3-12）	30 000			60 000	90 000
取得短期借款	20 000			22 000	42 000
归还短期借款			6 800		6 800
短期借款利息（年利 10%）	500	500	500	880	2 380
长期借款利息（年利 12%）	4 500	4 500	4 500	6 300	19 800
期末现金余额	3 200	3 060	3 040	3 010	3 010

表 3-13 中，"期初现金余额"是在编制预算时预计的，下一季度的期初现金余额等于上一季度的期末现金余额，全年的期初现金余额指的是年初的现金余额，等于第一季度的期初现金余额。

"现金收入"主要来源是销货取得的现金收入，销货取得的现金收入数据来自销售预算。

"现金支出"部分包括预算期的各项现金支出。"直接材料""直接人工""制造费用""销售及管理费用""购买设备"的数据分别来自前述有关预算。此外，"现金支出"还包括"所得税费用""股利"等，有关数据分别来自另行编制的专门预算。

财务管理部门应根据现金余缺与理想期末现金余额的比较，并结合固定的利息支出数额及其他因素，确定预算期现金运用或筹措的数额。本例中，理想的现金余额是 3 000 元，如果资金不足，可以取得短期借款，银行的要求是借款额必须为 1 000 元的整数倍。借款利息按季支付，做现金预算时，假设新增借款发生在季度的期初，归还借款发生在季度的期末（先归还短期借款，归还的数额为 100 元的整数倍）。M 公司上年年末的长期借款余额为 120 000 元（见表 3-15），所以，第一季度、第二季度、第三季度的长期借款利息均为（120 000+30 000）×12%÷4=4 500（元），第四季度的长期借款利息=（120 000+30 000+60 000）×12%÷4=6 300（元）。

由于第一季度的长期借款利息为 4 500 元，理想的现金余额是 3 000 元，所以，现金余缺+借入长期借款的结果只要小于 7 500 元，就必须取得短期借款。而第一季度的现金余缺是 -41 800 元，所以，M 公司需要取得短期借款。M 公司上年末不存在短期借款，假设第一季度需要取得的短期借款为 W 元，则根据理想的期末现金余额要求可知：-41 800+30 000+W-W×10%÷4-4 500=3 000（元），解得 W=19 794.88（元）。由于按照要求借款额必须是 1 000 元的整数倍，所以，第一季度需要取得 20 000 元的短期借款，支付 20 000×10%÷4=500（元）短期借款利息，期末现金余额=-41 800+30 000+20 000-500-4 500=3 200（元）。

第二季度的现金余缺是 8 060 元，如果既不增加短期借款也不归还短期借款，则需支付 500 元的短期借款利息和 4 500 元的长期借款利息，期末现金余额=8 060-500-4 500=3 060（元），刚好符合要求。如果归还借款，由于归还的数额必须是 100 元的整数倍，必然导致期末现金余额小于 3 000 元，因此不能归还借款。期末现金余额为 3 060 元。

第三季度的现金余缺是 14 840 元，固定的利息支出为 500+4 500=5 000（元），所以，按照理想的现金余额是 3 000 元的要求，最多可以归还 14 840-5 000-3 000=6 840（元）短期借款。由于归还的数额必须是 100 元的整数倍，所以，可以归还短期借款 6 800 元，期末现金余额=14 840-5 000-6 800=3 040（元）。

第四季度的现金余缺是 -71 810 元，固定的利息支出=（20 000-6 800）×10%÷4+6 300=6 630（元），第四季度的现金余缺+借入的长期借款=-71 810+60 000=-11 810（元），小于固定的利息支出（6 630 元）+理想的现金余额（3 000 元），所以，需要取得短期借款。假设需要取得的短期借款为 W 元，则根据理想的期末现金余额要求可知：-11 810+W-W×10%/4-6 630=3 000（元），解得 W=21 989.74（元）。由于借款额必须是 1 000 元的整数倍，所以，第四季度应该取得短期借款 22 000 元，支付短期借款利息=（20 000-6 800+22 000）×10%÷4=880（元），期末现金余额=-71 810+60 000+22 000-880-6 300=3 010（元）。

全年的期末现金余额指的是年末的现金余额，即第四季度末的现金余额，为 3 010 元。

（二）预计利润表

预计利润表用来综合反映企业在计划期的预计经营成果，是企业主要的财务预算表之一。通过编制预计利润表，可以了解企业预期的盈利水平。如果预计利润与最初编制方针中的目标利润有较大的不一致，就需要调整部门预算，设法达到目标，或者经企业领导同意后修改目标利润。编制预计利润表的依据是各业务预算、专门决策预算和现金预算。表 3-14 是 M 公司全年的利润表预算，它是根据上述各有关预算编制的。

表 3-14　　　　　　　　　　　　　　　　预计利润表　　　　　　　　　　　　　　　　单位：元

项目	金额
销售收入（表 3-5）	126 000
销售成本（表 3-10）	56 700
毛利	69 300

续表

项目	金额
销售及管理费用（表 3-11）	22 500
利息（表 3-13）	22 180
利润总额	24 620
所得税费用（估计）	16 000
净利润	8 620

表 3-14 中，"销售收入"项目的数据来自销售预算；"销售成本"项目的数据来自产品成本预算；"毛利"项目的数据是前两项的差额；"销售及管理费用"项目的数据来自销售及管理费用预算；"利息"项目的数据来自现金预算。

另外，"所得税费用"是在利润规划时估计的，并已列入现金预算。它通常不是根据利润总额和所得税税率计算出来的，因为有诸多纳税调整的事项会影响所得税费用金额。此外，从预算编制程序上看，如果根据利润总额和税率重新计算所得税，就需要修改现金预算，引起信贷计划修订，进而改变利息，最终又要修改利润总额，从而陷入数据的循环修改。

（三）预计资产负债表

预计资产负债表反映企业在计划期末预计的财务状况。编制预计资产负债表的目的，在于判断预算反映的财务状况的稳定性和流动性。如果通过预计资产负债表的分析，发现某些财务比率不佳，必要时可修改有关预算，以改善财务状况。预计资产负债表的编制需以计划期开始日的资产负债表为基础，结合计划期间各项业务预算、专门决策预算、现金预算和预计利润表进行编制，它是编制全面预算的终点。表 3-15 是 M 公司全年的预计资产负债表。

"应收账款"的年初余额 6 200 元来自表 3-5 的"上年应收账款"，年末余额 14 400=36 000-21 600 或=36 000×（1-60%）。

"存货"包括直接材料和产成品，直接材料年初余额=300×5=1 500（元），年末余额=400×5=2 000（元）；产成品成本年初余额=（20+630-640）×90=900（元），年末余额=20×90=1 800（元）。存货年初余额=1 500+900=2 400（元），年末余额=2 000+1 800=3 800（元）。

"固定资产"的年末余额 37 250=43 750-6 500，其中的 6 500=4 000+1 000+1 500，指的是本年计提的折旧，数字来源于表 3-9 和表 3-11。

"在建工程"的年末余额 230 000=100 000+130 000，本年的增加额 130 000 元来源于表 3-12（项目本年未完工）。

"固定资产""在建工程"的年初余额来源于 M 公司上年年末的资产负债表。

"短期借款"本年的增加额 35 200=20 000-6 800+22 000，来源于表 3-13。

"应付账款"的年初余额 2 350 元来源于表 3-7 的"上年应付账款"，年末余额 4 640=9 280-4 640 或=9 280×（1-50%）。

"长期借款"本年的增加额 90 000 元来源于表 3-12；"短期借款""长期借款"的年初余额，来源于 M 公司上年末的资产负债表。

"未分配利润"本年的增加额 620 元=本年的净利润 8 620 元（见表 3-14）-本年的股利 8 000 元（见表 3-13）；股东权益各项目的期初余额均来源于 M 公司上年末的资产负债表。各项预算中都没有涉及股本和资本公积的变动，所以，股本和资本公积的余额不变。M 公司没有计提任意盈余公积，由于法定盈余公积达到股本的 50%时可以不再提取，所以，M 公司当年没有提取法定盈余公积，即盈余公积的余额不变。

表3-15   预计资产负债表   单位:元

资产	年初余额	年末余额	负债和股东权益	年初余额	年末余额
流动资产:			流动负债:		
货币资金（表3-13）	8 000	3 010	短期借款	0	35 200
应收账款（表3-5）	6 200	14 400	应付账款（表3-7）	2 350	4 640
存货（表3-7、表3-10）	2 400	3 800	流动负债合计	2 350	39 840
流动资产合计	16 600	21 210	非流动负债:		
非流动资产:			长期借款	120 000	210 000
固定资产	43 750	37 250	非流动负债合计	120 000	210 000
在建工程	100 000	230 000	负债合计	122 350	249 840
非流动资产合计	143 750	267 250	股东权益:		
			股本	20 000	20 000
			资本公积	5 000	5 000
			盈余公积	10 000	10 000
			未分配利润	3 000	3 620
			股东权益合计	38 000	38 620
资产总计	160 350	288 460	负债和股东权益总计	160 350	288 460

表3-15中，"货币资金"的数据来源于表3-13中的"期初现金余额"和"期末现金余额"。

四、预算编制需要的素养

预算编制是一项系统工程，需要各个部门的通力协作。销售、生产、采购、财务、人力等各个部门，基于各自部门的现状，做出合理的预测，并共享信息，才能使预算编制更准确且更有效率。现代社会中，不管是工作还是生活，很少有孤立的，需要我们团结合作，才能让工作更有效率，生活更美满。

预算编制涉及部门和部门之间、部门和企业之间的沟通协调。当发生冲突时，需要站在企业的角度，来有效处理利益冲突。这就是个人利益服从集体利益。现代大学生，在追求个性发展的同时，也需要兼顾国家、集体和他人的利益，不能将个人利益凌驾于一切之上。

预算编制涉及大量的数据，而且数据之间相互关联，改变一个数据，会引起大量后续数据的改变，即牵一发而动全身。因此，预算编制需要谨慎、细致，对数据具有敏锐的洞察力。现代工作和生活，数字无处不在，我们需要有敏捷思维能力，虽然不能精确判断每一步，但至少可以预估可能的结果，尽可能做到最好，能防患于未然。

凡事预则立，不预则废。大到一个国家，小到一个项目，都需要编制预算。预算是未来行动的蓝图和方针路线。因此，作为当代大学生，需要认真规划自己的学习生涯、职业生涯，有目标、有方向，并为之努力。

知识拓展

数字化在预算管理中的作用

采用信息技术手段进行管理的全面预算，不但可以提升编制效率及准确率，还能降低预算数据归集、整理的成本，保留预算编制及审批痕迹，以原始数据为基础，进行统计、查询及分析，避免信息被改变。

通过信息系统进行的预算执行控制，可以将预算情况与实际业务相结合，从业务申请到审批通过，再到资金支付，针对具体预算的执行情况（包括可用预算、已执行预算、在途预算等）进行全过程、实时跟踪与查看；依照"有预算不超支，无预算不可支"的原则，针对具体业务设置相应的执行控制规则。在业务发生时，由系统自动根据预算使用情况进行校验，超预算柔性给出提示，超预算刚性不允许提交，以此确保资金支出更合理、更有针对性。此外，针对关键指标项，还可由系统自动给出预警提醒，方便领导及时调整经营策略。

使用信息系统，可以将从预算编制到执行控制的整个预算管理过程中涉及的数据进行统一归集、管理，因此，使用者可按照自己喜欢的模式进行数据统计、查询与分析。信息系统能够提供多种分析模型，动态、形象、直观、实时地展现各类数据，方便、快捷，省去人为对数据进行收集、整理的时间，还能节约人工成本，为使用者提供辅助决策信息支撑，避免由于以偏概全、信息片面而导致的决策失误。

任务四　预算的实施

一、预算的执行

预算一经批复下达，各预算执行单位就必须认真组织实施，将预算指标层层分解，从横向到纵向落实到内部各部门、各单位、各环节和各岗位，形成全方位的预算执行责任体系。

企业应当将预算作为预算期内组织、协调各项经营活动的基本依据，将年度预算细分为月度预算和季度预算，以分期实施预算控制，确保年度预算目标的实现。

企业应当强化现金流量的预算管理，按时组织预算资金的收入，严格控制预算资金的支付，调节资金收付平衡，控制支付风险。

对于预算内的资金拨付，按照授权审批程序执行；对于预算外的项目支出，应当按预算管理制度规范支付程序；对于无合同、无凭证、无手续的项目支出，不予支付。

对于预算编制、执行和考评过程中的风险，企业应当采取一定的防控措施来对风险进行有效管理。必要时，企业可以建立负责日常预算管理的部门，加强员工的风险意识，以个人为预算风险审查对象，并形成相应的奖惩机制，通过信息技术和信息管理系统控制预算流程中的风险。

企业应当严格执行销售、生产和成本费用预算，努力完成利润指标。在日常控制中，企业应当完善凭证记录，完善各项管理规章制度，严格执行生产经营月度计划和成本费用的定额、定率标准，加强适时监控。对预算执行中出现的异常情况，企业有关部门应及时查明原因，提出解决办法。

企业应当建立预算报告制度，要求各预算执行单位定期报告预算的执行情况。对于预算执行中发现的新情况、新问题及出现偏差较大的重大项目，企业财务管理部门以至预算管理委员会应当责成有关预算执行单位查找原因，提出改进经营管理的措施和建议。

企业财务管理部门应当利用财务报表监控预算的执行情况，及时向预算执行单位、企业预算管理委员会以至董事会或经理办公会提供财务预算的执行进度、执行差异及其对企业预算目标的影响等信息，促进企业完成预算目标。

二、预算的调整

企业正式下达执行的预算，一般不予调整。预算执行单位在执行中由于市场环境、经营条件、政策法规等发生重大变化，致使预算的编制基础不成立，或者将导致预算执行结果产生重大偏差的，可以调整预算。

企业应当建立内部弹性预算机制，对于不影响预算目标的业务预算、资本预算、筹资预算之间的调整，企业可以按照内部授权批准制度执行，鼓励预算执行单位及时采取有效的经营管理对策，保证预算目标的实现。

企业调整预算，应由预算执行单位逐级向预算管理委员会提出书面报告，阐述预算执行的具体情况、客观因素变化情况及其对预算执行造成的影响程度，提出预算指标的调整幅度。

财务管理部门应当对预算执行单位的预算调整报告进行审核分析，集中编制企业年度预算调整方案，提交预算管理委员会以至企业董事会或经理办公会审议批准，然后下达执行。

对于预算执行单位提出的预算调整事项，企业进行决策时，一般应当遵循以下要求。

（1）预算调整事项不能偏离企业发展战略。

（2）预算调整方案应当在经济上能够实现最优化。

（3）预算调整重点应放在预算执行中出现的重要的、非正常的、不符合常规的关键性差异方面。

三、预算的分析与考核

企业应当建立预算分析制度，由预算管理委员会定期召开预算执行分析会议，全面掌握预算的执行情况，研究、解决预算执行中存在的问题，纠正预算的执行偏差。

开展预算执行分析，企业管理部门及各预算执行单位应当充分收集有关财务、业务、市场、技术、政策、法律等方面的信息，根据不同情况分别采用比率分析、比较分析、因素分析、平衡分析等方法，从定量与定性两个层面充分反映预算执行情况。

针对预算的执行偏差，企业财务部门及各预算执行单位应当充分、客观地分析产生偏差的原因，提出相应的解决措施或建议，提交董事会或经理办公会研究决定。

企业预算管理委员会应当定期组织预算审计，纠正预算执行中存在的问题，充分发挥内部审计的监督作用，维护预算管理的严肃性。

预算审计可以采用全面审计或者抽样审计。在特殊情况下，企业也可组织不定期的专项审计。审计工作结束后，企业内部审计机构应当形成审计报告，并将其提交预算管理委员会以至董事会或经理办公会，作为调整预算、改进内部经营管理和财务考核的一项重要参考。

预算年度终了，预算管理委员会应当向董事会或者经理办公会报告预算执行情况，并依据预算完成情况和预算审计情况对预算执行单位进行考核。

企业内部预算执行单位上报的预算执行报告，应经本部门、本单位负责人按照内部议事规范审议通过，作为企业进行财务考核的基本依据。企业预算按调整后的预算执行，预算完成情况以企业年度财务会计报告为准。

企业预算执行考核是企业绩效评价的主要内容，应当结合年度内部经济责任制进行考核，与预算执行单位负责人的奖惩挂钩，并作为企业内部人力资源管理的参考。

案例分析

山特公司主要生产和经营体育用品，业务发展很快。公司因为人手有限，以前并没有编制过预算。CEO的助手马克曾经在大型上市公司当过财务经理，参与和处理过预算方面的事宜。山特CEO决定让马克负责预算协调和审查。马克在审阅了销售部门的预算草稿后，认为预测的销售量和销售额过低，多次要求销售部门提高销售量和销售收入。

销售部门认为自己的预算是在信息全面的定量分析基础上，并且按照部门内部已经设立好的模型编制的，是符合客观情况的。然而，马克不认可预算中的数据，销售经理没有办法，只能修改定量分析公式和模型的数据，调高了销售预算额。销售经理对马克说："这样做一方面会使销售部完不成任务，另一方面，其他部门的预算也会受影响。"马克说："我理解你的意思。但预算金额高，对你们部门和全体员工都是一个激励。明年的情况如果不好，我们可以随时修改。"

【思考】山特公司这样编制预算合理吗？

项目演练

一、单项选择题

1. 下列各项中，属于专门决策预算的是（　　　）。
   A. 直接材料预算　　B. 直接人工预算　　C. 产品成本预算　　D. 资本支出预算

2. 资金预算中，不属于现金支出的内容是（　　　）。
   A. 支付制造费用　　B. 所得税费用　　C. 购买设备支出　　D. 支付借款利息

3. 下列各项中，属于经营预算的是（　　　）。
   A. 直接材料预算　　B. 资本支出预算　　C. 资金预算　　D. 预计利润表

4. 在直接人工预算中，预计产量数据来自于（　　　）。
   A. 制造费用预算　　B. 生产预算　　C. 直接材料预算　　D. 销售预算

5. 某企业预计前两个季度的销量为 1 000 件和 1 200 件，期末产成品存货数量一般按下季销量的 10%安排，则第一季度的预算产量为（　　　）件。
   A. 1 020　　B. 980　　C. 1 100　　D. 1 000

二、多项选择题

1. 下列各项中属于总预算的有（　　　）。
   A. 投资决策预算　　B. 销售预算　　C. 现金预算　　D. 预计利润表

2. 弹性预算法的优点有（　　　）。
   A. 预算范围宽　　B. 可比性强　　C. 及时性强　　D. 透明度高

3. 滚动预算按照预算编制和滚动的时间单位不同分为（　　　）。
   A. 逐月滚动　　B. 逐季滚动　　C. 逐年滚动　　D. 混合滚动

4. 现金预算的编制基础包括（　　　）。
   A. 销售预算　　B. 投资决策预算　　C. 销售费用预算　　D. 预计利润表

5. （　　　）是在生产预算的基础上编制的。
   A. 直接材料预算　　B. 直接人工预算　　C. 产品成本预算　　D. 管理费用预算

三、判断题

1. 财务预算具有资源分配的功能。（　　　）

2. 滚动预算又称滑动预算，是指在编制预算时，将预算期与会计年度脱离，随着预算的执行不断延伸补充预算，逐期向后滚动，使预算期永远保持为一个固定期间的一种预算编制方法。（　　　）

3. 弹性利润预算编制的百分比法适用于单一品种经营或采用分算法处理固定成本的多品种经营的企业。（　　　）

4. 增量预算法与零基预算法相比能够调动各部门降低费用的积极性。（　　　）

5. 生产预算是预算编制的起点。（　　　）

6. 根据"以销定产"原则，某期的预计生产量应当等于该期预计销售量。（　　　）

7. 经营决策预算除个别项目外一般不纳入业务预算，但应计入与此有关的现金预算与预计资

产负债表。（　　　）

8. 预计资产负债是以货币形式综合反映预算期内企业经营活动成果计划水平的一种财务预算。（　　　）

9. 弹性预算法中的列表法不能用于所有业务量条件下的费用预算，适用面较窄。（　　　）

10. 滚动预算中的逐月滚动编制方法，是滚动编制的，编制时补充下一月份的预算即可，不需要对中间月份的预算进行调整。（　　　）

四、计算题

甲企业是某公司下属的一个独立分厂，该企业仅生产并销售 W 产品，2020 年有关预算与考核分析资料如下。

资料一：W 产品的预计产销量相同，2020 年第一至第四季度的预计产销量分别是 100 件、200 件、300 件和 400 件，预计产品销售单价为 1000 元/件，预计销售收入中有 60%在本季度收到现金，40%在下一季度收到现金。2019 年年末应收账款余额 80 000 元。不考虑增值税及其他因素。

资料二：2020 年年初材料存货量为 500 千克，每季度末材料存货量按下一季度生产需用量的 10%确定。单位产品用料标准为 10 千克/件。单位产品材料价格标准为 5 元/千克。材料采购款有 50%在本季度支付现金，另外 50%下一季度支付。

资料三：企业在每季度末的理想现金余额是 50 000 元，且不低于 50 000 元。如果当季现金不足，则向银行取得短期借款；如果当季现金溢余，则偿还银行短期借款。短期借款的年利率为 10%，按季度付息。借款和还款的数额均为 1000 元的整数倍。假设新增借款发生在季度初，归还借款在季度末。2020 年第一季度，在未考虑银行借贷情况下的现金余额为 26 700 元，假设 2020 年年初企业没有借款。

资料四：2020 年年末，企业对第四季度预算执行情况进行考核分析，第四季度 W 产品的实际销量为 450 件，实际材料耗用量为 3 600 千克，实际材料单价为 6 元/千克。

要求：

（1）根据资料一计算 W 产品的第一季度现金收入；资产负债表预算中应收账款的年末数。

（2）根据资料一和资料二计算第二季度预计材料期末存货量；第二季度预计材料采购量；第三季度预计材料采购金额。

（3）根据资料三计算第一季度现金预算中取得短期借款金额、短期借款利息金额和期末现金余额。

（4）根据资料一、二、四计算第四季度材料费用总额实际数与预算数之间的差额。

（5）根据资料一、二、四用连环替代法，按照产品产量、单位产品材料用量、材料单价的顺序，计算对材料费用总额实际数与预算数差额的影响。

项目四

项目投资管理

学习目标 ↓

【知识目标】
- 理解项目投资的概念、意义和原则；
- 理解项目投资现金流量分析的方法；
- 掌握项目投资决策方法及决策指标计算。

【能力目标】
- 能对常见项目投资进行方案比较和有效决策。

【素养目标】
- 具备风险管理意识；
- 树立实事求是、严肃认真的工作态度。

项目背景 ↓

投资决策是财务管理的核心环节，也是其他环节的基础。投资决策影响企业后续的筹资、营运和分配活动，甚至关乎企业的生死存亡。按投资对象的存在形态和性质，企业投资可以划分为项目投资和证券投资。本项目探讨项目投资，项目五探讨证券投资。

项目导入 ↓

波音 777 是美国波音公司研制的双发中远程宽体客机。波音 777 首飞时是民用航空历史上最大的双发喷气飞机。1990 年 10 月，波音公司对外公布了其最新机型——波音 777，它属于大中型客容量的机型，能够运送 350～390 位乘客飞行达 7 600 海里（1 海里=1.852 千米，7 600海里大约是从洛杉矶到法兰克福的距离）。波音公司计划 1995 年开始交货，最后也做到了。波音 777 是一项巨大的工程，两年半前开始的研究开发耗资 40 亿～50 亿美元。生产设备和人员培训还需另投资 20 亿美元，1996 年还需要 17 亿美元的营运资本。经过预测分析，未来现金流量如表 4-1 所示。

表 4-1　　　　　　　　　　　　波音 777 项目现金流量预测　　　　　　　　　　　单位：百万美元

年份	税后利润	折旧	资本支出	年份	税后利润	折旧	资本支出
1991	-597.3	40	400	2008	1 691.19	129.2	178.41
1992	-947.76	96	600	2009	1 208.64	96.99	627.7
1993	-895.22	116.4	300	2010	1 954.39	76.84	144.27

续表

年份	税后利润	折旧	资本支出	年份	税后利润	折旧	资本支出
1994	-636.74	124.76	200	2011	2 366.03	65.81	100.51
1995	-159.34	112.28	182.91	2012	2 051.46	61.68	-463.32
1996	958.62	101.06	1 741.42	2013	1 920.65	57.96	-234.57
1997	1 718.14	90.95	2.12	2014	2 244.05	54.61	193.92
1998	1 503.46	82.72	-327.88	2015	2 313.63	52.83	80.68
1999	1 665.46	77.75	67.16	2016	2 384.08	52.83	83.1
2000	1 670.49	75.63	-75.21	2017	2 456.65	52.83	85.59
2001	1 553.76	75	-88.04	2018	2 513.39	52.83	88.16
2002	1 698.99	75	56.73	2019	2 611.89	47.52	90.8
2003	1 981.75	99.46	491.21	2020	2 699.26	35.28	93.55
2004	1 709.71	121.48	32.22	2021	2 785.5	28.36	96.33
2005	950.83	116.83	450.88	2022	2 869.63	28.36	99.22
2006	1 771.61	112.48	399.53	2023	2 956.28	28.36	102.2
2007	1 958.48	100.2	-114.91	2024	3 053.65	16.05	105.26

04

其他资料如下：β 系数为 1.06，负债比率为 0.02，新发行的长期负债的利率为 9.75%，无风险报酬率为 8.75%，市场报酬率为 8%，所得税税率为 34%。

【思考】波音公司是如何进行波音 777 投资决策的？为何要预测现金流？利用所给资料，你能否进行项目可行性分析？

任务分解 ↓

波音公司进行波音 777 投资决策，即对该项目进行可行性分析，需要基于项目投资管理原则，对项目进行现金流量分析，计算相关决策指标。本项目分解为五个任务：认识项目投资；项目投资现金流量分析；项目投资决策指标和方法；项目投资决策；大数据背景下的项目投资。

任务一　认识项目投资

项目投资是一种以特定项目为对象，与新建项目或更新改造项目有关的长期投资。项目投资按其涉及的内容可进一步分为单纯固定资产投资项目和完整工业投资项目。单纯固定资产投资项目的特点在于：投资中只包括为取得固定资产而发生的资本投入而不涉及周转资本的投入。完整工业投资项目则不仅包括固定资产投资，还涉及流动资金投资，甚至包括其他长期资产项目（如无形资产、长期待摊费用等）的投资。

与其他形式的投资相比，项目投资具有投资内容独特（每个项目都至少涉及一项固定资产投资）、投资数额大、影响时间长（至少一年或一个营业周期）、发生频率低、变现能力差和投资风险高的特点。

一、项目投资的意义

从宏观角度看，项目投资有以下两方面的积极意义。

（1）项目投资是实现社会资本积累功能的主要途径，也是扩大社会再生产的重要手段，有助于促进社会经济的长期可持续发展。

（2）增加项目投资能够为社会提供更多的就业机会，提高社会总供给量，不仅可以满足社会需求的不断增长，而且会最终拉动社会消费的增长。

从微观角度看，项目投资有以下三个方面的积极意义。

（1）提升投资者的经济实力。投资者通过项目投资，可以扩大资本积累规模，增加收益，增强抵御风险的能力。

（2）提高投资者的创新能力。投资者通过自主研发和购买知识产权，结合投资项目的实施，实现科技成果的商品化和产业化，不仅可以不断地进行技术创新，而且能够为将科技转化为生产力提供更好的平台。

（3）提升投资者的市场竞争能力。市场竞争不仅是人才的竞争、产品的竞争，而且是投资项目的竞争。一个不具备核心竞争能力的投资项目，是注定要失败的。无论是投资实践的成功经验还是失败的教训，都有助于促进投资者自觉按市场规律办事，不断提升自身市场竞争能力。

二、项目投资管理原则

为了适应投资项目的特点和要求，实现投资管理的目标，做出合理的投资决策，需要制定项目投资管理的基本原则，据以保证投资活动顺利进行。

（一）可行性分析原则

投资项目的金额大，资金占用时间长，投资后具有不可逆转性，对企业的财务状况和经营前景影响重大。因此，在做出投资决策之前，必须建立严密的投资决策程序，进行科学的可行性分析。

投资项目可行性分析是投资管理的重要组成部分，其主要任务是对投资项目实施的可行性进行科学的论证，主要包括环境可行性、技术可行性、市场可行性、财务可行性等方面的认证。项目可行性分析将对项目实施后未来的运行和发展前景进行预测，通过定性分析和定量分析比较项目的优劣，为投资决策提供参考。

环境可行性要求投资项目对环境的不利影响最小，并能带来有利影响，包括对自然环境、社会环境和生态环境的影响。

技术可行性要求投资项目形成的生产经营能力，具有技术上的适应性和先进性，包括工艺、装备、地址等方面。

市场可行性要求投资项目形成的产品能够被市场接受，具有市场占有率，进而才能带来财务上的可行性。

财务可行性要求投资项目在经济上具有效益性，这种效益性是明显的和长期的。财务可行性是在相关的环境、技术、市场可行性完成的前提下，着重围绕技术可行性和市场可行性而开展的专门经济性评价，包含资金筹集的可行性。

财务可行性分析是投资项目可行性分析的主要内容，因为投资项目的根本目的是获得经济效益，市场和技术上可行性的落脚点也是经济上的效益性，项目实施后的业绩绝大部分表现在价值化的财务指标上。

财务可行性分析的主要内容包括：收入、费用和利润等经营成果指标的分析；资产、负债、所有者权益等财务状况指标的分析；资金筹集和配置的分析；资金流转和回收等资金运行过程的分析；项目现金流量、净现值、内含报酬率等项目经济性效益指标的分析；项目收益与风险关系的分析等。

（二）结构平衡原则

投资项目往往是一个综合性的项目，不仅涉及固定资产等生产能力和生产条件的购建，还涉及使生产能力和生产条件正常发挥作用所需要的流动资产的配置。同时，由于受资金来源的限制，投资也常常会遇到资金需求超过资金供应的矛盾。如何合理配置资金，使有限的资金发挥最大的效用，是投资管理中面临的重要问题。

可以说，投资项目的管理是综合的管理。资金既要投放于主要生产设备，又要投放于辅助设备；既要满足长期资产的需要，又要满足流动资产的需要。在投放资金时，要遵循结构平衡原则，合理分配资金，要考虑固定资金与流动资金的配比关系、生产能力与经营规模的平衡关系、资金来源与资金运用的匹配关系、投资进度和资金供应的协调关系、流动资产内部的资产结构关系、发展性投资与维持性投资的配合关系、对内投资与对外投资的顺序关系、直接投资与间接投资的分布关系等。

投资项目在实施后，资金就较长期地占用在具体项目上，要取出资金或改变其用途都不太容易。只有遵循结构平衡原则，投资项目实施后才能顺利地运行，才能避免资源的闲置和浪费。

（三）动态监控原则

投资的动态监控，是指对投资项目实施过程中的进程控制。特别是对于工程量大、工期长的建造项目来说，应有一个具体的投资过程，需要按工程预算实施有效的动态投资控制。

投资项目的工程预算，是对总投资中各工程项目及其所包含的分步工程和单位工程造价规划的财务计划。建设性投资项目应当按工程进度，对分项工程、分步工程、单位工程的完成情况，逐步进行资金拨付和资金结算，控制工程的资金耗费，防止资金浪费。在项目建设完工后，通过工程决算，全面清点所建造的资产数额和种类，分析工程造价的合理性，合理确定工程资产的账面价值。

任务二　项目投资现金流量分析

现金流量（Cash Flow，CF）是现代理财学中的一个重要概念，是指企业在一定会计期间按照现金收付实现制，通过一定经济活动（包括经营活动、投资活动、筹资活动和非经常性项目）而产生的现金流入、现金流出及其总量情况的总称，即企业一定时期的现金和现金等价物的流入和流出的数量。

微课

项目投资现金流量分析

一、项目现金流量的含义

现金流量是投资项目财务可行性分析的主要分析对象，净现值、内含报酬率、回收期等财务评价指标，均是以现金流量为对象进行可行性评价的。利润只是期间财务报告的结果，对于评价投资方案财务可行性来说，项目的现金流量状况比会计期间盈亏状况更为重要。一个投资项目能否顺利进行、有无经济效益，不一定取决于有无会计期间利润，而在于能否带来正现金流量，即整个项目能否获得超过项目投资的现金回收。

由一项长期投资方案所引起的在未来一定期间所发生的现金收支，叫作现金流量。其中，现金收入称为现金流入量，现金支出称为现金流出量，现金流入量与现金流出量相抵后的余额，称为现金净流量（Net Cash Flow，NCF）。

在一般情况下，投资决策中的现金流量通常指现金净流量。所谓的现金既指库存现金、银行存款等货币性资产，也可以指相关非货币性资产（如原材料、设备等）的变现价值。

二、项目各个阶段现金流量分析

投资项目从整个经济寿命周期来看，大致可以分为三个阶段：投资期、营业期、终结期。

（一）投资期

投资阶段的现金流量主要是现金流出量，即在该投资项目上的原始投资，包括在长期资产上的投资和垫支的营运资金。如果该投资项目的筹建费、开办费较高，也可作为初始阶段的现金流出量计入递延资产。一般情况下，初始阶段中固定资产的原始投资通常在年内一次性投入（如购买设备），如果原始投资不是一次性投入（如工程建造），则应把投资归属于不同投入年份。

1. 长期资产投资

长期资产投资包括固定资产、无形资产、递延资产等长期资产的购入、建造、运输、安装、试运行等方面所需的现金支出，如购置成本、运输费、安装费等。对于投资实施后导致固定资产性能改进而发生的改良支出，属于固定资产的后期投资。

2. 营运资金垫支

营运资金垫支是指投资项目形成了生产能力，需要在流动资产上追加的投资。由于扩大了企业生产能力，所以原材料、在产品、产成品等流动资产规模也随之扩大，需要追加投入日常营运资金。同时，企业营业规模扩大后，应付账款等结算性流动负债也随之增加，自动补充了一部分日常营运资金。因此，为该投资项目垫支的营运资金是流动资产扩大量与结算性流动负债扩大量的净差额。

（二）营业期

营业阶段是投资项目的主要阶段，该阶段既有现金流入量，也有现金流出量。现金流入量主要是营运各年的营业收入，现金流出量主要是营运各年的付现营运成本。

另外，营业期内某一年发生的大修理支出，如果在会计处理中将其作为当年的收益性支出，则直接作为该年付现成本；如果跨年摊销处理，则本年作为投资性的现金流出量，摊销年份以非付现成本形式处理。营业期内某一年发生的改良支出是一种投资，应作为该年的现金流出量，以后年份通过折旧收回。

在正常营业阶段，由于营运各年的营业收入和付现营运成本数额比较稳定，因此营业阶段各年现金流量一般为：

$$营业现金净流量=营业收入-付现成本=营业利润+非付现成本 \quad （式4\text{-}1）$$

式 4-1 中，非付现成本主要是固定资产年折旧费用、长期资产摊销费用、资产减值准备等。其中，长期资产摊销费用主要有跨年的大修理摊销费用、改良工程折旧或摊销费用、筹建或开办费摊销费用等。

所得税是投资项目的现金支出，即现金流出量。考虑所得税对投资项目现金流量的影响，投资项目正常营运阶段所获得的营业现金流量，可按下列公式进行测算：

$$\begin{aligned}
营业现金净流量 &=营业收入-付现成本-所得税 \\
&=税后营业利润+非付现成本 \\
&=营业收入\times(1-T)-付现成本\times(1-T)+非付现成本\times T \\
&=（营业收入-付现成本）\times(1-T)+非付现成本\times T \quad （式4\text{-}2）
\end{aligned}$$

式 4-2 中，T 指所得税税率。

公示拓展：

营业现金净流量=营业收入-付现成本-所得税

=营业收入-（经营成本-非付现成本）-所得税

=营业收入-经营成本-所得税+非付现成本

=净利润+非付现成本　　　　　　　　　　　（式 4-3）

（三）终结期

终结阶段的现金流量主要是现金流入量，包括固定资产变价净收入、固定资产变现净损益对现金流量的影响和收回的垫支营运资金。

1. 固定资产变价净收入

投资项目在终结阶段，原有固定资产将退出生产经营，企业对固定资产进行清理处置。固定资产变价净收入，是指固定资产出售或报废时的出售价款或残值收入扣除清理费用后的净额。

2. 固定资产变现净损益对现金净流量的影响

固定资产变现净损益对现金净流量的影响用公式表示如下。

固定资产变现净损益对现金净流量的影响=（账面价值-变价净收入）×所得税税率　（式 4-4）

如果（账面价值-变价净收入）>0，则意味着发生了变现净损失，可以抵税，减少现金流出，增加现金净流量。如果（账面价值-变价净收入）<0，则意味着实现了变现净收益，应该纳税，增加现金流出，减少现金净流量。

变现时，固定资产账面价值指的是固定资产账面原值与变现时按照税法规定计提的累计折旧的差额。如果变现时，按照税法的规定，折旧已经全部计提，则变现时固定资产账面价值等于税法规定的净残值；如果变现时，按照税法的规定，折旧没有全部计提，则变现时固定资产账面价值等于税法规定的净残值与剩余的未计提折旧之和。

3. 收回的垫支营运资金

伴随着固定资产的出售或报废，投资项目的经济寿命结束，企业将与该项目相关的存货出售，应收账款收回，应付账款也随之偿付。营运资金恢复到原有水平，项目开始垫支的营运资金在项目结束时收回。

在实务中，对某一投资项目在不同时点上现金流量数额的测算，通常通过编制"投资项目现金流量表"进行。通过该表，能测算出投资项目相关现金流量的发生时间和数额，以便进一步进行投资项目可行性分析。

【例 4-1】某投资项目需要 3 年建成，每年年初投入建设资金 90 万元，共投入 270 万元。建成投产之时，需投入营运资金 140 万元，以满足日常经营活动需要。项目投产后，估计每年可获税后营业利润 60 万元。固定资产使用年限为 7 年，使用后第 5 年预计进行一次改良，估计改良支出为 80 万元，分两年平均摊销。资产使用期满后，估计有残值净收入 11 万元，采用直线法计提折旧。项目期满时，垫支营运资金全额收回。请计算项目各个阶段的现金流量。

根据以上资料编制投资项目现金流量表，如表 4-2 所示。

表 4-2　　　　　　　　　　　投资项目现金流量表　　　　　　　　　　　单位：万元

项目	0	1	2	3	4	5	6	7	8	9	10	总计
固定资产投资	-90	-90	-90									-270
营运资金				-140							140	0
固定资产折旧					37	37	37	37	37	37	37	259
改良支出									-80			-80

续表

项目	0	1	2	3	4	5	6	7	8	9	10	总计
改良支出摊销										40	40	80
税后营业利润					60	60	60	60	60	60	60	420
残值净收入											11	11
营业现金净流量					97	97	97	97	97	137	137	759
现金净流量	-90	-90	-90	-140	97	97	97	97	17	137	288	420

表 4-2 中，固定资产每年计提折旧=（270-11）÷7=37（万元）。

经营期营业现金净流量=税后营业利润+固定资产折旧+改良支出摊销。

【例 4-2】某公司计划增添一条生产流水线，以扩大生产能力。现有甲、乙两个方案可供选择。甲方案需要投资 500 000 元，乙方案需要投资 750 000 元。两方案中生产流水线的预计使用寿命均为 5 年，折旧均采用直线法，甲方案预计残值为 20 000 元，乙方案预计残值为 30 000 元。甲方案预计年销售收入为 1 000 000 元，第一年付现成本为 660 000 元，以后在此基础上每年增加维修费 10 000 元。乙方案预计年销售收入为 1 400 000 元，年付现成本为 1 050 000 元。项目投入营运时，甲方案需垫支营运资金 200 000 元，乙方案需垫支营运资金 250 000 元。公司适用的所得税税率为 25%。

（1）计算两个方案每年的营业现金净流量。甲方案的营业现金净流量如表 4-3 所示。

表 4-3　　　　　　　　甲方案的营业现金净流量　　　　　　　　单位：元

项目	1	2	3	4	5
销售收入（1）	1 000 000	1 000 000	1 000 000	1 000 000	1 000 000
付现成本（2）	660 000	670 000	680 000	690 000	700 000
折旧（3）	96 000	96 000	96 000	96 000	96 000
营业利润（4）=（1）-（2）-（3）	244 000	234 000	224 000	214 000	204 000
所得税（5）=（4）×25%	61 000	58 500	56 000	53 500	51 000
税后营业利润（6）=（4）-（5）	183 000	175 500	168 000	160 500	153 000
营业现金净流量（7）=（3）+（6）	279 000	271 500	264 000	256 500	249 000

乙方案的营业现金净流量计算如下。

乙方案的营业现金净流量=税后营业利润+非付现成本

$$=（1\ 400\ 000-1\ 050\ 000-144\ 000）×（1-25\%）+144\ 000$$
$$=298\ 500（元）$$

或

$$=（营业收入-付现成本）×（1-T）+非付现成本×T$$
$$=（1\ 400\ 000-1\ 050\ 000）×75\%+144\ 000×25\%$$
$$=298\ 500（元）$$

（2）计算两个方案每年的现金净流量。甲、乙方案的现金净流量如表 4-4 所示。

表 4-4　　　　　　　　甲、乙方案的现金净流量　　　　　　　　单位：元

项目	0	1	2	3	4	5
甲方案：						
固定资产投资	-500 000					

续表

项目	0	1	2	3	4	5
营运资金垫支	−200 000					
营业现金流量		279 000	271 500	264 000	256 500	249 000
固定资产残值						20 000
营运资金收回						200 000
现金净流量	−700 000	279 000	271 500	264 000	256 500	469 000
乙方案:						
固定资产投资	−750 000					
营运资金垫支	−250 000					
营业现金流量		298 500	298 500	298 500	298 500	298 500
固定资产残值						30 000
营运资金收回						250 000
现金净流量	−10 000 000	298 500	298 500	298 500	298 500	578 500

任务三 项目投资决策指标和方法

项目投资决策是对各个可行方案进行分析和评价，并从中选择最优方案的过程。项目投资决策的分析评价，需要采用一些专门的评价指标和方法。常用的财务可行性评价指标有净现值、年金净流量、现值指数、内含报酬率和回收期等，围绕这些评价指标进行评价产生了净现值法、内含报酬率法、回收期法等评价方法。同时，按照是否考虑了货币时间价值来分类，这些评价指标可以分为静态评价指标和动态评价指标。考虑了货币时间价值的指标称为动态评价指标，没有考虑货币时间价值的指标称为静态评价指标。

一、净现值（NPV）

一个投资项目，其未来现金净流量现值与原始投资额现值之间的差额，称为净现值（Net Present Value，NPV）。计算公式为：

净现值=未来现金净流量现值-原始投资额现值 （式4-5）

微课

净现值法

计算净现值时，要按预定的贴现率对投资项目的未来现金流量和原始投资额进行贴现。预定贴现率是投资者所期望的最低投资报酬率。

- 净现值为正，说明方案的实际报酬率高于所要求的报酬率，方案可行。
- 净现值为负，说明方案的实际报酬率低于所要求的报酬率，方案不可取。
- 当净现值为零时，说明方案的投资报酬刚好达到所要求的投资报酬，方案也可行。

净现值的经济含义是投资方案报酬超过基本报酬后的剩余收益。其他条件相同时，净现值越大，方案越好。

采用净现值法来评价投资方案的步骤通常包括以下四步。

（1）测定投资方案各年的现金流量，包括现金流出量和现金流入量。

（2）设定投资方案采用的贴现率。一般情况下，确定贴现率的参考标准有三个。①以市场利率为标准。资本市场的市场利率是整个社会投资报酬率的最低水平，可以视为一般最低报酬率要求。②以投资者希望获得的预期最低投资报酬率为标准。该标准考虑了投资项目的风险补偿因素和通货膨胀因素。③以企业平均资本成本率为标准。企业投资所需要的资金，或多或少地具有资本成本，企业筹资承担的资本成本率水平，为投资项目提出了最低报酬率要求。

04

（3）按设定的贴现率，分别将各年的现金流出量和现金流入量折算成现值。

（4）将未来的现金净流量现值与投资额现值进行比较。若前者大于或等于后者，方案可行；若前者小于后者，说明方案的实际报酬率达不到投资者所要求的报酬率，方案不可行。

【例4-3】沿用【例4-2】的资料，假设折现率为10%，则：

甲方案的净现值=469 000×（P/F，10%，5）+256 500×（P/F，10%，4）+264 000×（P/F，10%，3）+271 500×（P/F，10%，2）+279 000×（P/F，10%，1）-700 000

$$=469\,000×0.620\,9+256\,500×0.683\,0+264\,000×0.751\,3+271\,500×0.826\,4$$
$$+279\,000×0.909\,1-700\,000$$

$$=291\,202.1+175\,189.5+198\,343.2+224\,367.6+253\,638.9-700\,000$$

$$=442\,741.3（元）$$

由于甲方案的净现值大于0，所以甲方案可行。

乙方案的净现值=578 500×（P/F，10%，5）+298 500×（P/A，10%，4）-1 000 000

$$=578\,500×0.620\,9+298\,500×3.169\,9-1\,000\,000$$

$$=305\,405.8（元）$$

由于乙方案的净现值大于0，所以乙方案也可行。

采用净现值法来评价投资方案简便易行，其主要优点体现在以下方面。

（1）适用性强，能基本满足项目年限相同的互斥投资方案决策。如有A、B两个项目，资本成本率为10%，A项目投资50 000元可获净现值10 000元，B项目投资20 000元可获净现值8 000元。尽管A项目投资额大，但在计算净现值时已经考虑了实施该项目所承担的还本付息负担，因此净现值大的A项目优于B项目。

（2）能灵活地考虑投资风险。净现值法下所设定的贴现率中包含投资风险报酬率要求，能有效地考虑投资风险。例如，某投资项目期限为15年，资本成本率为18%，由于投资项目时间长，风险也较大，所以投资者认定，在投资项目的有效使用期限15年中第一个五年期内以18%折现，第二个五年期内以20%折现，第三个五年期内以25%折现，以此来体现投资风险。

净现值法也具有明显的缺陷，主要表现在以下方面。

（1）所采用的贴现率不易确定。如果两个方案采用不同的贴现率贴现，采用净现值法不能够得出正确结论。同一方案中，如果要考虑投资风险，要求的风险报酬率不易确定。

（2）不适用于独立投资方案的比较决策。如果各方案的原始投资额现值不相等，有时无法做出正确决策。独立投资方案，是指两个以上的投资项目互不依赖，可以并存。如对外投资购买甲股票或购买乙股票，它们之间并不冲突。在独立投资方案比较中，尽管某项目净现值大于其他项目的净现值，但所需投资额大，获利能力可能低于其他项目，而该项目与其他项目又是非互斥的，因此只凭净现值大小无法决策。

（3）净现值不能直接用于对寿命期不同的互斥投资方案决策。某项目尽管净现值小，但其寿命期短；另一项目尽管净现值大，但它是在较长的寿命期内取得的。由于两个项目寿命期不同，所以净现值是不可比的。要采用净现值法对寿命期不同的投资方案进行决策，需要将各方案转化为相等寿命期进行比较。

二、年金净流量（ANCF）

投资项目的未来现金净流量与原始投资额的差额，构成该项目的现金净流量总额。项目期间内全部现金净流量总额的总现值或总终值折算为等额年金的平均现金净流量，称为年金净流量（Annual NCF，ANCF）。年金净流量的计算公式为：

$$年金净流量 = \frac{现金净流量总现值}{年金现值系数} = \frac{现金净流量总终值}{年金终值系数} \qquad (式4-6)$$

与净现值指标一样，年金净流量指标大于零，说明每年平均的现金流入能抵补现金流出，投资项目的净现值（或净终值）大于零，方案的报酬率大于所要求的报酬率，方案可行。在比较两个以上寿命期不同的投资方案时，年金净流量越大，方案越好。

【例4-4】甲、乙两个投资方案，甲方案需一次性投资 10 000 元，可用 8 年，残值为 2 000 元，每年取得税后营业利润 3 500 元；乙方案需一次性投资 10 000 元，可用 5 年，无残值，第 1 年获利 3 000 元，以后每年递增 10%。两种方案都采用直线法计提折旧。如果资本成本率为 10%，应采用哪种方案？

解：两个项目使用年限不同，净现值是不可比的，应考虑它们的年金净流量。

甲方案营业期每年净现值=3 500+（10 000-2000）/8=4 500（元）

乙方案营业期各年净现值：

第 1 年=3 000+10 000÷5=5 000（元）

第 2 年=3 000×（1+10%）+10 000÷5=5 300（元）

第 3 年=3 000×（1+10%）^{2}+10 000÷5=5 630（元）

第 4 年=3 000×（1+10%）^{3}+10 000÷5=5 993（元）

第 5 年=3 000×（1+10%）^{4}+10 000÷5=6 392.30（元）

甲方案净现值=4 500×（P/A，10%，8）+2000×（P/F，10%，8）-10 000=14 940.05（元）

乙方案净现值=5 000×（P/F，10%，1）+5 300×（P/F，10%，2）+5 630×（P/F，10%，3）
+5 993×（P/F，10%，4）+6 392.30×（P/F，10%，5）-10 000
=11 217.44（元）

$$甲方案年金净流量 = \frac{14\,940.05}{(P/A, 10\%, 8)} = 2\,800.44（元）$$

$$乙方案年金净流量 = \frac{11\,217.44}{(P/A, 10\%, 5)} = 2\,959.12（元）$$

尽管甲方案净现值大于乙方案，但它是 8 年内取得的。而乙方案年金净流量大于甲方案，如果按 8 年计算可取得 15 786.61（=2 959.12×5.334 9）元的净现值，大于甲方案。因此，乙方案优于甲方案。本例中，用终值进行计算也可得出同样的结论。

从投资报酬的角度来看，甲方案投资额为 10 000 元，扣除残值现值 933（=2 000×0.466 5）元，按 8 年金现值系数 5.334 9 计算，每年应回收 1 699（=9 066÷5.334 9）元。这样，每年现金流量 4 500 元中，扣除投资回收 1 699 元，投资报酬为 2 801 元。按同样方法计算，乙方案年投资报酬为 2 959 元。所以，年金净流量的本质是各年现金流量中的超额投资报酬额。

年金净流量法是净现值法的辅助方法，在各方案寿命期相同时，实质上就是净现值法。因此它适用于期限不同的投资方案决策。但同时，它也具有与净现值法同样的缺点，即不便于对原始投资额不相等的独立投资方案进行决策。

三、现值指数（PVI）

现值指数（Present Value Index，PVI）是投资项目的未来现金净流量现值与原始投资额现值之比。计算公式为：

$$现值指数 = \frac{未来现金流量现值}{原始投资额现值} \qquad (式4-7)$$

微课

现值指数法

从现值指数的计算公式可见，现值指数的计算结果有三种：大于 1，等于 1，小于 1。若现值指数大于或等于 1，说明方案实施后的投资报酬率高于或等于必要报酬率，方案可行；若现值指数小于，说明方案实施后的投资报酬率低于必要报酬率 1，方案不可行。现值指数越大，方案越好。

【例 4-5】有两个独立投资方案，有关资料如表 4-5 所示。

表 4-5 净现值计算资料 单位：元

项目	方案 A	方案 B
原始投资额现值	30 000	3 000
未来现金净流量现值	31 500	4 200
净现值	1 500	1 200

从净现值的绝对数来看，方案 A 大于方案 B，似乎应采用方案 A；但从投资额来看，方案 A 的原始投资额现值大大超过了方案 B。所以，在这种情况下，如仅采用净现值来判断方案的优劣，就难以做出正确的比较和评价。按现值指数法计算：

$$方案 A 的现值指数 = \frac{31\,500}{30\,000} = 1.05$$

$$方案 B 的现值指数 = \frac{4\,200}{3\,000} = 1.4$$

计算结果表明，方案 B 的现值指数大于方案 A，应当选择方案 B。

现值指数法也是净现值法的辅助方法，在各方案原始投资额现值相同时，实质上就是净现值法。由于现值指数是未来现金净流量现值与所需投资额现值之比，是一个相对数指标，反映了投资效率，所以，用现值指数指标来评价独立投资方案，可以克服净现值指标不便于对原始投资额现值不同的独立投资方案进行比较和评价的缺点，从而使对方案的分析评价更加合理、客观。现值指数法的其他优缺点与净现值法基本相同。

四、内含报酬率（IRR）

内含报酬率（Internal Rate of Return，IRR），是指对投资方案未来的每年现金净流量进行贴现，使所得的现值恰好与原始投资额现值相等，从而使净现值等于零时的贴现率。

内含报酬率法的基本原理是：在计算方案的净现值时，以必要投资报酬率作为贴现率计算，净现值的结果往往大于零或小于零，这就说明方案实际可能达到的投资报酬率大于或小于必要投资报酬率；而当净现值为零时，说明两种报酬率相等。根据这个原理，内含报酬率法就是要计算出使净现值等于零时的贴现率，这个贴现率就是投资方案实际可能达到的投资报酬率。

内含报酬率计算分两种情况阐述。

1. 未来每年现金净流量相等时

每年现金净流量相等是一种年金形式，通过查年金现值系数表，可计算出未来现金净流量现值，并令净现值为零，有：

未来每年现金净流量×年金现值系数-原始投资额现值=0 （式 4-8）

计算出净现值为零时的年金现值系数后，通过查年金现值系数表，即可找出相应的贴现率 i，该贴现率就是方案的内含报酬率。

【例 4-6】大安化工厂拟购入一台新型设备，购买价为 160 万元，使用年限为 10 年，无残值。该方案的最低投资报酬率要求为 12%（以此作为贴现率）。使用新设备后，估计每年产生现金净流量 30 万元。要求：用内含报酬率指标评价该方案是否可行。

令：$300\,000 \times (P/A, i, 10) - 1\,600\,000 = 0$

得：$(P/A, i, 10) = 5.333\,3$

采用插值法计算：

利率	年金现值系数
12%	5.650 2
i	5.333 3
14%	5.216 1

$$\frac{i - 12\%}{12\% - 14\%} = \frac{5.333\,3 - 5.650\,2}{5.650\,2 - 5.216\,1}$$

求得：$i = 13.46\%$

内含报酬率为 13.46%，高于最低投资报酬率 12%，方案可行。

2. 未来每年现金净流量不相等时

如果投资方案的未来每年现金净流量不相等，各年现金净流量的分布就不是年金形式，不能采用直接查年金现值系数表的方法来计算内含报酬率，而需采用逐次测试法。逐次测试法的具体做法是：根据已知的有关资料，先估计一次贴现率，来试算未来现金净流量的现值，并将这个现值与原始投资额现值相比较，如净现值大于零，为正数，表示估计的贴现率低于方案实际可能达到的投资报酬率，需要重估一个较高的贴现率进行试算；如果净现值小于零，为负数，表示估计的贴现率高于方案实际可能达到的投资报酬率，需要重估一个较低的贴现率进行试算。如此反复试算，直到净现值等于零或基本接近于零，这时所估计的贴现率就是希望求得的内含报酬率。

【例 4-7】兴达公司有一投资方案，需一次性投资 120 000 元，使用年限为 4 年，每年现金净流量分别为 30 000 元、40 000 元、50 000 元、35 000 元。要求：计算该投资方案的内含报酬率，并据以评价该方案是否可行。假设投资者要求的最低报酬率为 12%。

解：$NPV = 30\,000(P/F, i, 1) + 40\,000(P/F, i, 2) + 50\,000(P/F, i, 3) + 35\,000(P/F, i, 4) - 120\,000 = 0$

由于该方案每年的现金净流量不相同，需逐次测试计算方案的内含报酬率。测算过程如下：假设 $i = 8\%$，$NPV = 7\,484$；假设 $i = 12\%$，$NPV = -3\,492.5$ 假设 $i = 10\%$，$NPV = 1\,799$。

第一次测算，折现率采用 8%，净现值为正数，说明方案的内含报酬率高于 8%。第二次测算，采用折现率 12%，净现值为负数，说明方案的内含报酬率低于 12%。第三次测算，折现率采用 10%，净现值仍为正数，但已较接近于零。因而可以估算，方案的内含报酬率在 10%~12%。进一步运用插值法，计算方案的内含报酬率。

利率	净现值
12%	−3 492.5
i	0
10%	1 799

$$\frac{i - 12\%}{12\% - 10\%} = \frac{0 + 3\,492.5}{-3\,492.5 - 1\,799}$$

求得：$i = 10.68\%$。

由于内含报酬率为 10.68%，低于最低投资报酬率 12%，方案不可行。

内含报酬率法的主要优点在于以下方面。

（1）内含报酬率反映了投资项目可能达到的报酬率，易于被高层决策人员理解。

（2）对于独立投资方案的比较决策，如果各方案原始投资额现值不同，可以通过计算各方案的内含报酬率，反映各独立投资方案的获利水平。

内含报酬率法的主要缺点在于以下方面。

（1）计算复杂，不易直接考虑投资风险大小。

（2）在互斥投资方案决策时，如果各方案的原始投资额现值不相等，有时无法做出正确的决策。某一方案原始投资额低，净现值小，但内含报酬率可能较高；而另一方案原始投资额高，净现值大，但内含报酬率可能较低。

五、回收期（PP）

回收期（Payback Period，PP），是指投资项目的未来现金净流量与原始投资额相等时所经历的时间，即原始投资额通过未来现金流量回收所需要的时间。

投资者希望投入的资本能以某种方式尽快地收回，收回的时间越长，所担风险就越大。因而，投资方案回收期的长短是投资者十分关心的问题，也是评价方案优劣的标准之一。用回收期指标评价方案时，回收期越短越好。

（一）静态回收期

静态回收期没有考虑货币时间价值。未来现金净流量累积到原始投资数额时所经历的时间为静态回收期。静态回收期的具体计算，分两种情况阐述。

1. 未来每年现金净流量相等时

$$静态回收期 = \frac{原始投资额}{每年现金净流量} \qquad （式4-9）$$

【例4-8】大成矿山机械厂准备从甲、乙两种机床中选购一种。甲机床购买价为 35 000 元，投入使用后，每年现金净流量为 7 000 元；乙机床购买价为 36 000 元，投入使用后，每年现金净流量为 8 000 元。要求：用回收期指标决策该厂应选购哪种机床。

解：甲机床回收期 $= \dfrac{35\,000}{7\,000} = 5$（年）

乙机床回收期 $= \dfrac{36\,000}{8\,000} = 4.5$（年）

计算结果表明，乙机床的回收期比甲机床短，该厂应选择乙机床。

2. 未来每年现金净流量不相等时

在这种情况下，应把未来每年的现金净流量逐年加总，根据累计现金流量来确定回收期。

【例4-9】迪力公司有一投资项目，需投资 150 000 元，使用年限为 5 年，每年的现金流量不相等，资本成本率为 5%，有关资料如表4-6所示。要求：计算该投资项目的回收期。

表4-6　　　　　　　　　　　　项目现金流量资料　　　　　　　　　　　　单位：元

年份	现金净流量	累计净流量
1	30 000	30 000
2	35 000	65 000
3	60 000	125 000
4	50 000	175 000
5	40 000	215 000

解： 从表4-6的累计现金净流量栏中可知，该投资项目的回收期在第3年与第4年之间。为了计算较为准确的回收期，采用以下方法计算。

$$项目回收期 = 3 + \frac{150\,000 - 125\,000}{50\,000} = 3.5（年）$$

（二）动态回收期

计算动态回收期需要将投资引起的未来现金净流量进行贴现，未来现金净流量的现值等于原始投资额现值时所经历的时间为动态回收期。动态回收期相对于静态回收期考虑了货币时间价值。

与静态回收期相似，动态回收期计算同样分两种情况。

1. 未来每年现金净流量相等时

在这种年金形式下，假定动态回收期为 n 年，则：

$$每年现金净流量 \times (P/A, i, n) = 原始投资额现值 \qquad （式4-10）$$

$$(P/A, i, n) = \frac{原始投资额现值}{每年现金净流量}$$

计算出年金现值系数后，查年金现值系数表，利用插值法，即可推算出动态回收期 n。

【例4-10】 接【例4-8】，假定资本成本率为9%，计算甲、乙机床的动态回收期。

解： 甲机床　　$(P/A, 9\%, n) = \dfrac{35\,000}{7\,000} = 5$

用插值法求 n：

回收期	年金现值系数
6	4.485 9
n	5
7	5.033 0

$$\frac{n-6}{7-6} = \frac{5 - 4.485\,9}{5.033\,0 - 4.485\,9}$$

求得：甲机床的动态回收期 $n=6.94$（年）

乙机床　　$(P/A, 9\%, n) = \dfrac{36\,000}{8\,000} = 4.5$

用插值法求 n：

回收期	年金现值系数
6	4.485 9
n	4.5
7	5.033 0

$$\frac{n-6}{7-6} = \frac{4.5 - 4.485\,9}{5.033\,0 - 4.485\,9}$$

求得：乙机床的动态回收期 $n=6.03$（年）

2. 未来每年现金净流量不相等时

在这种情况下，应把每年的现金净流量逐一贴现并加总，根据累计现金等流量现值来确定回收期。计算方式与静态回收期下的计算相似。

【例4-11】 接【例4-9】，假设资本成本率为5%，迪力公司的项目现金流量资料如表4-7所示。

要求： 计算迪力公司投资项目的动态回收期。

表4-7　　　　　　　　　　　　项目现金流量资料　　　　　　　　　　　单位：元

年份	现金净流量	净流量现值=现金净流量×复制现值系数	累计现值
1	30 000	30 000×0.952 4=28 572	28 572

续表

年份	现金净流量	净流量现值=现金净流量×复制现值系数	累计现值
2	35 000	35 000×0.907 0=31 745	60 317
3	60 000	60 000×0.863 8=51 828	112 145
4	50 000	50 000×0.827 7=41 135	153 280
5	40 000	40 000×0.783 5=31 340	184 620

$$投资项目的动态回收期 = 3 + \frac{150\,000 - 112\,145}{41135} = 3.92（年）$$

（三）优缺点

回收期法的优点是计算简便，易于理解。这种方法以回收期的长短来衡量方案的优劣，收回投资所需的时间越短，所冒的风险就越小。可见，回收期法是一种较为保守的方法。

回收期法中静态回收期的不足之处是没有考虑货币时间价值。

【例 4-12】A、B 两个投资方案的相关资料如表 4-8 所示。

表 4-8   项目现金流量   单位：元

项目	年份	A 方案	B 方案
原始投资额	0	-1 000	-1 000
现金净流量	1	100	600
	2	300	300
	3	600	100
静态回收期		3 年	3 年

从表 4-8 中的资料看，A、B 两个投资方案的原始投资额相同，回收期也相同，以静态回收期来评价两个方案，似乎并无优劣之分。但如果考虑货币时间价值，用动态回收期分析，则 B 方案显然要好得多。

静态回收期和动态回收期有一个共同局限，就是它们计算回收期时只考虑了未来现金净流量（或现值）总和中等于原始投资额（或现值）的部分，没有考虑超过原始投资额（或现值）的部分。显然，回收期长的项目，其超过原始投资额（或现值）的现金流量并不一定比回收期短的项目少。

任务四 项目投资决策

一、独立投资方案的决策

独立投资方案，是指两个或两个以上项目互不依赖，可以并存，各方案的决策也是独立的。独立投资方案的决策属于筛分决策，评价各方案本身是否可行，即方案本身是否达到某种要求的可行性标准。独立投资方案比较时，决策要解决的问题是如何确定各种可行方案的投资顺序，即各独立方案之间的优先次序。排序分析时，以各独立方案的获利程度作为评价标准，一般采用内含报酬率法进行比较决策。

【例 4-13】某企业有足够的资金准备投资于三个独立投资项目。A 项目原始投资额为 10 000元，期限为 5 年；B 项目原始投资额为 18 000 元，期限为 5 年；C 项目原始投资额为 18 000 元，期限为 8 年。贴现率为 10%，其他相关资料如表 4-9 所示。问：应如何安排投资顺序？

表 4-9   独立投资方案的可行性指标

项目	A 项目	B 项目	C 项目
原始投资额/元	-10 000	-18 000	-18 000
每年 NCF/元	4 000	6 500	5 000
期限/年	5	5	8
净现值（NPV）/元	5 164	6 642	8 675
现值指数（PVI）	1.52	1.37	1.48
内含报酬率（IRR）/%	28.68	23.61	22.28
年金净流量（ANCF）/元	1 362	1 752	1 626

解：将上述 A、B、C 三个投资项目的各种决策指标加以对比，结果如表 4-10 所示。

表 4-10   A、B、C 三个投资项目的比较

项目	比较结果
净现值（NPV）	C > B > A
现值指数（PVI）	A > C > B
内含报酬率（IRR）	A > B > C
年金净流量（ANCF）	B > C > A

根据表 4-9 和表 4-10 的数据可以得出以下结论。

（1）A 项目与 B 项目比较：两个项目原始投资额不同但期限相同，尽管 B 项目净现值和年金净流量均大于 A 项目，但 B 项目原始投资额高，获利程度低。因此，应优先安排内含报酬率和现值指数较高的 A 项目。

（2）B 项目与 C 项目比较：两个项目原始投资额相等但期限不同，尽管 C 项目净现值和现值指数均较高，但它需要经历 8 年才能获得。B 项目期限为 5 年，项目结束后，所收回的投资可以投资于其他项目。因此，应该优先安排内含报酬率和年金净流量较高的 B 项目。

（3）A 项目与 C 项目比较：两个项目的原始投资额和期限都不相同，A 项目内含报酬率较高，但净现值和年金净流量都较低。C 项目净现值高，但期限长；C 项目年金净流量也较高，但它是依靠较大的投资额取得的。因此，从获利程度的角度来看，应优先安排 A 项目。

综上所述，在独立投资方案比较性决策时，内含报酬率指标综合反映了各方案的获利程度，在各种情况下的决策结论都是正确的。本例中，应该按 A、B、C 的顺序实施投资。现值指数指标也反映了方案的获利程度，除了期限不同的情况外，其结论也是正确的。在项目的原始投资额相同而期限不同的情况下（如 B 和 C 的比较），现值指数实质上就是净现值的表达形式。至于净现值指标和年金净流量指标，它们反映的是各方案的获利数额，要结合内含报酬率指标进行决策。

二、互斥投资方案的决策

互斥投资方案，方案之间互相排斥，不能并存，因此决策的实质在于选择最优方案，属于选择决策。选择决策要解决的问题是应该淘汰哪个方案，即选择最优方案。从选择经济效益最大的方案的角度出发，互斥决策以方案的获利数额作为评价标准。因此，一般采用净现值法和年金净流量法进行选优决策。但由于净现值指标受投资项目寿命期的影响，因而年金净流量法是互斥方案最恰当的决策方法。

（一）项目的寿命期相等时

从【例4-13】可知，A、B两项目寿命期相同，而原始投资额不等；B、C两项目原始投资额相等而寿命期不同。如果这三个项目是互斥投资方案，则在【例4-13】中，三个项目只能采纳一个，不能并存。

A项目与B项目比较，两个项目原始投资额不等。尽管A项目的内含报酬率和现值指数都较高，但在互斥方案决策中，应考虑获利数额，因此净现值高的B项目是最优方案。两个项目的期限是相同的，年金净流量指标的决策结论与净现值指标的决策结论是一致的。

B项目比A项目投资额多8 000元，按10%的贴现率水平要求，分5年按年金形式回收，每年应回收2 110（=8 000÷3.790 8）元。但B项目每年现金净流量比A项目也多2 500元，扣除增加的回收额2 110元后，每年还可以多获得投资报酬390元。这个差额，正是两个项目年金净流量指标值的差额（1 752元-1 362元）。所以，在原始投资额不等、寿命期相同的情况下，净现值与年金净流量指标的决策结论一致，应采用年金净流量较大的B项目。

事实上，在互斥方案的选优决策中，各方案本身都是可行的，均有正的净现值，表明各方案均收回了原始投资，并有超额报酬。进一步在互斥方案中选优，方案的获利数额作为选优的评价标准。在项目的寿命期相等时，不论方案的原始投资额大小如何，能够获得更大的获利数额（净现值）的，即为最优方案。所以，在互斥投资方案的选优决策中，原始投资额的大小并不影响决策的结论，无须考虑原始投资额的大小。

（二）项目的寿命期不相等时

（1）直接采用方案的年金净流量进行比较。B项目与C项目比较，寿命期不等。尽管C项目净现值较大，但它是8年内取得的。按每年平均的获利数额来看，B项目的年金净流量（1 752元）高于C项目（1 626元），如果B项目5年寿命期届满后，所收回的投资重新投入原有方案，达到与C项目同样的投资年限，取得的经济效益也高于C项目。因此，在寿命期不同的互斥投资方案选择中，应采用年金净流量较大的项目。

【例4-14】现有甲、乙两个机床的购置方案，所要求的最低投资报酬率为10%。甲方案投资额为10 000元，可用2年，无残值，每年产生8 000元现金净流量。乙方案投资额为20 000元，可用3年，无残值，每年产生10 000元现金净流量。问：两个方案应如何选择？

解：两个方案的相关评价指标如表4-11所示。

表4-11 互斥投资方案的选优决策

项目	甲方案	乙方案
净现值（NPV）/元	3 888	4 870
年金净流量（ANCF）/元	2 238	1 958
内含报酬率（IRR）/%	38	23.39

从表4-11中可知，甲方案的年金净流量大于乙方案的年金净流量，应该选择甲方案。

（2）将互斥方案的期限调整为最小公倍年数，比较调整后的净现值或者年金净流量。在两个寿命期不等的互斥投资项目比较时，可以将两个项目的投资期限转化为相同，使其具有可比性。因为按照持续经营假设，寿命期短的项目，收回的投资将重新进行投资。针对各项目寿命期不等的情况，可以找出各项目寿命期的最小公倍期数，作为共同的有效寿命期。

【例4-15】接【例4-14】，现将两个方案的期限调整为最小公倍年数6年，即甲方案购量的机床6年内周转3次，乙方案购量的机床6年内周转2次。甲、乙方案的相关评价指标如下。

（1）甲方案：

净现值=8 000×（P/A，10%，6）-10 000×（P/F，10%，4）-10 000×（P/F，10%，2）-10 000
　　　=9 748（元）

年金净流量=9 748/（P/A，10%，6）=2 238（元）

（2）乙方案：

净现值=10 000×（P/A，10%，6）-20 000×（P/F，10%，3）-20 000=8 527（元）

年金净流量=8 527/（P/A，10%，6）=1 958（元）

比较净现值：甲方案净现值9 748元高于乙方案净现值8 527元，故甲方案优于乙方案。

比较年金净流量：甲方案年金净流量2 238元高于乙方案年金净流量1 958元，故甲方案优于乙方案。

可见，其与直接采用年金净流量进行比较的结果一致。

对于寿命期不同的项目，换算为最小公倍限期后的结果比较麻烦，而按各方案本身期限计算的年金净流量与换算为最小公倍期限后的结果一致。因此，实务中对于期限不等的互斥方案比较，无须换算寿命期限，直接按原始期限的年金净流量指标决策。

综上所述，在互斥投资方案的选优决策中，年金净流量全面反映了各方案的获利数额，是最佳的决策指标。净现值指标在寿命期不同的情况下，需要按各方案最小公倍期限调整计算，在其余情况下的决策结论也是正确的。

三、固定资产更新决策

固定资产反映了企业的生产经营能力，固定资产更新决策是项目投资决策的重要组成部分。从决策性质上看，固定资产更新决策属于互斥投资方案决策。因此，固定资产更新决策所采用的决策方法是净现值法和年金净流量法，一般不采用内含报酬率法。

（一）寿命期相同的设备重置决策

一般来说，用新设备来替换旧设备如果不改变企业的生产能力，就不会增加企业的营业收入，即使有少量的残值变价收入，也不是实质性收入增加。因此，大部分以旧换新的设备重置都属于替换重置。在替换重置方案中，所发生的现金流量主要是现金流出量。如果购入的新设备性能高，扩大了企业的生产能力，这种设备重置属于扩建重置。

【例 4-16】宏基公司现有一台旧机床是三年前购进的，目前准备用一台新机床替换。该公司适用的所得税税率为25%，资本成本率为10%，其余资料如表4-12所示。假设新、旧设备能带来同样的营业收入，请分析宏基公司是否需要购置新设备。

表4-12　　　　　　　　　　新、旧设备资料　　　　　　　　金额单位：元

项目	旧设备	新设备
原价	84 000	76 500
税法残值	4 000	4 500
税法使用年限	8	6
已使用年限	2	0
尚可使用年限	6	6
垫支营运资金	10 000	11 000
大修理支出	18 000（第2年年末）	9 000（第4年年末）

项目	旧设备	新设备
每年折旧费（直线法）	10 000	12 000
每年付现成本	13 000	7 000
目前变现价值	40 000	76 500
最终报废残值	5 500	6 000

解： 本例中，两台设备的尚可使用年限均为 6 年，可采用净现值法决策。

由于新、旧设备能带来同样的营业收入，因此，在比较两种方案时不考虑营业收入引起的现金流量，即假设营业收入=0。

本例将采用两种方法计算。

方法一：列式法

（1）继续使用旧设备。

① 各年现金流量分析。

$$NCF_0 = -40\ 000 + (40\ 000 - 64\ 000) \times 25\% - 10\ 000 = -56\ 000（元）$$

根据公式：营业现金净流量（NCF）=（营业收入-付现成本）×（1-T）+非付现成本×T

则

$$NCF_{1,3\sim5} = (0 - 13\ 000) \times (1 - 25\%) + 10\ 000 \times 25\% = -7\ 250（元）$$

$$NCF_2 = (0 - 13\ 000 - 18\ 000) \times (1 - 25\%) + 10\ 000 \times 25\% = -20\ 750（元）$$

$$NCF_6 = (0 - 13\ 000) \times (1 - 25\%) + 5\ 500 - (5\ 500 - 4\ 000) \times 25\% + 10\ 000 = 5\ 375（元）$$

② 计算净现值。

$$NPV = -56\ 000 - 7\ 250 \times (P/A, 10\%, 5) - 13\ 500 \times (P/F, 10\%, 2) + 5\ 375 \times (P/F, 10\%, 6)$$

$$= -56\ 000 - 7\ 250 \times 3.790\ 8 - 13\ 500 \times 0.826\ 4 + 5\ 375 \times 0.564\ 5$$

$$= -91\ 605.512\ 5（元）$$

（2）使用新设备。

① 各年现金流量分析。

$$NCF_0 = -76\ 500 - 11\ 000 = -87\ 500（元）$$

根据公式：营业现金净流量（NCF）=（营业收入-付现成本）×（1-T）+非付现成本×T

$$NCF_{1,3,5} = (0 - 7\ 000) \times (1 - 25\%) + 12\ 000 \times 25\% = -2\ 250（元）$$

$$NCF_4 = (0 - 7\ 000 - 9\ 000) \times (1 - 25\%) + 12\ 000 \times 25\% = -9\ 000（元）$$

$$NCF_6 = (0 - 7\ 000) \times (1 - 25\%) + 12\ 000 \times 25\% + 6\ 000 - (6\ 000 - 4\ 500) \times 25\% + 11\ 000$$

$$= 14\ 375（元）$$

② 计算净现值。

$$NPV = -87\ 500 - 2\ 250 \times (P/A, 10\%, 6) - 6\ 750 \times (P/F, 10\%, 4) + 16\ 625 \times (P/F, 10\%, 6)$$

$$= -87\ 500 - 2\ 250 \times 4.355\ 3 - 6\ 750 \times 0.683\ 0 + 16\ 625 \times 0.564\ 5$$

$$= -92\ 524.862\ 5$$

在不考虑营业收入（两方案营业收入一致）的情况下，旧设备的净现值大于新设备的净现值。因此，继续使用旧设备比较经济。

方法二：列表法

将两个方案的有关现金流量资料整理后列出分析表，如表4-13和表4-14所示。

表 4-13　　　　　　　　　　　　　保留旧机床方案　　　　　　　　　　　　　单位：元

项目	现金流量	年份	现值系数	现值
每年付现成本	-13 000×（1-25%）=-9 750	1~6	4.355 3	-42 464.175
每年折旧抵税	10 000×25%=2 500	1~5	3.790 8	9 477
大修理费	-18 000×（1-25%）=-13 500	2	0.826 4	-11 156.4
残值变价收入	5 500	6	0.564 5	3 104.75
残值净收益纳税	-（5 500-4 000）×25%=-375	6	0.564 5	-211.687 5
营运资金收回	10 000	6	0.564 5	5 645
目前变价收入	-40 000	0	1	-40 000
变现净损失减税	（40 000-64 000）×25%=-6 000	0	1	-6 000
垫支营运资金	-10 000	0	1	-10 000
净现值				-91 605.512 5

表 4-14　　　　　　　　　　　　　购买新机床方案　　　　　　　　　　　　　单位：元

项目	现金流量	年份	现值系数	现值
设备投资	-76 500	0	1	-76 500
垫支营运资金	-11 000	0	1	-11 000
每年付现成本	-7 000×（1-25%）=-5 250	1~6	4.355 3	-22 865.325
每年折旧抵税	12 000×25%=3 000	1~6	4.355 3	13 065.9
大修理费	-9 000×（1-25%）=-6 750	4	0.683 0	-4 610.25
残值变价收入	6 000	6	0.564 5	3 387
残值净收益纳税	-（6 000-4 500）×25%=-375	6	0.564 5	-211.687 5
营运资金收回	11 000	6	0.564 5	6 209.5
净现值				-92 524.862 5

其计算结果与第一种方法一致。因此，继续使用旧设备比较经济。

本例中有以下两个特殊问题应注意。

（1）两台设备使用年限相等，均为 6 年。如果年限不等，不能用净现值法决策。另外，新设备购入后，并未扩大企业营业收入。

（2）垫支营运资金时，尽管是现金流出，但不是本期成本费用，不存在纳税调整问题。营运资金收回时，按存货等资产的账面价值出售，无出售净收益，也不存在纳税调整问题。如果营运资金收回时，存货等资产的变价收入与账面价值不一致，需要进行纳税调整。

【例 4-17】某城市二环路已无法满足交通流量需求，市政府决定加以改造。现有两种方案可供选择：A 方案是在现有基础上拓宽，需一次性投资 3 000 万元，以后每年需投入维护费 60 万元，每 5 年年末翻新路面一次需投资 300 万元，永久使用；B 方案是全部重建，需一次性投资 7 000 万元，以后每年需投入维护费 70 万元，每 8 年年末翻新路面一次需投资 420 万元，永久使用，原有旧路面设施残料收入为 2 500 万元。问：在贴现率为 14% 时，哪种方案为优选方案？

解：这是一种永久性方案，可按永续年金形式进行决策。

永续年金现值 $P=A/i$，因此，两种方案的现金流出总现值如下。

A 方案 $P_A = 3\,000 + \dfrac{60}{14\%} + \dfrac{300 \div (F/A, 14\%, 5)}{14\%} = 3\,752.76$（万元）

B 方案 $P_B = 7\,000 - 2\,500 + \dfrac{70}{14\%} + \dfrac{420 \div (F/A, 14\%, 8)}{14\%} = 5\,226.71$（万元）

$P_A < P_B$，因此拓宽方案为优选方案。

（二）寿命期不同的设备重置决策

寿命期不同的设备重置决策，用净现值指标可能无法得出正确决策结果，应当采用年金净流量法决策。寿命期不同的设备重置决策，在决策时有以下特点。

（1）扩建重置的设备更新后会引起营业现金流入与流出的变动，应考虑年金净流量最大的方案。替换重置的设备更新一般不改变生产能力，营业现金流入不会增加，只需比较各方案的年金流出量即可，年金流出量最小的方案最优。

（2）如果不考虑各方案的营业现金流入量变动，只比较各方案的现金流出量，我们把按年金净流量原理计算的等额年金流出量称为年金成本。替换重置方案的决策标准是要求年金成本最低。扩建重置方案所增加或减少的营业现金流入也可以作为现金流出量的抵减，并据此比较各方案的年金成本。

（3）设备重置方案运用年金成本方式决策时，应考虑的现金流量主要有：①新、旧设备目前市场价值。对于新设备而言，目前市场价值就是新设备的购买价，即原始投资额；对于旧设备而言，目前市场价值就是旧设备的重置成本或变现价值。②新、旧设备残值变价收入。残值变价收入应作为现金流出的抵减。残值变价收入现值与原始投资额的差额，称为投资净额。③新、旧设备的年营运成本，即年付现成本。如果考虑每年的营业现金流入，其应作为每年营运成本的抵减。

（4）年金成本在特定条件下（无所得税因素、每年营运成本相等），按以下公式计算：

$$年金成本 = \frac{\sum 各项目现金净流出现值}{年金现值系数}$$

【例4-18】安保公司现有旧设备一台，由于节能减排的需要，准备予以更新。当期贴现率为15%，假设不考虑所得税因素的影响，其他有关资料如表4-15所示。

表4-15 安保公司新、旧设备资料 金额单位：元

项目	旧设备	新设备
原价	35 000	36 000
预计使用年限	10	10
已经使用年限	4	0
税法残值	5 000	4 000
最终报废残值	3 500	4 200
目前变现价值	10 000	36 000
每年折旧费（直线法）	3 000	3 200
每年付现成本	10 500	8 000

解： 由于两种设备的尚可使用年限不同，因此应比较各方案的年金成本。

$$旧设备年金成本 = \frac{10\,000 - 3\,500 \times (P/F, 15\%, 6)}{(P/A, 15\%, 6)} + 10\,500 = 12\,742.56（元）$$

$$新设备年金成本 = \frac{36\,000 - 4\,200 \times (P/F, 15\%, 10)}{(P/A, 15\%, 10)} + 8\,000 = 14\,966.16（元）$$

上述计算表明，继续使用旧设备的年金成本为 12 742.56 元，低于购买新设备的年金成本 14 966.16 元，每年可以节约 2 223.6 元，所以应当继续使用旧设备。

【例4-19】接【例4-18】，假定企业所得税税率为25%，则应考虑所得税对现金流量的影响。

（1）旧设备每年折旧抵税 = 3 000×25% = 750（元）

旧设备每年税后付现成本=10 500×（1-25%）=7 875（元）

旧设备目前变现价值为 10 000 元，目前账面净值为 23 000（=35 000-3 000×4）元，资产报废损失为 13 000 元，可抵税 3 250（=13 000×25%）元。

旧设备最终报废时，残值收入为 3 500 元，账面残值为 5 000 元，报废损失 1 500 元可抵税 375（=1 500×25%）元。因此：

$$旧设备年金成本=\frac{10\,000+3\,250-(3\,500+375)\times(P/F,15\%,6)}{(P/A,15\%,6)}-750+7\,875=10\,183.49（元）$$

（2）新设备每年折旧抵税=3 200×25%=800（元）

新设备每年税后付现成本=8 000×（1-25%）=6 000（元）

新设备税后残值收入=4 200-（4 200-4 000）×25%=4 150（元）

$$新设备年金成本=\frac{36\,000-4\,150\times(P/F,15\%,10)}{(P/A,15\%,10)}-800+6\,000=12\,168.62（元）$$

上述计算表明，继续使用旧设备的年金成本为 10 183.49 元，低于购买新设备的年金成本 12 168.62 元，因此应继续使用旧设备。

【例 4-20】格致公司目前有一台在用设备 A，变现价值为 3 000 元，还可以使用 5 年。现计划更新设备。有两个方案可供选择：方案一，5 年后 A 设备报废时购进 B 设备替代 A 设备，B 设备可用 10 年；方案二，目前由 C 设备立即替代 A 设备，C 设备可用 12 年。贴现率为 10%，有关资料如表 4-16 所示。

表 4-16　　　　　　　　　　格致公司设备更换相关资料　　　　　　　　　　金额单位：元

项目	A 设备	B 设备	C 设备
购买价	3 000	11 270	10 000
年使用费	1 200	900	1 000
最终残值	0	0	500
可使用年限	5	10	12

根据上述资料，两个方案的年金成本分别为：

方案一的年金成本=[3 000+1 200×（P/A，10%，5）+11 270×（P/F，10%，5）+
　　　　　　　　　900×（P/A，10%，10）×（P/F，10%，5）]÷（P/A，10%，15）
　　　　　　　　=2 363.91（元）

方案二的年金成本=[10 000-500×（P/F，10%，12）]÷（P/A，10%，12）+1 000
　　　　　　　　=2 444.25（元）

由于方案一的年金成本低于方案二，所以，应该继续使用 A 设备。

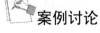 案例讨论

退出投资 25 亿元的肿瘤医院，海亮集团意欲何为

2018 年 8 月 15 日，海亮集团通过其官方微信公众号发布一则重磅消息："根据外部形势变化，集团进一步优化布局，轻装上阵，已决定退出将独家投资 25 亿元的肿瘤医院重资产项目。"

海亮集团认真落实 8 月 2 日董事局会议精神，紧紧围绕"集团负债率 2018 年底控制在 50%以内，2019 年底控制在 40%以内，其中有息负债率控制在 25%以内，并将此有息负债率作为今后企业发展中负债率的控制红线"的既定目标，以坚定的决心去杠杆、降负债，确保企业始终在持

续健康发展轨道上行稳致远。根据外部形势变化，集团进一步优化布局，轻装上阵，已决定退出将独家投资 25 亿元的肿瘤医院重资产项目。

根据集团官方微信推出的《海亮集团加大力度多措并举降负债》一文，这不是海亮集团主动退出的首个项目。"从去年初开始，海亮集团先后出售了四川金顶、海亮地产控股权和污水处理业务，退出了上海宝山区城中村大型改造项目，以及此次退出肿瘤医院项目等。"以退为进，集团正"以坚定的决心去杠杆、降负债，确保企业始终在持续健康发展轨道上行稳致远。"

2018 年 2 月，海亮集团表示，集团未来的发展将由重资产经营转向轻资产经营模式，逐步退出一些资产负债率较高的产业。为此，海亮集团将原来的 6 大业务板块缩减、整合为教育事业、有色材料制造和健康产业 3 大业务板块，教育事业被列为优先发展板块。而退出资产负债率较高的产业获得的现金流，将用于新业务板块的发展。

2018 年 7 月、8 月是海亮债券兑付高峰期，在按时兑付 34.5 亿元到期债券的基础上，集团财务公司于 8 月 13 日、14 日与部分债券投资者沟通，从二级市场回购了集团发行利率最高并分别将于 2018 年 12 月和 2019 年 2 月到期债券中的 3.4 亿元。此次回购相当于提前归还债券，甚至要过半年才到期的债券也予归还，这在当前民营企业普遍出现"资金荒"的背景下，是极为罕见的。

在"2017 年度浙江省民营企业百强榜单"中，海亮集团以全年实现营业收入 1 626 亿元的成绩高居次席，仅列吉利之后，是浙江千亿级"航母企业"的重要一员。

【思考】请从多个角度讨论海亮集团为何退出投资 25 亿元的肿瘤医院。

任务五　大数据背景下的项目投资

一、大数据在项目投资中的应用

大数据在项目投资中的应用主要体现在以下几个方面。

（一）市场调研与预测

市场调研与预测是投资项目可行性研究的基础，是项目产品类别、生产规模、人员与设备等生产要素组合、投资规模等的决定性因素，其工作质量影响对投资项目的经济分析与财务评价、可行性判断及投资决策的科学合理性。利用大数据进行市场调研与预测，具有以下优势。

1. 提升市场预测的可靠性与准确性

利用大数据技术，在高效分析、处理海量市场数据基础上，建立市场预测模型，可以对未来市场需求、价格走势、竞争状况、市场份额、客户群体和潜在客户的爱好等情况进行合理估计，相对于传统方式，可以大幅提升市场预测的可靠性与准确性。

2. 提高效率

利用大数据技术，可以大大提高传统人工方式下数据收集、处理与分析的效率，完成人工无法承担的工作量与工作内容。

3. 可处理非结构化数据和半结构化数据

利用大数据技术，可以提升非结构化数据和半结构化数据在调研中的效用，除对传统方式下的非结构化与半结构化数据进行更有效的分析处理和直观表达外，还可以通过社交媒体、网站、电子邮件等提取、处理碎片化数据，改变传统方式下对财务、销售等结构化数据的过分依赖。

（二）项目评估

传统项目收益基于财务数据，并往往局限于表内数据，通过对项目未来收益或现金净流量的折现来计算其价值，忽略了非财务数据和表外数据对项目的影响。这种项目评估方法在现今的数字化时代已经无法适应企业投资的要求。利用大数据技术，建立收益与多元因素的评估模型，提高项目评估的效率。

（三）可行性研究

基于项目评估，需要综合考虑企业的经济与管理能力、财务目标要求等因素，对项目的可行性进行判断。通常，可行性研究需要进行项目方案的比选，但传统人工方式下，很难穷尽所有的投资要素组合以找到最优方案。利用大数据技术，建立一个评价模型，模拟所有投资要素组合。此外，大数据可以引入历史与现实案例的实证数据，修正投资项目可行性研究的理论性偏差。

（四）风险评估

投资项目可行性研究中，传统方式下，通过不确定性分析来对投资项目的风险进行评估，不确定性分析通常包括盈亏平衡分析、敏感性分析与概率分析。盈亏平衡分析与敏感性分析比较容易，而概率分析中各个投资变量概率值的确定非常复杂，因此在多数情况下难以操作，而且按过去的经验数据进行人为预测和估计，带有很强的主观随意性，极大影响了概率分析结论的可靠性。

利用大数据技术，通过对自变量与因变量历史数据的统计分析，可以建立模型，既可以预测未来变量的概率值，也可以表达自变量与因变量之间的关系，从根本上改变传统方式概率估计的主观随意性。

此外，大数据技术能够通过提取和处理非结构化与半结构化数据来预测项目未来的风险因素，完善投资项目的风险评估内容，提高了风险评估的准确性。

（五）投后管理

企业利用大数据技术，可以对项目的运营状况进行实时、全面监测与评估，在经营管理上适时提供咨询与协助，以提升项目的投资价值。利用大数据技术建立项目的投资价值跟踪及投后风险监控与预警系统，企业能够准确判断最优的投资退出时机。

二、大数据对项目投资的意义

在企业项目投资中，大数据及人工智能技术的应用，可以为企业项目投资提供高效、系统、客观且直观的数据分析，有助于企业做出理性的投资判断和决策，改变传统的以经验与直觉为主的高风险投资方式。

（一）提高项目投资的效率

利用大数据技术，企业可以更快速、广泛地采集、处理和分析与投资项目相关的海量数据，大大节省项目投资的作业时间。同时，在数据管理过程中，避免了部门、人员之间的数据隔离和丢失，以及传递、交付过程中的时间延迟。

（二）保障项目投资的质量

基于大数据技术，企业可以采集与投资项目相关的所有数据，并通过后端数据模型对数据进行整合和处理，减少主观判断的风险，以制定更科学、合理的投资决策。基于大数据技术，企业可以统一定性与定量分析方法，对投资项目进行全面的数据分析，这些海量数据涵盖财务和非财务数据、表内和表外数据、结构化数据和非结构化及半结构化数据。大数据技术通过对海量数据的挖掘、分析来揭示数据之间的潜在关联与逻辑，可以对未来趋势进行科学的预测，提高项目投资过程的可靠性与准确性。大数据技术可以保障数据的实时性，减少由于时滞造成的数据失效。

（三）降低项目投资的作业成本

传统的项目投资方式与方法主要依靠人工进行实地调查、访谈和其他渠道的数据采集，需要大量的人力、物力与财力支持。而通过大数据技术，企业可以轻松收集、处理和分析与投资项目相关的海量数据，无须派遣大量调查研究人员进行实地调查、访谈和其他数据采集工作，可以显著降低人工成本及相关硬件设备的购置和维护成本。

项目演练

一、单项选择题

1. 年末 ABC 公司考虑卖掉现有的一台闲置设备。该设备于 8 年前以 40 000 元购入，税法规定折旧年限为 10 年，按直线法计提折旧，预计残值率为 10%，已提折旧 28 800 元。目前可以按 10 000 元价格卖出，假设所得税税率为 30%，卖出现有设备对本期现金流量的影响是（　　）。

  A. 减少 360 元　　　　B. 减少 1 200 元　　　C. 增加 9 640 元　　　D. 增加 10 360 元

2. 某企业投资方案 A 的年销售收入为 200 万元，年总成本为 100 万元，年折旧为 10 万元，无形资产年摊销额为 10 万元，所得税税率为 40%，则该项目营业现金净流量为（　　）。

  A. 80 万元　　　　　B. 92 万元　　　　　C. 60 万元　　　　　D. 50 万元

3. 某项目的生产经营期为 5 年，设备原值为 20 万元，预计净残值收入为 5 000 元，税法规定的折旧年限为 4 年，税法预计的净残值为 8 000 元，按直线法计提折旧，所得税税率为 30%，则使用 5 年后设备报废相关的税后现金净流量为（　　）元。

  A. 5 900　　　　　　B. 8 000　　　　　　C. 5 000　　　　　　D. 6 100

4. 已知某设备原值为 60 000 元，税法规定残值率为 10%，最终报废残值为 5 000 元，该公司适用的所得税税率为 40%，则该设备最终报废由于残值带来的现金流入量为（　　）元。

  A. 5 400　　　　　　B. 6 000　　　　　　C. 5 000　　　　　　D. 4 600

5. 已知甲项目的原始投资额为 800 万元，建设期为 1 年，投产后第 1 至第 5 年每年净现金流量为 100 万元，第 6 至第 10 年每年净现金流量为 80 万元，则该项目不包括建设期的静态投资回收期为（　　）年。

  A. 7.5　　　　　　　B. 9.75　　　　　　C. 8.75　　　　　　D. 7.65

6. 净现值、净现值率和现值指数指标共同的缺点是（　　）。

  A. 不能直接反映投资项目的实际收益率　　　B. 不能反映投入与产出之间的关系

  C. 没有考虑货币时间价值　　　　　　　　　D. 无法利用全部净现金流量的信息

7. 某项目的原始投资现值合计为 2 600 万元，现值指数为 1.3，则净现值为（　　）万元。

  A. 780　　　　　　　B. 2 600　　　　　　C. 700　　　　　　　D. 500

8. 某投资项目的项目计算期为 5 年，没有建设期，投产后每年的净现金流量均为 100 万元，原始总投资为 150 万元，资本成本为 10%，$(P/A, 10\%, 5)=3.791$，则该项目的年等额净回收额约为（　　）万元。

  A. 100　　　　　　　B. 60.43　　　　　　C. 37.91　　　　　　D. 50

9. 某投资方案，当贴现率为 16% 时，其净现值为 38 万元，当贴现率为 18% 时，其净现值为 -22 万元。该方案的内含报酬率（　　）。

  A. 大于 18%　　　　　　　　　　　　　　B. 小于 16%

  C. 介于 16% 与 18% 之间　　　　　　　　D. 无法确定

10. 某投资项目原始投资额为 100 万元，使用寿命为 10 年，税法残值为 10 万元，已知该项目第 10 年的营业收入为 80 万元,付现成本为 25 万元。最后一年全部收回第一年垫付的流动资金 8 万元,预计回收固定资产变现余值为 7 万元。假设甲公司适用的所得税税率为 25%,则该投资项目第 10 年的净现金流量为(　　　)万元。

  A. 43.5   B. 53.5   C. 59.25   D. 51.5

  11. 甲企业计划投资一条新的生产线,一次性投资 500 万元,投资期为 3 年,营业期为 10 年,营业期每年可产生现金净流量 130 万元。若甲企业要求的年投资报酬率为 9%,则该投资项目的现值指数是(　　　)。

  A. 0.29   B. 0.67   C. 1.29   D. 1.67

  12. 丁公司拟投资一个项目,投资在初始一次投入,经测算,该项投资的营业期为 4 年,每年年末的现金净流量相等,静态投资回收期为 2.666 7 年,则该投资项目的内含报酬率为(　　　)%。

  A. 17.47   B. 18.46   C. 19.53   D. 19.88

  13. 在下列方法中,可以直接用于项目寿命期不相同的多个互斥方案比较决策的方法是(　　　)。

  A. 净现值法   B. 年金净流量法   C. 内含报酬率法   D. 现值指数法

  14. 某企业拟进行一项固定资产投资项目决策,资本成本率为 12%,有四个方案可供选择。其中:甲方案的项目寿命期为 10 年,净现值为 1 000 万元;乙方案的现值指数为 0.85;丙方案的项目寿命期为 15 年,年金净流量为 150 万元;丁方案的内含报酬率为 10%。最优的投资方案是(　　　)。

  A. 甲方案   B. 乙方案   C. 丙方案   D. 丁方案

  15. 在独立投资方案之间进行排序分析时,一般采用的评价指标是(　　　)。

  A. 净现值   B. 年金净流量   C. 内含报酬率   D. 现值指数

二、多项选择题

1. 与其他形式的投资相比,项目投资(　　　)。

  A. 投资内容独特   B. 投资数额多   C. 投资风险小   D. 变现能力强

2. 计算净现值时的折现率可以有(　　　)。

  A. 投资项目的资金成本   B. 投资的机会成本

  C. 社会平均资金收益率   D. 银行存款利率

3. 下列属于内含报酬率法的缺点的有(　　　)。

  A. 没有考虑货币时间价值   B. 不便于独立投资方案的比较决策

  C. 不便于不同投资规模的互斥方案的决策   D. 不能直接用于衡量投资风险大小

4. 一般情况下,投资决策中的现金流量通常指现金净流量。这里的现金包括(　　　)。

  A. 库存现金   B. 银行存款

  C. 相关非货币资产的账面价值   D. 相关非货币资产的变现价值

5. 下列有关固定资产更新决策表述中,正确的有(　　　)。

  A. 从决策性质看,固定资产更新决策属于独立方案的决策类型

  B. 固定资产更新决策方法比较适合采用内含报酬率法

  C. 寿命期相同的设备重置决策可以采用净现值法

  D. 寿命期不同的设备重置决策可以采用年金净流量法

三、判断题

1. 在投资项目可行性研究中,应首先进行财务可行性评价,再进行技术可行性分析。如果项目具备财务可行性和技术可行性,就可以做出该项目应当投资的决策。(　　　)。

2. 归还借款本金和支付利息导致现金流出企业，所以，如果项目的资金包括借款，则计算项目的现金流量时，应该扣除还本付息支出。（　　）

3. 在项目计算期数轴上，"2"只代表第二年末。（　　）

4. 对于单纯固定资产投资项目来说，如果项目的建设期为 0，则说明固定资产投资的投资方式是一次投入。（　　）

5. 项目投资决策中所使用的现金仅指各种货币资金。（　　）

6. 在计算项目的现金流入量时，以营业收入替代经营现金流入是由于假定年度内没有发生赊销。（　　）

7. 在计算项目投资的经营成本时，需要考虑融资方案的影响。（　　）

8. 如果项目的净现值大于 0，则净现值率一定大于 0，现值指数也一定大于 0。（　　）

9. 当项目建设期为零，全部投资均于建设期起点一次投入，投产后的净现金流量表现为普通年金的形式时，可以直接利用年金现值系数计算内含报酬率。（　　）

10. 如果项目的全部投资均于建设期起点一次投入，且投资期为零，营业期每年净现金流量相等，则计算内含报酬率所使用的年金现值系数等于该项目静态投资回收期期数。（　　）

四、计算题

1. A 公司找到一个投资机会，预计该项目需固定资产投资 750 万元，可以持续 5 年。会计部门估计每年固定成本（不含折旧）为 40 万元，变动成本是每件 180 元。固定资产折旧采用直线法，折旧年限为 5 年，估计净残值为 50 万元。营销部门估计各年销售量均为 40 000 件，单价为 250 元/件。生产部门估计需要 250 万元的净营运资本投资。为简化计算，假设没有所得税。

要求：计算各年的净现金流量。

2. 恒业公司拟购买一台新机器，以代替原来的旧机器。新机器购买价为 800 000 元，购入时支付 60%，余款下年付清，按 20% 计息。新机器购入后当年投入使用，使用年限为 6 年，报废后估计残值收入为 80 000 元。使用新机器后，公司每年新增净利润 70 000 元。资本成本为 12%。

要求：用净现值法分析评价该公司能否购买新机器。

3. 某工业项目需要原始投资 130 万元，其中固定资产投资 100 万元（全部为贷款，年利率为 10%，贷款期限为 6 年），开办费投资 10 万元，流动资金投资 20 万元。建设期为 2 年，建设期资本化利息为 20 万元。固定资产投资和开办费投资在建设期内均匀投入，流动资金于第 2 年年末投入。该项目寿命期为 10 年，固定资产按直线法计提折旧，期满有 10 万元净残值；开办费自投产年份起分 5 年摊销完毕。预计投产后第一年获 10 万元利润，以后每年递增 5 万元；流动资金于终结点一次收回。

要求：

（1）计算项目的投资总额。

（2）计算项目计算期各年的净现金流量。

（3）计算项目包括建设期的静态投资回收期。

4. 某企业拟更新原设备，新、旧设备的详细资料如表 4-17 所示。

表 4-17　　　　　　　　　　新、旧设备的详细资料　　　　　　　　　　金额单位：元

项目	旧设备	新设备
原价	60 000	80 000
税法规定残值	6 000	8 000
规定使用年限	6	4
已使用年限	3	0

续表

项目	旧设备	新设备
尚可使用年限	3	4
每年操作成本	7 000	5 000
最终报废残值	8 000	7 000
现行市价	20 000	80 000

假设企业要求的最低报酬率为 10%，所得税税率为 25%，按直线法计提折旧。

要求：通过计算分析该企业是否应进行设备更新。

5. 甲企业打算在 2021 年末购置一套不需要安装的新设备，以替换一套尚可使用 5 年、折余价值为 40 000 元、变价净收入为 10 000 元的旧设备。取得新设备的投资额为 165 000 元。到 2026 年末，新设备的预计净残值超过继续使用旧设备的预计净残值 5 000 元。使用新设备可使企业在 5 年内，第 1 年增加息税前利润 14 000 元，第 2～4 年每年增加息税后利润 18 000 元，第 5 年增加息税后利润 13 000 元。新、旧设备均采用直线法计提折旧。假设全部资金来源均为自有资金，适用的所得税税率为 25%，折旧方法和预计净残值的估计均与税法的规定相同，投资者要求的最低报酬率为 10%。

要求：

（1）计算更新设备比继续使用旧设备增加的投资额。

（2）计算营业期因更新设备而每年增加的折旧。

（3）计算因旧设备提前报废发生的处理固定资产净损失。

（4）计算营业期第 1 年因旧设备提前报废发生净损失而抵减的所得税税额。

（5）计算建设期起点的差量净现金流量 ΔNCF_0。

（6）计算营业期第 1 年的差量净现金流量 ΔNCF_1。

（7）计算营业期第 2～4 年每年的差量净现金流量 $\Delta NCF_{2\sim4}$。

（8）计算营业期第 5 年的差量净现金流量 ΔNCF_5。

（9）计算差额投资内含报酬率，并决定是否应该替换旧设备。

6. 某公司有 A、B、C、D 四个投资项目可供选择，其中 A 与 D 是互斥方案，有关资料如表 4-18 所示。

表 4-18　　　　　　　　　　　　　　投资项目资料　　　　　　　　　　　　　金额单位：元

投资项目	原始投资	净现值	净现值率
A	120 000	67 000	56%
B	150 000	79 500	53%
C	300 000	111 000	37%
D	160 000	80 000	50%

要求：

（1）确定投资总额不受限制时的投资组合。

（2）如果投资总额限定为 50 万元，做出投资组合决策。

五、综合题

1. 某企业目前有两个备选项目，相关资料如下。

资料一：已知甲项目投资期投入全部原始投资，其累计各年税后净现金流量如表 4-19 所示。

表 4-19 　　　　　　　　　　　　　甲项目累计各年税后净现金流量 　　　　　　　　　　　　单位：万元

时间	第 0 年	第 1 年	第 2 年	第 3 年	第 4 年	第 5 年
NCF						
累计 NCF	-800	-1 400	-1 500	-1 200	-800	-400
折现系数（I=10%）	1	0.909 1	0.826 4	0.751 3	0.683 0	0.620 9
折现的 NCF						

时间	第 6 第	第 7 第	第 8 第	第 9 第	第 10 第	
NCF						
累计 NCF	-200	300	800	1 400	2 100	
折现系数（I=10%）	0.564 5	0.513 2	0.466 5	0.424 1	0.385 5	
折现的 NCF						

资料二：乙项目需要在建设期起点一次投入固定资产投资 200 万元、无形资产投资 25 万元。投资期为 0，营业期为 5 年，预计残值为 0，预计残值与税法残值一致，无形资产自投产年份起分 5 年摊销完毕。投产开始后预计每年流动资产需用额为 90 万元，流动负债需用额为 30 万元。该项目投产后，预计第 1 到第 4 年，每年营业收入为 210 万元，第 5 年的营业收入为 130 万元，预计每年付现成本为 80 万元。

资料三：该企业按直线法计提折旧，全部营运资金于终结点一次回收，所得税税率为 25%，设定贴现率为 10%。

要求：

（1）根据资料一计算甲项目下列相关指标。

① 填写表中甲项目各年的净现金流量和折现的净现金流量。

② 计算甲项目的静态投资回收期和动态投资回收期。

③ 计算甲项目的净现值。

（2）根据资料二计算乙项目下列指标。

① 计算该项目营运资本投资总额和原始投资额。

② 计算该项目在经济寿命期各个时点的现金净流量。

③ 计算乙项目的净现值和内含报酬率。

（3）若甲、乙两方案为互斥方案，你认为该企业应选择哪一方案进行投资？

2. 某企业计划进行某项投资活动，有甲、乙两个备选的互斥投资方案，资料如下。

（1）甲方案原始投资 150 万元，其中固定资产投资 100 万元，流动资金投资 50 万元，全部资金于建设期起点一次投入，建设期为 0，经营期为 5 年，到期净残值收入为 5 万元，预计投产后年营业收入为 120 万元，年总成本为 60 万元。

（2）乙方案原始投资额 200 万元，其中固定资产投资 120 万元，流动资金投资 80 万元。建设期为 2 年，经营期为 5 年，建设期资本化利息为 10 万元，固定资产投资于建设期起点投入，流动资金投资于建设期结束时投入，固定资产净残值收入为 10 万元，项目投产后，年营业收入为 260 万元，年经营成本为 80 万元，经营期每年归还利息 5 万。固定资产按直线法计提折旧，全部流动资金于终结点收回。所得税税率为 25%。

要求：

（1）计算甲、乙方案各年的净现金流量。

（2）计算甲、乙方案包括建设期的静态投资回收期。

（3）该企业所在行业的基准折现率为 10%，计算甲、乙方案的净现值。

（4）计算甲、乙方案的年金净流量，并比较两方案的优劣。

项目五
证券投资管理

学习目标 ↓

【知识目标】
- 理解证券投资的概念、特点和目的；
- 了解证券投资的风险；
- 理解债券和股票的价值和内含报酬率；
- 理解债券和股票投资的决策原则。

【能力目标】
- 能估计债券和股票的价值；
- 能计算债券和股票的内含报酬率；
- 能进行债券投资和股票投资决策。

【素养目标】
- 具备风险管理意识；
- 具备价值管理意识。

项目背景 ↓

随着我国证券市场的发展，股票投资和债券投资正一步步走进我们的生活。要做一个成功的投资者，不仅要具备丰富的证券投资基本知识，还必须具备较强的风险管理意识。

项目导入 ↓

巴菲特投资可口可乐公司

在 1987 年之前，巴菲特一直在研究可口可乐公司，他认为可口可乐公司强大的品牌优势可以为其赢得充沛的现金流，使其保持长久的竞争力。

巴菲特仔细研究了可口可乐公司 80 年的年报，他发现可口可乐公司的毛利率高达 80%以上，而且其销售额每年都是增长的！尽管在这 80 年中全世界经历了两次世界大战和多次经济大萧条，但可口可乐公司年年都在成长。当时可口可乐公司的市值只有 150 亿美元，所以巴菲特认为可口可乐公司的投资价值被严重低估了。一个仅品牌价值就远高于 1 000 亿美元的公司，现在用 150 亿美元就可以买到，这的确是桩好买卖！

巴菲特在 1988 年买入 5.93 亿美元可口可乐公司股票，1989 年大幅增持近一倍，总投资增至 10.24 亿美元。1991 年，他持有的可口可乐公司股票就升值到 37.43 亿美元，两年间涨了数倍，巴菲特大感意外。1994 年巴菲特继续增持，总投资达到 13 亿美元。至 1998 年年底，巴菲特持有可口可乐公司股票的市值为 134 亿美元，年均复合收益率约 27%。到 2016 年年底，除去股息后，巴菲特已经赚了超过 150 亿美元。这是巴菲特最传奇、最成功的股票投资案例。

其实，1989 年巴菲特在接受记者采访时，曾经谈到过他最终决定购买可口可乐公司股票时的想法。他说："假设你将外出到另一个地方十年，出发之前，你打算安排一笔投资，并且你了解到，一旦做出投资，十年都不可以更改。你会怎么想？当然，不用多说，这笔投资必须简单、易懂，投资项目必须具有可持续性，并且具有良好的前景。世界范围内，只有可口可乐公司可以做到。"

【思考】你从巴菲特投资可口可乐公司中获得哪些投资经验？进行证券投资决策时需要考虑哪些因素？

任务分解 ↓

从以上案例可知，巴菲特投资可口可乐公司，是基于对可口可乐公司未来发展的良好预期。因此，证券投资者要理性地分析所投资企业的未来发展前景，计算其内在价值或预期收益率，进而做出合理的投资决策。本项目分解为五个任务：认识证券投资；债券投资；股票投资；绿色投资；数字化时代的证券投资。

05 任务一　认识证券投资

一、证券投资的概念和特点

证券投资是指投资者（企业或个人）买卖股票、债券、基金等有价证券及这些有价证券的衍生品，以获取股利、利息及资本利得的投资行为和投资过程，是间接投资的重要形式。

证券投资不同于项目投资。项目投资的对象是实体性经营资产。经营资产是指直接为企业生产经营服务的资产，如固定资产、无形资产等，它们往往是一种服务能力递减的消耗性资产。证券投资的对象是金融资产。金融资产是一种以凭证、票据或者合同合约形式存在的权利性资产，如股票、债券及其衍生证券等。

证券投资具有以下特点：具有较强的"市场力"；是对预期会带来收益的有价证券的风险投资；投资和投机是证券投资活动中不可缺少的两种行为；二级市场的证券投资不会增加社会资本总量，而是资本在持有者之间进行再分配。

二、证券投资的目的

（一）分散资金投向，降低投资风险

投资分散化，即将资金投资于多个相关程度较低的项目，实行多元化经营，能够有效地分散投资风险。当某个项目经营不景气而利润下降甚至亏损时，其他项目可能会获取较高的收益。我们可以将企业的资金分成内部经营投资和对外证券投资两个部分，从而实现企业投资的多元化。与对内投资相比，对外证券投资不受地域和经营范围的限制，投资选择面非常广，投资资金的退出和收回也比较容易，是多元化投资的主要方式。

（二）利用闲置资金，增加企业收益

企业在生产经营过程中，由于各种原因有时会出现资金闲置、现金结余较多的情况。这些闲置的资金可投资于股票、债券等有价证券，谋取投资收益，如股利收入、债息收入、证券买卖差价等。有时企业资金的闲置是暂时性的，可以将资金投资于在资本市场上流通性和变现能力较强的有价证券，这类证券能够随时变卖，便于收回资金。

（三）稳定客户关系，保障生产经营

企业生产经营环节中，供应和销售是企业与市场相联系的重要通道。没有稳定的原材料来源，没有稳定的客户，都会使企业的生产经营中断。为了与供应商、客户保持良好且稳定的业务关系，可以对业务关系链的供销企业进行投资，对它们持有一定的债权或股权，甚至控股。这样，能够以债权或股权对关联企业的生产经营施加影响和控制，保障本企业的生产经营顺利进行。

（四）提高资产流动性，增强企业偿债能力

资产流动性是影响企业财务安全性的主要因素。除现金等货币资产外，有价证券投资是企业流动性最强的资产，是企业速动资产的主要构成部分。在企业需要支付大量现金，而现有现金储备又不足时，可以通过变卖有价证券迅速取得现金。

三、证券投资的风险

由于证券资产的市价波动频繁，证券投资的风险往往较大。获取投资收益是证券投资的主要目的，证券投资的风险是投资者无法获得预期投资收益的可能性。按风险性质划分，证券投资的风险分为系统风险和非系统风险两大类别。

（一）系统风险

证券投资的系统风险，是指由于外部经济环境因素变化引起整个资本市场不确定性增强，从而对所有证券都产生影响的共同性风险。系统风险会影响资本市场上的所有证券，无法通过投资多元化的组合避免，也称为不可分散风险。

系统风险会影响所有证券资产，最终会提高资本市场平均利率。所有的系统风险几乎都可以归结为利率风险。利率风险是由于市场利率变动引起证券资产价值变化的可能性。市场利率反映了社会平均报酬率。投资者对证券资产投资报酬率的预期总是在市场利率基础上进行的，只有当证券资产投资报酬率大于市场利率时，证券资产的价值才会高于其市场价格。一旦市场利率提高，就会引起证券资产价值下降，投资者就不易得到超过社会平均报酬率的超额报酬。市场利率的变动会造成证券资产价格的普遍波动，两者成反向变动关系：市场利率上升，证券资产价格下跌；市场利率下降，证券资产价格上升。

1. 价格风险

价格风险是指市场利率上升，使证券资产价格普遍下跌的可能性。价格风险来自资本市场买卖双方资本供求关系的不平衡。资本需求量增加，市场利率上升；资本供应量增加，市场利率下降。

资本需求量增加，引起市场利率上升，也意味着证券资产发行量增加，引起整个资本市场所有证券资产价格普遍下降。需要说明的是，这里的证券资产价格波动并不是指证券资产发行者的经营业绩变化而引起的个别证券资产的价格波动，而是由于资本供应关系引起的全部证券资产的价格波动。

当证券资产持有期间的市场利率上升，证券资产价格就会下跌，证券资产期限越长，投资者遭受的损失越大。到期风险附加率，就是对投资者承担利率变动风险的一种补偿，期限越长的证

券资产，要求的到期风险附加率就越大。

2. 再投资风险

再投资风险是市场利率下降，而造成的无法通过再投资实现预期收益的可能性。根据流动性偏好理论，长期证券资产的报酬率应当高于短期证券资产，这是因为：①期限越长，不确定性就越强。证券资产投资者一般喜欢持有短期证券资产，因为它们较易变现而收回本金。因此，投资者愿意接受短期证券资产的低报酬率。②证券资产发行者一般喜欢发行长期证券资产，因为长期证券资产可以筹集到长期资金，而不必经常面临筹集不到资金的困境。因此，证券资产发行者愿意为长期证券资产支付较高的报酬率。

为了避免市场利率上升的价格风险，投资者可能会投资于短期证券资产，但短期证券资产又会面临市场利率下降的再投资风险，即无法按预定报酬率进行再投资而实现所要求的预期收益。

3. 购买力风险

购买力风险是指通货膨胀使货币购买力下降的可能性。在持续而剧烈的物价波动环境下，货币性资产会产生购买力损益：当物价持续上涨时，货币性资产会遭受购买力损失；当物价持续下跌时，货币性资产会带来购买力收益。

证券资产是一种货币性资产，通货膨胀会使证券资产投资的本金和收益贬值，名义报酬率不变而实际报酬率降低。购买力风险对具有收款权利性质的资产影响很大，债券投资的购买力风险远大于股票投资。如果通货膨胀长期延续，投资者会把资本投向实体性资产以求保值，对证券资产的需求量减少，引起证券资产价格下跌。

（二）非系统风险

证券投资的非系统风险，是指由特定经营环境或特定事件变化引起的不确定性，从而对个别证券资产产生影响的特有风险。非系统风险源于每个公司自身特有的营业活动和财务活动，与某个具体的证券资产相关联，同整个证券资产市场无关。非系统风险可以通过持有证券资产的多元化来抵消，也称为可分散风险。

非系统风险是公司特有风险，从公司内部管理的角度看，公司特有风险主要表现为公司经营风险和财务风险。从公司外部的证券资产市场投资者的角度看，公司经营风险和财务风险的特征无法明确区分，公司特有风险表现为违约风险、变现风险、破产风险等形式。

1. 违约风险

违约风险是指证券资产发行者无法按时兑付证券资产利息和偿还本金的可能性。有价证券资产本身就是一种契约性权利资产，经济合同的任何一方违约都会给另一方造成损失。违约风险是收益固定型有价证券资产的投资者经常面临的，多发生于债券投资。违约风险产生的原因可能是公司产品经销不善，也可能是公司现金周转不灵。

2. 变现风险

变现风险是指证券资产持有者无法在市场上以正常的价格平仓出货的可能性。持有证券资产的投资者，可能会在证券资产持有期限内出售现有证券资产投资于另一项目，但在短期内找不到愿意出合理价格的买主，投资者就会丧失新的投资机会或面临降价出售的损失。在同一证券资产市场上，各种有价证券资产的变现力是不同的，交易越频繁的证券资产，其变现能力越强。

3. 破产风险

破产风险是指在证券资产发行者破产清算时投资者无法收回应得权益的可能性。当证券资产发行者出现由于经营管理不善而持续亏损、现金周转不畅而无力清偿债务或其他原因导致难以持续经营等情况时，可能会申请破产保护。破产保护会导致债务清偿的豁免、有限责任的退出，使得投资者无法取得应得的投资收益，甚至无法收回投资的本金。

四、证券投资的基本原则

（一）收益与风险最佳组合原则

在证券投资中，收益与风险形影相随，两者是矛盾的。要想获得收益，就必须冒风险。解决这一矛盾的办法是：在已定的风险条件下，尽可能使投资收益最大化；在已定的收益条件下，尽可能使风险最小。这是投资者必须遵循的基本原则，它要求投资者首先必须明确自己的目标，恰当地把握自己的投资能力，不断培养自己承受风险的能力和应付各种情况的基本素质；要求投资者在证券投资的过程中，尽力保护本金，增加收益，减少损失。

（二）分散投资原则

证券投资是风险投资，它可能给投资者带来很高的收益，也可能使投资者遭受巨大的损失。为了尽量地减少风险，投资者必须进行分散投资。分散投资可以从两个方面着手。一是对多种证券进行投资。这样，即使其中的一种或几种证券没有收益，而其他证券的收益好，便可以得到补偿，不至于血本无归。二是在进行多种证券投资时，应把握投资方向，将投资分为进攻性和防御性两部分投资。

（三）理智投资原则

证券市场由于受到各方面因素的影响而处在不断变化之中，谁也无法准确预测到行情的变化。这就要求投资者在进行投资时，不能感情用事，而应该冷静、慎重，善于控制自己的情绪，不要过多地受各种传言的影响，对各种证券加以细心的比较，最后决定投资的对象。不然，在情绪冲动的情况下进行投资，往往是要失败的。

（四）责任自负原则

在进行证券投资时，可以适当借助他人的力量，但不能完全依赖别人，必须坚持独立思考、自主判断的原则。这是因为证券投资是一种自觉的、主动的行为，所有投资的盈亏都要由自己承担。所以，投资者不应轻信或完全依赖他人。

（五）剩余资金投资原则

投资必须有资金来源。从大的方面来说，资金来源无非有两个部分：一部分是自有资金，另一部分是借入资金。借入资金进行证券投资是不可取的，证券投资的资金必须是家庭较长时间闲置不用的剩余资金。这是因为证券投资是一种风险较大的经济活动，意味着盈利和亏损的机会同时存在，如果把全部资金都投入证券市场，一旦发生亏损，就会危及家庭收支计划，从而给正常的生活带来极大的困难。所以，妥善、可靠的做法是合理分配全部资金，留足家庭生活的必备资金，剩余的可能长时间闲置的资金，才能用来进行证券投资。投资者应该在估计全部资产和自身风险承受能力的基础上，决定是否进行证券投资和用多少资金进行证券投资。

（六）不断提升能力原则

每个投资者都应该不断培养自身的证券投资能力，而这种能力的基础是投资知识和经验。证券投资知识包括与证券有关的金融知识、法律知识、数学知识。证券投资经验包括成功经验和失败经验。投资者要准确地把握证券行情，需要长期的经验积累。

任务二　债券投资

一、认识债券

债券是发行者为筹集资金发行的，在约定时间支付一定比例的利息，并在到期时偿还本金的一种有价证券。它反映证券发行者与持有者之间的债权债务关系。

（一）债券要素

债券一般包含以下几个基本要素。

1. 债券面值

债券面值，是指债券设定的票面金额，它代表发行人借入并且承诺于未来某一特定日期偿付债券持有人的金额。债券面值包括两方面内容。

（1）票面币种。票面币种即以何种货币作为债券的计量单位。一般而言，在国内发行的债券，发行的对象是国内有关经济主体，则选择本国货币；若在国外发行，则选择发行地国家或地区的货币或国际通用货币（如美元）作为债券的币种。

（2）票面金额。票面金额对债券的发行成本、发行数量和持有者的分布具有影响。票面金额小，有利于小额投资者购买，从而有利于债券发行，但发行费用可能增加；票面金额大，会降低发行成本，但可能减少发行量。

2. 债券票面利率与付息方式

债券票面利率，是指债券发行者预计一年内向持有者支付的利息占票面金额的比率。票面利率不同于实际利率，实际利率是指按复利计算的一年期的利率。债券的计息和付息方式有多种，可能使用单利或复利计算，利息可能半年支付一次、一年支付一次或到期一次还本付息，这使得票面利率可能与实际利率发生差异。

3. 债券到期日

债券到期日是指偿还债券本金的日期。债券一般都规定有到期日，以便到期时归还本金。

（二）债券的分类

债券有多种分类方式，如按发行主体划分，可分为政府债券、金融债券、公司（企业）债券；按财产担保方式划分，可分为抵押债券、信用债券；按债券形态分类，可分为实物债券（无记名债券）、凭证式债券、记账式债券；按是否可转换划分，可分为可转换债券、不可转换债券；按能否提前偿还划分，可分为可赎回债券、不可赎回债券。下面详细阐述几种与债券估值相关的分类方式。

1. 按付息方式划分

（1）零息债券。零息债券，也叫作贴现债券，是指债券券面上不附有息票，在票面上不规定利率，发行时按规定的折扣率，以低于债券面值的价格发行，到期按面值支付本息的债券。从利息支付方式来看，贴现国债以低于面额的价格发行，可以看作预付利息，因而贴现国债又可称为利息预付债券、贴水债券，是期限比较短的折现债券。

（2）定息债券。定息债券是将利率印在票面上并按期向债券持有人支付利息的债券。该利率不随市场利率的变化而调整，因而可以较好地抵御通货紧缩风险。

（3）浮息债券。浮息债券的息票率是随市场利率变动而调整的利率。因为浮息债券的利率同当前市场利率挂钩，而当前市场利率又考虑了通货膨胀率的影响，所以浮息债券可以较好地抵御通货膨胀风险。其利率通常根据市场基准利率加上一定的利差来确定。浮息债券往往是中长期债券。

2. 按偿还方式划分

（1）一次偿还债券。一次偿还债券是发行公司于债券到期日一次偿还全部债券本金的债券。

（2）分期偿还债券。分期偿还债券是指发行公司规定在债券有效期内，某一时间偿还一部分本息，分期还清的一种债券。这种债券可以减少一次集中偿还的财务负担。

3. 按计息方式划分

（1）单利债券。单利债券指在计息时，不论期限长短，仅按本金计息，所生利息不再加入本金计算下期利息的债券。

（2）复利债券。复利债券与单利债券相对应，是指计算利息时，按一定期限将所生利息加入本金再计算利息，逐期滚算的债券。

二、债券估价

债券价值是指投资者进行债券投资时预期可获得的现金流入的现值。债券的现金流入主要包括利息和到期收回的本金或出售时获得的现金两部分。当债券的购买价格低于债券价值时，才值得购买。

债券价值=未来各期利息收入的现值合计+未来到期本金或售价的现值

一般来说，经常采用市场利率作为评估债券价值时所期望的最低投资报酬率。

债券价值的计算公式可以进一步表示为：

$$V_b = \sum_{i=1}^{n} \frac{I_t}{(1+k)^t} + \frac{M}{(1+k)^n} \tag{式5-1}$$

式5-1中，V_b表示债券的价值，I_t表示债券各期的利息，M表示债券的面值，k表示市场利率。

（一）债券估价模型

1. 按年付息、到期还本的债券

按年付息、到期还本的债券，其价值计量的基本模型是：

$$V_b = M \times i \times (P/A, k, n) + M \times (P/F, k, n) \tag{式5-2}$$

式5-2中，V_b表示债券的价值，i表示债券的票面利率，M表示债券的面值，k表示市场利率，n表示债券期限。

【例5-1】某种债券面值为1 000元，票面利率为10%，期限为5年，按年支付利息，已知市场利率为12%。要求：计算债券的价值。

$$\begin{aligned} V_b &= M \times i \times (P/A, k, n) + M \times (P/F, k, n) \\ &= 1\,000 \times 10\% \times (P/A, 12\%, 5) + 1\,000 \times (P/F, 12\%, 5) \\ &= 100 \times 3.604\,8 + 1\,000 \times 0.567\,4 = 927.88\,(元) \end{aligned}$$

2. 一次还本付息的债券

一次还本付息是指债券的利息和本金都在到期时支付，其价值计量模型为：

$$V_b = (M + M \times i \times n) \times (P/F, k, n) \tag{式5-3}$$

【例5-2】某种债券面值为1 000元，票面利率为10%，期限为5年，到期一次还本付息，已知市场利率为8%。要求：计算债券的价值。

$$V_b = (M + M \times i \times n) \times (P/F, k, n) = (1\,000 + 1\,000 \times 10\% \times 5) \times (P/F, 8\%, 5) = 1\,020.9\,(元)$$

3. 零息债券

零息债券是指票面利率为零的债券，其价值计量模型为：

$$V_b = M \times (P/F, k, n) \qquad (式5\text{-}4)$$

【例5-3】某债券面值为 1 000 元，期限为 3 年，期内不计利息，到期按面值偿还，当时市场利率为 10%。问：其价格为多少时，企业购买该债券较为合适？

$$V_b = M \times (P/F, k, n) = 1\,000 \times (P/F, 10\%, 3) = 1\,000 \times 0.751\,3 = 751.3（元）$$

因此，当价格低于 751.3 元时，购买较为合适。

（二）债券价值的影响因素

从债券价值基本计量模型中可以看出，债券面值、债券期限、票面利率、市场利率是影响债券价值的基本因素。债券一旦发行，其面值、期限、票面利率都相对固定了，市场利率成为债券持有期间影响债券价值的主要因素。市场利率决定债券价值的贴现率，市场利率的变化会造成系统性的利率风险。因此，应重点分析市场利率对债券价值的影响。

1. 市场利率对相同期限债券价值的影响

【例5-4】某种债券面值为 1 000 元，票面利率为 10%，期限为 5 年，按年支付利息，请分别计算当市场利率为 8%、10%、12%时债券的价值。

当 $k=8\%$时，$V_b = 1\,000 \times 10\% \times (P/A, 8\%, 5) + 1\,000 \times (P/F, 8\%, 5) = 1\,079.87（元）$

当 $k=10\%$时，$V_b = 1\,000 \times 10\% \times (P/A, 10\%, 5) + 1\,000 \times (P/F, 10\%, 5) = 999.98（元）$

当 $k=12\%$时，$V_b = 1\,000 \times 10\% \times (P/A, 12\%, 5) + 1\,000 \times (P/F, 12\%, 5) = 927.88（元）$

通过【例5-4】可以得出结论：债券价值与市场利率成反向变动关系。当市场利率上升时，债券价值下降；当市场利率下降时，债券价值上升。

当市场利率=票面利率时，债券价值=面值，平价发行。

当市场利率>票面利率时，债券价值<面值，折价发行。

当市场利率<票面利率时，债券价值>面值，溢价发行。

折价发行是为了对投资者未来少获利息而给予的必要补偿；平价发行是因为票面利率与市场利率相等，此时票面价值和债券价值是一致的，所以不存在补偿问题；溢价发行是为了对债券发行者未来多付利息而给予的必要补偿。

2. 市场利率对不同期限债券价值的影响

【例5-5】假定现有面值为 1 000 元、票面利率为 15%的 2 年期和 20 年期两种债券，每年付息一次，到期归还本金。当市场利率发生变化时的债券价值如表 5-1 所示。

将表 5-1 中债券价值与市场利率的函数关系绘制在图 5-1 中。

表 5-1　　　　　　　　　　债券价值对市场利率变化的敏感性　　　　　　　　　　单位：元

市场利率	债券价值	
	2 年期债券	20 年期债券
5%	1 185.85	2 246.30
10%	1 086.40	1 426.10
15%	1 000.00	1 000.00
20%	923.20	756.50
25%	856.00	605.10
30%	796.15	502.40

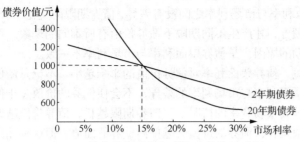

图 5-1　债券价值对市场利率变化的敏感性

结合表 5-1 的数据，可以得出以下结论。

（1）长期债券对市场利率的敏感性大于短期债券。在市场利率较低时，长期债券的价值远高于短期债券；在市场利率较高时，长期债券的价值远低于短期债券。

（2）市场利率低于票面利率时，债券价值对市场利率的变化较为敏感，市场利率稍有变动，债券价值就会发生剧烈的波动；市场利率高于票面利率时，债券价值对市场利率变化的敏感性减弱，市场利率的提高，不会使债券价值过分降低。

根据上述分析结论，财务经理在债券投资决策中应当注意：长期债券的价值波动较大，特别是票面利率高于市场利率的长期溢价债券，容易获取投资收益但安全性较低，利率风险较大。如果市场利率波动频繁，利用长期债券来储备现金显然是不明智的，将为较高的收益率而付出安全性的代价。

3. 期限对不同利率债券价值的影响

选择长期债券还是短期债券，是公司财务经理经常面临的投资选择问题。由于票面利率的不同，当债券期限发生变化时，债券的价值也会随之波动。

【例 5-6】假定市场利率为 10%，面值为 1 000 元，每年支付一次利息，到期归还本金，票面利率分别为 8%、10% 和 12% 的三种债券，在债券到期日发生变化时的债券价值如表 5-2 所示。

将表 5-2 中债券期限与债券价值的函数图象绘制在图 5-2 中，可以得出以下结论。

表 5-2　　　　　　　　　债券价值对债券期限变化的敏感性　　　　　　　　　单位：元

债券期限	债券价值				
	票面利率 10%	票面利率 8%	环比差异	票面利率 12%	环比差异
0 年期	1 000	1 000		1 000	
1 年期	1 000	981.72	-18.28	1 018.08	+18.08
2 年期	1 000	964.88	-16.84	1 034.32	+16.24
5 年期	1 000	924.28	-40.60	1 075.92	+41.60
10 年期	1 000	877.60	-46.68	1 123.40	+47.48
15 年期	1 000	847.48	-30.12	1 151.72	+28.32
20 年期	1 000	830.12	-17.36	1 170.68	+18.96

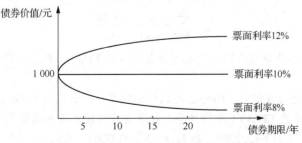

图 5-2　债券价值对债券期限变化的敏感性

（1）如果债券票面利率与市场利率之间没有差异，债券期限的变化不会引起债券价值的变动；只有溢价债券或折价债券，才产生不同期限下债券价值有所不同的现象。可见，引起债券价值随债券期限的变化而波动的原因，是债券票面利率与市场利率不一致。

（2）债券期限越短，债券票面利率对债券价值的影响越小。不论是溢价债券还是折价债券，当债券期限较短时，票面利率与市场利率的差异，不会使债券的价值过于偏离债券的面值。

（3）在票面利率偏离市场利率的情况下，债券期限越长，债券价值越偏离于债券面值。

（4）随着债券期限延长，债券的价值会越偏离债券的面值，但这种偏离的变化幅度最终会趋于平稳。或者说，超长期债券的期限差异，对债券价值的影响不大。

4．到期时间对债券价值的影响

债券到期时间是指当前日至债券到期日之间的时间间隔。

【例 5-7】某种债券面值为 1 000 元，票面利率为 10%，期限为 5 年，按年支付利息，已知市场利率为 12%。分别计算债券发行时、第 1 年年末、第 2 年年末、第 3 年年末、第 4 年年末的债券价值。

发行时：$V_b = 1\,000 \times 10\% \times (P/A, 12\%, 5) + 1\,000 \times (P/F, 12\%, 5) = 927.88$（元）

第 1 年年末：$V_b = 1\,000 \times 10\% \times (P/A, 12\%, 4) + 1\,000 \times (P/F, 12\%, 4) = 939.23$（元）

第 2 年年末：$V_b = 1\,000 \times 10\% \times (P/A, 12\%, 3) + 1\,000 \times (P/F, 12\%, 3) = 951.98$（元）

第 3 年年末：$V_b = 1\,000 \times 10\% \times (P/A, 12\%, 2) + 1\,000 \times (P/F, 12\%, 2) = 966.21$（元）

第 4 年年末：$V_b = 1\,000 \times 10\% \times (P/A, 12\%, 1) + 1\,000 \times (P/F, 12\%, 1) = 982.19$（元）

由此例可知债券价值与到期日的关系：对于平息债券，在折现率保持不变的情况下，债券价值随到期时间的缩短逐渐向债券面值靠近，至到期日债券价值等于面值。

平息债券是指利息在到期时间内平均支付的债券。支付的频率可能是半年一次、一年一次或每季度一次等。平息债券的价值由两部分构成：一是未来所付利息的现值，二是未来所付本金的现值。大多数由政府和企业发行的债券都属于平息债券，不仅在到期日进行支付，而且在发行日和到期日之间也进行有规律的现金支付。

三、债券投资的收益率

债券投资的收益率，是指按当前市场价格购买债券并持有至到期日或转让日的预期报酬率，也就是债券投资项目的内含报酬率。债券的收益率高于投资者所要求的最低报酬率时，投资者才愿意购买该债券。

1．短期收益率计算（不考虑货币时间价值）

$$债券收益率 = 利（股）息收益率 + 资本利得收益率$$

2．长期收益率计算（考虑货币时间价值）

在债券价值估价基本模型中，如用债券的购买价格 P_0 代替内在价值 V_b，就能求出债券的收益率。用该收益率贴现所确定的债券内在价值，刚好等于债券的目前购买价格。

$$P_0 = \sum_{t=1}^{n} \frac{I_t}{(1+r)^t} + \frac{M}{(1+r)^n} \qquad （式 5-5）$$

式 5-5 中，P_0 表示债券的价格，I_t 表示债券各期的利息，M 表示债券的面值，r 表示债券的收益率。

【例 5-8】假定投资者目前以 1 075.92 元的价格购买一份面值为 1 000 元、每年付息一次、到期归还本金、票面利率为 12% 的 5 年期债券，投资者将该债券持有至到期日，则有：

$$1\,075.92 = 120 \times (P/A, r, 5) + 1\,000 \times (P/F, r, 5)$$

用逐步测试法和插值法,求得内含报酬率 r=10%。

同样原理,如果债券目前购买价格为 1 000 元,则内含报酬率 r=12%;如果债券目前购买价格为 899.24 元,则内含报酬率 r=15%。

可见,溢价债券的收益率低于票面利率,折价债券的收益率高于票面利率,平价债券的收益率等于票面利率。

四、债券投资决策

债券投资决策是指作为投资者的企业根据现有的可支配资金,在风险与收益均衡原则的指导下,通过对债券市场状况的分析研究,对投资时机、投资期限、拟购入的债券等做出选择的过程。

(一)债券投资决策的内容

债券投资决策包括三项内容,即对是否买进某种债券的选择、对是否继续持有某种债券的选择、对是否立即售出某种债券的选择。

债券投资决策应考虑以下因素:可支配的资金数额,投资收益,投资风险。

债券投资决策应解决以下问题:投资的具体对象,投资的时机,持有期限。

(二)债券投资决策

债券投资决策相关指标:债券价值,债券收益率。一般认为,当债券的价值高于当前市场价格,或者债券的收益率高于投资者的必要报酬率时,此债券才值得买入或持有。

债券投资具有以下两种策略。

1. 消极的投资策略

消极的投资策略是指投资者在买入债券后的一段时间内,很少进行买卖或者不进行买卖,只要求获取不超过市场平均收益水平的收益。典型的消极投资策略主要是买入债券并持有至到期。

2. 积极的投资策略

积极的投资策略是指投资者根据市场情况不断调整投资行为,以期获得超过市场平均收益水平的收益率。

任务三 股票投资

一、认识股票

股票是股份公司发行的所有权凭证,是股份公司为筹集资金而发行给各个股东作为持股凭证并借以取得股息和红利的一种有价证券。每一股股票都代表股东对企业拥有一个基本单位的所有权。每家上市公司都会发行股票。股票是股份公司资本的构成部分,可以转让、买卖,是资本市场的主要长期信用工具。

股票收益即股票投资收益,是指企业或个人以购买股票的形式对外投资取得的股利,转让、出售股票取得款项高于股票账面实际成本的差额,以及股权投资在被投资单位增加的净资产中所拥有的数额等。股票收益包括股息收入、资本利得和公积金转增收益。

二、股票估价

股票的价值取决于股票预期获得的未来现金流量的现值。这种未来的现金

微课

股票估价

流入包括各期获得的股利、转让股票获得的收益。一般情况下，价格低于价值的股票，才值得投资者购买。

有限期持有股票价值=未来各期股利的现值+未来售价的现值

无限期持有股票价值=未来各期股利的现值

折现率为投资者要求的必要报酬率，一般采用市场利率。

无限期持有股票价值的计算公式如下。

$$V_s = \frac{D_1}{(1+k)^1} + \frac{D_2}{(1+k)^2} + \dots + \frac{D_2}{(1+k)^2} \dots = \sum_{t=1}^{\infty} \frac{D_t}{(1+k)^t} \qquad （式5-6）$$

式5-6中，V_s表示股票的价值，D_t表示各期股利，k表示市场利率。

优先股是特殊的股票，优先股股东每期在固定的时点收到相等的股利。优先股没有到期日，未来的现金流量是一种永续年金，其价值计算公式如下。

$$V_s = \frac{D}{k} \qquad （式5-7）$$

与债券不同的是，持有期限、股利、贴现率是影响股票价值的重要因素。如果投资者准备永久持有股票，未来的贴现率也是固定不变的，那么未来各期不断变化的股利就成为评价股票价值的难题。为此，我们不得不假定未来的股利按一定的规律变化，从而形成以下几种常用的股票估价模式。

1. 零增长模式

零增长股票指的是未来每期股利固定不变，未来的现金流量是一种永续年金的股票。因此，其价值计量模式与优先股一样：$V_s = \frac{D}{k}$。

【例5-9】某公司股票每年分配股利2元，投资者要求的最低报酬率为16%。要求：计算该股票的价值。

$$V_s = \frac{D}{k} = \frac{2}{16\%} = 12.5（元）$$

2. 固定增长模式

如果公司本期的股利为D_0，未来各期的股利按上期股利的g速度呈几何级数增长，根据股票估价基本模型，股票价值V_s的计算公式如下。

$$V_s = \sum_{t=1}^{\infty} \frac{D_0(1+g)^t}{(1+k)^t} \qquad （式5-8）$$

因为g是一个固定的常数，当k大于g时，上式可以简化为：

$$V_s = \frac{D_1}{k-g} \qquad （式5-9）$$

式5-9中，g为股利增长率，D_1为未来第1期股利。

【例5-10】假定某投资者准备购买A公司的股票，并且准备长期持有，要求达到12%的收益率，该公司今年每股股利为0.8元，预计未来股会以9%的速度增长，则A公司股票的价值为：

$$V_s = \frac{D_1}{k-g} = \frac{0.8 \times (1+9\%)}{12\% - 9\%} = 29.07（元）$$

如果A股票目前的购买价格低于29.07元，则该公司的股票是值得购买的。

3. 阶段性增长模式

阶段性增长的股票，指股利在某一阶段有一个超常的增长率，这段时间的增长率g可能大于

k，而后阶段股利固定不变或正常增长的股票。对于阶段性增长的股票，需要分段计算，才能确定股票的价值。

【例 5-11】假定某投资者准备购买 B 公司的股票，打算长期持有，要求达到 12%的收益率。B 公司今年每股股利为 0.6 元，预计未来 3 年股利以 15%的速度增长，而后以 9%的速度转入正常增长。则 B 公司股票的价值分两段计算，然后加总。

（1）计算高速增长期股利的现值。

年份	股利	现值系数（12%）	股利现值
1	0.6×（1+15%）=0.69	0.892 9	0.616 1
2	0.69×（1+15%）=0.793 5	0.797 2	0.632 6
3	0.793 5×（1+15%）=0.912 5	0.711 8	0.649 5

合计：1.898 2（元）

（2）计算正常增长期股利在第 3 年年末的现值。

$$V_3 = \frac{D_4}{k-g} = \frac{0.912\,5 \times (1+9\%)}{12\% - 9\%} = 33.154\,2$$

（3）计算该股票的价值。

$$V_s = 33.154\,2 \times (P/F，12\%，3) + 1.898\,2 = 25.50（元）$$

三、股票投资的收益率

股票的收益率，是使得股票未来现金流量贴现值等于目前的购买价格时的贴现率，也就是股票投资项目的内含报酬率。股票的收益率高于投资者所要求的最低报酬率时，投资者才愿意购买该股票。

在固定增长股票估价模型中，用股票的购买价格 P_0 代替内在价值 V_s，则有：

$$P_0 = \frac{D_1}{r-g} \tag{式 5-10}$$

得出股票收益率 r 计算公式如下。

$$r = \frac{D_1}{P_0} + g \tag{式 5-11}$$

从式 5-11 可以看出，股票投资内含报酬率由两部分构成：一部分是预期股利收益率 $\frac{D_1}{P_0}$；另一部分是股利增长率 g。

如果投资者不打算长期持有股票，而将股票转让出去，则股票投资的收益由股利收益和资本利得（转让价差收益）构成。这时，股票内含报酬率 r 是使股票投资净现值为零时的贴现率，计算公式如下。

$$\text{NPV} = \sum_{t=1}^{n} \frac{D_t}{(1+r)^t} + \frac{P_n}{(1+r)^n} - P_0 = 0 \tag{式 5-12}$$

式 5-12 中，P_0 为股票买入价，P_n 为股票卖出价，n 为股票持有期限。

【例 5-12】某投资者 2018 年 5 月购入 A 公司股票 1 000 股，每股购买价 3.2 元。A 公司 2019 年、2020 年、2021 年发别派发现金股利 0.25 元/股、0.32 元/股、0.45 元/股。该投资者 2021 年 5 月以每股 3.5 元的价格售出该股票，则 A 公司股票收益率的计算为：

$$\text{NPV} = \frac{0.25}{(1+r)} + \frac{0.32}{(1+r)^2} + \frac{0.45}{(1+r)^3} + \frac{3.5}{(1+r)^3} - 3.2$$

或者： $NPV=0.25×(P/F, r, 1)+0.32×(P/F, r, 2)+(0.45+3.5)×(P/F, r, 3)-3.2$

采用逐步测试法：

当 $r=12\%$ 时，$NVV=0.089\ 8$。

当 $r=14\%$ 时，$NVV=-0.068\ 2$。

采用插值法：

12%	0.089 8
r	0
14%	-0.068 2

$$\frac{12\%-14\%}{14\%-r}=\frac{0.089\ 8+0.068\ 2}{-0.068\ 2-0}$$

求解得：$r=13.14\%$。

四、股票投资决策

股票投资决策是指企业作为投资者根据现有的可支配的资金，在风险与收益均衡原则的指导下，通过对经济形势和金融市场状况及发行企业经营环境、经营状况和财务状况的分析和研究，以对股票投资的具体对象、投资的时机、投资的期限等做出选择的过程。

股票投资决策与债券投资决策一样，应考虑可支配资金的数额、投资收益和投资风险等问题，而且考虑的思路和方式也基本相同。但股票投资决策研究的问题较债券投资决策要宽泛得多，包括经济形势，金融市场状况，发行企业经营环境、经营状况与财务状况。

任务四 认识绿色投资

人类进入后工业经济时代后，对与人类自身活动密切相关的周边环境日益关注，其主要标志是运用先进的科学技术进行生产，在可持续发展思想的指导下，实现人与自然环境的和谐发展；其实质就是发展绿色经济，实现绿色发展，构筑绿色文明。因此，作为经济发展的"三驾马车"（投资、消费和出口）之一的投资，也需要遵循这一发展趋势，提倡绿色投资。本任务主要帮助读者认识、了解绿色投资，并形成绿色投资理念。

一、绿色投资的含义

人们对绿色投资理论的研究还处在起步阶段。从已有的研究成果看，学者们对绿色投资的解释既有区别，又有联系。

我国有学者认为，绿色投资就是环境保护投资；也有人认为，绿色投资与绿色 GDP 相联系，凡是用于增加绿色 GDP 的货币资金（包括其他经济资源）的投入，都是绿色投资。

西方国家的学者主要是从企业的社会责任角度出发，通常把绿色投资称作社会责任投资（Socially Responsible Investment，SRI），认为它是一种基于环境准则、社会准则、金钱回报准则的投资模式，它考虑了经济、社会、环境三重底线，或称作三重盈余或三重盈余投资。绿色投资顺应可持续发展战略，综合考虑经济、社会、环境等因素，促使企业在追求经济利益的同时，积极承担相应的社会责任，从而为投资者和社会带来持续发展的价值。

有学者从个人投资理财角度出发，认为绿色投资是"依据国际普遍接受的道德准则，来筛选实际的投资理财活动"。这种投资理财活动不仅包括个别公司股票的投资，还包含个别公司债券及其他信用工具和共同基金等。投资对象的选择标准是社会形象较佳，没有炒作土地或破坏环境的记录的企业。这样的选择标准有利于促使企业更为重视社会责任及公众利益。

二、绿色投资的特征

传统投资模式是在传统经济下形成的，其主要特征是在不考虑资源短缺和保护环境，或者较少考虑这些因素与后果的前提下，通过资本投入实现盈利的目的。赚取利润是投资的唯一目标。这种投资行为使企业容易忽视其所带来的对社会和环境的消极影响，放弃企业的社会责任。绿色投资则相反。绿色投资形成绿色生产力，具体表现为：在生产上，实行清洁生产，即省能、节料、无废或少废的物资循环型生产；在产品上，主要特点是小型化（少废料）、多功能（用处多）、可回收利用，对环境污染少；在环境保护上，实现生产与环境保护同时进行，生产过程既是产出过程，也是防污和治污过程。

与传统投资相比，绿色投资的特点有以下几个方面。

（一）绿色投资是基于可持续发展的投资

绿色投资在本质上反映了经济、社会、生态之间和谐发展的关系，是基于可持续发展的投资。传统投资行为依靠资源的大量消耗和对环境的索取、破坏换取经济增长，结果造成人类与环境的关系紧张。在绿色投资模式下，人类把环境保护与产品生产统一起来，注意节约和科学利用资源，利用与维护并举，使得自然资源与环境获得恢复，实现生态平衡。

（二）绿色投资是由具有生态环境理念的经济人进行的投资

投资主体不单是追求经济利益的经济人，而且是具有社会责任的投资者。他们在投资决策中的选择标准是经济、社会、环境三重标准，而不是单一的经济准则。

（三）绿色投资能够推动绿色 GDP 的增长

绿色投资形成的资本是绿色资本，是一种能够推动绿色 GDP 增长的资本。绿色资本投资所形成的生产力，不同于传统意义上的生产力，是人类在长期的生产中探索出的人与自然和谐发展的能力。绿色投资活动的产出，是绿色 GDP 的增加，它反映了环境价值在 GDP 中的重要作用。

（四）绿色投资能带来经济的、社会的和生态的三重收益

绿色投资的收益是三重盈余，包括经济的、社会的和生态的收益。而传统投资获得的是单一盈余，即利润。在价值创造上，绿色投资创造的价值是长期价值，而传统投资获取的是短期收益。

（五）绿色投资具有更高的科技含量和社会价值

传统的投资也需要科技支持，但是，由于传统投资忽视节约资源，忽视环境保护，资源瓶颈约束增大，环境治理费用增加，结果是实际增长的速度减慢，副作用增加。绿色投资行为把生产投资与防治环境污染统一起来，在实现经济增长的同时，消除了不利影响，因而可以实现经济与社会的可持续发展。

三、绿色投资的发展方向

绿色投资从投资的角度推动循环经济的发展，而循环经济的基本原则是 3R 原则，即减量化、再利用和再循环，是从资源节约利用和环境保护的角度出发实现可持续发展的。绿色投资可分为两大方向：自然资源保护利用投资和生态环境保护投资。具体地又可进一步划分为五大重点投资领域：绿色企业投资、绿色产业投资、绿色园区投资、绿色城市投资、绿色技术投资等。

（一）绿色企业投资

绿色企业是采用绿色技术，进行绿色管理，开发绿色产品，开展绿色营销的企业，是环境友

好型企业。目前我国已经出现了一些绿色企业，它们通过清洁生产，实现了企业内部循环。例如，广西贵糖集团和鲁北集团，都是循环型绿色企业。它们按照循环经济的原则，采用清洁生产和资源综合利用技术，实现了企业绿色生产和经营。

（二）绿色产业投资

绿色产业包括环境保护产业、资源综合利用产业、新能源产业、生态农业、绿色技术和绿色服务业等。这是围绕绿色产品和资源环境保护形成的产业，被认为是 21 世纪的朝阳产业。

（三）绿色园区投资

如果说绿色企业是"点"，绿色产业是"线"，那么绿色园区就是"面"。绿色园区是以工业代谢和共生原理为指导，将若干个相互关联的企业共建于一个园区。在园区内，各个企业相互协调，实现生产、物流、废弃物处理设施资源共享，从而节约了用地和投资。

（四）绿色城市投资

许多城市集工业、商业、服务、生活于一体，在发展循环型社会中，循环型城市是一个重要环节。通过绿色企业、绿色园区建设，城市可进一步发展为绿色城市。绿色城市应当遵照循环经济的 3R 原则，大力发展再生资源回收利用，实现城市内物质和能量的闭路循环。同时，通过绿色投资，城市内可实现绿色交通、绿色建筑、绿色消费和绿色文化等。

（五）绿色技术投资

发展循环经济离不开绿色技术的支持，特别是环境保护技术、新能源技术、清洁生产技术、资源综合利用技术、生态农业技术等。

任务五　数字化时代的证券投资

证券行业数字化就是利用前沿的科学技术，如大数据、机器学习、人工智能、物联网、云计算、区块链等技术提升业务管理效率，改善证券行业服务质量与效能，缩短技术投入转化为收益的周期，提高业务管理的安全性与可靠性。

证券行业数字化的特点大致可分为三个方面。一是业务数字化。券商财富管理者与委托客户的业务对接、交流沟通均可通过线上完成，实现服务科技化、数字化，为客户提供更加便捷且高效的服务。二是具有强大的数据共享功能。管理者可从海量数据中快速提取有效信息，并实现共享，为客户提供基于平台敏捷能力赋能的服务体验。三是服务精准化。通过数据分析技术和工具，管理者对证券市场信息进行精准分析，科学规划财富管理方案，做到精准服务。

数字化对证券投资行业的主要影响包括以下四个方面。

1. 数字化对客户定义及分类服务模式的影响

数字化推动证券公司信息更加透明化、服务更加专业化与普惠化，促使客户至上、聚焦客户的理念成为券商展业的核心价值定位，并带来券商服务收费模式向着资产配置下的账户管理与综合服务模式转变。证券公司服务的群体将是全谱系、全类别的零售客户：不仅包括零售长尾客户，也包括富裕客户、高净值客户，不同定位、不同特征的客户都会有相应的配套服务模式。最终将形成更加开放的生态圈，证券公司、客户、投资顾问、平台之间的交互将更加顺畅，连接更加紧密，合作共赢将成为趋势。

2. 数字化对证券投资各环节的影响

未来，线下网点及专业人才仍将发挥关键作用，但会融合越来越多线上渠道、平台、数据的支持功能。线上、线下协同的 O2O 模式乃至线上、线下高度融合的 OMO（Online-Merge-Offline）模式将逐渐发挥更大作用。数字化不仅体现于产品交易、客户交互及服务等前端环节，也正在向着资产配置、组合管理等中后端关键环节的纵深领域不断发展。数字化可以帮助证券公司更精准地描绘客户画像，也可实现对市场及产品更高效的评估分析，在资产配置与产品选择上更精准匹配客户需求。

3. 数字化对线上、线下渠道功能边界的影响

目前，尽管线下服务仍然是高净值客户需求的核心，但其数字化服务需求也日益增长。线上、线下联动的一体化模式将成为证券公司业务发展的必然趋势。线下网点将更多成为专业服务的窗口，成为各类业务资源触达高净值客户的前置触点，特别是在客户需求挖掘、复杂财务规划等领域仍有不可替代的作用。线上平台在服务高净值客户中的作用将更加凸显，将推动业务精确化与智能化水平的不断提升，但更多起到数据支持与专业服务的辅助作用。

4. 数字化对人与平台定位及关系形态的影响

金融科技的广泛运用在助推数字化、智能化的同时，也在驱动其朝着混合化的方向发展。以机器人投资顾问为代表的数字化平台能够便捷、高效地服务大量的中小客户，也为中高净值客户的资产配置提供了新选择，对传统投资顾问带来一定的压力及冲击，促使其提升服务竞争力。

今后，优秀的投资顾问必须兼具技术运用能力与专业沟通能力。出色的客户沟通能力仍然是机器与平台所难以替代的。投资顾问需要在市场波动与变数加大时运用投资直觉、专业判断，为客户提供更加综合的全面服务。借助各种互动平台渠道，投资顾问可与客户建立更频密的联系，从而与客户形成更紧密的关系。

05

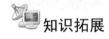
知识拓展

人工智能对基金投资的价值

2017 年，高盛集团宣称，高盛纽约总部的 600 个交易员岗位已经被 200 个计算机工程师取代，人工智能交易已逐渐在高盛的市场交易中占据主导地位。全球规模最大的资产管理公司之一的黑石集团也在同年 3 月宣布，解雇包括多名投资组合经理在内的 40 多名员工，他们的大部分工作将由人工智能取代。这两家金融巨头的做法反映了华尔街的一大趋势：人工智能取代交易员已愈演愈烈。对冲基金研究机构尤里卡对冲的跟踪研究显示，在 23 家应用了人工智能交易的对冲基金中，自 2010 年以来，以依靠人工智能为主的被动型基金的回报要优于以依靠基金经理为主的主动型基金的回报，而且被动型基金的管理费用明显低于后者。

人工智能极大地拓展了投资决策边界，更加智慧地捕捉投资价值。从大的投资逻辑来看，投资决策包括两点：一是宏观资产配置，二是微观组合构建。从宏观资产配置来看，以广发百发大数据价值混合 E 为例，其属于混合型基金，股票好的时候多配置股票，债券好的时候多配置债券，股债双杀时则将资产集中于现金和货币资产保障安全收益。人工判断股票、债券和现金货币资产的配置比例，存在很大的随意性。人工智能依靠机器学习对海量数据处理和投资模型自适应的优势，可实现科学决策，提高资产配置的效率。从微观组合构建或选股的角度看，人工智能不仅能有效运用远超任何个人处理能力的大数据和投资决策信息，还能通过高频反复迭代训练，为传统量化选股模型带来突破性创新，在投资逻辑与运算能力得到保证的前提下提升整体业绩。

机器辅助人执行投资，能够确保投资的执行效率。机器执行，在时间上的效率优势是人工难以比拟的。另外，除了时间效率，智能投资的逻辑也会对以人为主体的投资过程中的随意性进行有效的制约。

项目演练

一、单项选择题

1. 长期债券投资的目的是（　　）。
   A. 合理利用暂时闲置的资金　　　　　B. 调节现金余额
   C. 获得稳定收益　　　　　　　　　　D. 获得企业的控制权

2. 某公司于 2021 年 1 月 1 日发行 5 年期、到期一次还本付息债券，面值为 1 000 元，票面利率为 10%，甲投资者于 2022 年 1 月 1 日以 1 020 元的价格购买该债券并打算持有至到期日，则该投资者进行该项投资的持有期年均收益率为（　　）。
   A. 41.18%　　　　　B. 10.12%　　　　　C. 4.12%　　　　　D. 10%

3. 某公司于 2017 年 1 月 1 日发行 5 年期、每年 12 月 31 日付息的债券，面值为 1 000 元，票面利率为 10%，甲投资者于 2021 年 7 月 1 日以 1 020 元的价格购买该债券并打算持有至到期日，则该投资者进行该项投资的到期收益率为（　　）。
   A. 15.69%　　　　　B. 8.24%　　　　　C. 4.12%　　　　　D. 10%

4. 某公司发行 5 年期债券，债券的面值为 1 000 元，票面利率为 5%，每年付息一次，到期还本，投资者要求的必要报酬率为 6%。则该债券的价值为（　　）元。
   A. 784.67　　　　　B. 769　　　　　C. 1 000　　　　　D. 957.92

5. 某种股票为固定成长股票，股利年增长率为 6%，预计第一年的股利为 8 元/股，无风险收益率为 10%，市场上所有股票的平均收益率为 16%，而该股票的 β 系数为 1.3，则该股票的内在价值为（　　）元。
   A. 65.53　　　　　B. 67.8　　　　　C. 55.63　　　　　D. 71.86

6. 相对于债券投资而言，下列关于股票投资的说法不正确的是（　　）。
   A. 收益率低　　　　　B. 收益不稳定　　　　　C. 价格波动性大　　　　　D. 风险大

7. 某种股票为固定成长股票，当前的市场价格是 40 元，每股股利是 2 元，预期的股利增长率是 5%，则该股票的内部收益率为（　　）。
   A. 5%　　　　　B. 5.5%　　　　　C. 10%　　　　　D. 10.25%

8. 某公司发行某种股票，投资者要求的必要报酬率为 20%，股利为每股 2 元，估计股利年增长率为 10%，则该种股票的价值为（　　）元。
   A. 20　　　　　B. 24　　　　　C. 22　　　　　D. 18

9. 如果不考虑影响股价的其他因素，固定成长股票的价值（　　）。
   A. 与市场利率成正比　　　　　　　　B. 与预期股利成反比
   C. 与预期股利增长率成正比　　　　　D. 与预期股利增长率成反比

10. 若股利增长率是 10%，A 公司 2021 年支付的每股股利是 0.5 元，2021 年末的股价是 40 元，股东期望的收益率是（　　）。
    A. 10%　　　　　B. 11.25%　　　　　C. 12.38%　　　　　D. 11.38%

二、多项选择题

1. 与实体项目投资相比，证券投资具有的特点有（　　）。
   A. 价值虚拟性　　　B. 可分割性　　　C. 持有目的多元性　　　D. 强流动性

2. 股票投资的收益包括（　　）。
   A. 股利收益　　　B. 利息收益　　　C. 股利再投资收益　　　D. 转让价差收益

3. 按照发行主体的不同，证券可分为（　　　）。
   A. 政府证券　　　　B. 金融证券　　　　C. 公司证券　　　　D. 国库券

4. 企业进行证券投资的主要目的包括（　　　）。
   A. 获得稳定的收益　　　　　　　　　　B. 获得对相关企业的控制权
   C. 暂时存放闲置资金　　　　　　　　　D. 与筹集长期资金相配合

5. 下列因素中会影响债券的内在价值的有（　　　）。
   A. 票面价值　　　　B. 票面利率　　　　C. 市场利率　　　　D. 购买价格

6. 债券 A 和债券 B 是两只刚发行的每年付息一次的债券，两只债券的面值、票面利率、市场利率均相同，以下说法中，正确的有（　　　）。
   A. 若市场利率高于票面利率，偿还期限长的债券价值低
   B. 若市场利率低于票面利率，偿还期限长的债券价值高
   C. 若市场利率高于票面利率，偿还期限短的债券价值低
   D. 若市场利率低于票面利率，偿还期限短的债券价值高

7. 股票给持有者带来的未来现金流入包括（　　　）。
   A. 股利收入　　　　B. 出售时的收入　　　　C. 资本利得　　　　D. 利息收入

8. 债券的收益主要包括（　　　）。
   A. 利息收入　　　　　　　　　　　　　B. 债券卖出价
   C. 资本损益　　　　　　　　　　　　　D. 拥有转股权而获得的其他收益

9. 关于债券的发行价格，说法正确的有（　　　）。
   A. 一定等于其面值
   B. 可能低于面值
   C. 可能高于面值
   D. 当投资者要求的必要报酬率大于债券的票面利率时，债券折价发行

10. 某债券的面值为 1 000 元，每半年发放 40 元的利息，那么下列说法正确的有（　　　）。
   A. 半年的利率为 4%　　　　　　　　　B. 票面利率为 8%
   C. 年实际利率为 8%　　　　　　　　　D. 年实际利率为 8.16%

三、判断题

1. 证券资产不能脱离实体资产而完全独立存在，证券资产的价值是由实业资本的现实生产经营活动决定的。（　　　）

2. 一种 10 年期的债券，票面利率为 10%；另一种 5 年期的债券，票面利率亦为 10%。两种债券在其他方面没有区别。则在市场利息率急剧下降时，前一种债券价格上升得更多。（　　　）

3. 相对于实物资产来说，证券投资具有价格不稳定、投资风险较大的特点。（　　　）

4. 企业进行股票投资的目的主要有两种：一是获利，即作为一般的证券投资，获取股利收入；二是控股，即通过购买某一企业的大量股票达到控制该企业的目的。（　　　）

5. 企业进行短期债券投资主要是为了合理利用暂时闲置资金，调节现金余额，获得稳定收益。（　　　）

6. 投资长期溢价债券，容易获取投资收益但安全性较低，利率风险较大。（　　　）

7. 溢价债券的内部收益率高于票面利率，折价债券的内部收益率低于票面利率。（　　　）

8. 计算股票投资收益时，只要按货币时间价值的原理计算股票投资收益，就无须单独考虑再投资收益的因素。（　　　）

9. 债券的本期收益率和票面收益率一样，不能反映债券的资本损益情况。（　　　）

10. 股票市价低于股票价值时，预期报酬率高于必要报酬率。（　　）

四、计算题

1. 甲投资者准备长期投资证券，现在市场上有以下几种证券可供选择。

（1）A 股票，上年发放的股利为 2 元，以后每年的股利按 4%递增，目前股票的市价为 20 元。

（2）B 债券，面值为 1 000 元，5 年期，票面利率为 8%，到期一次还本付息，目前价格为 1 050 元，假设甲投资时该债券离到期日还有两年。

（3）C 股票，上年支付的股利是 2 元，预计未来 2 年股利将按每年 16%递增，在此之后转为正常增长，增长率为 10%，股票的市价为 48 元。

如果甲期望的最低报酬率为 15%，请帮他选择可以投资的证券（小数点后保留两位）。

2. 甲欲投资购买证券，甲要求债券投资的最低报酬率为 6%，有四家公司证券可供挑选。

（1）A 公司债券期限为 5 年，属于可转换债券，目前价格为 1 050 元，已经发行 2 年，转换期为 5 年（从债券发行时开始计算），每张债券面值为 1 000 元，票面利率为 5%，到期一次还本付息。转换比率为 40，打算 3 年后转换为普通股，预计每股市价为 32 元，转股之后可以立即出售。请计算 A 公司债券持有期年均收益率，并判断是否值得投资。

（2）B 公司债券，债券面值为 1 000 元，5 年期，票面利率为 8%，每年付息一次，3 年后到期还本。若债券的目前价格为 1 020 元，甲公司欲投资 B 公司债券（购买之后可以立即收到债券的第二期利息），并一直持有至到期日。计算目前该债券的价值，并判断是否值得投资。

（3）C 公司债券，债券面值为 1 000 元，5 年期，票面利率为 8%，单利计息，到期一次还本付息，两年后到期。甲欲投资 C 公司债券，并一直持有至到期日，若债券目前的价格为 1 220 元，应否购买？如果购买，其持有期年均收益率为多少？

（4）D 公司债券 2.5 年后到期，4 年前发行，每年付息一次，每次付息 50 元，到期还本 1 000 元。如果持有期年均收益率大于 6%时甲才会购买，计算该债券的价格低于多少时甲才会购买。

3. 甲企业计划利用一笔长期资金投资购买股票。现有 M 公司股票、N 公司股票、L 公司股票可供选择，甲企业只准备投资一家公司股票。已知 M 公司股票现行市价为每股 2.5 元，上年每股股利为 0.25 元，预计以后每年以 6%的增长率增长。N 公司股票现行市价为每股 7 元，上年每股股利为 0.6 元，股利分配政策将一贯坚持固定股利政策。L 公司股票现行市价为每股 4 元，上年每股支付股利 0.2 元。预计该公司未来 3 年股利第 1 年增长 14%，第 2 年增长 14%，第 3 年增长 5%，第 4 年及以后将保持每年 2%的固定增长率水平。

若无风险利率为 4%，股票市场平均收益率为 10%，M 公司股票的 β 系数为 2，N 公司股票的 β 系数为 1.5，L 公司股票的 β 系数为 1。

要求：

（1）利用股票估价模型，分别计算 M、N、L 公司股票价值。

（2）代甲企业做出股票投资决策。

4. 某投资者准备投资购买一种股票，目前股票市场上有三种股票可供选择。

甲股票目前的每股市价为 9 元，该公司采用固定股利政策，每股股利为 1.2 元。

乙股票目前的每股市价为 8 元，该公司刚刚支付的股利为每股 0.8 元，预计第一年的股利为每股 1 元，第二年的股利为每股 1.02 元，以后各年股利的固定增长率为 3%。

丙股票每年支付固定股利 1.2 元，目前的每股市价为 13 元。

已知无风险收益率为 8%，市场上所有股票的平均收益率为 13%，甲股票的 β 系数为 1.4，乙股票的 β 系数为 1.2，丙股票的 β 系数为 0.8。

要求：

（1）分别计算甲、乙、丙三种股票的必要收益率。

（2）为该投资者做出应该购买何种股票的决策。

（3）按照（2）中所做出的决策，投资者打算长期持有该股票，计算投资者购入该种股票的内部收益率。

五、综合题

东方公司拟进行证券投资，目前无风险收益率为4%、市场风险溢酬为8%的备选方案的资料如下。

（1）购买A公司债券，持有至到期日。A公司发行债券的面值为100元，票面利率为8%，期限为10年，每年付息一次，到期归还面值，A公司发行价格为87.71元。

（2）购买B公司股票，长期持有。B公司股票现行市价为每股9元，今年每股股利为0.9元，预计以后每年以6%的增长率增长。

（3）购买C公司股票，长期持有。C公司股票现行市价为每股9元，预期未来两年每股股利为1.5元，从第三年开始预期股利每年增长2%，股利分配政策将一贯坚持固定增长股利政策。

（4）A公司债券的 β 系数为1，B公司股票的 β 系数为1.5，C公司股票的 β 系数为2。

要求：

（1）计算东方公司购买A公司债券的持有至到期日的内含报酬率（分别利用简化方法和考虑时间价值的方法确定）。

（2）计算A公司债券、B公司股票和C公司股票的内在价值，并为东方公司做出最优投资决策。

（3）根据（2）的结果，计算东方公司进行所选择证券投资的收益率。

六、案例分析题

2021年2月17日，茅台集团旗下贵州茅台（600519.SH）发布消息称，茅台集团总工程师、首席质量官王莉入围中国工程院增选院士名单。各种质疑纷至沓来，"白酒院士"成为网络热词。"白酒院士"事件使"股王"茅台出现罕见暴跌，5天之内跌幅高达16.7%，市值蒸发5000亿元。你认为此次事件能够说明茅台之前股价被高估了吗？你如何看待"股市有风险，入市需谨慎"？

05

项目六

筹资管理

学习目标 ↓

【知识目标】

- 了解企业筹资的动机和方式；
- 掌握筹资数量预测方法和相关计算方法；
- 掌握资本成本的计算方法；
- 理解经营杠杆效应和财务杠杆效应，掌握杠杆系数的计算方法；
- 掌握资本结构优化的相关知识。

【能力目标】

- 能用销售百分比法和回归分析法预测筹资数量；
- 能权衡风险和成本，进行筹资决策；
- 能优化企业的资本结构。

【素养目标】

- 具备风险管理意识；
- 具备价值管理意识。

项目背景 ↓

资金筹集是指企业为进行生产建设和经营活动而筹措和集中所需资金的工作，简称筹资。筹资是企业财务活动的起点，是企业生存、发展的基本前提。没有资金，企业将难以生存，也不可能发展。因此，筹资是财会部门一项重要的、经常性的工作。

但从管理的角度，筹资是在投资决策之后，当企业做了投资决策后，便要为投资项目筹集资金。不同的筹资渠道和方式会有不同的风险和成本，因此，企业需要在筹资风险和成本之间进行权衡，选择合适的筹资方式，即进行筹资管理。

项目导入 ↓

某上市公司由于业务发展，2021 年计划筹资 1 亿元。财务人员根据目前情况及新年度发展计划提出了三种筹资方式，供公司领导决策。

（1）银行借款集资。这种观点认为，企业发展生产急需资金，可同银行协商解决。上年年底，年贷款利率为 9%，筹资费率估计为 1%，以后贷款利率可能会提高，本公司适用的所得税税率为 25%。

（2）股票集资。这种观点认为，公司发展前景被投资者普遍看好，发行股票有良好的基础。因此，在新的一年里可申请增发股票筹集所需要的全部资金，筹资费率为5%。公司目前普通股市价为30元，每股股利为2元，预计年股利增长率为10%。

（3）联合经营集资。这种观点认为，公司可以与下游厂家联合经营：由公司提供原材料，成员厂加工成产品配件后再卖给公司，公司组装成最终产品并负责对外销售。这样，公司试制成功的新产品可以利用成员厂的场地、劳力、设备等资源进行批量生产，从而形成专业化生产能力，保证产量、产值和税后利润的稳步增长。

【思考】该上市公司采取什么方式筹集资金较好？

任务分解 ↓

该上市公司在选择筹资方式时，需要考虑各种方式的筹资成本和风险，在成本和风险间进行权衡，同时还要考虑筹资对企业未来利润的影响、企业的最佳资本结构等问题。本项目分解为六个任务：认识筹资；筹资数量预测；计算资本成本；杠杆效应；资本结构优化；数字化背景下的筹资管理。

任务一　认识筹资

一、企业筹资的动机

企业筹资是指企业为了满足经营活动、投资活动、资本结构管理和其他需要，运用一定的筹资方式，通过一定的筹资渠道，筹措和获取所需资金的一种财务行为。企业每次具体的筹资行为，往往受特定动机的驱动。例如：为提高技术水平购置新设备而筹资；为对外投资活动而筹资；为产品研发而筹资；为解决资金周转临时需要而筹资等。筹资动机有四类：创立性筹资动机、支付性筹资动机、扩张性筹资动机、调整性筹资动机。

（一）创立性筹资动机

创立性筹资动机指企业设立时，为取得资本金并形成开展经营活动的基本条件而产生的筹资动机。企业创建时，要按照经营规模核定长期资本需要量和流动资金需要量，如购建厂房设备所需资金和铺底流动资金等。

（二）支付性筹资动机

支付性筹资动机指为了满足经营业务活动的正常波动所形成的支付需要而产生的筹资动机。企业在经营过程中，经常会出现超出维持正常经营活动资金需求的季节性、临时性的交易支付需要，如原材料购买的大额支付、员工工资的集中发放、银行借款的提前偿还、股东股利的发放等。

（三）扩张性筹资动机

扩张性筹资动机指企业因扩大经营规模或对外投资需要而产生的筹资动机。企业一旦要扩大再生产，扩张经营规模，开展对外投资，就需要大量追加筹资。具有良好发展前景、处于成长期的企业，往往会产生扩张性筹资动机。

（四）调整性筹资动机

调整性筹资动机指企业因调整资本结构而产生的筹资动机。调整资本结构的目的是降低资本成本，控制财务风险，提升企业价值。企业调整性筹资动机的具体原因有以下几种。

（1）优化资本结构，合理利用财务杠杆效应。主要方式有：一是降低债务资本比例，降低财务风险；二是降低股权资本比例，降低资本成本。

（2）偿还到期债务，调整债务内部结构。例如，通过举借长期债务偿还部分短期债务；举借新债偿还旧债。调整性筹资的目的是调整资本结构，而不是为企业经营活动追加资金，这类筹资通常不会增加企业的资本总额。

企业筹资的目的可能并非唯一的，追加筹资既满足了经营活动、投资活动的资金需要，又达到了调整资本结构的目的。这类动机可以称为混合性筹资动机。例如，企业对外投资需要大额资金，其资金通过增加长期贷款或发行公司债券筹得，这种情况既扩张了企业规模，又使得企业的资本结构有较大的变化。

二、筹资方式

筹资方式，是指企业筹集资金所采取的具体形式。企业基本的筹资方式有两种：股权筹资和债务筹资。股权筹资形成企业的股权资金，通过吸收直接投资、发行股票、利用留存收益等方式取得；债务筹资形成企业的债务资金，通过向金融机构借款、发行公司债券、融资租赁、利用商业信用等方式取得。此外，衍生工具筹资也是常用的一种筹资方式。

（一）股权筹资

股权筹资形成企业的股权资金，是企业基本的筹资方式。股权筹资的三种基本形式：吸收直接投资、发行股票和利用留存收益。

1. 吸收直接投资

吸收直接投资，是指企业以投资合同、协议等形式定向地吸收国家、法人单位、自然人等投资主体资金的筹资方式。它不以股票这种融资工具为载体，通过签订投资合同或投资协议规定双方的权利和义务，主要适用于非股份制公司筹集股权资本。

2. 发行股票

发行股票，是指企业以发行股票的方式取得资金的筹资方式。股票是股份公司发行的，表明股东按其持有的股份享有权益和承担义务的可转让的书面投资凭证。股票的发行对象，可以是社会公众，也可以是特定投资主体。这种筹资方式只适用于股份有限公司，而且必须以股票作为载体。

3. 利用留存收益

留存收益，是指企业从税后净利润中提取的盈余公积及从企业可供分配利润中留存的未分配利润。利用留存收益是企业将当年利润转化为股东对企业追加投资的过程。

（二）债务筹资

1. 向金融机构借款

向金融机构借款指企业根据借款合同从银行或非银行金融机构取得资金的筹资方式，广泛适用于各类企业。它既可以筹集长期资金，也可以用于短期资金融通，具有灵活、方便的特点。

2. 发行公司债券

发行公司债券指企业以发行公司债券的方式取得资金的筹资方式。所有公司制法人，均可以发行公司债券。公司债券是公司依照法定程序发行、约定还本付息期限、标明债权债务关系的有价证券。发行公司债券适用于向法人单位和自然人两种投资主体筹资。

3. 融资租赁

融资租赁也称为资本租赁或财务租赁，是指企业与租赁公司签订租赁合同，从租赁公司取得租赁物资产，通过对租赁物的占有、使用取得资金的筹资方式。融资租赁方式下，企业不直接取得货币性资金，通过租赁信用关系，直接取得实物资产，快速形成生产经营能力，然后通过向出租人分期交付租金方式偿还资产的价款。

4. 利用商业信用

商业信用指企业之间在商品或劳务交易中，由于延期付款或延期交货所形成的借贷信用关系。商业信用是业务供销活动形成的，它是企业短期资金的一种重要和经常性的来源。

（三）衍生工具筹资

衍生工具筹资，包括兼具股权和债务性质的混合筹资和其他衍生工具筹资。我国上市公司目前常见的混合筹资方式是优先股和可转换债券筹资，常见的其他衍生工具筹资是认股权证筹资。

 **知识拓展**

优先股

优先股是指股份有限公司发行的具有优先权利、相对优先于一般普通种类股份的股份种类。在利润分配及剩余财产清偿分配的权利方面，优先股持有人优先于普通股股东。但在参与公司决策管理等方面，优先股的权利受到限制。优先股具有以下基本性质。

1. 约定股息

相对于普通股而言，优先股的股利收益事先约定且相对固定，不随公司经营情况而变化，而且不参与公司普通股的利润分红。但优先股的固定股息率各年可以不同。此外，优先股也可以采用浮动股息率分配利润。

2. 权利优先

在年度利润分配和剩余财产清偿分配方面，优先股股东具有比普通股股东优先的权利。优先股股东可以先于普通股股东获得股息，即公司的可分配利润先分给优先股股东，剩余部分再分给普通股股东。在剩余财产清偿方面，优先股股东清偿顺序先于普通股股东而次于债权人。

优先股股东优先权力是相对于普通股股东而言的，与公司债权人不同。优先股股东不可要求经营不佳无法分配股利的公司支付股息；也不可要求无法支付股息的公司进入破产程序，不能向人民法院提出公司重整、和解或者破产清算申请。

3. 权利范围小

优先股股东一般没有选举权和被选举权，对股份有限公司的重大经营事项无表决权；仅在股东大会表决与优先股股东自身利益直接相关的特定事项时，具有有限表决权。

可转换债券

可转换债券是公司普通债券与证券期权的组合。可转换债券的持有人在一定期限内，可以按照事先规定的价格或者转换比例，自由地选择是否将债券转换为普通股股票。可转换债券的基本性质如下。

1. 证券期权性

可转换债券给予了债券持有者未来的选择权，在事先约定的期限内，债券持有者可以选择将债券转换为普通股股票，也可以放弃转换权利，持有至债券到期还本付息。由于可转换债券持有者具有在未来按一定的价格购买股票的权利，因此可转换债券实质上是一种未来的买入期权。

2. 资本转换性

可转换债券在正常持有期，具有债权性质；转换成股票后，具有股权性质。如果在债券的转换期间内，债券持有者没有将其转换为股票，发行企业到期必须无条件地支付本金和利息。转换成股票后，债券持有者成为企业的股权投资者。

3. 赎回与回售

可转换债券一般都会有赎回条款，发债公司在可转换债券转换前，可以按一定条件赎回债券。通常，公司股票价格在一段时期内连续高于转股价格达到某一幅度时，公司会按事先约定的价格买回未转股的可转换债券。同样，可转换债券一般也有回售条款。公司股票价格在一段时间内连续低于转股价格达到某一幅度时，债券持有者可按事先约定的价格将所持债券回售给发行公司。

认股权证

认股权证是一种由上市公司发行的证明文件，持有人有权在一定时间内以约定价格认购该公司发行的一定数量的股票。认股权证的基本性质如下。

1. 认股权证具有期权性

认股权证本质上是一种股票期权，属于衍生金融工具，具有实现融资和股票期权激励的双重功能。但认股权证本身是一种认购普通股的期权，没有普通股的红利收入，也没有普通股相应的投票权。

2. 认股权证是一种投资工具

投资者可以通过购买认股权证获得市场价与认购价之间的股票差价收益，因此它是一种具有内在价值的投资工具。

三、筹资管理的内容与原则

（一）筹资管理的内容

筹资活动是企业资金运动的起点，筹资管理要解决以下问题：企业为什么要筹资、需要筹集多少资金，从什么渠道以什么方式筹集资金，以及如何平衡财务风险和资本成本、合理安排资本结构等。

1. 科学预计资金需要量

资金是企业的血脉，是企业设立、生存和发展的财务保障，是企业开展生产经营业务活动的基本前提。在正常情况下，企业筹资有两个基本目的：满足经营运转的资金需要；满足投资发展的资金需要。企业创立时，要按照规划的生产经营规模，确定长期资本和流动资金需要量；企业正常营运时，要根据年度经营计划和资金周转水平，确定维持营运活动的日常资金需要量；企业扩张时，要根据扩张规模或对外投资的需要，确定资金需要量。

2. 合理安排筹资渠道、选择筹资方式

筹资渠道是指企业筹集资金的来源和通道。企业基本的筹资渠道有两条：直接筹资和间接筹资。直接筹资是企业与投资者签订协议或通过发行股票、债券等方式直接从社会取得资金；间接筹资是企业通过银行等金融机构以信贷关系间接从社会取得资金。企业筹资渠道主要有：国家财政投资和财政补贴、银行与非银行金融机构信贷、资本市场筹集、其他法人单位与自然人投入、企业自身积累等。筹资方式是企业筹集资金所采取的具体方式。

筹资渠道和筹资方式，直接影响企业筹资的数量、成本和风险，企业需要考虑各种筹资渠道和筹资方式的特征、性质及与企业融资要求的适应性，在权衡数量、成本和风险的基础上，选择合适的筹资渠道和筹资方式，有效筹集资金。

（二）筹资管理的原则

1. 筹措合法

企业筹资必须遵循国家相关法律法规，依法履行合同约定的责任，合法合规筹资，依法披露信息，维护各方的合法权益。

2. 规模适当

企业要根据生产经营及其发展需要，合理安排资金需求。筹资规模应与资金需要量相匹配，既要避免因筹资不足影响正常生产经营，又要防止因筹资过多造成资金闲置。

3. 取得及时

企业要合理安排筹资时间，适时取得资金。合理安排资金的到位时间，使资金与用资在时间上相衔接。既要避免过早筹集资金形成资金闲置，又要防止资金取得时间滞后，错过资金的使用时机。

4. 权衡成本与风险

企业要充分利用各种筹资渠道和方式，在考虑筹资难易程度的基础上，尽力降低资金成本，控制财务风险。

按不同方式取得的资金，其资本成本是不同的。一般来说，债务资金比股权资金的资本成本低。企业在筹资管理中，要合理利用资本成本较低的资金，努力降低企业的资本成本率。

财务风险是指企业无法足额偿付到期债务的本金和利息的风险，主要表现为偿债风险。尽管债务资金的资本成本较低，但由于债务资金有固定合同还款期限，到期必须偿还；若无力清偿债权人的债务，可能会导致企业破产。因此，债务资金的风险一般大于股权资金。

企业筹集资金时，需要在资本成本和财务风险间进行权衡，在尽力降低资本成本的同时，要充分考虑财务风险，防范企业破产的财务危机。

5. 结构合理

筹资管理要综合考虑各种筹资方式，优化资本结构。企业筹资需要综合考虑股权筹资与债务筹资的关系、长期筹资与短期筹资的关系、内部筹资与外部筹资的关系，合理安排资本结构。

任务二 筹资数量预测

06

资金需要量是筹资的数量依据，应该科学、合理地进行预测。进行筹资数量预测的基本目的是保证企业生产经营业务的顺利进行，使筹集来的资金既能保证满足生产经营和投资的需要，又不会有太多的闲置，从而促进企业财务管理目标的实现。

一、用因素分析法预测筹资数量

因素分析法又称分析调整法，是以有关资本项目上年度的实际平均需要量为基础，根据预测年度的生产经营任务和加速资金周转的要求，进行分析调整并预测资金需要量的一种方法。因素分析法下，假设销售增长与资金需要量同向变动，资金周转速度与资金需要量反向变动。计算公式如下。

资金需要量=（基期资金平均占用额-不合理资金占用额）×（1+预测期销售增长率）
×（1-预测期资金周转速度增长率）

【例 6-1】A 公司上年度资金平均占用额为 4 000 万元，经分析，其中不合理部分为 300 万元。预计本年度销售增长 6%，资金周转加速 2%。请预测本年度的资金需要量。

本年度资金需要量=（4 000-300）×（1+6%）×（1-2%）=3 843.56（万元）

因素分析法计算简便，容易掌握，但预测结果不太精确，主要用于预测品种繁多、规格复杂、用量较小、价格较低的项目的资金需要量。

二、用销售百分比法预测筹资数量

销售百分比法是根据资产负债表和利润表中相关项目与营业收入之间的依存关系预测资金需

要量的一种方法。即假设相关资产、负债与营业收入存在稳定的百分比关系，根据预计营业收入和相应的百分比预计相关资产、负债，从而确定筹资需求。

企业的销售规模扩大时，要相应增加流动资产；如果销售规模增加超过一定范围，还需增加长期资产。因此，销售规模扩大，会增加资金的需要量，它主要有三个来源：一是来自随销售收入同比例增加的流动负债；二是来自预测期的留存收益；三是来自外部筹资。这一原理可以简单表述如下。

$$增加的资产=增加的负债+留存收益+外部筹资额$$

由此得出：外部筹资额=增加的资产−增加的负债−留存收益

$$=增加的资产−增加的负债−增加的所有者权益 \qquad （式6-1）$$

用销售百分比法预测筹资数量的步骤如下。

1. 确定经营性资产和经营性负债项目

经营性资产也称敏感资产，是指与销售同比例变动的资产。通常，流动资产项目属于经营性资产项目，包括现金、应收账款、存货等。经营性负债也称敏感负债或自发性负债，是指与销售同比例变动的负债。经营性负债项目包括应付票据、应付账款等，不包括短期借款、短期融资债券、长期负债等筹资性负债。

2. 计算经营性资产和经营性负债与销售额的百分比

经营性资产（或经营性负债）与销售额的百分比=基期经营性资产（或经营性负债）/基期营业收入

3. 计算Δ资产、Δ负债、Δ所有者权益

$$Δ资产=新增经营资产+新增非敏感性资产$$
$$=新增销售额×经营性资产与销售额的百分比+新增非敏感性资产$$
$$Δ负债=新增经营负债$$
$$=新增销售额×经营性负债与销售额的百分比$$
$$Δ所有者权益=增加的留存收益$$
$$=预计销售额×销售净利率×（1−股利支付率）$$

4. 计算外部筹资额

$$外部筹资额=Δ资产−Δ负债−Δ所有者权益 \qquad （式6-2）$$

【例6-2】A公司2021年12月31日的简要资产负债表如表6-1所示。假定A公司2021年销售额为10 000万元，销售净利率为10%，利润留存率为40%。2022年销售额预计增长20%，公司有足够的生产能力，无须追加固定资产投资。

表6-1　　　　　　　　　　A公司资产负债表（2021年12月31日）　　　　　　　　　　单位：万元

资产	金额	负债与所有者权益	金额
现金	500	短期借款	2 500
应收账款	1 500	应付账款	1 000
存货	3 000	预收账款	500
固定资产	3 000	公司债券	1 000
		实收资本	2 000
		留存收益	1 000
合计	8 000	合计	8 000

要求：确定2022年A公司的外部融资需要量。

（1）确定经营性资产和经营性负债项目。

经营性资产：现金、应收账款、存货。

经营性负债：应付账款、预收账款。

（2）计算经营性资产和经营性负债与销售额的百分比，如表6-2所示。

表6-2　　　　　　　　　　经营性资产和经营性负债与销售额的百分比

资产	金额/万元	与销售额关系/%	负债与所有者权益	金额/万元	与销售额关系/%
现金	500	5	短期借款	2 500	N
应收账款	1 500	15	应付账款	1 000	10
存货	3 000	30	预收账款	500	5
固定资产	3 000	—	公司债券	1 000	—
			实收资本	2 000	—
			留存收益	1 000	—
合计	8 000	50	合计	8 000	15

（3）计算Δ资产、Δ负债、Δ所有者权益。

Δ资产=10 000×20%×50%=1 000（万元）

Δ负债=10 000×20%×15%=300（万元）

Δ所有者权益=10 000×（1+20%）×10%×40%=480（万元）

（4）计算外部筹资额。

外部筹资额=Δ资产-Δ负债-Δ所有者权益=1 000-300-480=220（万元）

销售百分比法是一种比较简单、粗略的计算方法，能为财务管理提供短期预计的财务报表，以适应外部筹资的需要。但该方法假设各项经营性资产和经营性负债与营业收入保持稳定的比例关系，可能与事实不符。因此，在有关因素发生变动的情况下，必须相应地调整原有的销售百分比。

三、用回归分析法预测筹资数量

回归分析法是假定资金需要量与营业业务量（如销售数量、销售收入等）之间存在线性关系并建立数学模型，然后根据历史有关资料，用回归直线方程预测资金需要量的方法。其预测模型为：

$$y=a+bx \qquad （式6-3）$$

式6-3中，y表示资金需要量，a表示不变资金总额，b表示单位业务量所需要的可变资金额，x表示业务量。其中，不变资金是指在一定的营业规模内，不随业务量增减的资金，主要包括为维持营业而需要的最低数额的现金、原材料的保险储备、必要的成品或商品储备，以及固定资产占用的资金。可变资金是指随业务量变动而同比例变动的资金，一般包括在最低储备以外的现金、存货、应收账款等所占用的资金。

根据历史资料和回归分析的最小二乘法可以列出下列方程组，并求出预测模型中的a和b，然后将预计业务量代入预测模型，就可以求出y，即预测的资金需要量。

$$\Sigma y=na+b\Sigma x \qquad （式6-4）$$

$$\Sigma xy=a\Sigma x+b\Sigma x^2 \qquad （式6-5）$$

【例6-3】A公司历年产销量和资金变化情况如表6-3所示。2022年预计销售量为1 500万件，请用回归分析法预测2022年的资金需要量。

表 6-3   产销量与资金占用总额的历史资料

年度	产销量 x/万件	资金需要总额 y/万元
2016	1 200	1 000
2017	1 100	950
2018	1 000	900
2019	1 200	1 000
2020	1 300	1 050
2021	1 400	1 100

（1）计算整理有关数据。

根据表 6-3 的资料，计算整理出表 6-4。

表 6-4   回归方程数据计算

年度	产销量 x/万件	资金占用总额 y/万元	xy	x^2
2016	1 200	1 000	1 200 000	1 440 000
2017	1 100	950	1 045 000	1 210 000
2018	1 000	900	900 000	1 000 000
2019	1 200	1 000	1 200 000	1 440 000
2020	1 300	1 050	1 365 000	1 690 000
2021	1 400	1 100	1 540 000	1 960 000
合计 $n=6$	$\Sigma x=7\ 200$	$\Sigma y=6\ 000$	$\Sigma xy=7\ 250\ 000$	$\Sigma x^2=8\ 740\ 000$

（2）计算 a（不变资金总额）和 b（单位业务量所需要的可变资金额）。

将表 6-4 所得数值代入式 6-4 和式 6-5，可得 6 000=6a+7 200b，7 250 000=7 200a+8 740 000b，求得 a=400，b=0.5。

（3）确定资金需要总额预测模型。

将 a=400，b=0.5 代入 $y=a+bx$，得到预测模型为 y=400+0.5x。

（4）预测 2022 年资金需要总额。

将 x=1 500 代入预测模型，求得 y=400+0.5×1 500=1 150（万元）。

运用回归分析法必须注意以下问题：资金需要量与业务量之间线性关系的假定应符合实际情况；确定 a、b 的数值，应利用预测年度前连续若干年的历史资料，一般要有三年以上的资料；应考虑价格等因素的变动情况。

任务三　计算资本成本

资本成本可以用绝对数表示，即资本总成本；也可以用相对数表示，即资本成本率。通常情况下，资本成本多指资本成本率。

一、基本模式

（一）一般模式

为了计算方便，资本成本通常用不考虑货币时间价值的一般模型计算。资本成本率计算公式如下。

$$资本成本率=\frac{年资金占用费}{筹资总额-筹资费用}=\frac{年资金占用费}{筹资总额×（1-筹资费用率）} \qquad （式 6-6）$$

（二）贴现模式

对于金额大、时间超过 1 年的长期资本，其成本计算一般采用考虑货币时间价值的贴现模型计算，即将债务未来还本付息或股权未来股利分红的贴现值与目前筹资净额相等时的贴现率作为资本成本率。计算过程如下。

假设贴现率为 K，根据"筹资净额现值－未来资本清偿额现金流量现值=0"，可求解出 K，即为资本成本率。

二、个别资本成本的计算

个别资本成本是指单一融资方式的资本成本，包括银行借款资本成本、公司债券资本成本、优先股资本成本、普通股资本成本、留存收益资本成本等。其中，前两种是债务资本成本，后三种是权益资本成本。

（一）计算银行借款的资本成本

1. 一般模式（不考虑货币时间价值）

银行借款的资金占用费是借款利息，由于利息在税前支付（以起到抵税作用），因此，银行借款的资金占用费是税后利息。银行借款的筹资费用一般是手续费。将它们代入前述一般模式中，得出银行借款的资本成本的计算公式如下。

$$银行借款资本成本 = \frac{年资金占用费}{筹资总额×（1-筹资费用率）} = \frac{税后利息×（1-所得税税率）}{筹资总额×（1-手续费率）}$$

$$= \frac{筹资总额×年利率×（1-所得税税率）}{筹资总额×（1-手续费率）} = \frac{年利率×（1-所得税税率）}{1-手续费率}$$

现用 K_b 表示银行借款资本成本，i 表示银行借款年利率，f 表示手续费率，T 表示所得税税率，则银行借款资本成本计算公式如下。

$$K_b = \frac{i(1-T)}{1-f} \tag{式 6-7}$$

2. 贴现模式（考虑货币时间价值）

现以每年支付利息，到期归还本金的长期借款为例。

$$筹资净额现值 = M（1-f）$$

$$未来资本清偿额现金流量现值 = 未来支付的借款利息的现值和偿还本金的现值$$

$$= I（1-T）（P/A, K_b, n）+M（P/F, K_b, n）$$

其中，M 表示借款本金，I 表示每年支付的借款利息，n 表示借款年限。

将它们代入贴现模式，可以得出以下方程：

$$M（1-f）= I（1-T）（P/A, K_b, n）+M（P/F, K_b, n） \tag{式 6-8}$$

求解出的 K_b 即长期借款的资本成本。

【例 6-4】A 公司取得 5 年期长期借款 200 万元，年利率为 10%，每年付息一次，到期一次还本，借款费用率为 0.2%，所得税税率为 25%，请计算该借款的资本成本。

不考虑货币时间价值：

$$K_b = \frac{i(1-T)}{1-f} = \frac{10\%×(1-25\%)}{1-0.2\%} = 7.52\%$$

考虑货币时间价值：

$$200×（1-0.2\%）= 200×10\%×（1-25\%）×（P/A, K_b, 5）+200×（P/F, K_b, 5）$$

用插值法计算，求得 K_b=7.55%。

（二）计算公司债券的资本成本

1. 一般模式（不考虑货币时间价值）

公司债券的资金占用费是税后债券利息，公司债券的筹资费用一般是债券发行费用。债券可以平价发行、溢价发行和折价发行。将它们代入前述一般模式中，得出公司债券的资本成本的计算公式如下。

$$债券资本成本 = \frac{年资金占用费}{筹资总额 \times (1-筹资费用率)} = \frac{税后利息 \times (1-所得税税率)}{筹资总额 \times (1-筹资费用率)}$$

$$= \frac{面值 \times 年利率 \times (1-所得税税率)}{筹资总额 \times (1-筹资费用率)}$$

现用 K_b 表示债券资本成本，i 表示债券票面利率，f 表示筹资费用率，T 表示所得税税率，M 表示面值，P 表示发行价格，则债券资本成本计算公式如下。

$$K_b = \frac{M \times i \times (1-T)}{P \times (1-f)} \qquad （式6-9）$$

2. 贴现模式（考虑货币时间价值）

现以每年支付利息，到期归还本金的债券为例。

$$筹资净额现值 = P \times (1-f)$$

未来资本清偿额现金流量现值 = 未来支付的债券利息的现值和偿还本金的现值

$$= M \times i \times (1-T) \times (P/A, K_b, n) + M \times (P/F, K_b, n)$$

将它们代入贴现模式，可以得出以下方程：

$$P(1-f) = M \times i(1-T) \times (P/A, K_b, n) + M \times (P/F, K_b, n) \qquad （式6-10）$$

求解出的 K_b 即公司债券的资本成本。

【例6-5】A公司以1 100元的价格，溢价发行面值为1 000元、期限5年、票面利率为7%的公司债券一批。每年付息一次，到期一次还本，发行费用率为3%。所得税税率为25%，请计算该债券的资本成本。

不考虑货币时间价值，该债券的资本成本计算如下。

$$K_b = \frac{M \times i \times (1-T)}{P \times (1-f)} = \frac{1000 \times 7\% \times (1-25\%)}{1100 \times (1-3\%)} = 4.92\%$$

考虑货币时间价值，该债券的资本成本计算如下。

$1 100 \times (1-3\%) = 1 000 \times 7\% \times (1-25\%) \times (P/A, K_b, 5) + 1 000 \times (P/F, K_b, 5)$

$1 067 = 52.5 \times (P/A, K_b, 5) + 1 000 \times (P/F, K_b, 5)$

设 K_b=4%，$52.5 \times (P/A, 4\%, 5) + 1 000 \times (P/F, 4\%, 5) = 1 055.62$

K_b=3%，$52.5 \times (P/A, 3\%, 5) + 1 000 \times (P/F, 3\%, 5) = 1 103.03$

利用插值法计算：

$$\frac{K_b - 4\%}{3\% - 4\%} = \frac{1 067 - 1 055.62}{1 103.03 - 1 055.62}$$

求得 K_b=3.76%。

（三）计算优先股的资本成本

优先股的资本成本主要是向优先股股东支付的各期股利。由于优先股股利在税后支付，因此，不能起到抵减所得税的作用。对于固定股息率优先股而言，其各期股利是相等的，优先股的资本成本计算公式如下。

$$K_S = \frac{D}{P(1-f)} \qquad （式6-11）$$

式 6-11 中，K_S 表示优先股资本成本；D 为优先股年固定股息；P 为优先股发行价格；f 为筹资费用率。

【例 6-6】A 公司发行面值为 100 元的优先股，发行价格为 120 元，年股息率为 9%，发行时筹资费用率为发行价的 3%。请计算该优先股的资本成本。

$$K_S = \frac{D}{P(1-f)} = \frac{100 \times 9\%}{120 \times (1-3\%)} = 7.73\%$$

（四）计算普通股的资本成本

普通股资本成本主要是向股东支付的各期股利。计算普通股的资本成本一般按贴现模式计算。

筹资净额现值=目前股票市场价格

未来资本清偿额现金流量现值=未来支付的股利的现值

假定资本市场有效，股票市场价格与其价值相等，可以得出以下模型。

1. 固定股利模型

固定股利指每年支付的股利相等。这种股票资本成本的计算公式与优先股一样，因此，不赘述。

2. 固定股利增长模型

固定股利增长指股利按照固定的增长比率逐年增长。

$$K_S = \frac{D_0(1+g)}{P_0(1-f)} + g = \frac{D_1}{P_0(1-f)} + g \qquad （式6-12）$$

式 6-12 中，P_0 为目前股票市场价格，D_0 为本期支付的股利，D_1 为未来一期支付的股利。

【例 6-7】A 公司普通股市价为 30 元，筹资费用率为 2%，本年发放现金股利为每股 0.6 元，预期股利年增长率为 10%。请计算该股票的资本成本。

$$K_S = \frac{D_0(1+g)}{P_0(1-f)} + g = \frac{0.6 \times (1+10\%)}{30 \times (1-2\%)} + 10\% = 12.24\%$$

06

3. 资本资产定价模型

假定无风险报酬率为 R_f，市场平均报酬率为 R_m，某股票贝塔系数为 β，则此普通股资本成本计算如下。

$$K_S = R_S = R_f + \beta(R_m - R_f)$$

【例 6-8】某公司普通股 β 系数为 1.5，此时一年期国债利率为 5%，市场平均报酬率为 15%，则该普通股资本成本为：

$$K_S = R_f + \beta(R_m - R_f) = 5\% + 1.5 \times (15\% - 5\%) = 20\%$$

（五）计算留存收益的资本成本

留存收益的资本成本计算除了不用考虑筹资费用外，与普通股资本成本的计算相同。

三、加权平均资本成本的计算

加权平均资本成本是指企业以各种资本在企业全部资本中所占的比重为权数，对各种资本的个别资本成本进行加权平均计算出来的资本总成本。它是指多元化融资方式下的综合资本成本，反映企业资本成本整体水平的高低。

$$K_W = \sum_{j=1}^{n} K_j W_j \qquad （式6-13）$$

式 6-13 中，K_W 表示加权平均资本成本，K_j 表示第 j 种资本的个别资本成本，W_j 表示第 j 种资本的个别资本在全部资本中的比重。

加权资本成本的计算，有三种权重依据可供选择，即账面价值、市场价值、目标资本结构。

1. 按账面价值计算权重

它是指以各种个别资本的会计报表账面价值为基础计算其占总资本的比重。其优点是数据易取得，计算结果比较稳定；缺点是当债券和股票的市价与账面价值差距较大时，导致按账面价值计算出来的资本成本不能反映目前从资本市场上筹集资本的现实机会成本，不适合评价现实的资本结构。

2. 按市场价值计算权重

它是指以各种个别资本成本的现行市价为基础计算其占总资本的比重。其优点是能够反映现实的资本成本，有利于进行资本结构决策；缺点是市价处于不断变化中，不容易确定，而且市价只是反映现时的资本结构，不适用于未来筹资决策。

3. 按目标资本结构计算权重

它是指根据按市场价值计量的目标资本结构计算每种资本的比重。公司的目标资本结构，代表未来将如何筹资的最佳估计。如果公司向目标资本结构发展，按目标资本结构计算权重更为适合。因此，此种方法适用于未来的筹资决策。其缺点是资本结构的确定难免具有主观性，很难客观合理地确定。

【例 6-9】A 公司本年年末长期资本账面总额为 1 000 万元，其中：银行长期借款 400 万元，占 40%；长期债券 150 万元，占 15%；普通股 450 万元（共 200 万股，每股面值 1 元，市价 7.25 元），占 45%。个别资本成本分别为 5%、6%、9%。请计算该公司的加权平均资本成本。

按账面价值计算权重，长期借款、长期债券和普通股三种资本的权重分别为 40%、15%、45%，则加权平均资本成本为：

$$K_W = 5\% \times 40\% + 6\% \times 15\% + 9\% \times 45\% = 6.95\%$$

按市场价值计算权重，长期借款、长期债券和普通股三种资本的市场价值分别为 400 万元、150 万元、1 450（200 万元×7.25）万元。三种资本的权重分别如下。

长期借款：$\dfrac{400}{400+150+1\,450} \times 100\% = 20\%$

长期债券：$\dfrac{150}{400+150+1\,450} \times 100\% = 7.5\%$

普通股：$\dfrac{1\,450}{400+150+1\,450} \times 100\% = 72.5\%$

加权平均资本成本为 $K_W = 5\% \times 20\% + 6\% \times 7.5\% + 9\% \times 72.5\% = 7.975\%$

四、边际资本成本的计算

边际资本成本是指企业每增加一个单位的资本而增加的成本。前面所学的个别资本成本和加权平均资本成本是企业过去筹集的或目前使用的资本的成本，而边际资本成本是企业追加筹资的资本成本，是企业决定是否追加筹资的决策依据。

计算边际资本成本通常包括三步：确定公司目标资本结构；确定各种筹资方式的资本成本；计算筹资突破点。

公司无法以某一固定的资本成本筹集无限的资金，当公司筹集的资金超过一定限度时，原来的资本成本就会增加。即资本成本在一定范围内不会改变，而在保持某资本成本的条件下可以筹集到的资金总额称为保持现有资本结构下的筹资突破点（分界点），一旦筹资额超过分界点，即使维持现有的资本结构，其资本成本也会增加。

【例6-10】某企业拥有长期资金500万元，其中长期借款为200万元，资本成本为8%，普通股为300万元，资本成本为13%。由于扩大经营规模的需要，拟筹集新资金。经分析，认为筹集新资金后仍应保持目前的资本结构，即长期借款占40%，普通股占60%，并测算出了随筹资的增加各种资本成本的变化，如表6-5所示。

表6-5　　　　　　　　　　　　　随筹资的增加各种资本成本的变化

资金种类	目标资本结构	新筹资额	资本成本
长期借款	40%	30万元以内	8%
		30万~80万元	9%
		80万元以上	10%
普通股	60%	60万元以下	14%
		60万元以上	16%

筹资突破点分析如表6-6所示。

表6-6　　　　　　　　　　　　　　　筹资突破点分析　　　　　　　　　　　　　　　单位：万元

	长期借款新筹资额	普通股新筹资额	新筹资额合计
1	30	45	75
2	40	60	100
3	80	120	200

因此，存在以下三个筹资突破点：筹资突破点1为75万元；筹资突破点2为100万元；筹资突破点3为200万元。

各个筹资范围内的边际资本成本分析如下。

① 新筹资额小于75万元时，筹资的边际资本成本为：8%×40%+14%×60%=11.6%。

② 新筹资额大于75万元且小于100万元时，筹资的边际资本成本为：9%×40%+14%×60%=12%。

③ 新筹资额大于100万元且小于200万元时，筹资的边际资本成本为：9%×40%+16%×60%=13.2%。

④ 新筹资额大于200万元时，筹资的边际资本成本为：10%×40%+16%×60%=13.6%。

【例6-11】甲公司目前的资本总额为2 000万元，其中普通股为800万元、长期借款为700万元、公司债券为500万元。计划通过筹资来调节资本结构，目标资本结构为普通股占50%、长期借款占30%、公司债券占20%。现拟追加筹资1 000万元，个别资本成本率预计分别为：银行借款7%，公司债券12%，普通股15%。请计算追加的1 000万元筹资的边际资本成本。

筹集的1 000万元资金中普通股、长期借款、公司债券的目标价值分别是：普通股（2 000+1 000）×50%-800=700（万元），长期借款=（2 000+1 000）×30%-700=200（万元），公司债券=（2 000+1 000）×20%-500=100（万元），所以，目标价值权数分别为70%、20%和10%，边际资本成本=70%×15%+20%×7%+10%×12%=13.1%。

任务四　杠杆效应

财务管理中存在着类似于物理学中的杠杆效应，表现为：由于特定固定支出或费用的存在，当某一财务变量以较小幅度变动时，会导致另一相关变量较大幅度变动。财务管理中的杠杆效应，包括经营杠杆、财务杠杆和总杠杆三种效应形式。杠杆效应既可能产生杠杆利益，也有可能带来杠杆风险。

一、经营杠杆效应

经营杠杆是指由于固定性经营成本的存在，企业的资产报酬（息税前利润）变动率大于业务量变动率的现象。经营杠杆反映了资产报酬的波动性，用以评价企业的经营风险。我们通常用息税前利润表示资产总报酬，其计算方式如下。

$$EBIT=(P-V)Q-F$$

式中，EBIT 表示息税前利润，P 表示单价，V 表示单位变动成本，Q 表示产销量，F 表示固定成本。

只要企业存在固定成本，就存在经营杠杆效应。测算经营杠杆效应程度，常用指标为经营杠杆系数。经营杠杆系数（Degree of Operating Leverage，DOL），是息税前利润变动率与产销量变动率的比值，其计算公式如下。

$$DOL=\frac{息税前利润变动率}{产销量变动率}=\frac{\Delta EBIT/EBIT}{\Delta Q/Q} \qquad （式6-14）$$

为了便于计算，可将式 6-14 变换为

$$DOL=\frac{EBIT_0+F}{EBIT_0} \qquad （式6-15）$$

式 6-14 和式 6-15 中，DOL 为经营杠杆系数，$\Delta EBIT$ 是息税前利润变动额，$EBIT_0$ 为变动前的息税前利润，ΔQ 为产销量变动额，Q 为变动前的产销量。

【例 6-12】泰华公司产销某种服装，固定成本为 500 万元，变动成本率为 70%。年产销额达 5 000 万元时，变动成本为 3 500 万元，固定成本为 500 万元，息前税前利润为 1 000 万元；年产销额达 7 000 万元时，变动成本为 4 900 万元，固定成本仍为 500 万元，息前税前利润为 1 600 万元。求其经营杠杆系数。

$$DOL=\frac{\Delta EBIT/EBIT_0}{\Delta Q/Q}=\frac{(1\ 600-1\ 000)/1\ 000}{(7\ 000-5\ 000)/5\ 000}=60\%/40\%=1.5$$

$$DOL=\frac{EBIT_0+F}{EBIT_0}=(1\ 000+500)/1\ 000=1.5$$

影响经营杠杆的因素有固定成本、变动成本和产销量。固定成本越高，变动成本越高，产品销售数量和销售价格水平越低，经营杠杆效应越大，经营风险就越大。反之，固定成本越低，变动成本越低，产品销售数量和销售价格水平越高，经营杠杆效应越小，则经营风险越小。

二、财务杠杆效应

财务杠杆，是指由于固定性资本成本的存在，企业的普通股收益（或每股收益）变动率大于息税前利润变动率的现象。财务杠杆反映了权益资本报酬的波动性，用以评价企业的财务风险。用普通股收益或每股收益表示普通股权益资本报酬的公式如下。

$$EPS=[(EBIT-I)(1-T)-D]/N$$
$$=EBIT[(1-I/EBIT)(1-T)-D/EBIT]/N \qquad （式6-16）$$

式 6-16 中，EPS 表示每股收益，I 表示债务资金利息，D 表示优先股股利，T 表示所得税税率，N 表示普通股股数，$I/EBIT$ 表示每元息税前利润分摊的债务资金利息，$D/EBIT$ 表示每元息税前利润分摊的优先股股利。

只要企业融资方式中存在固定性资本成本，就存在财务杠杆效应。测算财务杠杆效应程度，常用指标为财务杠杆系数。财务杠杆系数（Degree of Financial Leverage，DFL），是普通股盈余变动率与息税前利润变动率的比值，其计算公式如下。

$$DOL=\frac{普通股盈余变动率}{息税前利润变动率}=\frac{\Delta EPS/EPS}{\Delta EBIT/EBIT} \qquad （式6-17）$$

$$DFL=\frac{EBIT_0}{EBIT_0-I-\dfrac{DP}{1-T}} \qquad （式6-18）$$

式6-18中，$EBIT_0$ 为基期息税前利润，I 为利息费用，DP 为优先股股利，T 为所得税税率。如果不存在优先股股利，则公式表示如下。

$$DFL=\frac{EBIT_0}{EBIT_0-I} \qquad （式6-19）$$

【例6-13】有 A、B、C 三个公司，资本总额均为 1 000 万元，所得税税率均为 25%，每股面值均为 1 元。相关信息如表6-7所示。请计算三家公司的财务杠杆系数。

表6-7　　　　　　　　　　　普通股盈余及财务杠杆的计算

公司		A	B	C
普通股股数/万股		1 000	800	500
普通股/万元		1 000	800	500
债务资金/万元		0	200（利率为10%）	500（利率为10.8%）
利润总额/万元	2020年	200	180	146
	2021年	300	280	246

解：计算过程及结果如表6-8所示。

表6-8　　　　　　　　　　　财务杠杆系数的计算

公司		A	B	C
普通股股数/万股		1 000	800	500
普通股/万元		1 000	800	500
债务资金/万元		0	200（利率为10%）	500（利率为10.8%）
利润总额/万元	2020年	200	180	146
	2021年	300	280	246
利息费用/万元		0	200×10%=20	500×10.8%=54
EBIT/万元	2020年	200+0=200	180+20=200	146+54=200
	2021年	300+0=300	280+20=300	246+54=300
	增长率	（300-200）÷200×100%=50%	（300-200）÷200×100%=50%	（300-200）÷200×100%=50%
净利润/万元	2020年	200×（1-25%）=150	180×（1-25%）=135	146×（1-25%）=109.5
	2021年	300×（1-25%）=225	280×（1-25%）=210	246×（1-25%）=184.5
EPS/元	2020年	150÷1 000=0.15	135÷800=0.168 75	109.5÷500=0.219
	2021年	225÷1 000=0.225	210÷800=0.262 5	184.5÷500=0.369
	增长率	（0.225-0.15）÷0.15×100%=50%	（0.262 5-0.168 75）÷0.168 75×100%=55.56%	（0.369-0.219）÷0.219×100%=68.49%
DFL	公式一	50%÷50%=1	55.56%÷50%=1.11	68.49%÷50%=1.37
	公式三	200÷（200-0）=1	200÷（200-20）=1.11	200÷（200-54）=1.37

06

可见，资本成本固定型的资本所占比重越高，财务杠杆系数就越大。A 公司由于不存在有固定资本成本的资本，所以没有财务杠杆效应；B 公司存在债务资本，其普通股收益增长幅度是息税前利润增长幅度的 1.11 倍；C 公司不仅存在债务资本，而且债务资本的比重比 B 公司高，其普通股收益增长幅度是息税前利润增长幅度的 1.37 倍。

财务杠杆放大了资产报酬变化对普通股收益的影响，财务杠杆系数越高，表明普通股收益的波动程度越大，财务风险也就越大。

三、总杠杆效应

总杠杆效应是指固定经营成本和固定资本成本的存在，导致普通股每股收益变动率大于产销业务量变动率的现象。

只要企业存在固定经营成本和固定资本成本，就存在总杠杆效应。测算总杠杆效应程度，常用指标为总杠杆系数。总杠杆系数（Degree of Total Leverage，DTL），是普通股每股收益变动率与产销量变动率的比值，计算公式为：

$$DTL=\frac{普通股每股收益变动率}{产销量变动率}=\frac{\Delta EPS/EPS}{\Delta Q/Q} \qquad （式 6-20）$$

在不存在优先股股息的情况下，式 6-20 经推导，可表示如下。

$$DTL=DOL\times DFL=\frac{EBIT+F}{EBIT-I} \qquad （式 6-21）$$

【例 6-14】某企业有关资料如表 6-9 所示，请分别计算其 2021 年经营杠杆系数、财务杠杆系数和总杠杆系数。

表 6-9 　　　　　　　　　　　　杠杆效应计算 　　　　　　　　　　　　单位：万元

项目	2020 年	2021 年	变动率
销售收入（售价 10 元）	1 000	1 200	+20%
边际贡献（4 元）	400	480	+20%
固定成本	200	200	—
息税前利润（EBIT）	200	280	+40%
利息	50	50	—
利润总额	150	230	+53.33%
净利润（税率 20%）	120	184	+53.33%
每股收益（200 万股，元）	0.60	0.92	+53.33%
经营杠杆系数（DOL）			2.000
财务杠杆系数（DFL）			1.333
总杠杆系数（DTL）			2.667

企业风险包括经营风险和财务风险。总杠杆系数反映了经营杠杆和财务杠杆之间的关系，用以评价企业的整体风险水平。总杠杆系数能够说明产销业务量变动对普通股每股收益的影响，据以预测未来的每股收益水平；揭示了财务管理的风险管理策略，即要保持一定的风险水平，需要维持一定的总杠杆系数，经营杠杆和财务杠杆可以有不同的组合。

凡是影响经营杠杆和财务杠杆的因素都会影响总杠杆。

任务五 资本结构优化

微课

资本结构优化

一、资本结构及其优化

资本结构是指企业各种资本的价值构成及其比例关系，是企业一定时期筹资组合的结果。广义的资本结构是指全部债务资本和权益资本的构成比例。狭义的资本结构是指长期债务资本与权益资本之间的构成比例。本书所指的资本结构，是指狭义的资本结构。由于权益资本是企业必备的基础资本，因此，资本结构问题实际上就是债务资本的比例问题，即债务资本在企业全部资本中所占的比重。

企业利用债务资本进行经营具有双重作用，一方面可以降低资本成本、发挥财务杠杆效应，另一方面也会带来财务风险。因此，企业必须进行权衡，确定最佳的资本结构。所谓最佳资本结构，是指在一定条件下使企业资本成本最低、企业价值最大的资本结构。根据资本结构理论，当公司加权平均资本成本最低时，公司价值最大。资本结构优化的目标，是降低加权平均资本成本或提高普通股每股收益。

从理论上讲，最佳资本结构是存在的，但由于企业内部条件和外部环境的经常性变化，动态地保持最佳资本结构十分困难。因此，在实践中，目标资本结构通常是从企业结合自身实际进行适度负债经营所确立的资本结构，是根据满意化原则确定的资本结构。

资本结构优化的主要目标是优化资本结构，即权衡负债的低资本成本和高财务风险的关系，确定合理的资本结构，从而降低加权平均资本成本或提高企业价值。

二、资本结构理论

（一）早期资本结构理论

1. 净收益理论

该理论认为，在公司的资本结构中，权益资本的比例越大，公司的净收益或税后利润就越多（相对于权益资本，债务资本成本较低，且利息具有抵税作用），从而公司的价值就越高。按照这种观点，公司获取资本的来源和数量不受限制，并且债务资本成本率和权益资本成本率都是固定不变的，不受财务杠杆的影响。

2. 净营业收益理论

该理论认为，资本结构与公司的价值无关，决定公司价值的关键要素是公司的净营业收益。按照这种观点，公司债务资本成本是固定的，但权益资本成本是变动的，公司的债务资本越多，公司的财务风险就越大，权益资本成本就越高；公司的债务资本越少，公司的财务风险就越小，权益资本成本就越低。经加权平均计算后，公司的综合资本成本不变，是常数。因此，资本结构与公司价值无关，不存在最佳资本结构。

3. 传统折中理论

除了上述两种极端的观点以外，还有一种介于这两种极端观点之间的折中观点，即传统折中理论。按照这种观点，增加债务资本对提高公司价值是有利的，但债务资本规模必须适度。如果公司负债过度，综合资本成本率只会升高，并使公司价值下降。

（二）现代资本结构理论

1. 最初的 MM 理论

MM 理论认为，在公司投资与融资相互独立、无税收及破产风险和资本市场完善的条件下，

06

公司的市场价值与资本结构无关。

MM 资本结构理论的修正观点认为，考虑企业所得税的因素，公司的价值会随财务杠杆系数的提高而增加，从而得出公司资本结构与公司价值相关的结论。

2. 修正的 MM 理论

该理论认为，在存在企业所得税的情况下，负债产生的利息减税会增加公司价值，也就是说公司的价值会随着负债的增加而不断上升。

3. 回归的 MM 理论

回归的 MM 理论将个人所得税引入修正的 MM 理论。该理论认为，当企业所得税提高，资金会从股票转移到债券以获得节税效益，此时公司的负债率提高；如果个人所得税提高，并且股利收入的税率低于债券利息收入的税率时，资金会从债券转移到股票，此时公司的负债率降低。

4. 权衡理论

针对 MM 理论的缺陷提出了"税负利益——破产成本"的权衡理论。该理论认为，负债公司的价值等于无负债公司价值加上税赋节约，减去与其破产成本的现值和代理成本的现值。最优资本结构存在税赋成本节约与破产成本和代理成本相互平衡的点上。此时，公司的价值最大。

（三）新资本结构理论

1. 代理成本理论

代理成本理论是经过研究代理成本与资本结构的关系而形成的。这种理论通过分析指出，公司债务的违约风险是财务杠杆系数的增函数；随着公司债务资本的增加，债权人的监督成本随之上升，债权人会要求更高的利率。这种代理成本最终要由股东承担，公司资本结构中债务比率过高会导致股东价值的减低。根据代理成本理论，债务资本适度的资本结构会增加股东的价值。上述资本结构的代理成本理论仅限于债务的代理成本。

2. 信号传递理论

信号传递理论认为，公司可以通过调整资本结构来传递有关获利能力和风险方面的信息，以及公司如何看待股票市价的信息。按照资本结构的信号传递理论，公司价值被低估时会增加债务资本，公司价值被高估时会减少债务资本。

3. 优序融资理论

该理论认为，公司倾向于首先采用内部筹资，如果需要外部筹资，公司将先选择债务筹资，再选择其他外部股权筹资，这种筹资顺序的选择不会传递对公司股价产生影响的信息。按照优序融资理论，不存在明显的目标资本结构，因为虽然留存收益和增发新股均属权益筹资，但前者最先选用，后者最后选用。获利能力强的公司之所以安排较低的债务比率，并不是为了确立较低的目标债务比率，而是由于不需要外部筹资；获利能力较差的公司选用债务筹资是由于没有足够的留存收益，而且在外部筹资选择中债务筹资为首选。

（四）后资本结构理论

1. 控制权理论

该理论认为，公司的控制权是由内部经理人掌握的，而不是股东，因此公司的很多经营决策是出于经理人利益的考虑，并非为了股东利益最大化。

2. 产业组织理论

1984 年，蒂特曼考察了公司的资本结构与其产出品或投入品特征之间的关系，认为公司破产可能会给其客户、雇员、供应商带来麻烦，客户因此而不能获得零部件及技术支持，雇员拥有的一些技能在别的地方派不上用场等。

1986 年布兰德·刘易斯研究了公司的资本结构与产品市场上竞争战略之间的互动关系。由于股票的期权性质，负债率的上升可能会引致股东采取高风险的投资策略。布兰德·刘易斯假定寡头垄断者可以通过冒进的产出策略提高投资的风险。

1988 年萨里格认为，债权人承担着谈判失败的大部分费用，却只能从谈判成功中获得一小部分利润，因此债权人在一定程度上承担了股东与供应者谈判失败的风险。因此债务能增加公司价值，即如果讨价还价能力或市场可选择供应者的余地越大，公司应该会有更多的债务。

三、每股收益分析法

若用每股收益的变化来判断资本结构是否合理，那么能够提高普通股每股收益的资本结构，就是合理的资本结构。每股收益受到经营利润水平、债务资本成本水平等因素的影响，分析每股收益与资本结构的关系，可以找到每股收益无差别点。所谓每股收益无差别点，是指不同筹资方式下每股收益都相等时的息税前利润或业务量水平。根据每股收益无差别点，可以分析判断在什么样的息税前利润水平或产销业务量水平前提下，适于采用何种筹资组合方式，进而确定企业的资本结构安排。

$$\frac{(\text{EBIT}_0 - I_1)(1-T) - DP_1}{N_1} = \frac{(\text{EBIT}_0 - I_2)(1-T) - DP_2}{N_2} \qquad (\text{式 6-22})$$

式 6-22 中：EBIT_0 为每股收益无差别点；I_1、I_2 表示两种筹资方式下的债务利息；DP_1、DP_2 表示两种筹资方式下的优先股股利；N_1、N_2 表示两种筹资方式下的普通股股数；T 表示所得税税率。

当预期息税前利润大于每股收益无差别点时，应当选债务筹资方案；当预期息税前利润小于每股收益无差别点时，应当选股权筹资方案。

【例 6-15】A 企业目前资本结构为：总资本 1 000 万元，其中债务资本 400 万元（年利息 40 万元），普通股资本 600 万元（600 万股，面值 1 元，市价 5 元）。企业由于有一个较好的新投资项目，需要追加筹资 300 万元，有两种筹资方案。

方案一：增发普通股 100 万股，每股发行价为 3 元。

方案二：向银行取得长期借款 300 万元，利息率为 16%。

根据财务人员测算，追加筹资后销售额可望达到 1 200 万元，变动成本率为 60%，固定成本为 200 万元，所得税税率为 20%，不考虑筹资费用因素。

（1）计算每股收益无差别点。

由 $\dfrac{(\text{EBIT}-40)\times(1-20\%)}{600+100} = \dfrac{(\text{EBIT}-40-300\times16\%)\times(1-20\%)}{600}$，得出 EBIT=376（元）。

（2）计算分析两个方案处于每股收益无差别点时的每股收益，并指出其特点。

EPS$_{股}$=（376-40）×（1-20%）÷（600+100）=0.384（元/股）

EPS$_{债}$=（376-40-48）×（1-20%）÷600=0.384（元/股）

在每股收益无差别点上，两个方案的每股收益相等，均为 0.384 元。

（3）根据财务人员有关追加筹资后的预测，帮助企业进行决策。

预计的息税前利润=1 200-1 200×60%-200=280（万元）

由于筹资后的息税前利润小于每股收益无差别点，因此应该选择财务风险较小的方案 1。

（4）若追加筹资后销售额可望达到 1 200 万元，变动成本率为 60%，固定成本为 200 万元，所得税税率为 20%，分别计算利用两种筹资方式的每股收益。

EPS$_{股}$=（280-40）×（1-20%）÷（600+100）=0.274（元/股）

EPS$_{债}$=（280-40-48）×（1-20%）÷600=0.256（元/股）

四、平均资本成本比较法

平均资本成本比较法，是通过计算和比较各种可能的筹资组合方案的平均资本成本，选择平均资本成本最低的方案。即认为能够降低平均资本成本的结构，就是合理的资本结构。

【例 6-16】长达公司需筹集 100 万元长期资本，可以从贷款、发行债券、发行普通股三种方式筹集，其个别资本成本已分别测定，有关资料如表 6-10 所示。要求：利用平均成本法确定公司的最优资本结构。

表 6-10 长达公司资本成本与资本结构数据

筹资方式	资本结构			个别资本成本
	A 方案	B 方案	C 方案	
贷款	40%	30%	20%	6%
发行债券	10%	15%	20%	8%
发行普通股	50%	55%	60%	9%
合计	100%	100%	100%	

（1）计算三个方案的综合资本成本。

A 方案：$K=40\%\times6\%+10\%\times8\%+50\%\times9\%=7.7\%$

B 方案：$K=30\%\times6\%+15\%\times8\%+55\%\times9\%=7.95\%$

C 方案：$K=20\%\times6\%+20\%\times8\%+60\%\times9\%=8.2\%$

（2）因为 A 方案的综合资本成本最低，所以该公司的资本结构为贷款 40 万元，发行债券 10 万元，发行普通股 50 万元。

五、公司价值分析法

以上两种方法都是从账面价值的角度进行资本结构优化分析，没有考虑市场反应，即没有考虑风险因素。公司价值分析法，是在考虑市场风险的基础上，以公司市场价值为标准，进行资本结构优化。即认为能够提升公司价值的资本结构，就是合理的资本结构。最佳资本结构亦即公司市场价值最大的资本结构。在公司价值最大的资本结构下，公司的平均资本成本也是最低的。

公司市场总价值=权益资本的市场价值+债务资本的市场价值

加权平均资本成本=税前债务资本成本×（$1-T$）×B/V+权益资本成本×S/V

【例 6-17】某公司息税前利润为 400 万元，资本总额账面价值为 1 000 万元。假设无风险报酬率为 6%，证券市场平均报酬率为 10%，所得税税率为 25%。经测算，不同债务水平下的权益资本成本和税前债务利息率如表 6-11 所示。

表 6-11 不同债务水平下的权益资本成本和税前债务利息率 金额单位：万元

债务市场价值	税前债务利息率	股票系数	权益资本成本
0	—	1.50	12.0%
200	8.0%	1.55	12.2%
400	8.5%	1.65	12.6%
600	9.0%	1.80	13.2%
800	10.0%	2.00	14.0%

根据表 6-11 的资料，可计算出不同资本结构下的公司价值和平均资本成本，如表 6-12 所示。

表 6-12		公司价值和平均资本成本			金额单位：万元
债务市场价值	股票市场价值	公司价值	债务税后资本成本	普通股资本成本	平均资本成本
0	2 500	2 500	—	12.0%	12.0%
200	2 361	2 561	6%	12.2%	11.72%
400	2 179	2 579	6.38%	12.6%	11.64%
600	1966	2 566	6.75%	13.2%	11.69%
800	1 714	2 514	7.5%	14.0%	11.93%

结论：根据表 6-12 可知，债务为 400 万元时的资本结构是该公司的最优资本结构。

任务六　数字化背景下的筹资管理

一、大数据技术对企业筹资的影响

大数据，是指无法在一定时间范围内用常规软件工具进行捕捉、管理和处理的数据集合，是需要新处理模式才能具有更强的决策力、洞察力和流程优化能力的海量、高增长率和多样化的信息资产。大数据技术对企业筹资具有以下影响。

（一）使筹资规模预测更精准

企业资金需要量的预测是筹资决策的基础环节。传统的筹资规模预测方法有销售百分比法和回归分析法，由于技术的限制，这两种方法对企业生产运营资金需要量的预测都不够精确。大数据背景下，企业可以通过云计算技术获取海量半结构化数据和非结构化数据，然后运用大数据技术对数据进行处理、转换、挖掘与加工，精确分析采购、生产、销售、投资、分配等环节的资金需要量，为筹资规模预测提供技术支撑。

（二）使筹资方式更科学

企业筹资方式主要有股权筹资、债务筹资和混合筹资。企业选择的筹资方式，既应该有利于调整资本结构，又要在筹资风险尽可能小的前提下降低资本成本。大数据的应用和发展，不再仅对传统财务数据进行分析，而是通过移动互联网、物联网、云计算平台，获取并挖掘出更加真实、高效、有价值的数据信息，如投资者的投资意向、证券交易所的市场行情数据、银行的信用等级和信贷管理等与筹资相关的信息，使企业筹资决策方式更科学、合理。

（三）使筹资风险更可控

企业筹资风险主要是经营风险和财务风险。由于杠杆效应，企业可通过调节单位变动成本、销量和价格等控制经营风险的大小；可通过调整利息和息税前利润控制财务风险的大小。大数据环境下，企业可以收集历史成本信息、市场销售信息和利润指标，并对其进行处理和分析，精确预测企业销量、价格、成本和利润等指标，提升杠杆指标计算的准确性，并对潜在风险的原因和后果进行分析估计，从而使筹资风险更可控。

二、区块链技术对企业筹资的影响

区块链是信息技术领域的术语。从本质上讲，它是一个共享数据库，存储于其中的数据或信息，具有不可伪造、全程留痕、可以追溯、公开透明、集体维护等特征。基于这些特征，区块链技术奠定了坚实的"信任"基础，创造了可靠的"合作"机制，具有广阔的运用前景。

区块链通过去中心化和去信任的方式，集体维护一个可靠的数据库，利用不可篡改的特性，为所有在链条上发生的财务交易提供安全、可靠、永不丢失的证明。企业可以根据融资需求在平台上开展融资租赁、股权融资、发行债券、引进战略投资者等融资活动，优化资产负债结构。同时，企业可以将流动性较差的资产以证券化资产的形式发布到区块链平台，盘活非流动性资产以满足企业的融资需求。此外，点对点的交易能让合约快速生成并执行，提高融资效率，节省融资成本。

 ## 项目演练

一、单项选择题

1. 当一些债务即将到期时，企业虽然有足够的偿债能力，但为了保持现有的资本结构，仍然举新债还旧债。这种筹资的动机是（　　）。

    A. 扩张性筹资动机　　B. 支付性筹资动机　　C. 调整性筹资动机　　D. 创立性筹资动机

2. 为取得资本金并形成开展经营活动的基本条件而产生的筹资动机是（　　）。

    A. 创立性筹资动机　　B. 支付性筹资动机　　C. 扩张性筹资动机　　D. 调整性筹资动机

3. 兼有股权筹资和债务筹资性质的混合筹资方式是（　　）。

    A. 吸收直接投资　　B. 发行公司债券　　C. 发行可转换债券　　D. 公开发行股票

4. 采用销售百分比法预测对外筹资需要量时，下列各项变动中，会使对外筹资需要量减少的是（　　）。

    A. 股利支付率提高　　B. 固定资产增加　　C. 应付账款增加　　D. 销售净利率降低

5. 某公司 2021 年的经营性资产为 1 360 万元，经营性负债为 520 万元，销售收入为 2 400 万元，经营性资产、经营性负债占销售收入的百分比不变，预计 2022 年销售增长率为 5%，销售净利率为 10%，股利支付率为 75%，则 2022 年需要从外部筹集的资金为（　　）万元。

    A. 21　　　　　　B. 20　　　　　　C. 9　　　　　　D. 0

6. 下列各项中，属于敏感性负债的是（　　）。

    A. 短期借款　　　　B. 短期融资券　　　　C. 应付票据　　　　D. 长期借款

7. 已知甲公司 2021 年的销售收入为 5 000 万元，销售净利率为 10%，利润留存率为 40%，预计 2022 年销售收入将增加 10%，其他条件保持不变，则 2022 年甲公司的内部筹资额为（　　）万元。

    A. 220　　　　　　B. 200　　　　　　C. 330　　　　　　D. 300

8. 甲企业取得 3 年期长期借款 150 万元，年利率为 8%，每年年末付息一次，到期一次还本，借款费用率为 0.3%，所得税税率为 25%，则按一般模式计算该项借款的资本成本为（　　）。

    A. 6.02%　　　　B. 6%　　　　C. 5.83%　　　　D. 4.51%

9. 从公司理财的角度看，与长期借款筹资相比较，普通股筹资的优点是（　　）。

    A. 筹资速度快　　B. 筹资风险小　　C. 筹资成本小　　D. 筹资弹性大

10. 目前某公司普通股的市价为 20 元/股，筹资费用率为 4%，本年发放现金股利为每股 0.75 元，预期股利年增长率为 6%，则该公司利用留存收益的资本成本为（　　）。

    A. 9.98%　　　　B. 12.3%　　　　C. 10.14%　　　　D. 12.08%

11. 下列各项不构成留存收益的是（　　）。

    A. 净利润　　　　B. 提取法定公积金　　C. 提取任意公积金　　D. 未分配利润

12. 某公司普通股目前的股价为 20 元/股，筹资费用率为 4%，刚刚支付的每股股利为 1 元，已知该股票的资本成本为 9.42%，则该股票的股利年增长率为（　　）。

  A. 4%   B. 4.2%   C. 4.42%   D. 5%

13. 目前国库券收益率为5%，市场平均报酬率为10%，而该股票的β系数为1.2，那么该股票的资本成本为（　　　）。

  A. 11%   B. 6%   C. 17%   D. 12%

14. 某企业预期经营杠杆系数为1.5，本期息税前利润为600万元，本期固定经营成本为（　　　）万元。

  A. 100   B. 200   C. 300   D. 450

15. 乙企业预计总杠杆系数为2，基期固定成本（包含利息费用）为500万元，则该企业税前利润为（　　　）万元。

  A. 300   B. 500   C. 800   D. 1 000

16. 企业因发放现金股利的需要而进行筹资的动机属于（　　　）。

  A. 扩张性筹资动机 B. 支付性筹资动机 C. 创立性筹资动机 D. 调整性筹资动机

17. 下列筹资方式中，既可以筹集长期资金，也可以融通短期资金的是（　　　）。

  A. 向金融机构借款 B. 发行股票   C. 利用商业信用 D. 吸收直接投资

18. 某航空公司为开通一条国际航线，需增加两架空客飞机，为尽快形成航运能力，下列筹资方式中，该公司通常会优先考虑（　　　）。

  A. 普通股筹资 B. 债券筹资   C. 优先股筹资 D. 融资租赁筹资

19. 与股票筹资相比，下列各项中，属于债务筹资缺点的是（　　　）。

  A. 财务风险较大 B. 资本成本较高 C. 稀释股东控制权 D. 筹资灵活性小

20. 与银行借款相比，下列各项中不属于融资租赁筹资特点的是（　　　）。

  A. 资本成本低 B. 融资风险小 C. 融资期限长 D. 融资限制少

二、多项选择题

1. 下列属于企业产生调整性筹资动机的具体原因有（　　　）。

  A. 扩大经营规模或对外投资   B. 优化资本结构，合理利用财务杠杆效应

  C. 满足经营业务活动正常的支付需要 D. 偿还到期债务，债务结构内部调整

2. 利用销售百分比法所涉及的因素有（　　　）。

  A. 全部资产和负债项目   B. 敏感性资产和负债的销售百分比

  C. 利润留存率   D. 预测期销售额

3. 下列筹资方式中，属于股权筹资方式的有（　　　）。

  A. 吸收直接投资 B. 商业信用 C. 融资租赁 D. 留存收益

4. 下列各项中，属于债务筹资基本形式的有（　　　）。

  A. 银行借款 B. 融资租赁 C. 发行债券 D. 吸收直接投资

5. 筹资管理应遵循的原则有（　　　）。

  A. 规模适当 B. 取得及时 C. 结构合理 D. 筹措合法

6. 下列各项中，属于销售百分比法优点的有（　　　）。

  A. 在有关因素发生变动的情况下，原有的销售百分比仍然适用

  B. 为筹资管理提供短期预计的财务报表

  C. 易于使用

  D. 结果精确

7. 与银行借款相比，下列各项中，属于发行债券筹资特点的有（　　　）。

  A. 资本成本较高   B. 一次筹资数额较大

06

C. 扩大公司的社会影响   D. 募集资金使用限制较多

8. 下列各项费用中，属于占用费的有（   ）。

    A. 借款手续费   B. 公司债券的发行费

    C. 股利   D. 借款利息

9. 下列选项中，可以作为平均资本成本计算所用权数的有（   ）。

    A. 历史价值权数   B. 账面价值权数   C. 目标价值权数   D. 市场价值权数

10. 一般来说，债务筹资的资本成本要低于股权筹资，主要原因有（   ）。

    A. 取得资金的手续费用等筹资费用较低   B. 利息、租金等用资费用比股权资本要低

    C. 利息等资本成本可以在税前支付   D. 债务筹资一般不发生筹资费用

11. 发行普通股股票筹资方式下，股东的权利有（   ）。

    A. 公司管理权   B. 收益分享权   C. 股份转让权   D. 优先认股权

12. 下列各项中，属于留存收益与普通股筹资方式相比特点的有（   ）。

    A. 筹资数额有限   B. 筹资费用高

    C. 不会稀释原有股东控制权   D. 资本成本低

13. 下列各项，属于股权筹资缺点的有（   ）。

    A. 资本成本负担较重   B. 容易分散企业的控制权

    C. 财务风险较大   D. 信息沟通与披露成本较大

14. 下列措施中，可以降低企业经营风险的有（   ）。

    A. 增加产品销售量   B. 降低利息费用   C. 降低变动成本   D. 提高固定成本水平

15. 下列选项中，与财务杠杆系数同方向变化的因素有（   ）。

    A. 单价   B. 固定性经营成本   C. 单位变动成本   D. 利息费用

三、判断题

1. 调整性筹资动机是指企业因调整业务所产生的筹资动机。（   ）

2. 企业进行筹资时，首先应利用发行普通股筹资，然后再考虑利用留存收益筹资。（   ）

3. 销售百分比法的优点是，能为筹资管理提供长期预计的财务报表，以适应外部筹资的需要。
（   ）

4. 由于银行借款无须支付证券发行费用、租赁手续费用等筹资费用，因此资本成本是相对较
低的。（   ）

5. 外部筹资需要量只受敏感资产、敏感负债和留存收益的影响。（   ）

6. 资本市场效率越低，证券的市场流动性就越低，进而投资者投资的风险越高，要求的预期
报酬率也越高，企业通过资本市场融通的资本的成本水平就比较高。（   ）

7. 留存收益的资本成本率，表现为股东追加投资要求的报酬率，其计算与普通股成本完全相
同，也分为股利增长模型法和资本资产定价模型法。（   ）

8. 根据风险与收益均衡的原则，信用贷款利率通常比抵押贷款利率高。（   ）

9. 某公司的经营杠杆系数为 2，预计息税前利润将增长 10%，在其他条件不变的情况下，销
售量将增长 20%。（   ）

10. 吸收的直接投资由于没有证券作为媒介，因此不利于产权交易，难以转让。（   ）

11. 如果企业的资金来源全部为自有资金，则企业财务杠杆系数等于 1。（   ）

12. 与发行债券筹资相比，留存收益筹资的特点是财务风险小。（   ）

13. 一般而言，股权筹资的资本成本要高于债务筹资。这主要是由于普通股的发行、上市等
方面的费用十分庞大。（   ）

14. 经营杠杆反映了资产报酬的波动性，用以评价企业的财务风险。（　　）

15. 一般来说，固定资产比重较大的资本密集企业，主要依靠债务资本。（　　）

四、计算分析题

1. 某公司是一家上市公司，该公司 2021 年的相关资料如表 6-13 所示。

表 6-13　　　　　　　　　　　　2021 年的相关资料　　　　　　　　　　单位：万元

资产	金额	负债及所有者权益	金额
货币资金	10 000	短期借款	3 750
应收票据及应收账款	6 250	应付票据及应付账款	11 250
存货	15 000	预收款项	7 500
固定资产	20 000	应付债券	7 500
无形资产	250	股本	15 000
		留存收益	6 500
资产合计	51 500	负债及所有者权益合计	51 500

该公司 2021 年的营业收入为 62 500 万元，销售净利率为 12%，股利支付率为 50%。经测算，2022 年该公司营业收入会增长 20%，销售净利率和股利支付率不变，无形资产也没有相应增加。但是由于生产经营的需要，增加生产设备一台，价值 2 500 万元。经分析，流动资产项目与流动负债项目（短期借款除外）随营业收入同比例增减。

要求：

（1）计算 2021 年年末的敏感性资产占销售收入的比例。

（2）计算 2021 年年末的敏感性负债占销售收入的比例。

（3）计算 2022 年增加的资金需要量。

（4）计算 2022 年外部筹资额。

2. 某公司 2021 年计划生产单位售价为 15 元的 A 产品。该公司目前有两个生产方案可供选择。

方案一：单位变动成本为 7 元，固定成本为 60 万元。

方案二：单位变动成本为 8.25 元，固定成本为 45 万元。

该公司资金总额为 200 万元，资产负债率为 45%，负债的平均年利率为 10%。预计年销售量为 20 万件，该公司目前正处于免税期。

要求（计算结果保留小数点后四位）：

（1）计算方案一的经营杠杆系数、财务杠杆系数及总杠杆系数；

（2）计算方案二的经营杠杆系数、财务杠杆系数及总杠杆系数；

（3）预计销售量下降 25%，两个方案的息税前利润各下降多少；

（4）对比两个方案的总风险；

（5）假定其他因素不变，只调整方案一的资产负债率，方案一的资产负债率为多少时，才能使得方案一的总风险与方案二的总风险相等？

3. 某公司是一家生产经营 A 产品的上市公司，目前拥有资金 1 200 万元。其中：普通股为 90 万股，每股价格为 8 元；债券为 480 万元，年利率为 8%；目前的销量为 29 万件，单价为 25 元，单位变动成本为 10 元，固定成本为 100 万元（不包括利息费用）。该公司准备扩大生产规模，预计需要新增投资 960 万元，投资所需资金有下列两种方案可供选择。

方案一：发行债券筹资 960 万元，年利率为 10%。

方案二：发行普通股股票筹资 960 万元，每股发行价格为 16 元。预计第一年的每股股利是 1.2 元，股利增长率是 8%。

预计扩大生产能力后，固定成本会增加 98.4 万元（不包括利息费用），假设其他条件不变。公司适用的所得税税率为 25%。两方案均不考虑筹资费率。

要求：

（1）计算两个方案的资本成本（债券筹资按照一般模式计算）。

（2）计算两种筹资方案的每股收益相等时的销售量水平。

（3）若预计扩大生产能力后销量会增加 19 万件，不考虑风险因素，确定该公司最佳的筹资方案。

4. 某公司根据历史资料统计的业务量与资金需要量的有关情况如表 6-14 所示。已知该公司 2022 年预计的业务量为 100 万件。

表 6-14 　　　　　　　　　业务量与资金需要量的有关情况

年度	2017	2018	2019	2020	2021
业务量/万件	80	95	86	75	92
资金需要量/万元	165	180	173	150	190

要求：采用回归分析法预测该公司 2022 年的资金需要量。

五、综合题

飞腾公司为一上市公司，有关资料如下。

资料一：

（1）2021 年度的销售收入为 5 000 万元，销售成本为 3 800 万元。2022 年的目标销售收入增长率为 100%，且销售净利率和股利支付率保持不变。适用的所得税税率为 25%。

（2）2021 年度相关财务指标数据如表 6-15 所示。

表 6-15 　　　　　　　　　2021 年度相关财务指标数据

应收账款周转率	存货周转率	固定资产周转率	销售净利率	股利支付率
8	3.8	2.5	15%	1/3

（3）2021 年 12 月 31 日的比较资产负债表（简表）如表 6-16 所示。

表 6-16 　　　　　　　　　飞腾公司资产负债表（简表）　　　　　　　　　单位：万元

资产	2021 年年初数	2021 年年末数	负债及股东权益	2021 年年初数	2021 年年末数
货币资金	250	500	短期借款	550	750
应收账款	500	（A）	应付账款	700	（D）
存货	1 000	（B）	长期借款	1 250	1 250
债权投资	500	500	股本	120	120
固定资产	2 000	（C）	资本公积	1 380	1 380
无形资产	250	250	留存收益	500	（E）
合计	4 500	5 000	合计	4 500	5 000

（4）根据销售百分比法计算的 2021 年年末资产、负债各项目占销售收入的比重如表 6-17 所示（假定增加销售无须追加固定资产投资）。

表 6-17 　　　　　　　　2021 年年末各资产、负债各项目占销售收入的比重数据

资产	占销售收入比重	负债及股东权益	占销售收入比重
现金	10%	短期借款	—
应收账款	（F）	应付账款	—

续表

资产	占销售收入比重	负债及股东权益	占销售收入比重
存货	（G）	长期借款	—
债权投资	—	股本	—
固定资产（净值）	—	资本公积	—
无形资产	—	留存收益	—
合计	（H）	合计	18%

注："—"表示省略的数据。

资料二：假定资本市场完全有效，该公司普通股 β 系数为 1.2，此时一年期国债利率为 4%，市场平均报酬率为 14%。

资料三：2022 年年初该公司以 1 080 元/张的价格新发行每张面值为 1 000 元、5 年期、票面利息率为 8%、每年年末付息、到期一次还本的公司债券。假定发行时的市场利率为 7%，发行费率为 2%。

要求：

（1）根据资料一计算或确定以下指标。

① 计算 2021 年的净利润。

② 确定题目中用字母（A~G）表示的数值（不需要列示计算过程）。

③ 计算 2022 年预计留存收益。

④ 按销售百分比法预测该公司 2022 年需要增加的资金数额（不考虑折旧的影响）。

⑤ 计算该公司 2022 年需要增加的外部筹资数额。

（2）根据资料二，计算该公司普通股资本成本。

（3）根据资料三，计算新发行公司债券的资本成本（一般模式）。

六、案例分析题

1. 华为公司是全球著名的高科技企业，2019 年实现全球销售收入 8 588 亿元人民币，同比增长 19.1%，净利润为 627 亿元人民币。华为公司至今未上市。

"老干妈"油制辣椒是贵州传统风味食品之一，油辣椒制品在全国同类产品中占有约 70% 的市场份额，行销全球几十个国家。2019 年，老干妈销售收入实现持续增长，全年完成销售收入 50 亿元，同比增长 14.43%，上缴税收 6.36 亿元，同比增长 16.82%。面对资本诱惑，老干妈一直坚守不发行股票上市的原则。创始人的观点是：老干妈不考虑参股、融资和上市，坚持有多少钱就做多少事。

请结合"股票融资"部分的知识点，谈谈公司发行股票并公开上市的利弊。

2. 盾安控股集团有限公司（以下简称"盾安集团"）创办于 1987 年，曾是我国制冷配件行业的龙头企业，以装备制造、民爆化工为基础，铜贸易和房地产业务为辅，并逐步涉足新材料、新能源领域，业务极其多元化。

2018 年 5 月 3 日，盾安集团被媒体爆出资金流动性出现问题，各项有息负债超过 450 亿元，震惊资本市场。随后，盾安集团信用等级从 AA+ 被评级机构大公下调至 AA-。

从盾安集团发债披露的年报数据来看，2018 年一季度资产负债率为 63.93%，有息负债高达 441 亿元，远高于净资产 223 亿元，对子公司担保 83.6 亿元。

在盾安集团爆发危机之前，很多研究员和投资者可能对下列重要数据视而不见：盾安集团主营业务盈利能力较弱：2015 年、2016 年实现营业收入 516 亿元、525 亿元，营业利润分别为 14 亿元和 13.3 亿元，但主要来源于投资收益和房地产公允价值变动，实际经营利润仅为 2.27 亿元和

2.16 亿元，实际经营毛利率不足 0.4%。

2018 年一季度毛利率仅有 8.15%，而盾安集团 2018 年 3 月 30 日发行的 9 个月超短期债，债券年利率为 7.3%，毛利率差点覆盖不了利息成本。

盾安集团旗下有两家上市公司：盾安环境（3.970，-0.11，-2.70%）（002011.SZ）、江南化工（6.930，0.10，1.46%）（002226.SZ），受集团资金流动性困难影响已停牌。

【问题】结合财务管理相关知识讨论：

（1）盾安集团为何会陷入财务困境？

（2）盾安集团的案例有何启示？

06

项目七
营运资金管理

项目背景 ↓

营运资金管理是对企业流动资产及流动负债的管理。企业要维持正常的运转就必须拥有适量的营运资金，因此，营运资金管理是企业财务管理的重要组成部分，关系到企业的经营效率和效果。据调查，企业财务经理有 60%的时间都用于营运资金管理。要搞好营运资金管理，必须解决好流动资产和流动负债两个方面的问题。换句话说，营运资金管理就是要解决以下两个问题：第一，企业应该投入多少资金在流动资产上，即资金运用的管理，主要包括现金管理、应收账款管理和存货管理；第二，企业应该怎样来进行流动资产的融资，即资金筹措的管理，包括银行短期借款的管理和商业信用的管理。

可见，营运资金管理的核心内容就是对资金运用和资金筹措的管理。

项目导入 ↓

家乐福的存货管理

国际零售企业家乐福在长期的发展中形成了良好的存货管理、仓储管理和信息管理机制。家乐福的存货管理分为需求估算、购料订货、仓储作业及账务管理四个阶段，下面介绍其具体做法。

1. 需求估算阶段

第一个环节是计划环节。周全的计划可防止各种可能的缺失，可使人力、设备、资金等各项资源得到有效、充分的运用，又可以规避各类可能的风险。制定一个良好的库存计划既可减少公司不良库存，又能保证生产高效、顺利进行。

在库存商品的管理模式上，家乐福实行品类管理，优化商品结构。商品入库之后，工作人员使用 POS 机可以实时收集库存、销售等数据，并根据这些数据的汇总分析结果对库存商品进行分类。然后，工作人员根据不同的商品分类拟订相应的库存计划，当库存下降到安全库存量或以下的时候，系统就会启动自动订货程序。

2. 购料订货阶段

在选用合理的库存计划模式后，就要根据需求估算的结果来实施订货，进入购料订货环节，以确保购入的商品能够按时、按量到达，保证生产或销售顺利进行。

家乐福有一个特殊的订货部门——OP（Order Pool），它是家乐福的物流系统核心，控制了整个企业的物流运转。在家乐福，采购与订货是分开的。采购部门负责选择供应商，议定合约和订购价格。OP 则负责对仓库库存量的控制；生成正常订单与临时订单，保证所有的订单发送给供应商；同时进行库存异动分析。

3. 仓储作业阶段

家乐福将仓库、财务、OP、营业部门的功能和供应商的数据整合在一起，从统一的视角来考虑订货、收货、销售过程中的各种影响因素。因此，要了解家乐福仓储作业的管理就必须联系它的 OP、财务、营业部门来看，这是一个严密的有机体。仓库在收货、发货之外会根据每日存货异动的资料，将存量数据传输给 OP 部门，OP 部门则根据累计和新传输的数据生成各类分析报表。同时，家乐福已逐步将周期盘点代替传统一年两次的实地盘点。在实行了周期盘点后，家乐福发现，其优势是节省了一定的人力、物力、财力，同时，盘点的效率得到了提高。

4. 账务管理阶段

账务管理是物料管理循环的最后一个环节，但同时也是下一个循环的开始。其包含两部分的内容：一部分是仓储管理人员的收发料账，另一部分则是财务部门的材料账。对这两类账的日常登记、定期检查汇总，称为物料的账务管理。账务管理最主要的目标是保证料、账准确，真实反映库存情况。

【思考】从家乐福的存货管理机制中可以得到哪些启示？

任务分解 ↓

通过存货管理，最大限度地降低库存成本，提高存货周转率，是家乐福的一大竞争优势。企业在生产经营过程中，不仅要关注存货，还要关注现金、应收账款等，对这些营运资金进行有效管理，以最低的成本保证生产经营的正常运行。本项目分解为四个任务：认识营运资金管理；现金管理；应收账款管理；存货管理。

任务一　认识营运资金管理

营运资金是指在企业生产经营活动中占用在流动资产上的资金。营运资金有广义和狭义之分。广义的营运资金是指企业流动资产的总额；狭义的营运资金是指流动资产减去流动负债后的余额。流动资产是指可以在一年或超过一年的一个营业周期内变现或者耗用的资产，包括货币资金、短期投资、应收预付款项、存货等。流动负债是指必须在一年或超过一年的一个营业周期内偿还的债务，包括短期借款、应付预收款项、应交税费等。

一、营运资金管理的内容

营运资金管理既包括流动资产的管理，也包括流动负债的管理，具体内容如下。

（一）合理确定并控制营运资金的需要量

企业营运资金的需要量取决于生产经营规模和流动资金的周转速度，同时也受市场及供、产、销情况的影响。企业应综合考虑各种因素，合理确定营运资金的需要量，既要保证企业经营的需要，又要确保无浪费。

（二）合理确定营运资金的来源构成

企业应选择合适的筹资渠道及方式，力求以最小的代价谋取最大的经济利益，同时按时偿还到期债务，防范经营和财务风险。

二、营运资金管理的原则

（一）保证合理的资金需求

企业应认真分析生产经营状况，合理确定营运资金的需要数量，既要保证有足够的资金满足生产经营的需要，又要保证能按时按量偿还各种到期债务。营运资金管理必须把满足正常、合理的资金需求作为首要任务。

（二）提高资金使用效率

通过加速存货周转、缩短应收账款的收款周期、延长应付账款的付款周期等方式，加速资金周转，缩短营业周期，提高资金使用效率。在营运资金一定的情况下，加速资金周转，可以提高资金周转次数，增加收入；在经营规模一定的条件下，加速资金周转，可以减少营运资金占用。

（三）节约资金使用成本

企业应在保证生产经营需要的前提下，尽力降低资金使用成本。一方面，企业应加速资金周转，提高资金使用效率；另一方面，要积极拓展融资渠道，合理配置资源，筹集低成本资金。

（四）保持足够的短期偿债能力

合理安排流动资产和流动负债的比例关系，保持流动资产结构与流动负债结构的适配性，保证企业有足够的短期偿债能力。流动资产、流动负债两者之间的关系较好地反映了企业的短期偿债能力。如果企业的流动资产比较多，流动负债比较少，说明企业的短期偿债能力较强；反之，若企业的流动资产比较少，流动负债比较多，则说明企业短期偿债能力较弱。但如果企业流动资产太多，流动负债太少，也不是正常现象，很可能存在流动资产闲置或流动负债利用不足的问题。

三、营运资金管理的策略

营运资金管理的内容包括：确定企业运营需要多少营运资金；确定如何筹集企业所需营运资金。针对这两个问题，分别提出营运资金持有策略、营运资金融资策略。

（一）营运资金持有策略

由于销售水平、成本、生产时间、存货补给时从订货到交货的时间、顾客服务水平、收款和支付期限等方面存在不确定性，所以流动资产投资具有不确定性。是多投资一些，还是少投资一

07

些，需要综合权衡收益和风险，同时也和企业管理风格和策略有关。如果企业管理风格趋于保守，则会持有较多的营运资金，保持较高的流动资产与销售收入比率，以获得更高的流动性（安全性）。但这种情况下企业的盈利能力较低，这是一种宽松的营运资金持有策略。相反，如果管理者偏向于为了获取更高的盈利能力而愿意承担风险，就会保持较低水平的流动资产与销售收入比率，这是一种紧缩的营运资金持有策略。

1. 紧缩的营运资金持有策略

紧缩的营运资金持有策略包括：企业持有尽可能少的现金和小额的有价证券；尽可能减少存货；采用严格的销售信用政策或禁止赊销。这种策略最终表现为较低的流动资产与销售收入比率。

该策略的特点是高收益、高风险。一方面，将流动资产降到最低限度，可减少资金占用成本，增加企业收益；另一方面，企业要承担较大的风险，如可能会面临经营中断、失去销售机会、不能偿还到期债务等风险。

紧缩的流动资产投资策略，对企业的管理水平有较高的要求。例如，准时制生产方式（Just In Time，JIT）的应用，使得美国、日本等发达国家的流动资产与销售收入比率呈现越来越小的趋势。

2. 宽松的流动资产投资策略

宽松的流动资产投资策略包括：企业持有较多的现金和有价证券；充足的存货；给客户宽松的付款条件并保持较高的应收账款水平。最终表现为较高的流动资产与销售收入比率。

该策略具有低风险、低收益的特点。由于保留较多的流动资产，所以可以应付很多不确定情况，使风险大大降低。但同时企业承担较大的流动资产持有成本，降低了企业的盈利水平。

两种流动资产投资策略的比较，如表 7-1 所示。

表 7-1　　　　　　　　　　　两种流动资产投资策略的比较

种类	特点			
	流动资产与销售收入比率	财务与经营风险	流动资产持有成本	企业的收益水平
紧缩的流动资产投资策略	维持低水平	较高	较低	较高
宽松的流动资产投资策略	维持高水平	较低	较高	较低

3. 选择流动资产投资策略应考虑的因素

（1）权衡资产的收益性和风险性。增加流动资产投资，会增加流动资产的持有成本，降低资产的收益性，但会提高资产的流动性，减少短缺成本。反之，减少流动资产投资，会降低流动资产的持有成本，增加资产的收益性，但会降低资产的流动性，短缺成本会增加。因此，从理论上说，最优的流动资产投资应该使流动资产的持有成本与短缺成本之和最低。

（2）企业经营的内外部环境。银行和其他借款人对企业流动性水平非常重视，如果企业重视债权人的意见，会采用宽松的流动资产投资策略。如果企业筹资困难，通常采用紧缩的流动资产投资策略。

（3）产业因素。对销售边际毛利较高的产业，如果从额外销售中获得的利润超过额外应收账款所增加的成本，宽松信用政策可能提供更可观的收益。同时，流动资产占用具有明显的行业特征。比如，在商业零售行业，其流动资产占用要超过机械制造行业。

（4）影响企业政策的决策者。保守的决策者更倾向于宽松的流动资产投资策略，而风险承受能力较强的决策者则倾向于紧缩的流动资产投资策略。生产经理倾向于保持较多的原材料持有量，以满足生产所需。销售经理倾向于保持较多的产成品以满足客户需要，同时倾向于选择宽松的信用政策以促进销售。财务管理人员倾向于使存货和应收账款最小化，以降低流动资产成本。

（二）营运资金融资策略

根据资产的期限结构与资金来源的期限结构的匹配程度差异，营运资金融资策略可以分为三种类型：期限匹配融资策略、保守融资策略和激进融资策略，分别如图 7-1、图 7-2、图 7-3 所示。

资产划分	非流动资产	稳定性流动资产	波动性流动资产
资金来源	长期来源		短期来源

图 7-1　期限匹配融资策略

资产划分	非流动资产	稳定性流动资产	波动性流动资产
资金来源	长期来源			短期来源

图 7-2　保守融资策略

资产划分	非流动资产	稳定性流动资产	波动性流动资产
资金来源	长期来源		短期来源

图 7-3　激进融资策略

上述三种融资策略示意图中，资金的长期来源包括自发性流动负债、长期负债和股东权益，资金的短期来源主要指临时性流动负债，如短期借款。

1. 期限匹配融资策略

期限匹配融资策略是指企业负债的偿还期限与资产的变现期限相匹配，即非流动资产和稳定性流动资产所需资金通过权益筹资、长期负债和自发性流动负债方式筹集，波动性流动资产所需资金通过临时性流动负债方式筹集。该策略可用以下公式表示：

非流动资产+稳定性流动资产=股东权益+长期负债+自发性流动负债

波动性流动资产=临时性流动负债（短期金融负债）

期限匹配融资策略要求企业短期金融负债筹资计划严密，现金流动与预期安排一致。但在实务中，往往做不到资产与负债期限的完全匹配，主要原因如下。①企业不可能为每一项资产按其期限配置单独的资金来源，只能按短期来源和长期来源两大类来统筹安排筹资。②股东权益是无限期的资金来源，而资产总是有期限的，不可能完全匹配。③资产的变现期限是不确定的，而负债的偿还期限是确定的，必然会出现不匹配。例如，预计销售没有实现，无法按原计划归还短期借款，导致匹配失衡。因此，期限匹配融资策略只是一种理想的融资策略，实践中很难贯彻执行。它更多的是一种战略理念。

2. 保守融资策略

保守融资策略是指非流动资产和稳定性流动资产及部分波动性流动资产所需资金通过权益筹资、长期负债和自发性流动负债方式筹集，即临时性流动负债只筹集部分波动性流动资产所需资金。该策略可用以下公式表示：

非流动资产+稳定性流动资产+部分波动性流动资产=股东权益+长期负债+自发性流动负债

剩余波动性流动资产=临时性流动负债（短期金融负债）

这种融资策略较少使用短期金融负债融资。由于短期金融负债所占比重较小，所以企业无法偿还到期债务的风险较低。但同时由于股东权益和长期负债资本成本一般高于短期金融负债资本成本，以及经营淡季时资金有剩余仍需负担长期负债利息，所以会降低企业的收益。因此，这是一种低风险、低收益的策略。

3. 激进融资策略

激进融资策略是指非流动资产和部分稳定性流动资产所需资金通过权益筹资、长期负债和自发性流动负债方式筹集，剩下部分稳定性流动资产和波动性流动资产所需资金需通过短期金融负债方式筹集。该策略可用以下公式表示：

非流动资产+部分稳定性流动资产=股东权益+长期负债+自发性流动负债

剩余部分稳定性流动资产+波动性流动资产=临时性流动负债（短期金融负债）

这种融资策略较多使用短期融资。由于短期金融负债的资本成本一般低于股东权益和长期负债资本成本，所以企业总体资本成本较低，可以提高企业收益。然而，过多地使用短期金融负债会增加企业偿债风险，使企业陷入再融资困境。因为企业为了满足稳定性流动资产的长期、稳定的资金需求，需要在短期金融负债到期后重新举债或申请债务延期，即需要不断地举债和还债。因此，这是一种高风险、高收益的策略。

任务二　现金管理

微课

现金管理

一、现金收支日常管理

企业应加强现金的日常管理，使现金得到最有效的利用。

（一）力争现金流同步

企业应尽量使现金流入和现金流出发生的时间趋于一致，这样可以降低持有的交易性现金数额，同时可以减少有价证券转换为现金的次数，节约转换成本。

（二）使用现金浮游量

从企业开出支票，收票人收到支票并存入银行，至银行将款项划出企业账户，中间需要一段时间。这段时间的现金占用量称为现金浮游量。这段时间里，尽管企业已开出支票，却仍可动用活期存款账户上的这笔资金。但需要控制好使用时间，以免发生透支。

（三）加速收款

加速收款主要指缩短应收账款时间。应收账款一方面可以扩大销售收入，另一方面会增加企业资金的占用。企业需要在两者之间找到平衡点，思考如何利用应收账款吸引客户，同时缩短收款时间。例如，利用现金折扣，让客户提早付款，以缩短收款进程（客户开出支票邮寄到收款企业，收款企业收到支票后交付银行，银行凭支票通过银行结算系统向客户的开户银行结算划转款项），使款项尽早进入本企业的银行账户。

（四）推迟付款日期

企业在不影响自己信誉的前提下，应尽力合理合法地推迟付款日期。例如，充分运用供货方所提供的信用政策，在供货方所给付款期限的最后一天支付；存在现金折扣时，在获得的现金折扣和提早付款产生的机会成本之间进行权衡。又如在诸多结算方式中，如有可能，优先考虑用汇票结算。

【例7-1】某公司需在指定日期前把一笔款项汇到某外地单位。若用普通邮寄需3元，若用电汇需13元，但可快4天时间。假定该公司资金成本率为10%，需汇款90 000元。

要求： 判断该公司应采用普通邮寄还是电汇。

解： 电汇相对于普通邮寄，筹措到4天可用资金90 000元，其收益为90 000×10%×4÷360=100（元），而为此增加的成本为13-3=10（元）。

因此，该公司应采用电汇，净收益为90（=100-10）元。

二、现金成本

现金成本包括持有成本、转换成本、短缺成本、管理成本。

（一）持有成本（机会成本）

持有成本是指因保留一定的现金而丧失的投资收益，这是一项机会成本，属于变动成本，与现金持有量成正向变动关系。

（二）转换成本

转换成本是指有价证券与现金转换时的交易费用。转换成本中既有依据成交额计算的费用，也有基于转换次数计算的费用。

（三）短缺成本

短缺成本是指因现金不足而给企业造成的损失，如因无钱购买原材料造成停工损失、失去现金折扣、不能及时支付而造成信誉损失等。短缺成本与现金持有量成反向变动关系。

（四）管理成本

管理成本是指企业因持有现金而发生的管理费用，如管理人员的工资支出、安全防盗设施的建造费用等。管理成本一般是固定成本。

三、确定最佳现金持有量

企业在生产经营过程中为了满足交易、预防、投机等需要，必须持有一定数量的现金，但现金持有太多或太少都对企业不利。最佳现金持有量就是指使有关成本之和最小的现金持有数额，它的确定主要有成本模式和存货模式两种方法。

（一）成本模式

成本模式是通过分析企业持有现金的各相关成本，测算各相关成本之和最小时的现金持有量的一种方法。在成本模式下应考虑机会成本、管理成本、短缺成本。机会成本与现金持有量呈正向变动关系；短缺成本与现金持有量呈反向变动关系；管理成本由于是固定成本，是一项决策无关成本，按理不应予以考虑，但成本模式下为匡算总成本的大小，仍把它考虑在内，当然对决策结果不会造成影响。

成本模式要寻找使得机会成本、短缺成本、管理成本所组成的总成本达到最小化时的现金持有量，即为最佳现金持有量。

【例7-2】某企业有4种现金持有方案，它们各自的机会成本、短缺成本和管理成本如表7-2所示。该企业的投资收益率为10%。问：应选择哪种现金持有方案？

表7-2　　　　　　　　　　　　　　　现金持有方案　　　　　　　　　　　　单位：万元

项目	甲	乙	丙	丁
现金持有量	50	60	70	80
机会成本	5	6	7	8
管理成本	1	1	1	1
短缺成本	3	1	0.5	0
持有总成本	9	8	8.5	9

解： 由于方案乙的总成本最小，因此最佳现金持有量为60万元。

（二）存货模式

存货模式是借用存货管理经济批量公式来确定最佳现金持有量的一种方法。

1. 基本假设

存货模式的应用需满足以下假定。

（1）现金的支出过程比较稳定，波动较小，每当现金余额降至零时，通过变现部分有价证券得以补足，不存在现金短缺。

（2）企业预算期内现金需要总量可以预测。

（3）有价证券的报酬率及每次固定性转换费用可以获悉。

2. 决策相关成本及其计算

存货模式下的决策相关成本为机会成本和转换成本。

（1）机会成本。其计算公式如下。

$$机会成本=现金平均持有量×投资收益率（有价证券报酬率）$$

（2）转换成本。此处的转换成本仅指与转换次数成正比的费用，即固定性转换费用，与每次转换金额无关。转换成本计算公式如下。

$$转换成本=转换次数×每次将有价证券转为现金的成本$$

（3）两者关系：反方向变动。基于前述假设，每次将有价证券转回现金的金额越大，企业平均现金持有量越高，转换的次数便越少，现金的转换成本就越低，但现金的机会成本会越高。反之，每次将有价证券转回现金的金额越小，则现金的转换成本就越高，但现金的机会成本会越低。可见，机会成本和转换成本成反向变动关系，两者此起彼伏。

3. 决策模型

存货模式旨在使相关总成本（机会成本和交易成本之和）最小化，此时的现金持有量即为最佳现金持有量。决策模型如下。

$$TC=\frac{C}{2}×K+\frac{T}{C}×F \qquad （式 7-1）$$

式 7-1 中：TC 表示存货分析模式下的相关总成本；C 表示一次交易资金量，即企业最高现金存量；K 表示有价证券收益率；T 表示一个周期内现金总需求量；F 表示每次将有价证券转为现金的成本。等式中只有 C 为变量，其余都为常数。

当 $\frac{C}{2}×K=\frac{T}{C}×F$ 时，TC 达到最小。此时，

$$C^*=\sqrt{\frac{2TF}{K}} \qquad （式 7-2）$$

C^* 即为最佳现金持有量，则最小相关总成本为

$$TC^*=\sqrt{2TFK} \qquad （式 7-3）$$

【例 7-3】某企业预计 1 个月内经营所需现金约为 800 万元，准备用短期有价证券变现取得，证券每次转换的固定成本为 100 元，证券市场年利率为 12%。

要求：计算最佳现金持有量及最小相关总成本。

解：最佳现金持有量 $C^*=\sqrt{\frac{2TF}{K}}=\sqrt{\frac{2×8\,000\,000×100}{12\%÷12}}=400\,000$（元）

最小相关总成本 $TC^*=\sqrt{2TFK}=\sqrt{2×8\,000\,000×100×12\%÷12}=4\,000$（元）

（三）随机模式

随机模式是在现金需求量难以预测的情况下进行现金持有量控制的方法。企业根据历史经验和现实需要，测算出现金持有量的控制范围，即制定出现金持有量的上限和下限，将现金持有量控制在上下限之间。当现金持有量达到上限时，将部分现金转换为有价证券；当现金持有量降到下限时，则将部分有价证券转换为现金；若现金持有量控制在上下限之间，则不必进行现金与有价证券的转换。这种对现金持有量的控制，如图 7-4 所示。

图 7-4 中的现金余额最低控制值 L 取决于模型之外的因素，其金额由现金管理人员在综合考虑每日最低现金需求、现金短缺成本、企业借款能力、风险承受倾向等因素基础上确定。

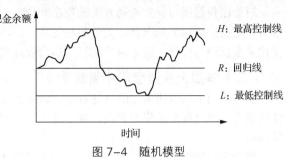

图 7-4　随机模型

$$R=\sqrt[3]{\frac{3b\times\delta^2}{4i}}+L \qquad （式 7-4）$$
$$H=3R-2L \qquad （式 7-5）$$

式 7-4 中，R 为目标现金余额，b 表示现金与有价证券之间的固定转换成本，δ 表示预期每日现金余额变动的标准差，i 表示有价证券的日收益率。式 7-5 中，H 表示最高现金余额。

【例 7-4】某公司现金部经理决定将现金最低控制值 L 设为 10 000 元，估计公司现金流量标准差 δ 为 1 000 元，持有现金的年机会成本为 14.04%，换算为 i 值是 0.000 39，b=150 元。根据该模型，可求得：

$$R=\sqrt[3]{\frac{3b\times\delta^2}{4i}}+L=\sqrt[3]{\frac{3\times150\times1\,000^2}{4\times0.000\,39}}+10\,000=16\,607（元）$$

$$H=3R-2L=3\times16\,607-2\times10\,000=29\,821（元）$$

该公司目标现金余额为 16 607 元。若现金持有量达到 29 821 元，则买进 13 214（=29 821-16 607）元的有价证券；若现金持有量下降到 10 000 元，则卖出 6 607（=16 607-1 000）元有价证券。

此模式适用于所有企业最佳现金持有量的测算。此外，它是建立在企业的现金未来需求总量和收支不可预测的前提下，因此，计算出来的现金持有量比较保守。

四、现金管理模式

（一）"收支两条线"管理模式

企业实施"收支两条线"管理模式，由此对企业范围内的现金进行集中管理，减少现金持有成本，加速资金周转，提高资金使用效率。构建企业"收支两条线"管理模式，可以从规范资金流向、流量和流程三个方面入手。

1. 规范资金流向

要求各部门或分支机构在银行设立收入户和支出户两个账户，并规定所有收入的现金都必须进入收入户（外地分支机构的收入户资金还须及时、足额地回笼到总部），所有现金支出都必须从支出户里支付，支出户里的资金只能由收入户划拨，不能坐支现金。

2. 规范资金流量

在收入环节，确保所有的收入都进入收入户，不允许私设"小金库"；在支出环节，根据"以收定支""最低限额资金占用"的原则从收入户按照支付预算安排将资金划拨到支出户，尽量降低支出户平均资金占用额。此外，还需加快资金结算速度，通过动态的现金流量预算和收支计划实现对现金的精确调度。

3. 规范资金流程

资金流程是指与资金流动有关的程序和规定。它是"收支两条线"内部控制体系的重要组成部分，主要包括以下几部分：关于账户管理、货币资金安全性等的规定；收入资金管理与控制；支出资金管理与控制；资金内部结算与信贷管理与控制；"收支两条线"的组织保障等。

（二）集团企业资金集中管理模式

企业集团下属机构多，地域分布广，如果子/分公司多头开户，资金存放分散，会降低资金的使用效率。通过资金的集中管理，统一筹集、合理分配、有序调度，能降低融资成本，提高资金使用效率。

资金集中管理，也称司库制度，是指集团企业借助商业银行网上银行功能及其他信息技术手段，将分散在集团各所属企业的资金集中到总部，由总部统一调度、统一管理和统一运用。资金集中管理主要包括以下内容：资金集中、内部结算、融资管理、外汇管理、支付管理等。其中，资金集中是基础，其他各方面均建立在此基础之上。现行的资金集中管理模式大致可以分为以下几种。

1. 统收统支模式

统收统支模式下，企业的一切资金收入都集中在集团总部的财务部门，各分支机构或子企业不单独设立账户，一切现金支出都通过集团总部财务部门付出，现金收支的批准权高度集中。这种模式的优点是：有利于企业集团实现全面收支平衡，提高资金的周转效率，减少资金沉淀，监控现金收支，降低资金成本。其缺点是不利于调动成员企业开源节流的积极性，影响成员企业经营的灵活性，以致降低整个集团经营活动和财务活动的效率；而且在制度的管理上欠缺一定的合理性，如果每笔进进出出的收支都要经过财务人员之手，那么总部财务部门的工作量就大了很多。这种模式通常适用于规模比较小的企业。

2. 拨付备用金模式

拨付备用金模式下，集团按一定的期限统拨给所有分支机构或子企业一定数额的现金，各分支机构或子企业发生现金支出后，持有关凭证到集团财务部门报销以补足备用金。相比统收统支模式，拨付备用金模式具有一定的灵活性。这种模式通常适用于经营规模比较小的企业。

3. 结算中心模式

结算中心通常是由企业集团内部设立的，办理内部各成员现金收付和往来结算业务的专门机构。它通常设立于财务部门内，是一个独立运行的职能机构。结算中心为成员企业办理资金融通和结算，帮助企业集中管理各分/子公司的现金收入和支出。分/子公司收到现金后直接存入结算中心的账户，当需要资金时，由结算中心统一拨付，由此降低企业成本、提高资金使用效率。

4. 内部银行模式

内部银行是一种内部资金管理机构，它将企业管理、金融信贷和财务管理三者融为一体。内部银行模式下，将企业的自有资金和商业银行的信贷资金统筹运作，在内部银行统一调剂、融通运用。内部银行通过吸纳企业下属各单位闲散资金、调剂余缺，减少资金占用，加速资金周转。内部银行一般具有三大职能：结算、融通信贷和监督控制。内部银行一般适用于具有较多责任中心的企事业单位。

5. 财务公司模式

财务公司是一种经营部分银行业务的非银行金融机构，它需要经过中国人民银行审核批准才能设立。其主要职责是开展集团内部资金集中结算，同时为集团成员企业提供存贷款、融资租赁、担保、信用签证、债券承销、财务顾问等全方位金融服务。在此模式下，集团各子公司具有完全独立的财权，可以自行经营自身的现金，对现金的使用行使决策权。另外，集团对各子公司的现金控制是通过财务公司进行的，由财务公司对各子公司进行专门约束，这种约束是建立在各自具有独立的经济利益基础上的。集团公司经营者（或最高决策机构）不再直接干预子公司的现金使用和取得。

资金集中管理模式的选择，实质反映了集团管理是集权还是分权管理，即所属各子公司或分部是否有资金的使用决策权、经营权，一般由行业特点和本集团资金运行规律决定。

任务三　应收账款管理

应收账款是企业对外赊销产品、材料，提供劳务及其他原因，应向购货或接受劳务的单位及其他单位收取的款项。当代经济中，商业信用的使用越趋增多，应收账款的数额也越趋增大，应收账款成为流动资金中的重要项目。

一、应收账款的成本

采取赊销方式就必然产生应收账款，企业持有应收账款主要有三项成本：机会成本、管理成本和坏账成本。

（一）机会成本

应收账款的机会成本是指因将资金投放于应收账款而放弃其他投资所带来的收益，其计算公式如下。

$$
\begin{aligned}
&应收账款占用资金的机会成本\\
&=应收账款占用资金×资本成本\\
&=应收账款平均余额×变动成本率×资本成本\\
&=日销售额×平均收现期×变动成本率×资本成本\\
&=全年销售额/360×平均收现期×变动成本率×资本成本\\
&=全年销售变动成本/360×平均收现期×资本成本
\end{aligned}
$$

其中，平均收现期为各种收现期的加权平均数。

（二）管理成本

管理成本是指企业对应收账款进行管理而发生的费用，主要包括调查客户信用状况的费用、应收账款记录分析费用、收账费用等。应收账款在一定数额范围内，管理成本一般为固定成本。

（三）坏账成本

坏账成本是指应收账款因故不能收回而发生的损失。存在应收账款就难以避免坏账的发生，这会给企业带来不稳定与风险，企业可按有关规定以应收账款余额的一定比例提取坏账准备。计算公式如下。

$$应收账款的坏账成本=应收账款余额×坏账损失率$$

应收账款拖欠时间越久，则预计坏账损失率越大。可见，坏账成本与应收账款的数额和拖欠时间成正向变动关系。

二、制定合理的信用政策

应收账款的信用政策是指应收账款的管理政策，包括信用标准、信用条件和收账政策。

（一）信用标准

1. 含义

信用标准是指客户为获得本企业商业信用所必须达到的最低信用水平。如客户达不到信用标准，则本企业将不给予信用优惠。信用标准定得过高，会减少坏账损失，减少机会成本，但也会使销售减少并影响企业的市场竞争力；信用标准定得过低，虽有利于扩大销售，但会增加坏账成本和管理成本。

2. 信用的定性分析

信用的定性分析指对客户"质"的方面的分析。企业在设定某一信用标准时，往往先要评估客户赖账的可能性，这可以通过"5C"系统来进行。

（1）品质（Character）。品质指个人申请人或公司申请人管理者的诚实和正直表现，它反映了个人或企业在过去的还款中所体现出的还款意图和愿望，通常要根据过去的记录结合现状调查来进行分析。

（2）能力（Capacity）。能力指经营能力，通常通过分析以下内容来评估：申请者的生产经营能力及获利情况，管理制度是否健全，管理手段是否先进，产品生产销售是否正常，在市场上有无竞争力，经营规模和经营实力是否逐年增长等。

（3）资本（Capital）。资本指如果企业或个人当前的现金流不足以还债，其短期和长期资产中可供使用的财务资源。必须调查了解企业或个人资本规模和负债比率，反映企业或个人资产或资本对负债的保障程度。

（4）抵押（Collateral）。抵押指当公司或个人不能满足还款条款时，可以用作债务担保的资产或其他担保物。需要分析担保抵押手续是否齐备，抵押品的估值和出售有无问题，担保人的信誉是否可靠等。

（5）条件（Condition）。条件指影响申请人还款能力和还款意愿的经济环境。需要对申请人的经济环境，包括企业发展前景、行业发展趋势、市场需求变化等进行分析，预测其对申请人经营效益的影响。

3. 信用的定量分析

企业进行商业信用的定量分析可以从考察信用申请人的财务报表开始。通常使用比率分析法评价客户的财务状况，常用指标有流动比率、速动比率、资产负债率、销售净利率、净资产收益率等。将这些指标和行业标准进行比较，可以判断客户的信用状况。

（二）信用条件

信用条件是企业要求客户支付货款的条件，包括信用期限、折扣期限和现金折扣三个要素，其中折扣期限和现金折扣构成折扣条件。

1. 信用期限

信用期限又称信用期，指企业允许客户从购货到付款之间的时间间隔。信用期限过短不足以吸引顾客，不利于扩大销售；信用期限过长会增加机会成本、管理成本、坏账成本。信用期限优化原则：延长信用期限增加的销售利润应超过增加的信用成本（机会成本、管理成本、坏账成本三项之和）。信用期限决策过程如下。

（1）计算各备选方案的信用成本。

$$信用成本=机会成本+坏账成本+收账费用$$

$$机会成本=全年销售额/360×平均收现期×变动成本率×资本成本$$

$$坏账成本=赊销额×预计坏账损失率$$

其中，收账费用一般为固定成本。

（2）计算各备选方案的税前收益。

$$税前收益=销售收入-变动成本-固定成本-信用成本$$

（3）决策：选择扣除信用成本后收益最大的方案。

【例 7-5】某企业预测的 2022 年赊销额为 3 600 万元，其信用期为 30 天，变动成本率为 60%，资金成本率（或有价证券利息率）为 10%，收账费用为 36 万元。假设企业收账政策不变，固定成本总额为 1 000 万元。该企业准备了三个信用条件的备选方案：方案 A，维持 30 天的信用期间；方案 B，将信用期放宽至 60 天，年赊销额预计达到 3 960 万元，收账费用达到 60 万元；方案 C，将信用期放宽至 90 天，年赊销额预计达到 4 200 万元，收账费用达到 144 万元。请确定哪个方案最优。

解：（1）计算三个方案的信用成本，如表 7-3 所示。

表 7-3　　　　　　　　　　　　　三个方案的信用成本　　　　　　　　　　　　金额单位：万元

项目	方案 A	方案 B	方案 C
	n/30	n/60	n/90
年赊销额	3 600	3 960	4 200
应收账款平均收账天数	30	60	90
应收账款平均余额	3 600÷360×30=300	3 960÷360×60=660	4 200÷360×90=1 050
维持赊销业务所需资金	300×60%=180	660×60%=396	1 050×60%=630
应收账款机会成本	180×10%=18	396×10%=39.6	630×10%=63
坏账损失/年赊销额	2%	3%	6%
坏账损失	3 600×2%=72	3 960×3%=118.8	4 200×6%=252
收账费用	36	60	144
信用成本	126	218.4	459

（2）计算三个方案的税前收益，如表 7-4 所示。

表 7-4　　　　　　　　　　　　　三个方案的税前收益　　　　　　　　　　　　单位：万元

项目	方案 A	方案 B	方案 C
	n/30	n/60	n/90
年赊销额	3 600	3 960	4 200
变动成本	2 160	2 376	2 520
固定成本	1 000	1 000	1 000
信用成本	126	218.4	459
税前收益	314	365.6	221

由于 B 方案扣除信用成本后收益最大，因此，应选方案 B。

2. 折扣条件

企业为了既能扩大销售，又能及早收回款项，往往在给客户以信用期限的同时提供折扣条件。折扣条件包括折扣期限和现金折扣两个方面。折扣期限是为客户规定的可享受现金折扣的付款时间。现金折扣是客户在折扣期限内付款时享受的优惠。例如："3/10，1/20，n/30"表示信用期限为 30 天，如客户在 10 天内付款，可享受 3%（一般是销售额的 3%）的折扣；在 20 天内付款，可享受 1% 的折扣；超过 20 天，则应在 30 天内足额付款。其中，10 天、20 天是折扣期限，3%、1% 是现金折扣率。

折扣条件能降低机会成本、管理成本和坏账成本，但同时也需付出一定的代价，即现金折扣成本。现金折扣条款有时也会影响销售额（比如有的客户冲着现金折扣条款来购买本企业产品），改变销售利润。

在有折扣条件的情况下，信用条件优化原则是：增加的销售利润能超过增加的信用成本（机会成本、管理成本、坏账成本和折扣成本之和）。现金折扣本质上是一种筹资行为，因此现金折扣成本是筹资费用而非应收账款成本。由于折扣条件与信用期限是结合使用的，所以折扣条件决策与前述信用期限决策方法和程序一致。不过，进行折扣条件决策需要增加一项信用成本，即现金折扣成本，其计算公式如下。

现金折扣成本=赊销净额×折扣期内付款的销售额比例×现金折扣率

【**例 7-6**】仍以【例 7-5】所列资料为例，如果企业为了加速应收账款的回收，决定在方案 B 的基础上将赊销条件改为"2/10，1/20，n/60"（方案 D）。估计约有 60% 的客户（按赊销额计算）会利用 2% 的折扣；15% 的客户将利用 1% 的折扣。坏账损失率降为 1.5%，收账费用降为 42 万元。请选择最优方案。

解：计算方案 D 的税前收益如下。

机会成本=全年销售额/360×平均收现期×变动成本率×资本成本

           =3 960÷360×（60%×10+15%×20+25%×60）×60%×10%

           =15.84（万元）

坏账成本=赊销额×预计坏账损失率=3 960×1.5%=59.4（万元）

现金折扣成本=赊销净额×折扣期内付款的销售额比例×现金折扣率

           =（3 960×60%×2%）+（3 960×15%×1%）=53.46（万元）

信用成本=机会成本+坏账成本+收账费用+现金折扣成本

           =15.84+59.4+42+53.46=170.7（万元）

税前收益=销售收入-变动成本-固定成本-信用成本

           =3 960-3 960×60%-1 000-170.7=413.3（万元）

因为方案 D 的税前收益最大，所以选择方案 D。

（三）收账政策

收账政策是指客户违反信用条件时企业应采取的策略。企业如果采取较积极的收账政策，可能会减少应收账款的机会成本、坏账损失，但会增加收账费用；如果采取较消极的收账政策，会减少收账费用，但可能会增加应收账款的机会成本、坏账损失。企业应该在应收账款的机会成本、坏账损失与收账费用间进行权衡，以达到相关成本最小化。

同时，企业对客户欠款的催收应做到有理、有利、有节。对超过信用期限不多的客户宜采用电话、发信等方式提醒对方付款。对久拖不还的欠款，应具体调查分析客户欠款不还的原因。如客户确因财务困难而无力支付，则应与客户协商沟通，寻求解决问题的较理想的办法，甚至对客户予以适当帮助、进行债务重整等。如客户欠款属恣意赖账、品质恶劣，则应逐渐加强催账力度，甚至诉诸法律，并将该客户从信用名单中排除。

三、应收账款的监控

企业需要监督和控制每一笔应收账款，以便及早发现、防范、处理不良应收账款。应收账款监控主要通过应收账款账龄分析、周转天数分析来进行。

（一）应收账款账龄分析

企业通过编制应收账款账龄分析表，实施对应收账款收回情况的监督。企业可以根据应收账款总额进行账龄分析（见表 7-5），也可以分客户进行账龄分析。

表 7-5　　　　　　　　　　　　　应收账款账龄分析表

账龄	账户数	应收账款余额/万元	占应收账款总额的百分比/%
信用期内	200	800	40
超过信用期 1～20 天	100	400	20
超过信用期 21～40 天	50	300	15
超过信用期 41～60 天	30	100	5
超过信用期 61～80 天	20	200	10
超过信用期 81～100 天	15	120	6
超过信用期 101 天	5	80	4
合计	420	2 000	100

从账龄分析表可以看到企业的应收账款在信用期内及超过信用期各时间档次的金额及比重，也即账龄结构。一般来说应收账款拖欠时间越长，收回的难度越大，也越可能形成坏账。通过账龄结构分析，做好信用记录，可以研究与制定新的信用政策和收账政策。

（二）应收账款周转天数分析

应收账款周转天数或平均收账期是衡量应收账款管理状况的一个指标。将企业当前的周转天数与规定的信用期限、历史数据及行业平均水平进行比较，可以反映企业整体的收款效率。应收账款周转天数计算公式如下。

$$应收账款周转天数=应收账款平均余额/平均日销售额$$
$$应收账款平均逾期天数=应收账款周转天数-平均信用期限$$

【例 7-7】某企业 2022 年第一季度应收账款平均余额为 300 000 元，信用条件为在 60 天内按全额付清货款，过去三个月的赊销情况为：1 月 90 000 元，2 月 120 000 元，3 月 150 000 元。要求：（1）确定应收账款周转天数；（2）确定应收账款平均逾期天数。

解：平均日销售额=（90 000+120 000+150 000）÷90=4 000（元）

应收账款周转天数=应收账款平均余额/平均日销售额

=300 000÷4 000=75（天）

应收账款平均逾期天数=应收账款周转天数-平均信用期限

=75-60=15（天）

四、数字化背景下的应收账款管理

（一）搭建信息互通机制

构建企业业财信息互通机制是解决信息不对称问题的重要措施。构建基于业财共享模式的信息互通机制，整合业务流程与财务流程，共享业财大数据，深度挖掘与分析数据。在企业应收账款管控上，实现对企业业务经营层与财务报表层分析数据的有效共享融合，实施全员参与、全方位、全过程、动态式跟踪管控，构建业财沟通机制。

（二）整合资源与技术，构建智能化信息系统平台

梳理企业应收账款管理业务框架，整合资源与技术，将企业财务共享中心及分/子公司的合同管理、票据管理、收款管理等环节进行串联，形成标准化、规范化、流程化、信息化的管理流程

07

闭环，构建应收账款智能化信息系统平台。此平台对接企业财务管理系统、OA 系统、资金管理系统、合同信用管理系统，由此构建有效的系统平台信息互通共享机制。

应收账款智能化信息系统平台可以实现账期自动提示。企业业务部门发起应收账款对账申请后，系统自动触发工作流程。在财务共享服务中心，系统自动提取应收与实收数据，匹配财务共享服务中心的合同管理系统模块，自动核对付款客户名称、付款客户账户、已开发票金额等基本信息，进而实现系统自动对账。

此外，进行价值链延伸，将企业外部上游供应商相关财务数据、业务数据、行业数据等进行大数据深度采集、挖掘、分析、评价，进一步强化应收账款智能化信息系统平台功能。

（三）以大数据信息化系统为平台，构建信用评价模型体系

信用评价模型体系由应收账款开票模型、应收账款自动对账模型、应收账款收款核销模型、应收账款风险管理模型等核心模块组成。信用评价模型体系将其采集的海量数据，按照一定规则进行筛选与整合，进行数据计算、处理、加工，整合成有价值的数据分析报告。

（四）变革应收账款风控机制，构建价值导向型风控体系

传统应收账款风控体系流程存在风控管理不到位等问题。因此，企业应从应收账款坏账风险预测、客户信用风险管控两个方面构建价值导向型风控体系，进行优化调整。

在应收账款坏账风险预测方面，企业可设计基于价值导向型的应收账款风险预测系列指标体系，综合运用大数据技术来分析、评估坏账预测准确度。

在客户信用风险管控方面，传统客户信用管理偏重事后分析评价。运用大数据算法，企业可在业务人员签订合同前，实现客户风险信用的自动评级和客户应收账款风控的自动评价。

任务四　存货管理

存货是指企业在生产经营过程中为销售或者耗用而储备的物资，包括材料、燃料、低值易耗品、在产品、半成品、产成品、协作件、商品等。

一、存货的成本

（一）取得成本

取得成本是指为取得某种存货而发生的支出，由购置成本和订货成本构成。

1. 购置成本

购置成本是指存货本身的价值，即存货的买价，是存货单价与数量的乘积。在无商业折扣的情况下，购置成本是不随采购次数等变动而变动的，是存货决策中的无关成本。

2. 订货成本

订货成本是指为组织采购存货而发生的费用。订货成本分为固定成本和变动成本。固定成本与订货次数无关，如常设采购机构的基本开支等，其与决策无关。变动成本与订货次数有关，如差旅费、邮电费等，其是存货决策中的相关成本。

（二）储存成本

储存成本是指存货在储存过程中发生的费用。储存成本分为固定成本和变动成本。固定成本与存货数量无关，如仓库折旧费、仓库员工的固定工资等，这类成本与决策无关。变动成本与存货储存数量有关，如存货资金的占用成本、存货损失、存货保险费等，其是存货决策中的相关成本。

（三）缺货成本

缺货成本是指由于存货不足而造成的损失，如材料供应中断造成的停工损失、产成品库存短缺造成的延迟发货损失及丧失销售机会损失、材料缺货而采用替代材料的额外支出。缺货成本中有些是机会成本，只能作大致的估算。当企业允许缺货时，缺货成本随平均存货的减少而增加，其是存货决策中的相关成本。

二、存货管理目标

在传统制造业，存货在企业的流动资产中占据很大比重，但它又是一种变现能力较差的流动资产项目，可能造成大量资金的积压。因此，存货的管理重点在于降低存货，如 JIT 就是一种追求零库存的管理方法。在信息技术和物流高度发展的今天，有望实现零库存。减少存货虽然会减少存货资金的占用成本，但是可能会引起生产中断、失去销售机会、增加生产成本等而给企业带来损失。因此，存货管理的目的不是减少存货，而是在保证正常供产销的前提下，使得相关总成本最小化。在供产销各个环节，具体管理要求如下。

（一）销售环节

一定数量的存货储备可以增加企业销售的机动性，快速满足市场需求。产成品储备不足，企业可能会失去销售机会。产成品大量积压，不仅会增加存货资金占用成本（机会成本）和仓储成本，还会存在产品过期、变质、减值等风险。

（二）生产环节

首先，为保证生产的正常进行，需要储备一定量的原材料和在产品，以免出现生产中断、停工待料现象。

其次，为了便于维持均衡生产，降低产品成本，也需要储备一定量的原材料和在产品。现代企业普遍采用以销定产的方法，但如果产品需求波动很大（如季节性产品），此时若仍然根据需求组织生产，则可能会出现以下两种状况：销售旺季，超负荷生产，或者生产能力不足，失去销售机会；销售淡季，生产能力大量闲置，造成产品成本上升。因此，为了实现均衡生产，降低生产成本，就需要储备一定的产成品存货。在销售淡季生产的部分产品，需要等到销售旺季销售。

（三）采购环节

一般情况，采购单价和采购次数都与每次采购数量（简称进货批量）有关，当每次采购数量较大时，企业可以享受价格折扣，减少采购次数，降低存货的取得成本（购置成本和订购成本），但会增加存货资金占用成本（机会成本）和储存成本。反之，每次采购数量较小时，可以减少存货的机会成本和储存成本，但会增加存货的取得成本和缺货成本。因此，在采购环节，应该在保证正常生产的前提下，在存货的机会成本、储存成本和取得成本、缺货成本之间进行权衡，确定经济订货批量，使得相关总成本最小化。

三、经济订货批量的确定

基于存货管理目标，需要确定合理的进货批量，使得存货总成本最低，这个批量就是经济订货批量或经济批量。因此，经济批量是指能使一定时期内某项存货的相关总成本达到最小的订货批量。

（一）经济订货批量基本模型

1. 假设前提

经济订货批量基本模型是建立在相关假设基础上的：存货总需求量是已知

微课

经济订货批量模型

常数；订货提前期是常数；货物是一次性入库的；单位货物成本为常数，无批量折扣；库存储存成本与库存水平成线性关系；货物是一种独立需求的物品，不受其他货物影响；不允许缺货，即无缺货成本。

2. 决策模型

决策目标：存货的相关总成本最小。

决策变量：订货批量。

决策相关成本：与订货批量相关的成本，即订货成本中的变动成本和储存成本中的变动成本。存货的相关总成本计算公式如下。

$$TC=\frac{A}{Q}\times B+\frac{Q}{2}\times C \qquad (式7\text{-}6)$$

式7-6中，TC表示存货相关总成本，A表示存货年需要量，Q表示订货批量，B表示每次订货的变动成本，C表示单位变动储存成本，$\frac{A}{Q}\times B$表示存货相关订货总成本，$\frac{Q}{2}\times C$表示存货相关储存总成本。Q为变量，A、B、C都是常数。

由式7-6可知，存货相关订货总成本与Q成反比，存货相关储存总成本与Q成正比：Q越大，存货相关订货总成本越小，但相关储存总成本越大；反之，Q越小，存货相关订货总成本越大，但相关储存总成本越小。当$\frac{A}{Q}\times B=\frac{Q}{2}\times C$时，TC最小（即$TC^*$），此时的订货批量即经济批量，用$Q^*$表示。

$$Q^*=\sqrt{\frac{2AB}{C}} \qquad (式7\text{-}7)$$

$$TC^*=\sqrt{2ABC} \qquad (式7\text{-}8)$$

【例7-8】上海东方公司是亚洲地区的玻璃套装门分销商，套装门在广州生产然后运至上海。管理当局预计套装门年度需求量为10 000套。套装门购进单价为395元（包括运费）。与订购和储存这些套装门相关的资料如下。

（1）上年订单共22份，总处理成本为13 400元，其中固定成本为10 760元，预计未来成本性态不变。

（2）套装门从广州运抵上海后，接受部门要进行检查。为此雇用一名检验人员，每月支付工资3 000元，检验每个订单需要10小时，变动费用为每小时30元。

（3）公司租借仓库来储存套装门，估计成本为每年2 500元，另外加上每套门4元。

（4）在储存过程中会出现破损，估计破损成本为平均每套门28.50元。

（5）占用资金利息等其他储存成本为每套门20元。

要求：计算每次订货的变动成本、单位存货储存成本、经济订货批量和每年相关总成本。

解：（1）每次订货的变动成本=（13 400-10 760）÷22+10×30=420（元）

（2）单位存货储存成本=4+28.50+20=52.50（元）

（3）经济订货批量=$\sqrt{\dfrac{2\times10\,000\times420}{52.5}}$=400（套）

（4）每年相关总成本=$\sqrt{2\times10\,000\times420\times52.5}$=21 000（元）

（二）实行数量折扣的经济订货批量模型

经济订货批量模型中的"单位货物成本为常数，无批量折扣"假设很有可能与实际不符，为此我们要分析存在数量折扣情况下的最优决策。此时，存货的相关总成本为购置成本、订货成本中的变动成本、储存成本中的变动成本之和。计算公式如下。

$$TC=P\times A+\frac{A}{Q}\times B+\frac{Q}{2}\times C \qquad (\text{式 7-9})$$

式 7-9 中，TC 表示存货相关总成本，P 表示单价，A 表示存货年需要量，Q 表示订货批量，B 表示每次订货的变动成本，C 表示单位变动储存成本，$\frac{A}{Q}\times B$ 表示存货相关订货总成本，$\frac{Q}{2}\times C$ 表示存货相关储存总成本。Q、P 为变量，A、B、C 都是常数。

本模型可按下述程序求最优解。

（1）按经济订货批量基本模型求出订货批量。

（2）按数量折扣条款查出与步骤（1）求得的批量对应的采购单价及相关总成本。

（3）按数量折扣条款中采购单价低于步骤（2）求得的单价的各档次的最低批量计算对应的相关总成本。

（4）比较各相关总成本，最低的为最优解。

【例 7-9】假设某工厂全年需用甲零件 10 000 件。每次变动性订货成本为 50 元，每件甲零件年平均变动性储存成本为 4 元。当采购量小于 600 件时，单价为 10 元；当采购量大于或等于 600 件，但小于 1 000 件时，单价为 9 元；当采购量大于或等于 1 000 件时，单价为 8 元。

要求：计算最优采购批量及全年最小相关总成本。

解：经济批量 $Q_1=\sqrt{\dfrac{2\times50\times10\,000}{4}}=500$（件）

甲零件单价为 10 元时，相关总成本 $TC_1=10\times10\,000+\sqrt{2\times50\times10\,000\times4}=102\,000$（元）。

当甲零件单价为 9 元时，$Q_2=600$ 件，则 $TC_2=9\times10\,000+50\times10\,000\div600+4\times600\div2=92\,033.33$（元）。

当甲零件单价为 8 元时，$Q_3=1\,000$ 件，则 $TC_3=8\times10\,000+50\times10\,000\div1\,000+4\times1\,000\div2=82\,500$（元）。

本例最优采购批量为 1 000 件，故全年最少相关总成本为 82 500 元。

（三）再订货点

一般情况下，企业的存货不能做到随时补充，需要在没有用完时，就提前订货。再订货点就是指企业再次发出订货单时应保持的存货库存量。计算公式如下。

$$R=L\times d \qquad (\text{式 7-10})$$

式 7-10 中，R 表示再订货点，L 表示交货时间，d 表示每日平均需用量。

例如，某企业从订货到到货时间间隔为 4 天，每日存货需用量为 25 千克，则再订货点 $R=4\times25=100$（千克）。即该企业在存货量降到 100 千克时，就应当再次订货，这样，等到下批订货到达时，原有库存刚好用完。可见，订货提前期对经济订货批量并无影响。

（四）保险储备

1. 保险储备的概念

经济订货批量基本模型是建立在供需稳定的基础上的。但实务中，企业要面对很多不确定的情况，很难做到原料使用和各订货批次之间的完美衔接。例如，需求量发生变化、交货时间延误，都有可能导致缺货。因此，为防止缺货造成的损失，就需要多储备一些存货以备应急之需，多储备的存货称为保险储备。

2. 考虑保险储备的再订货点

考虑保险储备的再订货点的计算公式如下。

保险储备的再订货点=交货时间×平均日需求量+保险储备

【例 7-10】C 公司是一家冰箱生产企业，全年需要压缩机 360 000 台，均衡耗用。全年生产时间为 360 天，每次的订货费用为 160 元，每台压缩机的储存费用为 80 元，每台压缩机的进价为 900 元。根据经验，压缩机从发出订单到进入可使用状态一般需要 5 天，保险储备量为 2 000 台。

$$经济批量=\sqrt{\frac{2\times360\,000\times160}{80}}=1\,200（台）$$

全年最佳订货次数=360 000÷1 200=300（次）

$$最低存货相关成本=\sqrt{2\times360\,000\times160\times80}=96\,000（元）$$

最低存货总成本=900×360 000+96 000+2 000×80=324 256 000（元）

再订货点=5×360 000÷360+2 000=7 000（台）

3. 保险储备的确定

保险储备越多，则缺货的概率和缺货造成的损失就越低，即缺货成本越低，但储存成本越高；反之，保险储备越少，则缺货成本越高，但储存成本越低。因此，企业应合理确定保险储备，使缺货成本和保险储备的储存成本之和达到最低，此时的储备即为最佳保险储备。

【例 7-11】信达公司计划年度耗用某材料 100 000 千克，材料单价为 50 元，经济订货批量为 25 000 千克，年订货 4 次（100 000÷25 000），预计交货期内的需求为 1 200 千克，单位材料年储存成本为材料单价的 25%，单位材料缺货成本损失为 24 元。在交货期内，生产需要量及其概率如表 7-6 所示。

表 7-6　　　　　　　　　　生产需要量及其概率

生产需要量/千克	概率
1 000	0.1
1 100	0.2
1 200	0.4
1 300	0.2
1 400	0.1

现采用逐次测试法，从 0 开始测，按照需要量的间隔累加，一直测到无缺货为止。

【结论】当保险储备为 100 千克时，缺货损失与储存成本之和最低。因此，该企业保险储备量为 100 千克比较合适。保险储备分析如表 7-7 所示。

表 7-7　　　　　　　　　　保险储备分析　　　　　　　　　　金额单位：元

保险储备量/千克	缺货量/千克	缺货概率	缺货损失	保险储备的储存成本	总成本
0	0	0.1	0		
	0	0.2	0		
	0	0.4	0		
	100	0.2	4×100×0.2×24=1 920		
	200	0.1	4×200×0.1×24=1 920		
			缺货损失期望值=3 840	0	3 840
100	0	0.1	0		
	0	0.2	0		
	0	0.4	0		
	0	0.2	0		
	100	0.1	4×100×0.1×24=960		

续表

保险储备量/千克	缺货量/千克	缺货概率	缺货损失	保险储备的储存成本	总成本
			缺货损失期望值=960	100×50×0.25=1 250	2 210
200	0	0.1	0		
	0	0.2	0		
	0	0.4	0		
	0	0.2	0		
	0	0.1	0		
			缺货损失期望值=0	200×50×0.25=2 500	2 500

四、存货控制

如何取得存货、管理存货，使存货在使用和周转过程中相关成本最小、效益最大、这就是存货的控制。存货控制的方法有 ABC 分类管理、准时制管理等。

（一）ABC 分类管理

存货 ABC 分类管理指将存货按重要程度、价值或资金占用等标准，分为 A 类、B 类和 C 类三个等级，分别实行按品种重点管理、按类别一般控制和按总额灵活掌握的管理方法。

1. ABC 分类标准

进行存货分类的标准有金额标准和品种数量标准。A 类存货，金额占全部存货的 50%～70%，品种数量占全部存货的 10%～15%。B 类存货，金额占全部存货的 15%～20%，品种数量占全部存货的 20%～25%。C 类存货，金额占全部存货的 10%～35%，品种数量占全部存货的 60%～70%。

2. ABC 分类程序

（1）把各类存货全年平均耗用总量分别乘以其单价，计算出各类存货总量及总金额。

（2）按各类存货的金额的大小重新排序，并分别计算各类存货金额和品种数量占全部存货的比重。

（3）按金额适当分段，根据一定标准将存货分为 A、B、C 三类。

3. ABC 分类管理方法

（1）A 类存货的管理方法。具体要求如下。

• 按照需求，小批量、多批次地采购入库，最好能做到准时制管理。这样做能够提高资金周转率，能够使库存保持最优，能够降低仓储管理费用，能够及时获得降价的收益。另外，季节储备和涨价前的储备也是不可避免的。

• 按照看板订单，小批量、多批次地发货，最好能做到准时出库，避免物品长时间储存在生产线或客户手中，造成积压损耗，造成虚假需求和超限额库存，不利于均衡生产和经营。

• 随时监控需求的动态变化，分析、预测哪些是日常需求、哪些是临时集中需求，使库存与各种需求相适应。

• 科学设置最低定额、安全库存和订货点报警点，防止缺货的发生；了解大客户的库存，在需要的时候临时调剂；监控供应商的在途物资品种、数量、到货时间；与供应商和客户共同研究替代品，尽可能降低单价；制定应急预案、补救措施。

• 每天进行盘点和检查。

ABC 库存分类管理法对物料需求计划（Material Requirement Planning，MRP）系统控制的物料需求并不适用，它面对的是最终产品。对于连续均衡的生产，每一个相关物品都具有同样重要的作用，即使是一个螺丝也能够让生产中断。因此，也要注意一些关键物料的管理，不能一味地强调 A 类物品的管理。

（2）B 类存货的管理方法。对 B 类存货的控制不必像 A 类存货那样严格，但也不宜过于放松，每周要进行盘点和检查。一般是按大类来确定订购数量和储备金额；根据不同情况，灵活选用存货控制方法。

（3）C 类存货的管理方法。C 类存货的品种、数量多而资金占用量小，故对其的控制可粗略一点。通常的做法是，采用定量订货控制法，集中采购，并适当增大储备定额、保险储备量和每一次的订货批量，相应减少订货次数。在实际工作中，可采用"双堆法"或"红线法"进行粗略控制。

4. ABC 分类管理优缺点

ABC 分类管理法把"重要的少数"与"不重要的多数"区别开来，使企业将工作重点放在管理重要的少数存货上，这样既加强了管理，又节约了成本。但是，这种管理方法忽视了 C 类和 B 类存货对企业的影响，某些 C 类和 B 类存货的缺乏，会对企业生产造成严重影响，比如导致生产中断。

（二）准时制管理

准时制生产方式又称作无库存、零库存生产方式。JIT 的基本思想是"只在需要的时候，按需要的量，生产所需的产品"，也就是追求一种无库存，或库存达到最小的生产系统。JIT 以订单驱动，通过看板，采用拉动方式把供、产、销紧密地衔接起来，使物资储备、成本库存和在产品大大减少。

JIT 的基本理念是以需定供，即供给方根据需要方的要求（或称看板），如品种、规格、质量、数量、时间、地点等，将物资配送到指定的地点，不能早、不能晚、不能多、不能少，并且确保所送物资没有任何残次品。由此可知，JIT 与传统的库存控制方法截然不同，其认为库存是毫无用处的，是对资源的浪费。传统库存控制方法认为，库存可以对运营起到缓冲作用，因此，库存管理者总是思考如何能在最小成本的基础上提供缓冲；而采用 JIT 的管理者则是思考怎么样才能消除对库存的依赖。他们还认为持有库存会把运营过程中的一些明显的问题掩盖起来，如订单提前期太长、运营不均衡、设备出现故障、物料质量不过关、供应商不可靠、大量的文案工作等。

JIT 是一种理想的生产方式，原因如下。一是它设置了一个最高标准，一种极限，就是"零"库存。实际生产可以无限接近这个极限，但永远不可能达到零库存。二是它提供了一个不断改进的途径，即降低库存—暴露问题—解决问题—降低库存，这是一个无限循环的过程。

五、数字化背景下的存货管理

企业应根据自身实际情况，借助数字化技术，利用科学、合理的方法预测最佳订货数量、交货时间等，降低企业存货管理成本，实现利益最大化。比如：企业可构建库存需求模型，利用经济公式预测最佳订货时间，通过数据技术了解企业库存情况和企业实际需求量，及时补给、调配，避免重复采购现象发生；利用大数据技术实现部分信息共享，使供应商可通过互联网了解企业需求情况，及时确定补给时间、数量等。

（一）降低存货成本

以物联网技术为前端、大数据分析为后端的云会计平台，能够在时空分离的环境下获取到不同地区采购、储存等信息，便于企业的存货成本管理，有效降低其成本。例如，要考察距离企业较远的供应商的产品时，通常需要采购人员进行实地探访以了解当地市场行情，这将产生数额不小的采购业务费用。而在云会计平台上，通过分布式的数据中心可采集到该项产品的平均价格、市场行情等，再由大数据中心结合该区域具体信息对其进行分析，无须人员到现场，降低企业的差旅费用。

（二）使存货控制系统更精确

企业和供应商可以通过物联网同时获得有关存货使用情况的信息。在数据显示该批存货需要补充时，物联网得到传感信息的反馈及时提醒企业补给，通知供应商做好供货准备，并给出下一订货批量的预计时间及数量要求。这样加强了企业与供应商的信息沟通与交流，使 JIT 控制系统得到更好的实施，实现物资供应、生产、销售连续同步运动，进而提高生产效率、减少储存成本。

（三）使存货的库存管理更可控

大型企业的库存点通常遍及全国各地，各地消费者的需求均有不同，这就会产生库存差异。通过云会计平台前端的物联网技术可以获取每个库存点的存货情况，再结合后端的分布式数据中心对所有的数据进行分析汇总，直接在库存点之间进行存货的调配，并根据分析结果对以后的货物分配进行优化。消费者在网上购买商品时，云会计平台会自动选择就近且有货的库存点进行智能化发货。云会计平台下物联网技术的运用，还可以做到存货信息流和物流的统一，对存货去向形成监控，具有极强的监测功能，每隔一段时间将存货信息反馈给企业，即便存货丢失也能及时追回，确保存货的安全性。

项目演练

一、单项选择题

1. 在流动资产的融资策略中，资本成本低，但风险较高的是（　　）。
   A. 保守融资策略　　　　　　　　　　B. 激进融资策略
   C. 期限匹配融资策略　　　　　　　　D. 风险匹配融资策略

2. 某企业根据现金持有量随机模型进行现金管理，已知现金余额下限为 20 万元，现金余额回归线为 80 万元，则现金余额上限是（　　）万元。
   A. 100　　　　　　B. 200　　　　　　C. 220　　　　　　D. 280

3. 企业为了维持日常周转及正常商业活动所需持有的现金额属于（　　）。
   A. 弥补性需求　　B. 预防性需求　　C. 投机性需求　　D. 交易性需求

4. 下列关于现金周转期的计算公式正确的是（　　）。
   A. 现金周转期=存货周转期+应收账款周转期+应付账款周转期
   B. 现金周转期=存货周转期+应收账款周转期-应付账款周转期
   C. 现金周转期=存货周转期-应收账款周转期+应付账款周转期
   D. 现金周转期=存货周转期-应收账款周转期-应付账款周转期

5. 乙公司预测的年度赊销收入净额为 4 500 万元，应收账款收账期为 30 天，变动成本率为 50%，资本成本为 10%，一年按 360 天计算，则应收账款的机会成本为（　　）万元。
   A. 10　　　　　　B. 18.75　　　　　C. 8.5　　　　　　D. 12

6. 某企业拥有流动资产 1 000 万元（其中永久性流动资产的比重为 30%），长期融资 4 000 万元，短期融资 500 万元，则以下说法中正确的是（　　）。
   A. 该企业采取的是激进融资策略　　　B. 该企业采取的是期限匹配融资策略
   C. 该企业收益和风险均较高　　　　　D. 该企业收益和风险均较低

07

7. 某公司信用条件为"3/10，1/20，n/50"，预计有 30% 的客户选择 3% 的现金折扣优惠，40% 的客户选择 1% 的现金折扣优惠，其余客户在信用期付款，则该公司的平均收现期为（　　）天。

    A. 20   B. 22   C. 24   D. 26

8. 企业目前信用条件为"n/30"，赊销额为 3 000 万元，若将信用期延长为"n/45"，预计赊销额将变为 6 600 万元，其他条件保持不变，该企业变动成本率为 60%，资本成本为 12%。一年按 360 天计算。那么，该企业应收账款占用资金将增加（　　）万元。

    A. 41   B. 345   C. 432   D. 2 160

9. 下列与持有存货成本有关的各成本计算中，不正确的是（　　）。

    A. 取得成本=购置成本

    B. 储备存货的总成本=取得成本+储存成本+缺货成本

    C. 订货成本=订货固定成本+订货变动成本

    D. 储存成本=固定储存成本+变动储存成本

10. 下列各项存货的成本中，不属于存货变动储存成本的是（　　）。

    A. 仓库折旧费   B. 存货的保险费用

    C. 存货的破损和变质损失   D. 存货资金的应计利息

11. 在存货管理中，订货提前期变大，下列各项，发生变化的是（　　）。

    A. 再订货点   B. 经济订货批量

    C. 订货次数   D. 与经济订货批量相关的总成本

12. 某企业全年需要某零件 3 600 件，均衡耗用。全年生产时间为 360 天，根据经验，该零件从发出订单到进入可使用状态一般需要 8 天，保险储备为 100 件，则再订货点为（　　）件。

    A. 80   B. 100   C. 360   D. 180

13. 采用 ABC 分类管理法对存货进行控制时，应当重点控制的是（　　）。

    A. 数量较多的存货   B. 占用资金较多但品种数量较少的存货

    C. 品种较多的存货   D. 存货时间较长的存货

14. 下列各项中，不属于存货缺货成本的是（　　）。

    A. 材料供应中断造成的停工损失   B. 产成品缺货造成的拖欠发货损失

    C. 丧失销售机会的损失   D. 存货资金的应计利息

15. 某公司在营运资金管理中，为了降低流动资产的持有成本，提高资产的收益，决定保持一个低水平的流动资产与销售收入比率。据此判断，该公司采取的流动资产投资策略是（　　）。

    A. 紧缩的流动资产投资策略   B. 宽松的流动资产投资策略

    C. 匹配的流动资产投资策略   D. 稳健的流动资产投资策略

16. ABC 公司采用随机模型进行现金管理，已知最高控制线是 8 750 元，最低控制线是 5 000 元，如果现有现金 9 000 元，此时应投资于有价证券的金额为（　　）元。

    A. 8 750   B. 6 250   C. 2 750   D. 5 000

17. 在集团企业资金集中管理模式中，有利于企业集团实现全面收支平衡，提高资金的周转效率，减少资金沉淀，监控现金收支，降低资金成本的是（　　）。

    A. 统收统支模式   B. 拨付备用金模式   C. 结算中心模式   D. 财务公司模式

18. 某公司第二季度的月赊销额分别为 100 万元、120 万元和 115 万元，信用条件为 n/60，第二季度公司应收账款平均余额为 270 万元。则该公司在第二季度应收账款平均逾期（　　）天。（一个月按 30 天计算）

    A. 72.58   B. 60   C. 0   D. 12.58

19. 在期限匹配融资策略中，波动性流动资产的资金来源是（　　）。

    A. 临时性流动负债   B. 长期负债   C. 股东权益资本   D. 自发性流动负债

20. 下列关于账龄分析表的表述中，错误的是（　　）。

    A. 可以按照应收账款总额进行账龄分析

    B. 可以分客户进行账龄分析

    C. 计算应收账款周转天数比账龄分析表更能揭示应收账款变化趋势

    D. 当各个月之间的销售额变化很大时，账龄分析表可能发出错误信号

二、多项选择题

1. 下列有关流动资产的特点，表述正确的有（　　）。

    A. 占用时间短   B. 周转快   C. 难变现   D. 成本低

2. 企业在进行营运资金管理时，应遵循的原则有（　　）。

    A. 满足合理的资金需求   B. 提高资金使用效率

    C. 节约资金使用成本   D. 保持足够的短期偿债能力

3. 营运资金管理中紧缩的流动资产投资策略，这里的流动资产有（　　）。

    A. 经营现金   B. 存货   C. 应收账款   D. 股票

4. 在随机模型下，下列说法正确的有（　　）。

    A. 当现金余额达到最高控制线时，应买入部分有价证券

    B. 当现金余额位于回归线上时，无须进行调整

    C. 当现金余额下降到最低控制线时，应卖出部分有价证券

    D. 当现金余额在最高控制线和最低控制线之间波动时，无须进行调整

5. 在激进的流动资产融资策略中，短期融资方式用来支持（　　）。

    A. 部分永久性流动资产   B. 全部永久性流动资产

    C. 全部临时性流动资产   D. 部分临时性流动资产

6. 5C 信用评价系统包括（　　）。

    A. 品质   B. 能力   C. 资本   D. 条件

7. 存货的取得成本一般包括（　　）。

    A. 订货成本   B. 储存成本   C. 缺货成本   D. 购置成本

8. 制定收账政策，需要权衡的内容包括（　　）。

    A. 销售收入   B. 收账费用   C. 坏账损失   D. 采购成本

9. 下列各项中，属于应收账款成本构成要素的有（　　）。

    A. 机会成本   B. 管理成本   C. 坏账成本   D. 短缺成本

10. 下列各项中，属于存货变动储存成本的有（　　）。

    A. 存货占用资金的应计利息   B. 存货的破损和变质损失

    C. 存货的保险费用   D. 存货储备不足而造成的损失

三、判断题

1. 加速营运资金周转，可以提高营运资金使用效率，有助于降低资金使用成本。（　　）

2. 现金是变现能力最强的资产，收益性也是比较强的。（　　）

3. 应收账款在生产经营中，主要有增加销售和减少存货的作用。（　　）

4. 建立保险储备量是为了使缺货成本最小化。（　　）

5. 在交货期内，如果发生存货需求量增大或供应商交货时间延误，就会发生缺货。为此，企业应保持的最佳保险储备量是使缺货损失最低的存货量。（　　）

6. 资金来源的有效期与资产的有效期的匹配，只是一种战略性的观念匹配，而不要求实际金额完全匹配。（　　）

7. 在成本模型下，当拥有多余现金时，将现金转换为有价证券；当现金不足时，将有价证券转换成现金。（　　）

8. 应付账款是供应商给企业的一种商业信用，采用这种融资方式是没有成本的。（　　）

9. 企业采用严格的信用标准，虽然会增加应收账款的机会成本，但能扩大商品销售额，从而会给企业带来更多的收益。（　　）

10. 由于当前部分企业的存货管理已经实现计算机自动化管理，所以要实现存货为零的目标比较容易。（　　）

四、计算分析题

1. 已知：某公司现金收支平稳，预计全年（按 360 天计算）现金需要量为 360 000 元，现金与有价证券的转换成本为每次 300 元，有价证券年均报酬率为 6%。

要求：

（1）运用存货模型计算最佳现金持有量。

（2）计算最佳现金持有量下的最低现金管理相关总成本、全年现金交易成本和全年现金持有机会成本。

（3）计算最佳现金持有量下的全年有价证券交易次数和有价证券交易间隔期。

2. ABC 公司预测 2021 年度赊销收入为 1 440 000 元，信用条件是（1.5/10，1/15，n/30），其变动成本率为 60%，企业的资本成本为 12%。预计占赊销额 50% 的客户会利用 1.5% 的现金折扣，占赊销额 30% 的客户会利用 1% 的现金折扣，其余的在信用期付款。（一年按 360 天计算）

要求：

（1）计算 2018 年度有关应收账款的下列指标：

① 平均收现期。

② 平均余额。

③ 机会成本。

（2）计算 2021 年度现金折扣成本。

3. 某企业每年需耗用 A 材料 60 000 件，单位材料年变动存储成本为 30 元，平均每次进货费用为 90 元，A 材料全年平均单价为 150 元。假定不存在数量折扣，不会出现陆续到货和缺货的现象。

要求：

（1）计算 A 材料的经济订货批量。

（2）计算 A 材料年度最佳订货批数。

（3）计算 A 材料的相关订货成本。

（4）计算 A 材料的相关存储成本。

（5）计算 A 材料经济订货批量平均占用资金。

4. A 企业是一家从事商品批发的企业，产品的单价为 100 元，变动成本率为 70%，一直采用赊销方式销售产品，信用条件为 n/45。如果继续采用 n/45 的信用条件，预计 2022 年的赊销收入净额为 1 600 万元，坏账损失为 30 万元，收账费用为 18 万元，平均存货水平为 10 000 件。为扩大产品的销售量，A 公司拟将信用条件变更为（2/10，1/20，n/30），在其他条件不变的情况下，预计 2022 年赊销收入净额为 1 800 万元，坏账损失为 36 万元，收账费用为 25 万元，平均存货水平为 11 000 件。如果采用新信用政策，估计会有 20% 的顾客（按销售量计算，下同）在 10 天内付款、30%的顾客在 20 天内付款,其余的顾客在 30 天内付款。假设风险投资的最低报酬率为 10%,一年按 360 天计算。

要求:

(1)计算信用条件改变后 A 企业收益的增加额。

(2)计算改变信用政策后应收账款占用资金应计利息的增加。

(3)试为该企业做出信用政策是否改变的决策。

5. 东方公司生产中使用甲零件,全年共需耗用 3 600 件,购入单价为 9.8 元,从发出订单到货物到达需要 10 天时间,一次订货成本为 72 元。外购零件时可能发生延迟交货,延迟的时间和概率如表 7-8 所示。

表 7-8　　　　　　　　　　　　　延迟的时间和概率

到货延迟天数	0	1	2	3
概率	0.6	0.25	0.1	0.05

假设该零件的单位储存变动成本为 4 元,单位缺货成本为 5 元,一年按 360 天计算。建立保险储备时,最小增量为 10 件。

要求:

(1)计算甲零件的经济订货批量。

(2)计算最小存货成本。

(3)计算每年订货次数。

(4)计算交货期内的平均每天需要量。

(5)确定最合理的保险储备量和再订货点。

6. F 企业是一家专营甲产品的企业,现行信用政策给予客户 60 天信用期限($n/60$),货款平均于第 60 天收到,其相关信用成本为 120 万元。甲产品销售收入为 5 000 万元,总成本为 3 750 万元,其中固定成本为 750 万元。

该企业准备对信用政策做出调整,新信用政策为($2/10$, $1/30$, $n/105$),预计销售收入为 5 600 万元,将有 30% 的货款于第 10 天收到,30% 的货款于第 30 天收到,其余 40% 的货款于第 105 天收到(前两部分货款不会产生坏账,后一部分货款的坏账损失率为该部分货款的 4%),收账费用为 31.6 万元。

该企业甲产品销售额的相关范围为 4 000 万元~7 000 万元,企业的资本成本为 10%(为简化计算,本题不考虑增值税因素),且甲产品的变动成本率不受信用政策改变的影响。(一年按 360 天计算)

要求:

(1)计算该企业现行信用政策的下列指标。

① 变动成本总额。

② 以销售收入为基础计算的变动成本率。

(2)计算新政策的下列指标。

① 应收账款平均收现天数。

② 应收账款平均余额。

③ 应收账款机会成本。

④ 坏账成本。

⑤ 现金折扣成本。

(3)计算改变信用政策后增加的税前损益。

（4）为该企业做出采取何种信用政策的决策，并说明理由。

五、案例分析题

白色家电营销战打响以来，一边是钢材等上游原材料价格的上涨，一边是渠道库存压力的逐年递增，再加上价格大战、产能过剩、利润滑坡、过度竞争等压力，除进行产品和市场创新外，挤压成本成为众多同类企业的存活之道。

面对行业内价格战，美的有高管指出"我们采取的并不是低价策略，而是整体成本领先战略。价格策略其实只是表象，企业整体成本优势才是根源。如果简单地将价格策略理解成降价，那么没有整体成本优势支持的降价就是无源之水，没有可持续的竞争能力。"

存货作为公司的一项占有很大比例的资产，直接关系到公司的资金占用水平及资产运作效率。长期以来，美的在减少库存成本方面一直成绩不错，但依然有 55～77 天的零部件库存和几十万台的成品库存。这一存货水准相对其他产业的优秀标杆仍稍逊一筹。在此压力下，美的在 2002 年开始尝试供应商库存管理。

在降低市场费用、裁员、压低采购价格等方面，美的始终围绕着成本与效率，实行"业务链前移"策略，力求用供应商管理库存（Vendor Managed Inventory，VMI）和管理经销商库存形成整合竞争优势。

美的作为供应链里的"链主"，即核心企业，居于产业链上游，其较为稳定的供应商有 300多家。供应商中有 60%是在美的总部顺德周边，只有 15%的供货商距离较远。在这个现有供应链之上，美的实现 VMI 的难度并不大。

【问题】请结合流动资产管理中的基本原理，谈谈 VMI 的优点；并结合美的案例，设想其他企业改进流动资产管理的可行途径。

六、思考题

1. 什么是直接融资，什么是间接融资？如果你是财务经理，你更愿意采用哪种方式筹资，请说明理由。

2. 公司不能从二级市场获得融资，为什么财务经理还要关注二级市场？

3. 如果你是一家处于成长期阶段公司的财务经理，你会选择哪种融资方式？为什么？如果是处在成熟阶段的公司呢？

4. 资本结构决策方法有哪些？请评价每种方法的优缺点。若你是财务经理，你在确定公司资本结构时，将考虑哪些因素？

5. 请收集资料，了解万科、阿里巴巴、京东的股权结构与控制权配置有何不同。

项目八
分配管理

学习目标 ↓

【知识目标】
- 理解分配原则、内容与程序；
- 了解分配制约因素；
- 理解股利政策；
- 了解股利支付形式与程序。

【能力目标】
- 能为公司制定合适的股利政策；
- 能选择合适的股利分配形式。

【素养目标】
- 在制定股利政策时能兼顾企业发展和股东利益，实现企业利益与个人利益，眼前利益与长远利益的有效统一。

项目背景 ↓

分配是指企业将一定时期内所创造的经营成果合理地在企业内、外部各利益相关者之间进行有效分配的过程。企业的收益分配有广义和狭义两种。广义的收益分配是指企业通过经营活动取得收入，在补偿消耗的生产资料后，通过支付薪酬、支付利息、缴纳所得税、分配利润等方式，在员工、债权人、政府、股东等相关利益主体之间进行分配。狭义的分配仅仅是指对净利润的分配。本项目所指分配指狭义的分配，探讨净利润如何在股东和企业间进行分配，即如何制定股利政策。

项目导入 ↓

云南驰宏锌锗股份有限公司（以下简称"驰宏锌锗"），属于有色金属矿采选企业，注册资本为 19 500 万元。2007 年 3 月，驰宏锌锗的股利分配方案为：向全体股东每 10 股送红股 10 股，派发现金红利 30 元（含税）。根据该公司现有股本计算，此方案共计送红股 1.95 亿股，派发现金红利 5.85 亿元。驰宏锌锗宣告的股利分配预案是我国股市福利较好的一次分配方案。

【思考】股利分配的形式有哪几种？驰宏锌锗采用的是哪一种？你认为哪些因素促使驰宏锌锗采用这样的分配方案？

任务分解 ↓

通过调查驰宏锌锗的历年股利分配方案，我们可以了解该公司的股利分配政策，并思考该公司为什么采用此分配政策。除此之外，还有哪些股利分配政策？在选择股利分配方案和政策时，需要考虑哪些因素？企业如何进行股利分配决策？企业在做分配决策时需要遵循哪些原则，考虑哪些因素？本项目分解为两个任务：认识分配管理和分配决策。

任务一　认识分配管理

一、分配原则

收益分配作为一项重要的财务活动，应当遵循以下原则。

（一）依法分配原则

企业的收益分配须遵循公司法、税法和《企业会计准则》等法律法规的规定。这些法律法规规定了企业收益分配的基本要求、一般程序和重要比例，企业应当认真执行，不得违反。

（二）兼顾各方利益原则

企业的收益分配必须兼顾各方面的利益。企业是经济社会的基本单元，企业的收益分配涉及国家、企业股东、债权人、职工等多方面的利益。正确处理它们之间的关系，协调其矛盾，对企业的生存、发展是至关重要的。企业在进行收益分配时，应当统筹兼顾，维护各利益相关者的合法权益。

（三）分配与积累并重原则

企业进行利润分配，既要保证企业持续经营和发展壮大的资金需求，还要满足股东等的利益诉求。留存一部分净收益，虽然股东获得股利减少了，但有利于企业的未来发展，增强企业抵抗风险的能力，股东由此获得更多长远利益。恰当处理分配与积累之间的关系，其实质是在谋求利益相关者近期利益和长远利益之间进行权衡。

（四）注重效率原则

所谓效率，指通过资源的有效配置，实现利益最大化。在收益分配中，基于效率原则，需要做到以下几点：充分调动投资者的积极性，按其投资的贡献程度，为其分配相匹配的利益；调动管理者和员工的积极性，最大限度地使其报酬与其做出的贡献相匹配，与企业发展相联系；实现资金的优化配置，确保资金在企业、股东、债权人之间自由流通，获得最佳的投资机会，实现效益最大化。

二、分配内容与程序

本项目所指分配是指对净利润的分配。根据我国《公司法》及相关法律制度的规定，公司净利润的分配应按照下列顺序进行。

（一）弥补以前年度亏损

公司在提取法定公积金之前，应先用当年利润弥补亏损。公司年度亏损可以用以下年度的税前利润弥补，下一年度不足弥补的，可以在五年之内用税前利润连续弥补，连续五年未弥补的亏损

08

则用税后利润弥补。其中，税后利润弥补亏损可以用当年实现的净利润，也可以用盈余公积转入。

（二）提取法定盈余公积

根据《公司法》的规定，法定盈余公积的提取比例为当年税后利润（弥补亏损后）的10%。当年法定盈余公积的累积额已达注册资本的50%时，可以不再提取。法定盈余公积提取后，根据公司的需要，可用于弥补亏损或转增资本，但公司用盈余公积转增资本后，法定盈余公积的余额不得低于转增前公司注册资本的25%。提取法定盈余公积的目的是增加公司内部积累，以利于公司扩大再生产。

（三）提取任意盈余公积

根据《公司法》的规定，公司从税后利润中提取法定盈余公积后，经股东会或股东大会决议，还可以从税后利润中提取任意盈余公积。这是为了满足企业经营管理的需要，控制向投资者分配利润的水平，以及调整各年度利润分配的波动。

（四）向股东（投资者）分配股利（利润）

根据《公司法》的规定，公司弥补亏损和提取公积金后所余税后利润，可以向股东（投资者）分配股利（利润）。其中，有限责任公司股东按照实缴的出资比例分取红利，全体股东约定不按照出资比例分取红利的除外；股份有限公司按照股东持有的股份比例分配，但股份有限公司章程规定不按照持股比例分配的除外。

三、分配制约因素

公司的利润分配涉及公司相关各方的切身利益，受众多不确定因素的影响，在确定分配政策时，应当考虑各种相关因素的影响，主要包括法律因素、公司因素、股东因素及其他因素。

（一）法律因素

为了保护债权人和股东的利益，相关法律就公司的利润分配做出以下规定。

（1）资本保全约束。公司不能用资本（包括实收资本或股本和资本公积）发放股利，目的在于维持公司资本的完整性，保护公司完整的产权基础，保障债权人的利益。

（2）资本积累约束。公司必须按照一定的比例和基数提取各种公积金，股利只能从公司的可供分配利润中支付。此处可供分配利润包含公司当期的净利润按照规定提取各种公积金后的余额和以前累积的未分配利润。另外，在进行利润分配时，一般应当贯彻"无利不分"的原则，即当公司出现年度亏损时，一般不进行利润分配。

（3）超额累积利润约束。由于资本得利与股利收入的税率不一致，所以如果公司为了避税而使得盈余的保留大大超过了公司目前及未来的投资需要时，将被加征额外的税款。

（4）偿债能力约束。公司应考虑现金股利分配对偿债能力的影响，保证在分配后仍能保持较强的偿债能力，以维持公司的信誉和借贷能力，从而保证公司资金的正常周转。

（二）公司因素

公司基于短期经营和长期发展的考虑，在确定利润分配政策时，需要关注以下因素。

（1）现金流量。由于会计规范的要求和核算方法的选择，公司盈余与现金流量并非完全同步，净收益的增加不一定意味着可供分配的现金流量的增加。公司在进行利润分配时，要保证正常的经营活动对现金的需求，以维持资金的正常周转，使生产经营得以有序进行。

（2）资产的流动性。公司支付现金股利会减少其现金持有量，降低资产的流动性，而保持一定的资产流动性是公司正常运转的必备条件。

（3）盈余的稳定性。一般来讲，公司的盈余越稳定，其股利支付水平也就越高。

08

（4）投资机会。如果公司的投资机会多，对资金的需求量大，那么就很可能会考虑采用低股利支付水平的分配政策；相反，如果公司的投资机会少，对资金的需求量小，那么就很可能倾向于采用较高的股利支付水平。此外，如果公司将留存收益用于再投资所得报酬低于股东个人单独将股利收入投资于其他投资机会所得的报酬，公司就不应多留存收益，而应多发股利，这样有利于实现股东价值最大化。

（5）筹资因素。如果公司具有较强的筹资能力，随时能筹集到所需资金，便具有较强的股利支付能力。另外，留存收益是公司内部筹资的一种重要方式，它同发行新股或举债相比，不需花费筹资费用，同时增加了公司权益资本的比重，降低了财务风险。

（6）公司所处的生命周期。一般处于快速成长期的公司有较多的投资机会，通常不会发放很多股利。而成熟期的公司一般发放较多股利。

（7）公司所处的行业。不同行业的股利支付率存在差异，原因是投资机会在行业内是相似的，而在不同行业间存在差异。

（8）其他因素。利润分配政策还会受到其他公司的影响，如当公司进行外部筹资时，会应对方要求，接受一些股利支付的限制。

（三）股东因素

股东在控制权、收入和税收筹划方面的考虑也会对公司的利润分配政策产生影响。

（1）控制权。现有股东往往将股利政策作为维持其控制地位的工具。公司支付较高的股利导致留存收益减少，当公司为有利可图的投资机会筹集所需资金时，发行新股的可能性增大，新股东的加入必然稀释公司的控制权。所以，股东会倾向于较低的股利支付水平，以便从内部的留存收益中取得所需资金。

（2）稳定的收入。如果股东以现金股利维持生活，他们往往要求公司能够支付稳定的股利，而反对过多地留存收益。

（3）税收筹划。由于股利收入的税率要高于资本利得的税率，一些高股利收入的股东出于税收筹划的考虑而往往倾向于较低的股利支付水平。

（四）其他因素

（1）债务契约。一般来说，股利支付水平越高，留存收益越少，公司的破产风险越大，就越有可能损害到债权人的利益。因此，为了保证自己的利益不受侵害，债权人通常都会在债务契约、租赁合同中加入关于股利政策的限制条款。

（2）通货膨胀。通货膨胀会带来货币购买力水平下降，导致固定资产重置资金不足，此时，公司往往不得不考虑留用一定的利润，以便弥补购买力下降而造成的固定资产重置资金缺口。因此，在通货膨胀时期，公司一般会采取偏紧的利润分配政策。

任务二　分配决策

基于分配内容，可知公司可以自主安排如何向股东（投资者）分配股利（利润）。因此，分配决策的核心是制定良好的股利政策，选择合适的股利支付形式。

一、股利政策

（一）剩余股利政策

剩余股利政策是指在保证目标资本结构的前提下，净利润首先满足公司的

微课

股利政策

资金需求，若有剩余才用于分配股利的政策。剩余股利政策的理论依据是股利无关论。根据股利无关理论，在完全理想状态下的资本市场中，公司的股利政策与普通股每股市价无关，故而股利政策只需随着公司投资、融资方案的制定而自然确定。

采用剩余股利政策的先决条件是公司有良好的投资机会，且该投资机会的预期报酬率要高于股东要求的必要报酬率。否则，公司应将净利润以现金形式发放给股东，让股东自己寻找投资机会。

剩余股利政策的要点如下。

（1）设定目标资本结构，在此资本结构下，公司的加权平均资本将达到最低水平。

（2）确定公司的最佳资本预算，并根据公司的目标资本结构预计资金需求中所需增加的权益资本数额。

（3）净利润首先用于满足资金需求中所需增加的权益资本数额。

（4）净利润在满足公司权益资本增加需求后，若还有剩余再用来发放股利。

【例 8-1】某公司 2021 年税后净利润为 1 000 万元，2022 年的投资计划需要资金 1 200 万元，公司的目标资本结构为权益资本占 70%，债务资本占 30%。按照目标资本结构的要求，公司投资方案所需的权益资本数额为 1 200×70%=840（万元）。根据剩余股利政策，2021 年公司可发放的股利为 1 000-840=160（万元）。

剩余股利政策的优点：净利润优先保证再投资的需要，有助于降低再投资的资金成本，保持最佳的资本结构，实现企业价值的长期最大化。

剩余股利政策的缺点：若完全遵照执行剩余股利政策，股利发放额就会每年随着投资机会和盈利水平的波动而波动。在盈利水平不变的前提下，股利发放额与投资机会的多寡成反向变动关系；而在投资机会维持不变的情况下，股利发放额将与公司盈利成同向变动关系。剩余股利政策不利于投资者安排收入与支出，也不利于公司树立良好的形象，一般适用于公司初创阶段。

（二）固定或稳定增长股利政策

固定或稳定增长股利政策下，公司将每年派发的股利额固定在某一特定水平或是在此基础上维持某一固定比率逐年稳定增长。公司只有在确信未来不会发生逆转时才会宣布实施固定或稳定增长股利政策。在这一政策下，应首先确定股利分配额，而且该分配额一般不随资金需求的波动而波动。

固定或稳定增长股利政策的优点：稳定的股利向市场传递着公司正常发展的信息，有利于树立公司的良好形象，增强投资者对公司的信心，稳定股票的价格。稳定的股利额有助于投资者安排股利收入和支出，有利于吸引打算进行长期投资并对股利有很高依赖性的股东。稳定的股利政策可能会不符合剩余股利理论，但考虑到股票市场会受多种因素影响（包括股东的心理状态和其他要求），为了将股利维持在稳定的水平上，即使推迟某些投资方案或暂时偏离目标资本结构，也可能比降低股利或股利增长率更为有利。

固定或稳定增长的股利政策的缺点：股利的支付与企业的盈利相脱节，即不论公司盈利多少，均要支付固定的或按固定比率增长的股利，这可能会导致公司资金紧缺，财务状况恶化。此外，在公司无利可分的情况下，若依然实施固定或稳定增长股利政策，是违反《公司法》的。

因此，采用固定或稳定增长股利政策，要求公司对未来的盈利和支付能力能做出准确的判断。一般来说，公司确定的固定股利额不宜太高，以免陷入无力支付的被动局面。固定或稳定增长股利政策通常适用于经营较稳定或正处于成长期的公司，但很难被长期采用。

（三）固定股利支付率政策

固定股利支付率政策下，公司将按每年净利润的某一固定百分比计算的股利分派给股东。这

08

一百分比通常称为股利支付率，股利支付率一经确定，一般不得随意变更。在这一股利政策下，只要公司的税后利润一经计算确定，所派发的股利也就相应确定了。固定股利支付率越高，公司留存的净利润越少。

固定股利支付率政策的优点：股利与公司盈余紧密地配合，体现了"多盈多分、少盈少分、无盈不分"的股利分配原则。由于公司的获利能力在年度间是经常变动的，因此，每年的股利也应当随着公司收益的变动而变动。采用固定股利支付率政策，公司每年按固定的比例从税后利润中支付现金股利，从公司的支付能力的角度看，这是一种稳定的股利政策。

固定股利支付率政策的缺点：大多数公司每年的收益很难保持不变，导致年度间的股利额波动较大。由于股利的信号传递作用，波动的股利很容易给投资者带来公司经营状况不稳定、投资风险较大的不良印象，容易使公司面临较大的财务压力。公司实现的盈利多，并不能代表公司有足够的现金流来支付较多的股利额，合适的固定股利支付率的确定难度比较大。

由于公司每年面临的投资机会、筹资渠道都不同，而这些都可以影响公司的股利分派，所以，一成不变地奉行固定股利支付率政策的公司在实际中并不多见，固定股利支付率政策比较适用于稳定发展且财务状况也较稳定的公司。

【例8-2】某公司长期以来用固定股利支付率政策进行股利分配，确定的股利支付率为30%。2021年税后净利润为1 500万元，如果仍然继续执行固定股利支付率政策，公司2021年度将要支付的股利为1 500×30%=450（万元）。

但公司下一年度有较大的投资需求，因此，准备2021年度采用剩余股利政策。如果公司下一年度的投资预算为2 000万元，目标资本结构为权益资本占60%。按照目标资本结构的要求，公司投资方案所需的权益资本额为 2 000×60%=1 200（万元），2021 年度可以发放的股利为1 500-1 200=300（万元）。

（四）低正常股利加额外股利政策

低正常股利加额外股利政策下，公司事先设定一个较低的正常股利额，每年除了按正常股利额向股东发放股利外，还在公司盈余较多、资金较为充裕的年份向股东发放额外股利。但是，额外股利并不固定，不意味着公司永久地提高了股利支付率。

$$Y=a+bX \qquad \text{（式8-1）}$$

式8-1中，Y表示每股股利，X表示每股收益，a表示低正常股利，b表示股利支付比率。

低正常股利加额外股利政策的优点：赋予公司较大的灵活性，使公司在股利发放上留有余地，并具有较大的财务弹性。当公司盈利较少或投资需要较多资金时，可以只支付较低的正常股利；当公司盈利较多或投资需要较少资金时，可以向股东发放额外的股利。该政策可以使那些依靠股利度日的股东每年至少可以得到虽然较低但比较稳定的股利收入，从而吸引住这部分股东。

低正常股利加额外股利政策的缺点：不同年份之间公司盈利的波动使得额外股利不断变化，造成分派的股利不同，容易给投资者收益不稳定的感觉。当公司在较长时间持续发放额外股利后，可能会被股东误认为"正常股利"，一旦取消，传递出的信号可能会使股东认为这是公司财务状况恶化的表现，进而导致股价下跌。

这种股利政策一般适用于受经济周期影响大的公司或者盈利与现金流量不太稳定的公司。

二、股利支付形式与程序

（一）股利支付形式

股利支付形式可以分为不同的种类，主要有以下四种。

1. 现金股利

现金股利是以现金支付的股利，它是股利支付的常见方式。公司选择发放现金股利除了要有足够的留存收益外，还要有足够的现金，而现金充足与否往往会成为公司发放现金股利的主要制约因素。

2. 财产股利

财产股利是以现金以外的其他资产支付的股利，主要是以公司所拥有的其他公司的有价证券，如债券、股票等，作为股利支付给股东。

3. 负债股利

负债股利是以负债方式支付的股利，通常以公司的应付票据支付给股东，有时也以发放公司债券的方式支付股利。

财产股利和负债股利实际上是现金股利的替代，但这两种股利支付形式在我国公司实务中很少使用。

4. 股票股利

股票股利是公司以增发股票的方式所支付的股利，我国实务中通常也称其为"红股"。与现金股利相比，股票股利不会导致现金流出。从会计角度看，股票股利只是资金在股东权益账户之间的转移，只会改变股东权益的构成。股票股利会增加流通在外的股票数量，同时降低股票的每股价值；但它不改变公司股东权益总额，也不改变每位股东的持股比例。

【例 8-3】某上市公司在 2021 年发放股票股利前，其资产负债表上的股东权益账户情况如表 8-1 所示。

表 8-1　　　　　　　　　发放股票股利前股东权益账户情况　　　　　　　　　单位：万元

普通股（面值 1 元，发行在外 2 000 万股）	2 000
资本公积	3 000
盈余公积	2 000
未分配利润	3 000
股东权益合计	10 000

假设该公司宣布发放 10% 的股票股利，现有股东每持有 10 股，即可获赠 1 股普通股。若该股票当时市价为 5 元，那么随着股票股利的发放，需从"未分配利润"账户划转出的资金为 2 000×10%×5=1 000（万元）。

由于股票面值（1 元）不变，发放 200 万股，"普通股"账户只应增加 200 万元，其余的 800（1 000-200）万元应作为股本溢价转至"资本公积"账户，而公司的股东权益总额并未发生改变，仍是 10 000 万元。发放股票股利后资产负债表上的股东权益账户情况如表 8-2 所示。

08

表 8-2　　　　　　　　　发放股票股利后的股东权益账户情况　　　　　　　　单位：万元

普通股（面值 1 元，发行在外 2 200 万股）	2 200
资本公积	3 800
盈余公积	2 000
未分配利润	2 000
股东权益合计	10 000

假设某股东在公司派发股票股利之前持有公司普通股 10 万股，那么他所拥有的股权比例为 10÷2 000×100%=0.5%。派发股利之后，他所拥有的股票数量为 10×（1+10%）=11（万股），股份

比例为 11÷2 200×100%=0.5%。

可见，发放股票股利不会对公司股东权益总额产生影响，但会引起资金在各股东权益账户间的再分配。而股票股利派发前后每一位股东的持股比例也不会发生变化。需要说明的是，例题中股票股利以市价计算价格的做法，是很多西方国家通行的，但在我国，股票股利价格则是按照股票面值来计算的。

发放股票股利虽不直接增加股东的财富，也不增加公司的价值，但对股东和公司都有特殊意义。

对股东来讲，股票股利的优点主要如下。

（1）派发股票股利后，理论上每股市价会成比例下降，但实务中这并非必然结果。因为市场和投资者普遍认为，发放股票股利往往预示着公司会有较大的发展和成长，这样的信息传递会稳定股价或使股价下降比例减少甚至不降反升，股东便可以获得股票价值相对上升的好处。

（2）由于股利收入和资本利得税率的差异，如果股东出售股票，还会获得资本利得纳税上的好处。

对公司来讲，股票股利的优点主要如下。

（1）发放股票股利不需要向股东支付现金，在再投资机会较多的情况下，公司就可以为再投资提供成本较低的资金，从而有助于公司的发展。

（2）发放股票股利可降低公司股票的市场价格，既有利于促进股票的交易和流通，又有利于吸引更多的投资者成为公司股东，进而使股权更为分散，有效地防止公司被恶意控制。

（3）发放股票股利可以传递公司未来发展前景良好的信息，从而增强投资者的信心，在一定程度上稳定股票价格。

股票股利的缺点：由于股票股利会增加公司的股本规模，所以将为公司后续发放现金股利带来较大的财务负担。因此，国外公司一般很少发放股票股利。

（二）股利支付程序

公司发放股利必须遵守相关的要求，按照日程安排来进行。一般情况下，先由董事会提出分配预案，然后提交股东大会决议，股东大会决议通过分配预案后，向股东宣布发放股利的方案，并确定股权登记日、除息日和股利发放日。

（1）股利宣告日，即股东大会决议通过并由董事会将股利支付情况予以公告的日期。公告中将宣布每股应支付的股利、股权登记日、除息日及股利支付日。

（2）股权登记日，即有权领取本期股利的股东资格登记截止日期。凡是在此指定日期收盘之前取得公司股票，成为公司在册股东的投资者都可以作为股东享受公司分派的股利。在这一天之后取得股票的股东则无权领取本次分派的股利。

（3）除息日，即领取股利的权利与股票分离的日期。在除息日之前购买股票的股东才能领取本次股利，而在除息日当天或以后购买股票的股东，则不能领取本次股利。由于失去了"付息"的权利，除息日的股票价格会下跌。

（4）股利发放日，即公司按照公布的分红方案向股权登记日在册的股东实际支付股利的日期。

**知识拓展**

股票分割与股票回购

1. 股票分割

股票分割指将面额较高的股票分割为面额较低的股票的行为。股票分割又称拆股，即将一股股票拆分成多股股票。股票分割会增加发行在外的股票总数，降低股票面额。但从会计角度看，股票分割不会对公司的股东权益产生任何影响。

股票分割的作用如下。

（1）降低股票价格。股票分割会使每股市价降低，买卖该股票所需资金量减少，从而可以促进股票的流通和交易。流通性的提高和股东数量的增加，会在一定程度上加大对公司股票恶意收购的难度。此外，降低股票价格还可以为公司发行新股做准备，因为股价太高会使许多潜在投资者力不从心而不敢轻易对公司股票进行投资。

（2）向市场和投资者传递"公司发展前景良好"的信号，有助于提高投资者对公司股票的信心。

与股票分割相反，公司如果认为其股票价格过低，不利于其在市场上的声誉和未来的再筹资时，为提高股票的价格，会采取反分割措施。反分割又称股票合并或逆向分割，是指将多股股票合并为一股股票的行为。反分割显然会降低股票的流通性，提高公司股票投资的门槛，它向市场传递的信息通常都是不利的。

2. 股票回购

股票回购是指上市公司出资将其发行在外的普通股以一定价格购买回来予以注销或作为库存股的一种资本运作方式。公司不得随意收购本公司的股份，只有满足相关法律规定的情形才允许进行股票回购。

在证券市场上，股票回购的动机多种多样，主要有以下几点。

（1）现金股利的替代。现金股利政策会对公司产生未来的派现压力，而股票回购不会。当公司有富余资金时，通过回购股东所持股票将现金分配给股东，这样，股东就可以根据自己的需要选择继续持有股票或出售股票以获得现金。同时股票回购不影响公司股利政策的稳定性。

（2）改变公司的资本结构。无论是现金回购还是举债回购股票，都可以改变公司的资本结构。当公司认为权益资本在资本结构中所占比例较大时，为了调整资本结构而进行股票回购，可以在一定程度上降低整体资金成本，提高公司的财务杠杆水平。

（3）传递公司信息。由于信息不对称和预期差异，证券市场上的公司股票价格可能被低估，而过低的股价将会对公司产生负面影响。一般情况下，投资者会认为股票回购是公司认为其股票价值被低估而采取的应对措施。

（4）基于控制权的考虑。控股股东为了保证其控制权，往往直接或间接回购股票，从而巩固既有的控制权。另外，股票回购使流通在外的股份数变少，股价上升，从而可以有效地防止恶意收购。

股票回购对上市公司的影响主要表现在以下几个方面。

（1）股票回购需要大量资金，容易造成资金紧张，降低资产流动性，影响公司的后续发展。

（2）股票回购会导致股东退股和公司资本减少，也可能会使公司的发起人股东更注重利润，从而不仅在一定程度上削弱了对债权人利益的保护，而且忽视了公司的长远发展，损害了公司的根本利益。

（3）股票回购容易导致公司操纵股价。公司回购自己的股票容易导致其利用内幕消息进行操作，加剧公司行为的非规范化，损害投资者的利益。

项目演练

一、单项选择题

1. 某公司 2021 年税后净利润为 2000 万元，2022 年投资计划需要资金 2 200 万元。如果该公司采用剩余股利政策，2021 年发放的股利为 680 万元，则该公司目标资本结构中权益资本所占的比例为（　　）。

A. 40%　　　　　B. 50%　　　　　C. 60%　　　　　D. 68%

2. 在下列公司中，通常适合采用低正常股利加额外股利政策的是（　　　）。

    A. 收益显著增长的公司　　　　　　　　B. 收益相对稳定的公司

    C. 初创阶段的公司　　　　　　　　　　D. 盈利与现金流量很不稳定的公司

3. 根据剩余股利政策，假设公司目前的资产负债率为 40%，明年计划投资 700 万元，今年年末分配股利时，为了满足投资需要，应该从税后净利润中保留（　　　）万元。

    A. 280　　　　　　　B. 420　　　　　　　C. 700　　　　　　　D. 0

4. 如果甲上市公司以本公司的应付票据作为股利支付给股东，这种股利支付方式为（　　　）。

    A. 现金股利　　　B. 负债股利　　　C. 财产股利　　　D. 股票股利

5. 按照剩余股利政策，假定某公司的最佳资本结构是权益资金占 60%，债务资金占 40%。明年计划投资 1 000 万元，该公司本年的净利润是 900 万元，法定盈余公积的计提比例是 10%，那么本年该公司应该留存的利润是（　　　）万元。

    A. 540　　　　　　　B. 510　　　　　　　C. 690　　　　　　　D. 600

6. 相对于其他股利政策而言，既可以维持股利的稳定性，又有利于优化资本结构的股利政策是（　　　）。

    A. 剩余股利政策　　　　　　　　　　　B. 固定股利政策

    C. 固定股利支付率政策　　　　　　　　D. 低正常股利加额外股利政策

7. 下列关于股利分配政策的表述中，正确的是（　　　）。

    A. 公司盈余的稳定程度与股利支付水平负相关

    B. 偿债能力弱的公司一般不应采用高现金股利政策

    C. 基于控制权的考虑，股东会倾向于较高的股利支付水平

    D. 债权人不会影响公司的股利分配政策

8. 某公司近年来经营业务不断拓展，目前处于成长阶段，预计现有的生产经营能力能够满足未来 10 年稳定增长的需要，公司希望其股利与公司盈余紧密配合。基于以上条件，最为适宜该公司的股利政策是（　　　）。

    A. 剩余股利政策　　　　　　　　　　　B. 固定股利政策

    C. 固定股利支付率政策　　　　　　　　D. 低正常股利加额外股利政策

9. 如果上市公司以其所拥有的其他公司的股票作为股利支付给股东，则这种股利的方式称为（　　　）。

    A. 现金股利　　　B. 股票股利　　　C. 财产股利　　　D. 负债股利

10. 下列各项中，不影响股东权益额变动的股利支付形式是（　　　）。

    A. 现金股利　　　B. 股票股利　　　C. 负债股利　　　D. 财产股利

二、多项选择题

1. 股东从保护自身利益的角度出发，在确定股利分配政策时应考虑的因素有（　　　）。

    A. 控制权　　　B. 稳定的收入　　　C. 税收筹划　　　D. 现金流量

2. 下列各项中，属于发放股票股利可能导致的结果的有（　　　）。

    A. 股东权益内部结构发生变化　　　　　B. 股东权益总额发生变化

    C. 每股利润下降　　　　　　　　　　　D. 股份总额发生变化

3. 下列股利政策中造成股利波动较大，容易让投资者感觉公司不稳定的有（　　　）。

    A. 剩余股利政策　　　　　　　　　　　B. 固定股利政策

    C. 固定股利支付率政策　　　　　　　　D. 稳定增长股利政策

4. 下列情况下，企业会采取偏紧的股利政策的有（　　　　）。

　A. 投资机会较多　　B. 筹资能力较强　　C. 资产流动性较好　　D. 通货膨胀

5. 处于初创阶段的公司，一般不宜采用的股利分配政策有（　　　）。

　A. 固定股利政策　　　　　　　　　　B. 剩余股利政策

　C. 固定股利支付率政策　　　　　　　D. 稳定增长股利政策

三、判断题

1. 固定或稳定增长股利政策的一个缺点是当企业盈余较少甚至亏损时，仍需支付固定的股利，可能导致企业财务状况恶化。（　　　）

2. 公司可以经常改变利润分配政策，使之适应公司的未来发展状况。（　　　）

3. 企业发放股票股利会导致每股收益的下降，因此每股市价有可能会下降，从而每位股东所持股票的市场价值总额也会下降。（　　　）

4. 发放股票股利后，公司股价降低，容易被恶意收购。（　　　）

5. 财产股利和负债股利可以作为股票股利的替代。（　　　）

6. 股权登记日是股票的所有权和领取股息的权利分离的日期。（　　　）

7. 采用剩余股利政策的优点是有利于保持理想的资金结构，降低企业的综合资金成本。（　　　）

8. 在通货膨胀时期，企业一般会采取偏紧的利润分配政策。（　　　）

9. 处于衰退期的企业在制定收益分配政策时，应当优先考虑企业积累。（　　　）

10. 企业发放股票股利会引起每股利润的下降，从而导致每股市价有可能下跌，因而每位股东所持股票的市场价值总额也将随之下降。（　　　）

四、计算分析题

1. 公司 2021 年年底利润分配前所有者权益结构如表 8-3 所示。

表 8-3　　　　　　　　　　　2021 年年底利润分配前所有者权益结构　　　　　　　　　　单位：元

项目	金额
股本（每股面值 1 元，发行 300 000 股）	300 000
资本公积	150 000
未分配利润	1 800 000
股东权益合计	2 250 000

2021 年度公司因资金不足，决定按市价发放 8% 的股票股利。已知当前市价是 24 元/股，本年净利润为 1 080 000 元。

要求：

（1）说明发放股票股利后股东权益各项目有何变化。

（2）计算发放股票股利前后公司每股收益各为多少。

2. 某公司年终利润分配前的股东权益如表 8-4 所示。

表 8-4　　　　　　　　　　　　年终利润分配前的股东权益

项目	金额
股本/万元（普通股，每股面值 2 元，200 万股）	400
资本公积/万元	180
未分配利润/万元	1 220
所有者权益合计/万元	1 800
公司股票的每股现行市价/元	25

08

要求：

（1）计划按每 10 股送 1 股的方案发放股票股利并按发放股票股利后的股数派发每股现金股利 0.2 元，股票股利的金额按现行市价计算，计算完成这一方案后的股东权益各项目数额。

（2）若按 1 股拆 2 股的比例进行股票分割，计算股东权益各项目数额及普通股股数。

3. 某公司成立于 2020 年 1 月 1 日。2020 年度实现的净利润为 1 000 万元，分配现金股利 550 万元，提取盈余公积 450 万元（所提盈余公积均已指定用途）。2021 年度实现的净利润为 900 万元（不考虑计提法定盈余公积的因素）。2022 年计划增加投资，所需资金为 700 万元。假定公司目标资本结构为自有资金占 60%，借入资金占 40%。

（1）在保持目标资本结构的前提下，计算 2022 年投资方案所需的自有资金金额和需要从外部借入的资金金额；

（2）在保持目标资本结构的前提下，如果公司执行剩余股利政策，计算 2021 年度应分配的现金股利；

（3）在不考虑目标资本结构的前提下，如果公司执行固定股利政策，计算 2021 年应分配的现金股利、可用于 2022 年投资的留存收益和需要额外筹集的资金额；

（4）在不考虑目标资本结构的前提下，如果公司执行固定股利支付率政策，计算该公司的股利支付率和 2021 年度应分配的现金股利；

（5）假定公司 2022 年面临着从外部筹资的困难，只能从内部筹集筹资，不考虑目标资本结构，计算在此情况下 2021 年度应分配的现金股利。

五、综合题

某公司 2020 年度实现的净利润为 1 200 万元，分配现金股利 600 万元。2021 年实现的净利润为 1 000 万元，不考虑法定公积金的因素。2022 年计划增加投资，所需资金为 800 万元。假设目标资本结构为股东权益占 60%，负债占 40%。

要求：

（1）在保持目标资本结构的情况下，假设未发生普通股股数变动，公司执行剩余股利政策，那么计算 2021 年度应分配的现金股利。

（2）在不考虑目标资本结构的前提下，公司执行固定股利政策，计算 2021 年度应分配的现金股利、可用于 2022 年投资的留存收益和需要额外筹集的资金额。

（3）在不考虑目标资本结构的前提下，公司执行固定股利支付率政策，计算该公司的股利支付率和 2021 年度应分配的现金股利。

（4）假设公司 2022 年很难从外部筹集资金，只能从内部筹资，不考虑目标资本结构，计算 2021 年度应分配的现金股利。

六、案例分析题

2018 年 5 月，探路者等 7 家上市公司发布回购预案，苏宁易购等 25 家公司实施了股份回购计划。多数公司溢价回购，并伴有股份增持计划。业内人士称，上市公司回购股份，通常释放出股价被低估的信号。回购股份注销后可以提高每股盈余及净资产收益率等指标，增强投资者信心。部分公司回购股份用于实施员工持股计划或股权激励计划。

【问题】试分析公司进行股票回购的动机，以及股票回购后会对公司带来哪些好处。

项目九

财务报表分析

学习目标 ↓

【知识目标】
- 了解财务报表分析的概念、内容和方法；
- 掌握偿债能力、营运能力、盈利能力、发展能力相关指标的计算；
- 掌握上市公司财务分析相关指标的计算；
- 掌握杜邦财务分析法和沃尔评分法。

【能力目标】
- 能对企业进行偿债能力分析、运营能力分析、盈利能力分析和发展能力分析；
- 能应用杜邦分析法和沃尔评分法对企业进行综合分析；
- 能对上市公司进行财务分析。

【素养目标】
- 培养严谨认真的工作态度，具有团队协作意识和自主分析问题的能力。

项目背景 ↓

财务分析以企业财务报告反映的财务数据为主要依据，对企业的财务状况和经营成果进行评价和剖析，目的是反映企业在运营过程中的利弊得失、财务状况及发展趋势，为改进企业财务管理工作和优化经营决策提供重要的财务信息。财务分析既是财务预测的前提，也是过去经营活动的总结，具有承上启下的作用。

项目导入 ↓

ABC 公司是上市公司，2021 年相关财务报表如表 9-1～表 9-3 所示。

表 9-1   资产负债表

单位：ABC 公司   2021 年 12 月 31 日   单位：万元

资产	期末余额	年初余额	负债和所有者权益（或股东权益）	期末余额	年初余额
流动资产：			流动负债：		
货币资金	44	25	短期借款	60	45
交易性金融资产			交易性金融负债		
应收账款	418	222	应付账款	133	123

续表

资产	期末余额	年初余额	负债和所有者权益（或股东权益）	期末余额	年初余额
预付款项	22	4	预收款项	10	4
其他应收款	12	22	合同负债		
存货	119	326	应付职工薪酬	2	1
合同资产			应交税费	5	4
持有待售资产			其他应付款	25	22
一年内到期的非流动资产	77	11	持有待售负债		
其他流动资产	8		一年内到期的非流动负债	12	16
流动资产合计	700	610	其他流动负债	53	5
非流动资产：			流动负债合计	300	220
债权投资			非流动负债：		
其他债权投资			长期借款	450	245
长期应收款			应付债券	240	260
长期股权投资	30	0	长期应付款	50	60
其他权益工具投资			预计负债		
其他非流动金融资产			递延收益		
投资性房地产			递延所得税负债		
固定资产	1 238	1 012	其他非流动负债		15
在建工程	18	35	非流动负债合计	740	580
生产性生物资产			负债合计	1 040	800
油气资产			所有者权益（或股东权益）：		
无形资产	6	8	实收资本（或股本）	100	100
开发支出			其他权益工具		
商誉			其中：优先股		
长期待摊费用	5	15	永续债		
递延所得税资产			资本公积	10	10
其他非流动资产	3		减：库存股		
非流动资产合计	1 300	1 070	其他综合收益		
			盈余公积	60	40
			未分配利润	790	730
			所有者权益（或股东权益）合计	960	880
资产总计	2 000	1 680	负债和所有者权益（或股东权益）总计	2 000	1 680

表 9-2 利润表

编制单位：ABC 公司　　　　　　　　　　　2021 年度　　　　　　　　　　　单位：万元

项目	本期金额	上期金额
一、营业收入	3 000	2 850
减：营业成本	2 644	2 503
税金及附加	28	28
销售费用	22	20
管理费用	46	40

续表

项目	本期金额	上期金额
研发费用		
财务费用	110	96
其中：利息费用		
利息收入		
资产减值损失		
信用减值损失		
加：其他收益		
投资收益（损失以"-"号填列）	6	
其中：对联营企业和合营企业的投资收益		
公允价值变动收益（损失以"-"号填列）		
资产处置收益（损失以"-"号填列）		
二、营业利润（亏损以"-"号填列）	156	163
加：营业外收入	45	72
减：营业外支出	1	
三、利润总额（亏损总额以"-"号填列）	200	235
减：所得税费用	64	75
四、净利润（净亏损以"-"号填列）	136	160
五、其他综合收益的税后净额		
（一）不能重分类进损益的其他综合收益		
1. 重新计量设定受益计划变动额		
2. 权益法下不能转损益的其他综合收益		
3. 其他权益工具投资公允价值变动		
4. 企业自身信用风险公允价值变动		
……		
（二）将重分类进损益的其他综合收益		
1. 权益法下可转损益的其他综合收益		
2. 其他债权投资公允价值变动		
3. 金融资产重分类计入其他综合收益的金额		
4. 其他债权投资信用减值准备		
5. 现金流量套期		
6. 外币财务报表折算差额		
……		
六、综合收益总额		
七、每股收益：		
（一）基本每股收益		
（二）稀释每股收益		

表 9-3   现金流量表

编制单位：ABC公司   2021年度   单位：万元

项目	本期金额	上期金额
一、经营活动产生的现金流量：		
销售商品、提供劳务收到的现金	2 810	
收到的税费返还		

09

续表

项目	本期金额	上期金额
收到其他与经营活动有关的现金	10	
经营活动现金流入小计	2 820	
购买商品、接受劳务支付的现金	2 363	
支付给职工以及为职工支付的现金	29	
支付的各项税费	91	
支付其他与经营活动有关的现金	14	
经营活动现金流出小计	2 497	
经营活动产生的现金流量净额	323	
二、投资活动产生的现金流量：		
收回投资收到的现金		
取得投资收益收到的现金		
处置固定资产、无形资产和其他长期资产收回的现金净额	22	
处置子公司及其他营业单位收到的现金净额		
收到其他与投资活动有关的现金		
投资活动现金流入小计	22	
购建固定资产、无形资产和其他长期资产支付的现金	369	
投资支付的现金	30	
取得子公司及其他营业单位支付的现金净额		
支付其他与投资活动有关的现金		
投资活动现金流出小计	399	
投资活动产生的现金流量净额	−377	
三、筹资活动产生的现金流量：		
吸收投资收到的现金		
取得借款收到的现金	270	
收到其他与筹资活动有关的现金		
筹资活动现金流入小计	270	
偿还债务支付的现金	17	
分配股利、利润或偿付利息支付的现金	170	
支付其他与筹资活动有关的现金	10	
筹资活动现金流出小计	197	
筹资活动产生的现金流量净额	73	
四、汇率变动对现金及现金等价物的影响		
五、现金及现金等价物净增加额	19	
加：期初现金及现金等价物余额	25	
六、期末现金及现金等价物余额	44	

ABC 公司股本面值为 1 元/股。

【思考】请根据所提供的 ABC 公司的财务报表，对 ABC 公司 2021 年 12 月 31 日的财务状况、2021 年度的经营成果和现金流量进行分析。

09

任务分解 ↓

现将对 ABC 公司 2021 年的财务报表进行分析这一项目分解为以下四个任务：认识财务报表分析；一般财务报表分析；上市公司财务分析；综合财务分析。

任务一　认识财务报表分析

一、财务报告及其使用者

微课

财务报表分析

　　财务报告是指企业对外提供的反映某一特定日期的财务状况和某一会计期间的经营成果、现金流量等会计信息的文件。其主要目的是有助于财务报告使用者做出决策。财务报告包括财务报表（资产负债表、利润表、现金流量表、股东权益变动表）及其附注。

　　财务报告的使用者及其信息诉求如下。

　　（1）所有者。所有者是财务报告最重要的信息使用者，关心其资本的保值和增值状况，因此较为重视企业获利能力指标，主要进行企业盈利能力分析。

　　（2）债权人。债权人首先关注的是其投资的安全性，因此主要进行企业偿债能力分析，同时也关注企业盈利能力分析。

　　（3）管理者。管理者作为财务报告的提供者，是最为特殊的财务报告使用者。管理者关注企业经营理财的各方面，包括偿债能力、运营能力、盈利能力、发展能力，主要进行各方面综合分析，并关注企业财务风险和经营风险。

　　（4）政府。政府兼具多重身份，既是宏观经济管理者，又是国有企业的所有者和重要的市场参与者，因此政府对企业财务分析的关注点因所具身份不同而异。

二、财务报表分析的概念和内容

（一）财务报表分析的概念

　　财务报表分析是以会计核算和报表资料及其他相关资料为依据，采用一系列专门的分析技术和方法，对企业过去和现在有关筹资活动、投资活动、经营活动、分配活动的盈利能力、营运能力、偿债能力和发展能力状况等进行分析与评价的经济管理活动。它为企业的投资者、债权人、经营者等利益相关者的决策提供信息或依据。

（二）财务报表分析的内容

　　企业所有者、企业债权人、企业管理者和政府等，对财务分析信息有着各自不同的要求。尽管不同企业的经营状况、经营规模、经营特点不同，但财务分析的主要内容归纳起来不外乎偿债能力分析、营运能力分析、盈利能力分析、发展能力分析和综合能力分析五个方面。

三、财务报表分析的基本方法

　　财务报表分析的基本方法主要如下。

（一）比较分析法

1. 比较分析法的概念

　　比较分析法是基本的财务报表分析方法，是指将两个或两个以上相关指标进行对比，确定其差异，并进行差异分析的一种分析方法。

2. 比较分析法的种类

　　根据比较对象的不同，比较分析法分为趋势分析法、横向比较法和预算差异分析法。趋势分析法的比较对象是本企业的历史数据；横向比较法的比较对象是同类企业的相关数据，如行业平

09

均水平或竞争对手的相关数据；预算差异分析法的比较对象是预算数据。

根据比较内容不同，比较分析法分为以下几种。①会计要素的总量比较分析。总量是指报表项目的总金额。例如，总资产、净资产、净利润等。②结构百分比比较分析。把资产负债表、利润表、现金流量表转换成结构百分比报表。例如，以收入为 100%，分析利润表各项目对收入的比重。结构百分比报表有利于发现有显著问题的项目，确定进一步分析的方向。③财务比率比较分析。财务比率是各会计指标之间的数量关系，反映它们的内在联系。财务比率是相对数，剔除了规模的影响，具有可比性，是常用的比较分析指标。

（二）因素分析法

1. 因素分析法的概念

因素分析法是依据分析指标与其影响因素的关系，从数量上确定各因素对分析指标影响方向和影响程度的一种方法。

2. 因素分析法的步骤

因素分析法一般有以下四个步骤。

（1）确定分析对象，计算差额。即确定需要分析的财务指标，比较计算两者（实际数据与标准数据，本期数据与历史数据，本企业数据与同行数据）之间的差额。

（2）确定该财务指标的驱动因素，建立财务指标与各驱动因素之间的函数关系模型。

（3）确定驱动因素替代顺序，根据重要性进行排序。

（4）按顺序计算各驱动因素对指标的影响。

3. 因素分析法的种类

因素分析法具体有两种：连环替代法和差额分析法。

（1）连环替代法。连环替代法是将分析指标分解为各个因素，并顺次用比较值替代标准值，进而测定各因素对指标的影响。

现以分析实际数据与计划数据为例，阐述连环替代法的步骤。

第一步，确定分析对象，计算差额。

分析对象：指标 F，计划数 F_0，实际数 F_1，差额$=F_1-F_0$。

第二步，确定驱动因素，建立其与指标间的函数关系。

- 驱动因素：A、B、C
- 函数关系：$F=A \times B \times C$
- 计划数 $F_0=A_0 \times B_0 \times C_0$
- 实际数 $F_1=A_1 \times B_1 \times C_1$

第三步，确定驱动因素替代顺序。替代顺序：A、B、C。

第四步，按顺序计算各驱动因素对指标的影响。

计划数：$F_0=A_0 \times B_0 \times C_0$　　（1）

替代 A 因素：$A_1 \times B_0 \times C_0$　　（2）

替代 B 因素：$A_1 \times B_1 \times C_0$　　（3）

替代 C 因素：$A_1 \times B_1 \times C_1$　　（4）

（2）－（1）为 A 因素变动对指标的影响；

（3）－（2）为 B 因素变动对指标的影响；

（4）－（3）为 C 因素变动对指标的影响。

（4）－（1）$=F_1-F_0$，为 A、B、C 三个因素共同变动对指标的影响。

【例 9-1】某企业 2021 年 7 月和 8 月某产品的原材料耗用情况如表 9-4 所示。

表 9-4　　　　　　　　　　　　　　原材料耗用情况

项目	7 月	8 月
产量/件	100	110
单位产品材料消耗量/千克	8	7
材料单价/（元/千克）	5	6
材料费用总额/元	4 000	4 620

要求：（1）计算 8 月相对于 7 月的材料费用增减额；（2）用连环替代法分析增减的原因。

解：①确定分析对象，计算差额。

分析对象：原材料费用，7 月为 4 000 元，8 月为 4 620 元。差额=4 620-4 000=620（元）。

② 确定驱动因素，建立其与指标间的函数关系。

驱动因素：产量、单位产品材料消耗量、材料单价

函数关系：原材料费用=产量×单位产品材料消耗量×材料单价

7 月原材料费用=100×8×5=4 000（元）

8 月原材料费用=110×7×6=4 620（元）

③ 确定驱动因素替代顺序。

替代顺序：产量、单位产品材料消耗量、材料单价。

第四步，按顺序计算各驱动因素对指标的影响。

7 月原材料费用=100×8×5=4 000（元）	（1）
第一次替代：110×8×5=4 400（元）	（2）
第二次替代：110×7×5=3 850（元）	（3）
第三次替代：110×7×6=4 620（元）	（4）

（2）-（1）=400 元，为产量增加对材料费用的影响。

（3）-（2）=-550 元，为单位产品材料消耗量减少对材料费用的影响。

（4）-（3）=770 元，为材料单价提高对材料费用的影响。

（2）差额分析法。差额分析法是连环替代法的一种简化形式，利用各个因素的比较值与基准值之间的差额，来计算各因素对指标影响。差额分析法前三步与连环替代法相同，只是第四步略有不同。第四步如下。

A 因素的影响：$(A_1-A_0)×B_0×C_0$

B 因素的影响：$A_1×(B_1-B_0)×C_0$

C 因素的影响：$A_1×B_1×(C_1-C_0)$

【例 9-2】接【例 9-1】，用差额分析法分析增减的原因。

解：产量增加影响额=（110-100）×8×5=400（元）

单位产品材料消耗量节约影响额=110×（7-8）×5=-550（元）

单价提高影响额=110×7×（6-5）=770（元）

采用因素分析法时，应注意以下问题。

（1）因素替代的顺序性。确定替代因素时，需要根据各因素的依存关系，遵循一定的顺序并依次替代，不可随意变换顺序，否则就会得出不同的计算结果。

（2）顺序替代的连环性。每一次替代均以上一次为基础，并采用连环比较的方法确定因素变化的影响结果。

09

（3）计算结果的假定性。各因素变动的影响数，会因替代顺序不同而有差别，因而计算结果不免带有假定性，即不可能使每个因素的计算结果都绝对准确。

四、财务报表分析的局限性

下面从分析数据的局限性、分析方法的局限性、分析指标的局限性三个方面来阐述财务报表分析的局限性。

（一）分析数据的局限性

1. 财务报表本身的局限性

财务报表存在以下局限性：财务报表没有披露企业的全部信息；已经披露的财务信息存在会计估计误差，不可能是真实情况的全面准确计量；管理层的各项会计政策选择，有可能降低信息可比性。

2. 财务报表可靠性问题

管理层虚假陈述或者会计准则的局限性，导致财务报表未能公允反映企业的实际情况。例如，某些资产以历史成本计价，不能反映其当前价值。

（二）分析方法的局限性

分析方法的局限性主要有：①比较分析法的可比性问题。对于绝对指标，比较的双方往往不具有可比性，如资产规模不同，直接对净利润进行比较意义就不大。对于相对指标，一般是对单个指标进行分析，综合程度较低。②对于因素分析法，主观假定各因素的变化顺序且规定每次只有一个因素发生变化，这往往与事实不符。③这些分析方法只偏重数据分析，忽视经营环境，因此，得出的分析结论也是不全面的。

（三）分析指标的局限性

1. 指标反映的相对性

在评价某个财务指标时，或者根据一系列指标对企业进行综合判断时，需要注意财务指标本身所反映情况的相对性，要掌握好对财务指标的"信任度"。

2. 指标评价标准问题

在不同企业、不同行业之间，对财务指标进行评价时没有统一的标准。例如，一般认为流动比率为2比较好，但许多成功的企业的流动比率低于2。

3. 指标比较基础问题

对财务指标进行比较分析时，需要选择比较的参照标准，包括同行数据、本企业历史数据和计划预算数据等。

横向比较时，需要使用同行标准。同行平均数只有一般性的参考价值，未必具有代表性，有时选择同行业一组有代表性的企业求平均数，可能比整个行业的平均数更有比较价值。近年来，分析人员以一流企业作为标杆，进行对标分析。也有不少企业实行多种经营，没有明确的行业归属，同行比较更加困难。

趋势分析应以本企业历史数据为比较基础。历史数据代表过去，并不一定具有合理性。例如，经营环境发生变化后，今年比去年利润提高了，未必说明已经达到应该达到的水平，甚至未必说明管理有了改善。

实际与预算比较分析应以预算为比较基础。实际与预算发生差异，可能是执行中有问题，也可能是预算不合理，区分两者并非易事。

总之，对比较基础本身要准确理解，并要有限地使用分析结论，避免简单化和绝对化。

任务二　一般财务报表分析

一般企业财务报表分析包括偿债能力分析、营运能力分析、盈利能力分析、发展能力分析、现金流量分析。

一、偿债能力分析

偿债能力是指企业偿还本身所欠债务的能力。静态地讲，偿债能力就是用企业资产清偿企业债务的能力；动态地讲，偿债能力就是用企业资产和经营过程创造的收益偿还债务的能力。企业有无现金支付能力和偿债能力是企业能否健康发展的关键。企业偿债能力分析是企业财务分析的重要组成部分。

偿债能力的衡量方法有两种：一种是比较可供偿债资产与债务的存量，资产存量超过债务存量较多，则认为偿债能力较强；另一种是比较经营活动现金流量和偿债所需现金，如果产生的现金超过需要的现金较多，则认为偿债能力较强。

债务一般按到期时间分为短期债务和长期债务，偿债能力分析由此也分为短期偿债能力分析和长期偿债能力分析。

（一）短期偿债能力分析

短期偿债能力是指企业以流动资产对流动负债及时、足额偿还的保证程度，即企业以流动资产偿还流动负债的能力，反映企业偿付日常到期债务的能力，是衡量企业当前财务能力，特别是流动资产变现能力的重要指标。

1. 可供偿债资产与短期债务的存量

偿债能力的第一种衡量方法是比较可供偿债资产与短期债务的存量。可供偿债资产指资产负债表中列示的流动资产，短期债务指资产负债表中列示的流动负债，两者的比较，可以反映企业短期偿债能力。

流动资产和流动负债的比较有两种方法：一是差额比较；二是比率比较。

（1）差额比较——营运资金。

$$营运资金 = 流动资产 - 流动负债$$

如果流动资产等于流动负债，即营运资金为 0，并不能保证企业的短期偿债能力没有问题，因为债务的到期与流动资产的变现不可能同步同量，并且为了维持正常经营，企业不可能变卖全部流动资产来偿还债务。因此，企业必须保持流动资产大于流动负债，即持有一定数额的营运资金。营运资金越多，短期偿债能力越强。但营运资金是个绝对数，不便于不同企业之间的比较。

根据 ABC 公司的财务报表数据，2021 年年末营运资金=700-300=400（万元），2021 年年初营运资金=610-220=390（万元），2021 年年初和 2021 年年末营运资金都大于 0，说明企业财务状况稳定，具有较好的短期偿债能力。

（2）比率比较——流动比率。

$$流动比率 = \frac{流动资产}{流动负债} \qquad （式 9\text{-}1）$$

流动比率表明每 1 元流动负债有多少流动资产作为偿债保障。一般来说，流动比率越大，短期偿债能力越强。

根据 ABC 公司的财务报表数据：

2021 年年末流动比率=700÷300=2.33

09

2021 年年初流动比率=610÷220=2.77

ABC 公司 2021 年年末的流动比率相对于 2021 年年初降低了 0.44，即为每 1 元流动负债提供的流动资产保障减少了 0.44 元。

由于流动比率计算简单，因而被广泛使用。但在应用流动比率进行分析时，需要注意以下两点。

① 流动比率高不意味着短期偿债能力一定很强。流动比率假设全部流动资产都可以变为现金并用于偿债，全部流动负债都需要偿还。实际上，有些流动资产的变现金额可能与账面金额存在较大差异；经营性流动资产是企业正常经营所必需的，不能全部用于偿债；经营性负债可以滚动存续，无须动用现金全部清偿。因此，流动比率是对短期偿债能力的粗略估计。

② 不存在统一的流动比率数值，不同行业的流动比率通常有明显差异。一般营业周期越短的行业，合理的流动比率越低。在过去，认为生产型企业的最低流动比率为 2，但最近几十年，企业的经营方式和金融环境发生了巨大变化，流动比率有下降的趋势，许多成功企业的流动比率低于 2。

（3）比率比较——速动比率。

构成流动资产的各项目，流动性差别很大。其中货币资金、交易性金融资产和各种应收款项，可以在较短时间内变现，称为速动资产；另外的流动资产，包括存货、预付款项、一年内到期的非流动资产和其他流动资产等，称为非速动资产。

相对于速动资产，非速动资产的变现金额和时间具有较大的不确定性。因此，将非速动资产从可供偿债资产中剔除，计算速动资产与流动负债的比率（速动比率），更能反映企业的短期偿债能力。

$$速动比率=\frac{速动资产}{流动负债} \qquad （式9-2）$$

速动比率表明每 1 元流动负债有多少速动资产作为偿债保障。一般来说，速动比率越大，短期偿债能力越强。

根据 ABC 公司的财务报表数据：

2021 年年末速动比率=（44+418+12）÷300=1.58

2021 年年初速动比率=（25+222+22）÷220=1.22

ABC 公司 2021 年年末的速动比率比 2021 年年初提高了 0.36，即为每 1 元流动负债提供的速动资产保障增加了 0.36 元。

速动比率一般为 1 比较合适，但实务中应该按不同行业、不同内外部环境做不同判断。

（4）比率比较——现金比率。

$$现金比率=\frac{货币资金+交易性金融资产}{流动负债} \qquad （式9-3）$$

现金比率表明每 1 元流动负债有多少现金资产作为偿债保障。现金比率剔除了应收款项对偿债能力的影响，最能反映企业直接偿还流动负债的能力。一般来说，现金比率越大，短期偿债能力越强。

由于流动负债是在一年内（或超过一年的一个营业周期内）陆续到期，所以并不需要企业一直保留相当于流动负债金额的现金资产。经验表明，该比率一般为 0.2 比较合适，但实务中应该按不同行业做不同判断。这一比率过高，就意味着企业过多资源占用在盈利能力较低的现金资产上从而影响企业的盈利能力。

根据 ABC 公司的财务报表数据：

09

2021 年年末现金比率=44÷300=0.147

2021 年年初现金比率=25÷220=0.114

ABC 公司 2021 年年末的现金比率比 2021 年年初提高了 0.033，说明为每 1 元流动负债提供的现金保障增加了 0.033 元。

ABC 公司 2021 年年初和年末的流动比率和速动比率都比较高，但现金比率相对偏低，说明该公司短期偿债能力还是有一定的风险，应适当提高现金资产持有量，加速应收账款的周转等。

ABC 公司 2021 年年末和年初相比，流动比率下降了，但速动比率和现金比率上升了。分析如下：相对于流动负债的增加，流动资产（主要是存货大幅度减少）的增加幅度较小，导致流动比率下降；速动资产（主要是现金应收账款大幅度增加）的增加幅度较大，导致速动比率上升；速动资产（主要是现金大幅度增加）的增加幅度较大，导致现金比率上升。ABC 公司应当努力减少应收账款的资金占用，如缩短信用期、减少赊销额、加强收账力度等。

2. 现金流量比率

偿债能力的第二种衡量方法是比较经营活动现金流量净额和偿债所需现金。

$$现金流量比率 = \frac{经营活动现金流量净额}{流动负债} \qquad （式 9\text{-}4）$$

经营活动现金流量净额代表着企业创造现金的能力，且已经扣除了经营活动自身所需的现金流出，是可以用来偿债的现金流量。

现金流量比率表明每 1 元流动负债有多少经营活动现金流量净额作为偿债保障。一般来说，现金流量比率越大，短期偿债能力越强。

用经营活动现金流量净额代替可供偿债资产，与短期债务进行比较以反映偿债能力，更具说服力。一方面它克服了可供偿债资产未考虑未来变化和变现能力等问题；另一方面，实际用以偿还债务的通常是现金，而不是其他可供偿债资产。

根据 ABC 公司的财务报表数据：

2021 年现金流量比率=323÷300=1.08

说明 2021 年 ABC 公司每 1 元流动负债有 1.08 元经营活动现金流量净额作为偿债保障，具有较强的短期偿债能力。

（二）长期偿债能力分析

长期偿债能力是指企业偿还长期负债的能力，企业的长期负债主要有长期借款、应付债券、长期应付款、专业应付款、预计负债等。

1. 可供偿债资产与债务的存量

（1）资产负债率。

$$资产负债率 = \frac{负债总额}{资产总额} \times 100\% \qquad （式 9\text{-}5）$$

资产负债率表明每 1 元资产有多少负债，即资产中有多大比例是通过负债取得的。它可以反映企业清算时对债权人利益的保障程度。资产负债率越低，企业长期偿债能力越强。

通常，资产在破产拍卖时的售价不到账面价值的 50%，因此如果资产负债率高于 50%，则债权人的利益就缺乏保障。当然，各个行业各类资产变现能力有显著区别，如房地产的变现价值损失相对小。

利益主体不同，看待该指标的立场就不同。从债权人立场看，该指标越低越好。从股东立场看，全部资产利润率高于借款利息率时，资产负债率越大越好。从经营者立场看，进行负债决策时，更关注风险和收益的平衡。

09

根据 ABC 公司的财务报表数据：

2021 年年末资产负债率=1 040÷2 000×100%=52%

2021 年年初资产负债率=800÷1 680×100%=48%

（2）产权比率。

$$产权比率 = \frac{负债总额}{股东权益} \qquad （式9-6）$$

产权比率反映了债权人提供的资本与所有者提供的资本的相对关系，即企业财务结构是否稳定；也反映了债权人资本受股东权益保障的程度。一般来说，产权比率越低，企业长期偿债能力越强。

产权比率与资产负债率对评价偿债能力的作用基本一致，只是资产负债率侧重于分析债务偿付安全性的实物保障程度，产权比率侧重于揭示财务结构的稳定程度。

（3）权益乘数。

$$权益乘数 = \frac{资产总额}{股东权益} \qquad （式9-7）$$

权益乘数表明股东每投入 1 元可实际拥有和控制的金额。在企业存在负债的情况下，权益乘数大于 1，企业负债比率越高，权益乘数越大。一般来说，权益乘数越小，企业长期偿债能力越强。与产权比率一样，权益乘数是资产负债率的又一种表现形式。权益乘数与资产负债率之间的关系如下。

$$权益乘数 = \frac{资产总额}{股东权益} = \frac{1}{1-资产负债率} \qquad （式9-8）$$

2. 现金流量比率

（1）利息保障倍数。

$$利息保障倍数 = \frac{息税前利润}{利息费用} \qquad （式9-9）$$

$$= \frac{净利润+利息费用+所得税费用}{利息费用}$$

公式中的利息费用不仅包括财务费用中的利息费用，还包括资本化利息。

利息保障倍数表明每 1 元利息费用有多少倍的息税前利润作为偿付保障，反映支付利息的利润来源与利息支出之间的关系。利息保障倍数越大，利息支付越有保障，长期偿债能力越强。

根据 ABC 公司的财务报表数据：

2021 年年末利息保障倍数=（136+110+64）÷110=2.82

2021 年年初利息保障倍数=（160+96+75）÷96=3.45

（2）现金流量利息保障倍数。

$$现金流量利息保障倍数 = \frac{经营活动现金流量净额}{利息费用} \qquad （式9-10）$$

现金流量利息保障倍数表明 1 元利息费用有多少倍的经营活动现金流量净额作为支付保障。它比利息保障倍数更为可靠，因为实际用以支付利息的是现金，而不是利润。

根据 ABC 公司的财务报表数据：

2021 年现金流量利息保障倍数=323÷110=2.94

（3）经营活动现金流量净额与负债比率。

$$经营活动现金流量净额与负债比率 = \frac{经营活动现金流量净额}{负债总额} \times 100\% \qquad （式9-11）$$

该比率表明企业用经营活动现金流量净额偿付全部债务的能力。比率越高，偿还债务能力越强。

09

根据 ABC 公司的财务报表数据：

2021 年经营活动现金流量净额与负债比率=323÷1 040×100%=31%

二、营运能力分析

营运能力是指资产运用、循环的效率。一般而言，资金周转速度越快，说明企业的资金管理水平越高，资金利用效率越高，企业可以较少的投入获得较多的收益。因此，营运能力指标是投入与产出（主要指收入）之间的关系反映。

（一）流动资产营运能力分析

1. 应收账款周转率

$$应收账款周转次数=\frac{赊销净额}{应收账款平均余额} \qquad （式 9\text{-}12）$$

$$应收账款周转天数=\frac{计算期天数}{应收账款周转次数} \qquad （式 9\text{-}13）$$

应收账款周转次数指一定时期内应收账款周转的次数，或者是每 1 元应收账款支持的营业收入。应收账款周转天数指应收账款周转一次（从销售开始到收回现金）所需要的时间。

在计算和使用应收账款周转率指标时应注意四个方面：一是赊销净额可用利润表中的"营业收入"代替；二是应收账款包括"应收账款"和"应收票据"；三是应收账款应为未扣除坏账准备的金额；四是应收账款平均余额最好使用多个时点的平均数。

通常，应收账款周转率越高，周转天数越短，表明应收账款管理效率越高。

根据 ABC 公司的财务报表数据：

$$2021 年应收账款周转次数=\frac{3\,000}{(398+20+199+23)÷2}=9.375（次）$$

2021 年应收账款周转天数=365÷9.375=38.93（天）

2. 存货周转率

$$存货周转次数=\frac{营业成本}{存货平均余额} \qquad （式 9\text{-}14）$$

$$存货周转天数=\frac{计算期天数}{存货周转次数} \qquad （式 9\text{-}15）$$

存货周转次数指一定时期内存货周转的次数。存货周转天数指存货周转一次（从存货取得到存货销售）所需要的时间。

通常，存货周转率越高，周转天数越短，表明存货周转速度越快，存货占用水平越低，流动性越强。

根据 ABC 公司的财务报表数据：

$$2021 年存货周转次数=\frac{2\,644}{(119+326)÷2}=11.88（次）$$

2021 年存货周转天数=365÷11.88=30.72（天）

09

3. 流动资产周转率

$$流动资产周转次数=\frac{营业收入}{流动资产平均余额} \qquad （式 9\text{-}16）$$

$$流动资产周转天数=\frac{计算期天数}{流动资产周转次数} \qquad （式 9\text{-}17）$$

流动资产周转次数指一定时期内流动资产周转的次数，或者是每 1 元流动资产支持的营业收入。流动资产周转天数指流动资产周转一次所需要的时间，即流动资产转换成现金平均需要的时间。

通常，流动资产周转率越高，周转天数越短，表明流动资产管理效率越高。

根据 ABC 公司的财务报表数据：

$$2021 年流动资产周转次数 = \frac{3\,000}{(700+610)\div 2} = 4.58（次）$$

2021 年流动资产周转天数=365÷4.58=79.69（天）

（二）固定资产营运能力分析

$$固定资产周转次数 = \frac{营业收入}{固定资产平均余额} \qquad （式 9-18）$$

$$固定资产周转天数 = \frac{计算期天数}{固定资产周转次数} \qquad （式 9-19）$$

固定资产周转次数指一定时期内固定资产周转的次数，或者是每 1 元固定资产支持的营业收入。固定资产周转天数指固定资产周转一次所需要的时间，即固定资产转换成现金平均需要的时间。

通常，固定资产周转率越高，周转天数越短，表明固定资产管理效率越高。

根据 ABC 公司的财务报表数据：

$$2021 年固定资产周转次数 = \frac{3\,000}{(1\,238+1\,012)\div 2} = 2.67（次）$$

2021 年固定资产周转天数=365÷2.67=136.70（天）

（三）总资产营运能力分析

$$总资产周转次数 = \frac{营业收入}{总资产平均余额} \qquad （式 9-20）$$

$$总资产周转天数 = \frac{计算期天数}{总资产周转次数} \qquad （式 9-21）$$

总资产周转次数指一定时期内总资产周转的次数，或者是每 1 元总资产支持的营业收入。总资产周转天数指总资产周转一次所需要的时间，即总资产转换成现金平均需要的时间。

通常，总资产周转率越高，周转天数越短，表明总资产管理效率越高。

根据 ABC 公司的财务报表数据：

$$2021 年总资产周转次数 = \frac{3\,000}{(2\,000+1\,680)\div 2} = 1.63（次）$$

2021 年总资产周转天数=365÷1.63=223.93（天）

三、盈利能力分析

盈利能力是指企业获取利润，实现资金增值的能力。因此，盈利能力指标主要通过收入与利润之间的关系，资产与利润的关系反映。此外，现金流量也从另一角度反映了盈利的质量。

（一）营业毛利率

$$营业毛利率 = \frac{营业毛利}{营业收入} = \frac{营业收入-营业成本}{营业收入} \times 100\% \qquad （式 9-22）$$

营业毛利率反映每 1 元营业收入所包含的毛利是多少，即营业收入扣除营业成本后还有多少剩余可用于弥补各期费用和形成利润。营业毛利率越高，表明盈利能力越强。

根据 ABC 公司的财务报表数据：

$$2021 年营业毛利率 = \frac{3\,000 - 2\,644}{3\,000} \times 100\% = 11.87\%$$

$$2020 年营业毛利率 = \frac{2\,850 - 2\,503}{2\,850} \times 100\% = 12.18\%$$

（二）营业净利率

$$营业净利率 = \frac{净利润}{营业收入} \times 100\% \qquad （式 9\text{-}23）$$

营业净利率表示每 1 元营业收入最终赚取了多少净利润。

根据 ABC 公司的财务报表数据：

$$2021 年营业净利率 = \frac{136}{3\,000} \times 100\% = 4.53\%$$

$$2020 年营业净利率 = \frac{160}{2\,850} \times 100\% = 5.61\%$$

（三）总资产净利率

$$总资产净利率 = \frac{净利润}{平均总资产} \times 100\% = \frac{净利润}{营业收入} \times \frac{营业收入}{平均总资产} \qquad （式 9\text{-}24）$$

$$= 营业净利率 \times 总资产周转率$$

总资产净利率表示每 1 元资产最终赚取了多少净利润，反映企业资产的盈利能力。总资产净利率越高，表明资产的利用效率越好。企业可以通过提高营业净利率、加速资产周转来提高总资产净利率。

根据 ABC 公司的财务报表数据：

$$2021 年总资产净利率 = \frac{136}{(2\,000 + 1\,680) \div 2} \times 100\% = 7.39\%$$

（四）净资产收益率

$$净资产净利率 = \frac{净利润}{平均股东权益} \times 100\% \qquad （式 9\text{-}25）$$

净资产收益率又称权益报酬率或权益净利率，表示每 1 元股东权益赚取的净利润。

该指标是企业盈利能力的核心指标，也是投资者最关心的指标，具有很强的综合性，其他指标都是为了实现该指标服务的。但净资产收益率不是一个越高越好的指标，分析时要注意企业的财务风险。

根据 ABC 公司的财务报表数据：

$$2021 年净资产收益率 = \frac{136}{(960 + 880) \div 2} \times 100\% = 14.78\%$$

09

四、发展能力分析

企业的发展能力，也称企业的成长性，它是企业通过自身的生产经营活动，不断扩大积累而形成的发展潜能。企业发展能力衡量的核心是企业价值增长率。企业的健康发展取决于多种因素，包括外部经营环境、企业内在素质及资源条件等。

（一）营业收入增长率

$$营业收入增长率 = \frac{本年营业收入增长额}{上年营业收入} \times 100\%$$

$$= \frac{本年营业收入-上年营业收入}{上年营业收入} \times 100\%$$

（式9-26）

营业收入增长率是衡量企业经营状况和市场占有能力，预测企业经营业务拓展趋势的重要指标。该指标越高，表明企业市场前景越好。

根据 ABC 公司的财务报表数据：

$$2021年营业收入增长率 = \frac{3\,000-2\,850}{2\,850} \times 100\% = 5.26\%$$

（二）总资产增长率

$$总资产增长率 = \frac{本年资产增长额}{年初资产总额} \times 100\%$$

$$= \frac{年末资产总额-年初资产总额}{年初资产总额} \times 100\%$$

（式9-27）

总资产增长率反映企业资产规模的增长情况。该指标越高，表明企业一定时期内资产经营规模扩张的速度越快。但在分析时，需要关注资产规模扩张的质和量的关系，以及企业的后续发展能力，避免盲目扩张。

根据 ABC 公司的财务报表数据：

$$2021年总资产增长率 = \frac{2\,000-1\,680}{1\,680} \times 100\% = 19.05\%$$

（三）营业利润增长率

$$营业利润增长率 = \frac{本年营业利润增长额}{上年营业利润} \times 100\%$$

$$= \frac{本年营业利润-上年营业利润}{上年营业利润} \times 100\%$$

（式9-28）

根据 ABC 公司的财务报表数据：

$$2021年营业利润增长率 = \frac{156-163}{163} \times 100\% = -4.29\%$$

（四）资本保值增值率

$$资本保值增值率 = \frac{期末所有者权益}{期初所有者权益} \times 100\%$$

（式9-29）

根据 ABC 公司的财务报表数据：

$$2021年资本保值增值率 = \frac{960}{880} \times 100\% = 109.09\%$$

09

五、现金流量分析

现金流量是现代理财学中的一个重要概念，是指企业在一定会计期间按照现金收付实现制，通过一定经济活动（包括经营活动、投资活动、筹资活动和非经常性活动）而产生的现金流入、现金流出及其总量情况的总称，即企业一定时期的现金和现金等价物的流入和流出的数量。

（一）获取现金能力的分析指标

1. 营业现金比率

$$营业现金比率=\frac{经营活动现金流量净额}{营业收入}$$ （式 9-30）

营业现金比率反映每 1 元营业收入得到的经营活动现金流量净额。

根据 ABC 公司的财务报表数据：

2021 年营业现金比率$=\frac{323}{3\,000}=0.107\,7$（元）

2. 每股营业现金净流量

$$每股营业现金净流量=\frac{经营活动现金流量净额}{普通股股数}$$ （式 9-31）

该指标反映企业最大的分派股利能力，超过此限额，可能需要借款分红。

根据 ABC 公司的财务报表数据：

2021 年每股营业现金净流量$=\frac{323}{100}=3.23$（元/股）

3. 全部资产现金回收率

$$全部资产现金回收率=\frac{经营活动现金流量净额}{平均总资产}\times100\%$$ （式 9-32）

该指标反映企业全部资产产生现金的能力。

根据 ABC 公司的财务报表数据：

2021 年全部资产现金回收率$=\frac{323}{(2\,000+1\,680)\div2}\times100\%=17.55\%$

（二）收益质量分析

收益质量是指会计收益与公司业绩之间的相关性。如果会计收益能如实反映公司业绩，则其收益质量高；反之，则收益质量不高。

1. 净收益营运指数

$$净收益营运指数=\frac{经营净收益}{净利润}=\frac{净收益-非经营净收益}{净利润}$$ （式 9-33）

2. 现金营运指数

$$现金营运指数=\frac{经营活动现金流量净额}{经营所得现金}$$ （式 9-34）

任务三　上市公司财务分析

除了偿债能力分析、营运能力分析、盈利能力分析、发展能力分析、现金流量分析，上市公司财务分析还包括以下指标分析：每股收益、每股股利、股利支付率、市盈率、每股净资产、市净率。

一、每股收益

每股收益是综合反映企业获利能力的重要指标，可以用来判断和评价管理层的经营业绩。

（一）每股收益计算

1. 基本每股收益

$$基本每股收益=\frac{归属于公司普通股股东的净利润}{发行在外的普通股加权平均数} \qquad （式9-35）$$

式 9-35 中，发行在外的普通股加权平均数=期初发行在外的普通股股数+当期新发行普通股股数×已发行时间÷报告期时间-当期回购普通股股数×已回购时间÷报告期时间。

发放股票股利新增的股数不需要按照实际增加的月份加权计算，可以直接计入分母。

根据 ABC 公司的财务报表数据：

$$2021年基本每股收益=\frac{136}{100}=1.36（元）$$

$$2020年基本每股收益=\frac{160}{100}=1.6（元）$$

【例 9-3】某上市公司 2021 年度归属于普通股股东的净利润为 25 000 万元。2020 年末的股本为 8 000 万股，2021 年 2 月 8 日，经公司 2020 年度股东大会决议，以截至 2020 年末公司总股本为基础，向全体股东每 10 股送红股 10 股，工商注册登记变更完成后公司总股本变为 16 000 万股。2021 年 11 月 29 日发行新股 6 000 万股，则 2021 年基本每股收益=25 000/（8 000＋8 000＋6 000×1/12）=1.52（元）。

2. 稀释每股收益

企业存在稀释性潜在普通股的，应当计算稀释每股收益。稀释性潜在普通股指假设当期转换为普通股会减少每股收益的潜在普通股，主要包括可转换公司债券、认股权证和股票期权等。

（1）可转换公司债券。对于可转换公司债券，计算稀释每股收益时，分子的调整项目为可转换公司债券当期已确认为费用的利息等的税后影响额，分母的调整项目为假定可转换公司债券当期期初或发行日转换为普通股的股数加权平均数。

（2）认股权证和股票期权。对于盈利企业，认股权证、股票期权等的行权价格低于当期普通股平均市场价格时，应当考虑其稀释性。

计算稀释每股收益时，作为分子的净利润金额一般不变，分母的调整项目为增加的普通股股数，同时还应考虑时间权数。

$$认股权证或股票期权行权增加的普通股股数$$
$$=行权认购的普通股股数×\left(1-\frac{行权价格}{普通股平均市场价格}\right) \qquad （式9-36）$$

式 9-36 中，行权价格按照有关认股权证合同和股票期权合约确定，普通股平均市场价格通常按照每周或每月具有代表性的股票交易价格进行算术平均计算。在股票价格比较平稳的情况下，可以采用每周或每月股票的收盘价作为代表性价格。无论采用何种方法计算普通股平均市场价格，价格一经确定，不得随意变更，除非有确凿证据表明原计算方法不再适用。当期发行认股权证或股票期权的，普通股平均市场价格应当自认股权证或股票期权的发行日起计算。

09

【例 9-4】某上市公司 2021 年度归属于普通股股东的净利润为 20 000 万元。2020 年末的股本为 8 000 万股，2021 年 2 月 8 日经公司股东大会决议以截至 2020 年末公司总股本为基础，向全体股东每 10 股送红股 5 股，工商注册登记变更后公司总股本为 12 000 万股。2021 年 10 月 31 日发行新股 3 000 万股。该公司 2020 年 7 月 1 日按面值发行年利率为 5%的可转换公司债券，面值为 10 000 万元，期限为 5 年，利息每年末支付。发行结束一年后可以转换股票，转换价格为每股 5 元，所得税税率为 25%。

解：2021 年基本每股收益 $= \dfrac{20\,000}{\left(8\,000 + 4\,000 + 3\,000 \times \dfrac{2}{12}\right)} = 1.6$（元/股）

假设可转换公司债券全部转股，所增加的净利润 $=10\,000 \times 5\% \times 6 \div 12 \times (1-25\%) = 187.50$（万元）。

假设可转换公司债券全部转股，增加的股数 $= \dfrac{10\,000}{5} \times \dfrac{6}{12} = 1\,000$（万股），增量股的每股收益 $= \dfrac{187.5}{1\,000} = 0.187\,5$（元/股），小于原每股收益，具有稀释作用。

2021 年稀释每股收益 $= \dfrac{20\,000 + 187.5}{\left(8\,000 + 4\,000 + 3\,000 \times \dfrac{2}{12} + 1\,000\right)} = 1.50$（元/股）

（二）每股收益分析

对投资者来说，每股收益是一个综合性的盈利概念，能比较恰当地说明收益的增长或减少。人们一般将每股收益视为企业能否成功地达到利润目标的计量标志，也可以将其看成企业管理效率、盈利能力和股利来源的标志。

每股收益这一财务指标在不同行业、不同规模的上市公司之间具有相当大的可比性，因而在各上市公司之间的业绩比较中被广泛地加以引用。此指标越大，表明上市公司盈利能力越好，股利分配来源越充足，资产增值能力越强。

在分析每股收益指标时，应注意以下事项。

（1）企业利用回购库存股的方式减少发行在外的普通股股数，使每股收益简单增加。

（2）如果企业将盈利用于派发股票股利或配售股票，就会使企业流通在外的股票数量增加，这样将会大量稀释每股收益。

（3）在分析上市公司公布的信息时，投资者应注意区分公布的每股收益是按原始股股数还是按完全稀释后的股份计算规则计算的，以免受到误导。

二、每股股利

每股股利反映的是普通股股东每持有 1 股普通股股票获取的股利。由于净利润是股利分配的来源，因此，每股股利的多少很大程度取决于每股收益的多少。但须注意，上市公司每股股利发放多少，除了受上市公司获利能力大小影响以外，还受企业股利发放政策的影响。如果企业为了发展而增加企业的公积金，则当前的每股股利必然会减少；反之，则当前的每股股利会增加。

$$每股股利 = \frac{现金股利总额}{期末发行在外的普通股股数} \qquad （式 9\text{-}37）$$

三、股利支付率

股利支付率表示每 1 元净利润有多少用于给普通股股东发放现金股利。股利支付率的高低反映了企业的股利分配政策，体现了积累与分配的关系。

$$股利支付率 = \frac{股利总额}{净利润} = \frac{每股股利}{每股收益} \qquad （式 9\text{-}38）$$

09

四、市盈率

市盈率是股票市场反映股票投资价值的重要指标，该比率反映了市场上投资者对股票投资收益和投资风险的预期。一方面，市盈率越高，意味着企业未来成长的潜力越大，也即投资者对该股票的评价越高；市盈利越低，意味着企业未来成长的潜力越小，投资者对该股票评价越低。另一方面，市盈率越高，说明投资于该股票的风险越大；市盈率越低，说明投资于该股票的风险越小。

$$市盈率 = \frac{每股市价}{每股收益}$$ （式9-39）

影响市盈率的因素有：第一，上市公司盈利能力的成长性。如果上市公司预期盈利能力不断提高，说明上市公司具有较好的成长性，虽然目前市盈率较高，但也值得投资者进行投资。第二，投资者所获报酬率的稳定性。如果上市公司经营效益良好且相对稳定，则投资者获取的收益也较高且稳定，投资者愿意持有该上市公司的股票，该上市公司的股票市盈率会由于众多投资者的普遍看好而相应提高。第三，市场利率水平的变动。当市场利率水平变化时，市盈率也应有相应的调整。

使用市盈率进行分析的前提是每股收益维持在一定水平之上，如果每股收益很小或接近亏损，但股票市价不会降至为零，会导致市盈率极高，此时很高的市盈率不能说明任何问题。

五、每股净资产

每股净资产理论上是股票的最低价值。

$$\begin{aligned} 每股净资产 &= \frac{期末普通股净资产}{期末发行在外的普通股股数} \\ &= \frac{期末股东权益-期末优先股股东权益}{期末发行在外的普通股股数} \end{aligned}$$ （式9-40）

六、市净率

市净率是投资者用以衡量、分析个股是否具有投资价值的工具之一。净资产代表的是全体股东共同享有的权益，是股东拥有公司财产和公司投资价值最基本的体现，它可以用来反映公司的内在价值。一般来说，市净率较低的股票，投资价值较高；反之，则投资价值较低。但有时较低市净率反映的可能是投资者对公司前景的不良预期，而较高市净率则相反。因此，在判断某股票的投资价值时，还要综合考虑当时的市场环境及公司经营情况、资产质量和盈利能力等因素。

$$市净率 = \frac{每股市价}{每股净资产}$$ （式9-41）

任务四　综合财务分析

一、杜邦分析法

杜邦分析法又称杜邦财务分析体系，简称杜邦体系，是指根据各主要财务比率指标之间的内在联系，建立财务分析指标体系，综合分析企业状况的方法。由于该指标体系是由美国杜邦公司最先采用的，故称为杜邦财务分析体系。杜邦体系的特点，是将若干反映企业盈利状况、财务状况和运营状况的比率按其内在联系有机地结合起来，形成一个完整的指标体系，并最终通过净资产收益

微课

杜邦分析法

率这一核心指标来综合反映。

$$净资产收益率 = \frac{净利润}{股东权益}$$

$$= \frac{净利润}{资产} \times \frac{资产}{股东权益}$$

$$= \frac{净利润}{营业收入} \times \frac{营业收入}{资产} \times \frac{资产}{股东权益}$$

$$= 营业净利率 \times 总资产周转率 \times 权益乘数$$

1. 净资产收益率

净资产收益率是综合性最强的财务指标，是杜邦财务分析的起点。这一指标反映了投资者投入资本的盈利能力，反映了企业筹资、投资、营运等各项财务及管理活动的效率。从公式中可看出，净资产收益率主要有三个影响因素：营业净利率、总资产周转率和权益乘数。因此，可将净资产收益率这一综合性指标发生变化的原因具体化。

2. 营业净利率

营业净利率是反映企业盈利能力最重要的指标，是实现净资产收益率最大化的保证。它的高低取决于营业收入和成本费用总额的高低。要提高营业净利率，一是扩大营业收入，二是降低成本费用。

3. 总资产周转率

总资产周转率是反映企业营运能力最重要的指标，是实现净资产收益率最大化的基础。企业总资产由长期资产和流动资产组成，长期资产体现为企业的经营规模、发展潜力，流动资产则体现企业的偿债能力和变现能力，两者之间应有一个合理的比例关系。

4. 权益乘数

权益乘数既是反映企业资本结构的指标，也是反映企业偿债能力的指标，是企业筹资活动的结果，它对提高净资产收益率起到杠杆的作用。适度开展负债经营，合理安排企业资本结构，可以提高净资产收益率。

杜邦分析法就是把最具综合性的指标（净资产收益率）进行层层分解，并将其与历史水平或同行业先进水平相比较，找出净资产收益率发生变化的原因，进而做出改进决策。要想提高净资产收益率，就得扩大销售、降低成本、加速资金周转、改善资本结构、防范风险和提高资产的流动性。

【例 9-5】某企业有关财务数据如表 9-5 所示，财务比率如表 9-6 所示。分析该企业净资产收益率变化的原因。

表 9-5　　　　　　　　　　　　　　　基本财务数据　　　　　　　　　　　　　　　单位：万元

年度	净利润	营业收入	平均资产总额	平均负债总额	全部成本	制造成本	销售费用	管理费用	财务费用
2021	10 284.04	411 224.01	306 222.94	205 677.07	403 967.43	373 534.53	10 203.05	18 667.77	1 562.08
2022	12 653.92	757 613.81	330 580.21	215 659.54	736 747.24	684 261.91	21 740.96	25 718.20	5 026.17

表 9-6　　　　　　　　　　　　　　　财务比率

年度	2021	2022
净资产收益率	10.23%	11.01%
权益乘数	3.05	2.88

09

续表

年度	2021	2022
资产负债率	67.2%	65.2%
总资产净利率	3.36%	3.83%
营业净利率	2.5%	1.67%
总资产周转率/次	1.34	2.29

（1）对净资产收益率的分析。

该企业的净资产收益率从 2021 年的 10.23%增加至 2022 年的 11.01%，有一定提高。企业的投资者在很大程度上依据这个指标来判断是否投资或是否转让股份，考察经营者业绩和决定股利分配政策。该指标对企业的管理者也至关重要。

净资产收益率=权益乘数×总资产净利率

2021 年　　　10.23%=3.05×3.36%

2022 年　　　11.01%=2.88×3.83%

（注：由于计算指标时不能整除，故存在误差）

通过分解可以明显地看出，该企业净资产收益率的变动是资本结构（权益乘数）变动和资产利用效果（总资产净利率）变动两方面共同作用的结果。而该企业的总资产净利率太低，显示出很差的资产利用效果。

（2）对总资产净利率的分析。

总资产净利率=营业净利率×总资产周转率

2021 年　　　3.36%=2.5%×1.34

2022 年　　　3.83%=1.67%×2.29

通过分解可以看出，2022 年该企业的总资产周转率有所提高，说明资产的利用得到了比较好的控制，显示出比前一年好的效果，表明该企业利用其总资产产生销售收入的效率在提高；但同时，总资产周转率提高的同时营业净利率的降低阻碍了总资产净利率的提高。

（3）对营业净利率的分析。

营业净利率=净利润/营业收入×100%

2021 年　　　2.5%=10 284.04÷411 224.01×100%

2022 年　　　1.67%=12 653.92÷757 613.81×100%

该企业 2022 年营业收入大幅度提高，但是净利润的提高幅度却很小，分析其原因是成本费用增多。从表 9-5 可知：全部成本从 2021 年的 403 967.43 万元增加到 2022 年的 736 747.24 万元，其增加幅度与销售收入的增加幅度几乎持平。

（4）对全部成本的分析。

全部成本=制造成本+销售费用+管理费用+财务费用

2021 年　　　403 967.43=373 534.53+10 203.05+18 667.77+1 562.08

2022 年　　　736 747.24=684 261.91+21 740.96+25 718.20+5 026.17

本例中，导致该企业净资产收益率小的主要原因是全部成本过大。也正是因为全部成本的大幅度提高导致了净利润提高幅度不大，而营业收入大幅度增加，就引起了营业净利率的降低，进而导致该企业盈利能力降低。总资产净利率的提高当归功于总资产周转率的提高，营业净利率的降低阻碍了总资产净利率的提高，进而影响净资产收益率。

（5）对权益乘数的分析。

权益乘数=资产总额/权益总额

2021 年　　　3.05=306 222.94÷（306 222.94-205 677.07）
2022 年　　　2.88=330 580.21÷（330 580.21-215 659.54）

2022 年的权益乘数较 2021 年有所减小，说明企业的资本结构在 2021 年至 2022 年发生了变动。权益乘数越小，企业负债程度越低，偿还债务能力越强，财务风险程度越低。这个指标同时也反映了财务杠杆对利润水平的影响。该企业的权益乘数在 2 和 5 之间，也即负债率在 50%和 80%之间，属于激进战略型企业。管理者应该准确把握企业所处的环境，准确预测利润，合理控制负债带来的风险。

（6）结论。

该企业要努力降低各项成本，在控制成本上下功夫。同时要保持较高的总资产周转率。这样，可以使营业净利率得到提高，进而使总资产净利率有大的提高。

二、沃尔评分法

1928 年，亚历山大·沃尔出版的《信用晴雨表研究》和《财务报表比率分析》中提出了信用能力指数的概念。他选择了 7 个财务比率（流动比率、产权比率、固定资产比率、存货周转率、应收账款周转率、固定资产周转率和净资产周转率），分别给定各指标的比重，然后确定标准比率（以行业平均数为基础）；将实际比率与标准比率相比，得出相对比率；将此相对比率与各指标比重相乘，得出总评分，以此来评价企业的信用水平。

运用沃尔评分法进行综合评价的分析步骤如下。

（1）选定评价企业财务状况的比率指标。

（2）根据各项财务比率的重要程度，确立其重要性系数，即权重分值，并使各分值的总和等于 100 分。

（3）确定各项财务比率标准值。标准比率值应以行业的平均值作为基础，适当进行理论修正。同时规定评分值的上限和下限，以减少个别指标异常给总分评价带来的不合理影响。

（4）计算各指标实际值与标准值的比率，称之为关系比率。

（5）计算各项比率指标的综合分值。各项比率指标的综合分值等于各指标权重分值乘以该指标的关系比率，其合计数即为综合评分结果。一般来说，综合评分在 100 分左右，表明企业财务状况基本符合标准要求；如与 100 分有较大差距，则表明企业财务状况偏离标准要求。

沃尔评分法从理论上讲有明显的问题，就是未能证明为什么要选择这 7 个指标，而不是选择更多或更少的指标，或者选择别的财务比率，以及未能证明每个指标所占比重的合理性。上述问题至今仍然没有从理论上得到解决。

沃尔评分法从技术上讲也有问题，就是某一个指标严重异常时，会对总评分产生不合逻辑的重大影响。综合得分=评分值×关系比率，导致财务比率提高一倍，评分增加 100%；而财务比率缩小一半，其评分只减少 50%。

尽管沃尔评分法在理论上还有待证明，在技术上也不完善，但它还是在实践中被应用。耐人寻味的是，很多理论上相当完善的经济计量模型在实践中往往很难应用，而企业实际使用并行之有效的模型却又在理论上无法证明。这可能是人们对经济变量之间数量关系的认识还比较肤浅造成的。

09

案例分析

乐视网财务报表舞弊

乐视网 2012—2016 年的财务数据如表 9-7 所示。

表 9-7 　　　　　　　　　　　　　乐视网财务数据　　　　　　　　　　　　　单位：万元

项目	2012 年年末	2013 年年末	2014 年年末	2015 年年末	2016 年年末
货币资金	19 352.04	60 821.81	49 985.02	272 977.81	366 914.64
应收账款	37 095.18	95 024.80	189 260.63	335 968.31	868 585.51
营业收入	116 730.71	236 124.47	681 893.86	1 301 672.51	2 195 095.14
净利润	18 996.58	23 238.08	12 879.66	21 711.68	−22 189.26
经营活动现金净流量	10 619.99	17 585.14	23 418.27	87 570.19	−106 806.08

从乐视网 2012 年到 2016 年的财务数据可以看出，应收账款从 2012 年年末的约 3.71 亿元激增至 2016 年年末的约 86.86 亿元。伴随着营业收入从 2012 年年末的约 11.67 亿元增长至 2016 年年末的约 219.51 亿元。而经营活动现金净流量则相对增长缓慢，甚至出现负值。期间，为提升收入，乐视网安排了远超关联方支付能力的关联交易，应收账款长期挂账，关联方应收账款占用资金规模持续扩大，坏账损失风险加剧。尤其是乐视网涉及双向的关联交易，与其子公司互相购买、销售同类型产品，其交易真实性存疑。2018 年，乐视网核销与关联方相关应收账款，前期积累的大量虚增应收账款最终败露，发生 65 亿元的巨额坏账，导致公司出现经营危机。

【思考】乐视网财务报表舞弊的方式是什么？财务分析中应关注哪些方面？

任务五　数字化时代的财务分析

在数字化时代，单纯的财务分析很难适应企业规划和发展的需要。企业财务分析应当集企业分析、业务分析、智能分析于一体，使企业充分使用资源，促进企业健康发展。在数字化时代，财务分析具有以下特点。

（一）业务财务一体化分析

在数字化时代，可以实现财务和业务的同步，即获得实时财务信息和财务报表。因此，数字化时代财务分析与业务分析是一体的。财务数据分析与企业经营紧密结合，从最基础的原始数据到形成管理层需要的各类报表，财务人员基于对业务的了解、对数据的敏感性并利用一系列专业的方法、技术手段，从这些纷繁复杂的数据中挖掘出企业经营的真实状态、经营业绩增长的关键点，为决策提供有用信息。

（二）财务分析大数据化

财务分析大数据化指通过数据采集、数据预处理、特征提取、对象分析、数据挖掘等手段，对企业生产经营活动产生的巨量数据信息，进行运用和分析，搭建出可以为企业有效运用的数据库。比如：依据收入和消费状况来收集、统计和分析而搭建的针对性产品开发数据库；依据对企业利润、销售收入、进销存情况来收集、统计和分析而搭建的产品销售数据库；依据企业风险控制情况、经营战略情况来收集、统计和分析而搭建的企业未来发展数据库。

相对于传统财务分析，数字化财务分析是大数据分析，包含了对政策、管理条例、消费者偏好等非结构化数据的分析。通过对大数据的挖掘，从海量信息中提取出关联或隐藏数据，对这些数据进行分析和处理，建立企业自身数据库，不仅可以辅助财务报表分析，还可以为企业提供战略支持。

（三）财务分析智能化

财务分析实现智能化后，各种指标、同行业的差距、竞争对手的差距等标准化的、重复的指标计算，都交由智能化软件完成，财务人员要做的是解读各种数据的结果。比如，当企业与竞争

09

对手存在 5% 的差距时，财务人员要分析产生差距的原因、解决方法是什么等。

（四）财务分析全面化

利用大数据可以从产品的品质、产品的市场发展潜力、产品的生命周期、员工的积极性、员工的创新能力、客户满意度等方面来进行分析，通过及时分析数据将企业战略转变为政策，将意愿转化为行动。

项目演练

一、单项选择题

1. 企业所有者作为投资者，关心其资本的保值和增值状况，因此较为重视企业的（　　）。
    A. 偿债能力　　　　B. 营运能力　　　　C. 盈利能力　　　　D. 发展能力

2. 说明企业财务状况或经营成果变动趋势的方法是（　　）。
    A. 趋势分析法　　　B. 横向比较法　　　C. 预算差异分析法　　D. 比率分析法

3. 某公司 2021 年平均负债为 1 000 万元，负债的平均利率为 10%，2022 年财务杠杆系数为 2，则该公司 2021 年的利息保障倍数为（　　）。
    A. 2　　　　　　　B. 3　　　　　　　C. 4　　　　　　　D. 6

4. 某公司上年末资产负债率为 40%，则该公司上年末的产权比率为（　　）。
    A. 2.5　　　　　　B. 0.67　　　　　　C. 1.33　　　　　　D. 1.5

5. 资产负债率越低，长期偿债能力越强，下列各项中，应适当降低资产负债率的是（　　）。
    A. 营业周期短的企业　　　　　　　　B. 负债利息率提高的企业
    C. 流动资产所占比重较大的企业　　　D. 正处于高速发展期的企业

6. 某公司 2021 年的营业收入为 5 000 万元，年初应收账款余额为 200 万元，年末应收账款余额为 800 万元，坏账准备按应收账款余额的 8% 计提。每年按 360 天计算，则该公司的应收账款周转天数为（　　）天。
    A. 15　　　　　　B. 36　　　　　　C. 22　　　　　　D. 24

7. 下列各项中，不能反映流动资产营运能力的指标是（　　）。
    A. 存货周转率　　　B. 总资产周转率　　　C. 应收账款周转率　　　D. 流动资产周转率

8. 甲企业 2021 年流动资产平均余额为 200 万元，流动资产周转次数为 8 次，2021 年净利润为 420 万元，则 2021 年甲企业营业净利率为（　　）。
    A. 26.25%　　　　B. 30%　　　　　　C. 35%　　　　　　D. 28.25%

9. 某公司 2021 年净利润为 1 000 万元，非经营净收益为 120 万元，财务费用为 50 万元，则净收益营运指数为（　　）。
    A. 0.83　　　　　B. 0.88　　　　　　C. 0.93　　　　　　D. 1.07

10. 在杜邦财务分析体系中，综合性最强的财务分析指标是（　　）。
    A. 营业净利率　　　B. 净资产收益率　　　C. 总资产净利率　　　D. 总资产周转率

11. 某上市公司 2020 年年末的股本为 10 000 万股，2021 年 3 月 18 日，经公司 2020 年度股东大会决议，以截止到 2020 年年末公司总股数为基础，向全体股东每 10 股送红股 4 股，工商注册登记变更已完成。2021 年 9 月 30 日发行新股 3 200 万股。2021 年度归属于普通股股东的净利润为 7 400 万元。则 2021 年公司的基本每股收益为（　　）元。
    A. 0.43　　　　　B. 0.50　　　　　　C. 0.60　　　　　　D. 0.54

12. 已知某企业 2021 年营业收入为 2 000 万元，平均流动比率为 2，平均流动负债为 250 万元，则该企业 2021 年的流动资产周转次数为（　　）次。

  A. 8   B. 6   C. 4   D. 2

  13. 下列关于营运能力分析的指标中，说法错误的是（　　）。

  A. 一定时期内，流动资产周转天数越少，可相对节约流动资产，增强企业盈利能力

  B. 一般来讲，存货周转速度越快，存货占用水平越低，流动性越强

  C. 在一定时期内，应收账款周转次数多，表明企业收账缓慢

  D. 在一定时期内，应收账款周转次数多，表明应收账款流动性强

  14. 甲公司 2021 年的营业净利率比 2020 年下降 6%，总资产周转率提高 8%，假定权益乘数与 2020 年相同，那么甲公司 2021 年的净资产收益率比 2020 年提高（　　）。

  A. 4.5%   B. 5.5%   C. 2%   D. 10.5%

  15. 某公司 2021 年年末总资产为 500 万元，股东权益为 350 万元，净利润为 50 万元，全部利息费用为 5 万元，其中资本化利息费用为 2 万元，假设该公司适用的所得税税率为 25%，下列各项指标中计算正确的是（　　）。

  A. 权益乘数为 0.7   B. 利息保障倍数为 13.93

  C. 资产负债率为 40%   D. 产权比率为 2.33

  16. 东大公司无优先股，2020 年年末股东权益总额为 1 000 万元（每股净资产为 10 元），2021 年年初决定投资一新项目，需筹集资金 500 万元，股东大会决定通过发行新股的方式筹集资金，发行价格为每股 10 元。2021 年留存收益 100 万元，无其他影响股东权益的事项，则 2021 年末该公司的每股净资产为（　　）元/股。

  A. 2.5   B. 6.67   C. 10.67   D. 5

  17. 乙公司 2021 年平均负债总额为 2 000 万元，平均权益乘数为 4，经营活动现金流量净额为 1 000 万元，则 2021 年乙公司的全部资产现金回收率为（　　）。

  A. 0.375   B. 0.345   C. 0.315   D. 0.425

  18. 影响速动比率可信程度的重要因素是（　　）。

  A. 存货的变现能力   B. 交易性金融资产的变现能力

  C. 长期股权投资的变现能力   D. 应收账款的变现能力

  19. A 公司 2021 年年末库存现金为 100 万元，货币资金为 500 万元，交易性金融资产为 200 万元，应收账款为 1 000 万元，流动资产为 3 000 万元，流动负债为 2 000 万元，负债总额为 5 000 万元，则该公司 2021 年年末的现金比率是（　　）。

  A. 35%   B. 15%   C. 85%   D. 10%

  20. 爱华公司 2021 年度营业收入为 15 010 万元，资产负债表中显示，2021 年年末应收账款及应收票据为 2 050 万元，2021 年年初应收账款及应收票据为 1 070 万元。补充资料中显示，2021 年年初、年末坏账准备余额分别为 20 万元和 30 万元。则 2021 年爱华公司的应收账款周转次数为（　　）次。

  A. 9.47   B. 9.62   C. 9.83   D. 9.99

09

二、多项选择题

  1. 为了满足不同需求者的需求，财务分析一般应包括（　　）。

  A. 偿债能力分析   B. 营运能力分析   C. 盈利能力分析   D. 发展能力分析

  2. 按比较对象，比较分析法可以分为（　　）。

  A. 趋势分析法   B. 横向比较法   C. 预算差异分析法   D. 因素分析法

3. 在其他条件不变的情况下，会引起总资产周转率指标变大的经济业务有（   ）。

    A. 用银行存款偿还负债   B. 用现金购置一项固定资产

    C. 借入一笔短期借款   D. 用银行存款支付一年的电费

4. 下列各项中，影响总资产净利率的因素有（   ）。

    A. 产权比率   B. 营业净利率   C. 息税前利润   D. 总资产周转率

5. 下列分析方法中，属于企业综合绩效分析方法的有（   ）。

    A. 趋势分析法   B. 杜邦分析法   C. 沃尔评分法   D. 因素分析法

6. 企业财务信息的需求者主要包括（   ）。

    A. 企业债权人   B. 企业经营决策者   C. 政府   D. 企业从业人员

7. 某企业固定资产周转率高，可以反映出的信息有（   ）。

    A. 固定资产投资得当   B. 固定资产利用效率高

    C. 企业的营运能力强   D. 提供的生产成果较少

8. 下列有关市盈率的说法中，错误的有（   ）。

    A. 市盈率是股票每股市价与每股收益的比率

    B. 市盈率反映了普通股股东为获取 1 元净利润所愿意支付的股票价格

    C. 如果公司目前的市盈率较高，则不值得投资者进行投资

    D. 公司的市盈率与利率水平无关

9. 下列各项表述中，属于速动资产的有（   ）。

    A. 货币资金   B. 交易性金融资产

    C. 应收票据及应收账款   D. 预付账款

10. 一般而言，存货周转次数增加，其所反映的信息有（   ）。

    A. 盈利能力下降   B. 存货周转期延长   C. 存货流动性增强   D. 资产管理效率提高

三、判断题

1. 在采用因素分析法进行净资产收益率的分析时，可以随意颠倒营业净利率、总资产周转率和权益乘数的顺序。（   ）

2. 市净率是每股市价与每股净利的比率，是投资者用以衡量、分析个股是否具有投资价值的工具之一。（   ）

3. 现金比率用于分析企业的短期偿债能力，所以现金比率越大越好。（   ）

4. 计算利息保障倍数时，其中的"利息费用"既包括当期计入财务费用中的利息费用，也包括计入固定资产成本的资本化利息。（   ）

5. 通过横向和纵向对比，每股净资产指标可作为衡量上市公司股票投资价值依据之一。（   ）

6. 上市公司盈利能力的成长性和稳定性是影响其市盈率的重要因素。（   ）

7. 负债比率越高，则权益乘数越大，财务风险越大。（   ）

8. 从企业股东的角度出发，资产负债率越低越好，企业的负债越安全，财务风险越小。（   ）

9. 市盈率是反映股票投资价值的重要指标，该指标数值越大，表明投资者越看好该股票的投资预期。（   ）

10. 使用沃尔评分法，当某个指标严重异常时，会对综合指数产生不合逻辑的重大影响。（   ）

四、计算分析题

1. 甲公司的相关资料如下：2021 年度营业收入为 18 000 万元，营业成本为 10 000 万元，净利润为 2 250 万元。甲公司 2021 年年末资产总额为 60 000 万元，所有者权益总额为 25 000 万元，全年发行在外的普通股加权平均数为 10 000 万股，年末每股市价为 2.25 元。（计算中需要使用期

初与期末平均数的，以期末数替代）

要求：

（1）计算甲公司 2021 年年末的权益乘数。

（2）计算甲公司的营业净利率。

（3）计算甲公司的总资产净利率。

（4）计算甲公司的总资产周转率。

（5）计算甲公司的市盈率。

2. 某企业 2020 年营业收入净额为 4 200 万元，流动资产平均余额为 1 000 万元，固定资产平均余额为 680 万元，全部资产由流动资产和固定资产两部分组成；2021 年营业收入净额为 4 800 万元，流动资产平均余额为 1 250 万元，固定资产平均余额为 750 万元。

要求：

（1）计算 2020 年与 2021 年的总资产周转率（次）、流动资产周转率（次）和资产结构（流动资产占总资产的百分比）。

（2）运用差额分析法计算流动资产周转率与资产结构变动对全部资产周转率的影响。

3. A 公司是一家上市公司，现根据管理层的要求，财务部门要对公司的财务状况和经营成果进行评价。财务部门根据公司 2020 年和 2021 年的年报整理出用于评价的部分财务数据，如表 9-8 所示。

表 9-8　A 公司部分财务数据

单位：万元

资产负债表项目	2021 年期末余额	2020 年期末余额
应收账款	78 000	66 000
流动资产合计	240 000	264 000
流动负债合计	144 000	132 000
负债合计	360 000	360 000
资产总计	960 000	840 000
利润表项目	2021 年度	2020 年度
营业收入	576 000	450 000
营业成本	360 000	292 500
净利润	81 000	55 000

（1）计算 2021 年年末的下列财务指标：①营运资金；②流动比率；③资产负债率；④权益乘数。

（2）计算 2021 年度的下列财务指标：①应收账款周转次数；②净资产收益率；③所有者权益增长率。

4. 甲公司 2021 年的净利润为 4 000 万元，非付现费用为 500 万元，处置固定资产损失 20 万元，固定资产报废损失为 100 万元，财务费用为 40 万元，投资收益为 25 万元。经营资产净增加 200 万元，无息负债净减少 140 万元。

要求：

（1）计算经营净收益和净收益营运指数。

（2）计算经营活动产生的现金流量净额。

（3）计算经营所得现金。

（4）计算现金营运指数。

5. 东方公司 2021 年的净利润为 1 000 万元，支付的优先股股利为 50 万元，发放的现金股利为 120 万元；2021 年年初发行在外的普通股股数为 800 万股，2021 年 5 月 1 日按照 18 元的价格增发了 50 万股（不考虑手续费），2021 年 9 月 1 日按照 12 元的价格回购了 20 万股（不考虑手续费）。2021 年年初的股东权益总额为 6 800 万元，优先股股东权益为 200 万元。2021 年年初时已经发行在外的潜在普通股有按照溢价 20% 发行的 5 年期可转换公司债券，发行额为 120 万元，票面年利率为 3%，如果全部转股，可以转换 15 万股。2021 年没有可转换公司债券被转换或赎回。所得税税率为 25%。2021 年普通股平均市场价格为 15 元，年末市价为 20 元。

要求：

（1）计算 2021 年的基本每股收益。

（2）计算 2021 年年末的每股净资产。

（3）计算 2021 年的每股股利。

（4）计算 2021 年的稀释每股收益。

（5）计算 2021 年年末的市盈率、市净率。

五、综合题

1. A 公司 2021 年度财务报表主要数据如表 9-9 所示。

表 9-9　　　　　　　　　　A 公司 2021 年度财务报表主要数据

销售单价	10 元/件
销售量	100 万件
单位变动成本	6 元/件
固定经营成本	200 万元
股利	60 万元
股东权益（40 万股普通股，市场价格为 10 元/股）	400 万元
负债的平均利率	6%
权益乘数	1.5
所得税税率	25%

要求：

（1）计算该公司 2021 年年末的资产总额和负债总额。

（2）计算该公司 2021 年的息税前利润、净利润、每股收益、股利支付率和每股股利。

（3）假设无风险报酬率为 5%，该公司股票的 β 系数为 2，股票市场的平均收益率为 13%，该公司股票为固定增长股票，股利增长率为 20%，分别按股利增长模型和资本资产定价模型计算普通股资本成本。

（4）预测该公司 2022 年的经营杠杆系数和财务杠杆系数。

（5）假设该公司 2022 年由于销售增长，所需的外部融资额通过发行债券来解决，债券的总面值为 90 万元，债券的总价格为 91.94 万元，发行费用为 1.94 万元，每年付息一次，到期还本，票面利率为 10%，5 年期，按一般模式计算该债券的资本成本。

2. 某企业有关报表资料如表 9-10、表 9-11 所示。

表 9-10　　　　　　　　　　某企业资产负债表（简表）

2021 年 12 月 31 日

单位：万元

资产	期末余额	期初余额	权益	期末余额	期初余额
货币资金	2 010	868	短期借款	3 700	3 410
交易性金融资产	100		应付票据		50
应收票据	260	1 227	应付账款	386	194
应收账款	722	349	预收账款	1 400	1 290
应收股利		1 260	应付职工薪酬	22	53.40

续表

资产	期末余额	期初余额	权益	期末余额	期初余额
其他应收款	1 360	930	应付利息	24	12.60
存货	1 958	1 310	应交税费	15	−6
其他流动资产		446	其他应付款	756	301
流动资产合计	6 410	6 390	流动负债合计	6 303	5 305
长期股权投资	1 500	1 200	长期借款	10	40
固定资产	5 390	3 910	长期应付款	22	20
无形资产	200	200	非流动负债合计	32	60
			实收资本	2 480	2 540
			资本公积	650	650
			盈余公积	1 805	1 705
			未分配利润	2 230	1 440
			所有者权益合计	7 165	6 335
资产总计	13 500	11 700	权益总计	13 500	11 700

表9-11 　　　　　　　　　　　某企业利润表（简表）

2021年

单位：万元

项目	本期金额	上期金额
一、营业收入	4 820	4 096
减：营业成本	3 217	2 685
销售费用	275	156
税金及附加	48	33
管理费用	583	436
财务费用	318	167
加：投资收益	140	163
二、营业利润	519	782
加：营业外收入	18	20
减：营业外支出	71	48
三、利润总额	466	754
减：所得税费用	139.80	226.20
四、净利润	326.20	527.80

要求：

（1）计算该企业2021年的营运资金、流动比率、速动比率、现金比率。

（2）计算该企业2021年的资产负债率、产权比率、权益乘数、利息保障倍数。

（3）计算该企业2021年的应收账款周转次数和周转天数。存货周转次数和存货周转天数。流动资产周转次数和周转天数。固定资产周转次数和周转天数。总资产周转次数和周转天数。

（4）计算该企业2021年的营业毛利率、营业净利率、总资产净利率、净资产收益率。

六、思考题

1. 角色不同，关注点也就会不同。试想一下，如果A公司短期偿债能力指标低于行业平均水平，A公司贷款银行的风险管理员、A公司的财务经理、A公司的供应商分别会如何看待和可能采取什么行动？

2. 为什么杜邦分析体系平衡了企业经营战略？请从杜邦分析体系平衡了企业经营战略的角度，分析LV公司的优质高价战略和沃尔玛的薄利多销战略。

项目十
数字化时代的财务管理

学习目标 ↓

【知识目标】

- 了解数字化时代财务管理与传统财务管理的区别；
- 理解数字化时代财务管理的含义、内容、特点；
- 理解财务共享服务的含义、内容、特点、建设动因、建设目标；
- 理解集团管控型财务共享的含义、适用范围、组织架构；
- 理解财务机器人的含义、优缺点、适用场景。

【能力目标】

- 掌握数字化时代财务管理工作原理、方法；
- 掌握财务共享服务的基本原理；
- 掌握财务机器人的工作原理。

【素养目标】

- 认识数字化时代财务管理对企业的意义；
- 具有数字化财务管理的意识和理念。

项目背景 ↓

一、数字经济时代催生企业和人才数字化转型

《二十国集团数字经济发展与合作倡议》把数字经济定义为：以使用数字化的知识和信息作为关键生产要素、以现代信息网络作为重要载体、以通信技术的有效使用作为效率提升和经济结构优化的重要推动力的一系列经济活动。

《中共中央　国务院关于构建更加完善的要素市场化配置体制机制的意见》分类提出了土地、劳动力、资本、技术、数据五个要素领域改革的方向，标志着我国正式进入"数字经济"红利大规模释放的时代，"数据"作为生产要素，已经从投入阶段发展到产出和分配阶段。

数字经济包含数字产业化和产业数字化两部分。

数字产业化也称为数字经济基础部分，即信息产业，具体业态包括基础电信业、电子信息制造业、软件和信息技术服务业、互联网行业等，2018 年数字产业化规模达到 6.4 万亿元，占 GDP 比重为 7.1%。

产业数字化指使用部门因此而带来的产出增加和效率提升，也称为数字经济融合部分，包括传统产业由于应用数字技术所带来的生产数量和生产效率的提升。2018 年产业数字化规模超过 24.9 万亿元，占 GDP 比重为 27.6%。工业、服务业、农业数字经济占行业增加值比重分别为 18.3%、

35.9%和7.3%。

《中国数字经济发展白皮书（2020）》显示：2019年我国数字经济规模为35.8万亿元，占GDP比重为36.2%。数字经济发展速度远高于GDP增长速度。

（一）新技术驱动数字化转型

1. 新技术推动企业数字化转型

数字化革命推动财务、销售、采购、仓储、供应链、营销等经营环节全面向数字化转型。物联网、大数据、区块链、云计算、5G、机器人流程自动化（Robotic Process Automation，RPA）等现代信息技术，渗透到财经从业人员工作的方方面面，对相关职业造成深远的影响。相继出现了数字化管理、数字化仓储、数字化供应链、数字化财务、数字化采购、数字化营销等新兴业务。

数字革命的目的并不是让机器取代人类，而是帮助人类从基础的重复劳动中解放出来，使其关注分析、决策、运营等更高价值的任务。

2. 新技术促进人才数字化转型

财务数字化发展，要求会计从业人员在传统会计核算与管理能力的基础之上，具有数据分析能力、辅助决策能力、IT思维、跨领域工作能力、业务流程设计及梳理能力，成为"会计+智能技术"的复合型人才。

（二）新技术驱动岗位变迁

据波士顿咨询公司分析，到2035年，我国将有55%的就业岗位容易在数字经济自动化生产的影响下受到冲击，因为这些岗位对专业技能的要求较低，容易被机器取代。数字经济催生了一批适应新技术环境的复合型新职业、新岗位，如表10-1所示。

表10-1 数字化背景下新型财务管理岗位

财务管理新岗位	岗位要求
财务业务合作伙伴	理解业务需求，推动业财融合
共享财务	推动财务成为数据中心和决策支持中心，提供高效、优质、低成本的服务
战略财务	支撑能力专业化，推动财务价值创造转型，提供专业、集成的解决方案
财务机器人应用开发	解决业务处理的"最后一公里"问题，推动业务处理自动化
门店智慧运营经理	进行门店数字化运营，实施客户关系管理、微信商铺、供应链进销存、移动应用平台管理
互联网营销师	数字化平台的用户定位和运营，搭建数字化营销场景，采集销售数据，营销推广

二、数字化引起财会行业和财会人才需求变革

"互联网+"、大数据、人工智能、移动互联网、云计算、物联网、区块链等新兴信息技术正在颠覆传统商业，商业出现了新范式——数字化商业。这种商业范式下的企业与工业化时代的企业有很大的不同：商业运行的具体方式和场景出现了巨大变化，如产品、服务、货币的数字化，交易的平台化，金融的泛在化，支付结算、票据、合约的电子化，数据资产化；企业组织变得更加灵动，业务流程、知识工作自动化，管理、经营决策智能化等。数据、连接、互动、协同、共享已成为企业数字化变革的关键词。数字化转型对组织活动、流程、业务模式和员工能力等进行重新定义。财务管理作为企业管理的核心，已处在变革转型的关口。2020年影响中国会计人员的十大信息技术有：财务云、电子发票、会计大数据技术、电子档案、RPA、新一代企业资源计划系统（Enterprise Resource Planning，ERP）、区块链技术、移动支付、数据挖掘及在线审计。"智能、连接、融合、共享"成为数字化时代财务的主旋律；"业财融合、实时会计、智能财务、财务共享"成为现实。未来，随着新技术的不断深度嵌入，事项会计、三维会计、作业会计、行为会计等都会有不同程度的实现。

　　数字化时代，财会核算工作（如填制凭证、登记账簿、编制报表）正被软件或机器人替代，财务、审计、税务等财务核算岗位人员需求正逐步减少。高顿财经资深研究员冯伟章表示，数字化业务的发展已经重塑了财务人才市场的需求，企业越来越重视具备分析能力、理解业务的财务人。数字化催生了许多新的财会岗位：业务财务、战略财务、会计服务、BPO 流程专员等。预算管理、司库、风险控制等中高端管理会计成为热门岗位。

　　秦荣生教授认为，在数字经济时代，财务人员应有新的追求和使命：应有政治意识、大局意识；实施财务与业务的紧密融合（业财融合）；提供个性化、定制化的财务服务（精准服务）；提升财务会计信息的及时性（实时会计）；通过数据计算、云计算、大数据支持建设财务共享服务平台；运用大数据技术实施财务分析（大数据财务分析）；积极推进财务服务的智能化（智能会计）；形成财务资源的社会化配置；具备数字化思维能力（财务数字化应用）。

项目导入　↓

用友四大财务创新业务

　　2019 年 3 月 29 日，用友公司推出数字化时代的管理会计、财务共享、财资管理、智能财务四大创新业务。比如：通过构建主数据平台，可实现业务财务融合；通过构建全局视角的中央数据仓，可获得频道化数据服务；通过构建财务共享中心，可实现流程服务全面数智化。

　　1. 数字化时代的管理会计

　　用友的数字化管理会计解决方案聚焦企业战略、计划和执行，改变以往财务会计事后处理的局限，走向业务前端，建立事前算赢（可行性评估）、事中监控、事后考核的财务管理闭环。

　　2. 数字化时代的财务共享

　　用友财务共享云以 NCC 财务共享云平台为依托，运用云计算、移动互联网、人工智能等新技术为企业财务共享服务中心从营建到运营提供全面落地支持，帮助企业实现全业务共享，实现业财税一体化应用，使企业真正完成业财融合。

　　3. 数字化时代的财资管理

　　用友 NC Cloud 财资管理解决方案从前、中、后台三个层面重构财资管理业务：前台负责现金池服务、票据及资产池服务、投融资运营业务、外汇及风险管理业务等灵活多变的场景化支撑，满足丰富的金融工具交易；中台侧重于对企业财资管理运营的数据赋能，支撑企业战略决策，加强资金运营质量、资金数据分析及资金风险的管控；后台打造高效的资金结算服务和集合对账服务，包括收付结算服务、银企互联服务、资金归集平台，以及集合对账。用友 NC Cloud 财资管理解决方案通过统一的平台，对接企业业务经营、财务共享、全面预算等业务，输出财务管理的核算凭证和运营数据报告。

　　4. 数字化时代的智能财务

　　（1）用友财务机器人。随着移动互联网、云计算、大数据及人工智能等新技术的不断进步与发展，自动化与智能化逐步被运用到企业经营实践中。应用用友财务机器人，可将财务工作中简单、重复性的日常事务交给机器人处理，实现流程的自动化，大幅提升财务业务流程处理的效率、准确性及合规性。机器人的操作速度可以达到人工处理的 5 倍，并可全天候工作，相比人工操作可以节省 30%～90% 的成本。

　　（2）智能费控及商旅服务。用友智能费控及商旅服务系统基于移动互联和云计算等新技术，通过公有云、专属云及私有云等多种部署方式，满足企业费控管理的诉求，与各种信息系统无缝集成，打通企业的各项费用管控流程，如日常运营费用、市场营销费用、销售过程费用、物流费

10

用、服务费用等，从事项申请、交易、数据抓取、报账、审批、稽核、核算、结算、报告等所有环节，实现端到端的费控流程管控与服务，满足企业费控管理的事前规划、事中控制、事后考核分析，创造财务管理新价值。

（3）会计档案的数字化转型。用友云电子会计档案产品，从会计资料的接收、传递、存储和利用，进行全流程无纸化管理，充分利用会计核算信息系统数据，实现电子会计档案自动分类归档，集成多硬件采集设备，保证会计资料的完整性。同时，先进的多重技术保证了数据的可靠性，逐步形成安全、规范的电子会计档案调阅管理流程，既满足了调阅者的查阅需求，又确保了会计档案数据的安全性和保密性。

【思考】基于用友四大财务创新业务，分析财务数字化转型的必要性和可行性；分析数字化财务与传统财务有何区别。

任务分解 ↓

基于前述数字经济对财会行业、人才、岗位的全面渗透可知，财务数字化转型是不可逆的发展趋势。财会专业学生必须了解数字化时代的财务管理内容，掌握基本方法和技能，力争未来成为数字化财会人才。

财务数字化转型始于财务共享服务。企业财务部门需要在共享服务的支持下，完成财务数字化和智能化转型。财务机器人的出现，有助于实现财务管理的自动化，它是财务共享中心流程节点上的技术应用典型。财务机器人、财务共享服务和财务转型是点—线—面的关系：财务转型是"面"，是财务整体的转型再造；财务共享服务是"线"，是财务流程的重构与优化；财务机器人是"点"，是财务流程节点上的自动化应用。

基于以上分析，本项目分解为三个任务：认识财务数字化转型；认识财务共享服务；认识财务机器人。

任务一 认识财务数字化转型

一、财务数字化转型的含义

财务数字化转型是企业在财务领域运用云计算、大数据等技术来重构财务组织、再造业务流程，提升财务数据质量和财务运营效率，更好地赋能业务、支持管理、辅助经营和支撑决策。财务数字化转型不仅需要考虑整个企业集团产业升级、财务管理高质量发展、新信息技术所提供的技术基础等可行性条件，还需要企业财务部门在信息技术的支持下，在财务战略、职能定位、组织结构、人力资源和操作流程等方面做出全方位的转变。

二、财务数字化转型的内容

目前，大数据、云计算、人工智能、区块链和物联网等数字技术正颠覆传统行业，而财务领域又天然具有应用这些数字技术的条件。因此，数字技术带来财务管理的巨大变革。

（一）大数据拓展财务视野，提高相关人员的财务预测、分析能力

1. 大数据拓展了财务视野

大数据技术的出现，使财务领域获得的数据类型从财务向业务、结构化向非结构化、内部向

10

外部三个方向扩展。以前财务领域所能管控的数据主要面向企业内部的系统进行集成，更多管理的是企业内部数据。未来数据的汇总核算可基于交易进行明细核算，实现真正的精细化。随着数据的边界越来越模糊，企业可以将产业链端的能力释放出来，收集产业链上下游的数据，并接入社会级、行业级数据，帮助企业从全产业、全行业视角评价企业经营活动。

2. 大数据使财务领域运用数据的能力增强

对大数据的分析和挖掘可为企业提供预测性信息，使财务工作从反映过去逐渐向预测未来发展。企业可以利用大数据来加强企业自身的运营管理，通过数据分析来发现管理改进的机会，帮助业务部门挖掘管理信息。大数据使传统的财务分析得以扩展，帮助相关人员发现更多影响经营结果的关键因素，并使得相关人员有机会对这些关键因素的影响程度进行识别，通过干预影响关键因素，达到改善经营绩效的效果。

（二）云计算提升企业数字化转型的业务能力

企业依托云计算技术，能够有效地挖掘、提取相对分散的、无结构的、形式各异的数据，对数据所蕴含的更深层的信息进行挖掘，实现对企业发展方向、行业发展动态的分析，为企业制定发展战略提供决策依据。

当前一些大型企业已经开始建立"财务云"，依托云计算等先进技术，把云计算、互联网融合后应用到企业财务管理中，构建财务管理云中心，这个中心能够实现多个端口的接入和输出，推动企业实现保障、核算、决策等的协同应用。

财务云能实现端到端的自动化会计处理、实时数据分析和监控预警，帮助管理者进行智慧决策。同时，财务云能打破组织边界，支持组织间的社交活动，促进人人高效协同作业、信息共享。财务云将重构新的财务管理模式，实现"无人会计、人人财务"。无人会计是通过将重复性、规则性的会计核算过程由财务机器人取代，并基于数据全链接，完成账务数据的全自动收集与核对，充分解放财务人员，让财务融入业务。人人财务表现为财务即业务，业务即财务；人人皆财务，财务为人人；人人可以实时、准确、便捷地获得相关数据，实现自我驱动和管理。

此外，云计算资源共享、按需取用、动态调配和实时响应，有助于提升财务信息系统架构能力及数据处理能力。在信息系统架构能力上，企业可以直接将应用系统和数据库部署在云服务提供商上，或者可以租用第三方的云服务产品；可以实现轻资本运营并灵活增减算力资源，减少信息化的开发和维护成本，助力财务转型。

（三）人工智能提高财务自动化能力，催生智能财务

人工智能在财务领域的应用可以实现财务工作的自动化与智能化，帮助财务人员从机械性、高重复、低价值的财务核算等烦琐的工作中解放出来，把工作重点转向对企业更有价值的数据分析、决策支持、经营管控等领域。

1. 实现财务工作的自动化作业

企业中重复性高、业务量大、标准化程度高的财务业务，可以通过部署机器人流程自动化的形式，实现常规业务活动的自动化作业。

2. 在自动化的基础上，利用机器学习技术发挥人工智能作用

机器学习通过模型和算法的应用，可以在复杂的变化当中学习和适应，以保持对规则判断的一致性，让自动化程序具备学习与判断的能力，实现智能化。例如，传统财务审核人员的思考过程可以通过规则引擎转换为机器规则，嵌入计算机系统处理程序，再结合电子发票、电子档案、电子签名、光学字符识别（Optical Character Recognition，OCR）等技术，由机器替代人工审核，审核通过后由会计引擎根据业务类型、单据及单据要素信息完成全自动的记账核算，实现会计核

10

算流程的自动化、智能化。由此可以减少大量低附加值的报账、审核、结算环节，为业务财务和战略财务作用的发挥提供可能。

3. 构建智能财务决策系统

利用数据挖掘和人工智能构建智能财务决策系统。智能财务决策系统是在现代管理科学与信息技术的基础上，运用经济学、模糊数学、人工智能与数据仓库等技术，以计算机为工具，对财务管理中的半结构化和非结构化问题进行人机交互，集财务预测、分析、控制、决策于一体的智能决策支持系统。

智能财务决策系统的技术核心是数据挖掘及人工智能技术。数据挖掘技术是从大量的数据中发现隐藏的、有价值的知识与信息的技术。在扫描所有数据后，管理人员可利用数据挖掘过滤器，按照给定的标准和类别识别相关的财务数据和规则模式，其中加入可以帮助判断的机制，或提供可能关注的重点问题的指引。结合人工智能技术，通过模拟专家利用知识与逻辑对复杂问题的求解和推理能力，可以实现财务信息系统从核算型转变成经营决策型，为管理与决策者提供有帮助的智能型人机交互信息系统。

智能财务决策支持系统从大数据、模型化和多视角三个方面提升了财务管理信息化水平。智能财务决策系统在广泛的数据采集和连接的基础上，建立量化模型来模拟企业的商业模式和业务模式，在业财融合过程中逐渐将财务管理的工作细化到产品视角、客户视角、区域视角、渠道视角和部门视角，创造多种应用场景，实现财务对业务决策的支持作用。

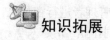 **知识拓展**

德邦快递费用稽核机器人

德邦快递成立于 1996 年，致力成为以客户为中心，覆盖快递、快运、整车、仓储与供应链、跨境等多元业务的综合性物流供应商。随着业务的不断拓展，德邦快递的数据量日渐庞大，在庞大的数据量累积下，数据审核成为其业务环境下的首要一环。在这样的大背景下，以德邦为代表的物流行业的数据审核问题也日渐突出。

1. 痛点分析

（1）月审核近百万张票据，数据庞大，耗费大量人力成本。

（2）多维度、枯燥的审核工作，使得员工流失率高。

（3）人工审核错误率高，同时导致客户满意度低。

2. 财务机器人应用价值

（1）促进财务中心智能化升级。

（2）有效提升审核效率，机器代替 50%～80% 的人工审核工作，审核效率提升 60%。

（3）强化稽核质量稳定性，降低财务涉税风险。

（4）提高内审管控的便捷性，促进德邦快递费用内审管控在线高效便捷完成。

财务机器人重塑数据审核新模式，全面引领物流行业财务变革。

（四）区块链技术在财务管理中的作用

1. 有效提升财务管理的效率

区块链技术去中心化的特点，对于提高财务管理工作效率具有重要意义。区块链没有中心节点，能够在没有中介的情况下实现数据传送，可以帮助企业实现无中介交易。企业通过区块链网络进行点对点交易，点对点交易极大地提高了结算和支付效率，并且能够让契约快速形成，大大地缩短了交易时间。此外，在区块链技术的分布式记账环境下，每个节点的管理权限都是相同的，各节点之间无须授权，依靠共识机制就能够保证管理工作的顺利开展，简化了很多复杂的审批流程，提升了财务管理工作的效率。

2. 降低财务运作成本

区块链的核心特点之一就是去中心化的分布式记账，通过网络节点来交易，区块链技术能实现新形式的点对点投融资。在企业的不同发展阶段，它都能将各利益相关者匹配起来，如投资者、企业所有者及创业人员，不再需要很高的信任成本、签约成本，通过共识机制可以使得交易双方就合约的流程、合法性等达成共识，减少了资金流转次数，提升了财务管理活动中数据记录与资金支付效率。

3. 确保财务信息的真实可靠，防止财务舞弊

区块链技术的不可篡改性特征源自其独特的"区块+链"账本及其共识机制。区块链的记录方式是将存有交易或事项的区块按照时间顺序持续添加到原有区块链的尾部，如果要修改一个区块的数据，就需要重新生成这个区块之后的所有区块。在记录前，区块链中的信息必须经过全网大多数节点的审查，除非可以控制区块链系统中超过一半的节点，否则不能被修改或者删除交易信息和数据。因此，区块链技术能够防止企业出于自身利益篡改会计记录，从而保证财务信息真实可靠。

同时，区块链的透明性特征可以有效阻止财务造假。区块链的加密过程是将秘钥封装机制与数据封装机制相结合，使通过票据和财务系统进行财务数据欺诈的可能性大大降低。参与计算和记录的区块链网络节点通过相互验证的方式保证数据的真实、有效、可追溯，数据交易和流通的全过程都被准确记录，如果对某个区块中存储的数据有疑问，通过区块链技术可方便回溯历史交易记录，从而判别该数据的真实性。

4. 区块链溯源机制有助于保障资产安全

区块链+智能合约技术提供了三种财务信息追踪溯源的方式：交易链式、日志链式、直接地址法。

（1）交易链式：每一笔交易都记录了与交易相关的重要信息，如交易双方、交易金额、违约责任、交易时间、支付条件等。而这些信息都以链的方式在区块链上前后存储，所以这类信息的追踪只需要获得任意区块的交易节点，就可以顺藤摸瓜直接追溯。

（2）日志链式：对于数据量较大的财务信息，以及直接追踪业务逻辑比较复杂的交易，可以采用日志链式。日志链式仍然以区块链的方式存储，将关键信息以日志的方式记录。

（3）直接地址法：有一些场景需要快速定位特定交易区块。这时，可以通过约定的地址指定逻辑，直接追踪到对应的区块地址，达到追踪目标的目的。

这三种基于区块链+智能合约技术背景下的财务信息追踪溯源方式，从不同适用场景出发，能较快、较精准地追踪关键信息，提高财务治理的效率与稳定性。

区块链溯源机制能解决供应链上下游之间的信息不透明、不对称问题，有效防止别有用心者对账务资料的篡改。如果企业供应链的上下游数据全部采用上链数据，即使单方面对账本进行篡改，也很难控制其他节点对数据进行造假。例如，物资运送过程的每一个步骤，区块链网络平台都能证明货物的原产地和真实性，资产被偷盗或调换变得异常困难。财务人员能及时跟踪物资的储备量、采购量及使用量，在保证业务正常开展的情况下保持科学库存，既节约了资金，又避免大量库存占用仓储资源。

（五）物联网增强数据采集功能，推动建立财务大数据中心

物联网可以通过感知层的数据采集功能，帮助企业实现业务数据化，并确保财务信息的真实性和完整性。从采购到入库、生产、物流、销售等所有环节中，企业可以通过在原材料、设

10

备、产品等资产中嵌入射频识别（Radio Frequency Identification，RFID）电子标签，利用感应设备或手持读写设备自动识别物体的信息并将其录入相关的数据库中。不需要人工进行数据录入，仅通过技术就可以保证数据的真实性。同时，物联网多维度的传感技术满足了多种类型结构数据的要求，进而有助于推动财务信息中心向大数据中心的转变。在迅速、可靠地获取大量数据的基础上，可以借助物联网技术实现对生产成本、销售成本及资产状况的管理，提高企业业务财务一体化水平。

三、数字化财务的特点

（一）从核算型财务转为价值创造型财务

相对于传统核算型财务，数字化财务具有更强大的功能。数字化财务具备价值创造功能。数字化财务从资源配置、业财分析等角度深度参与战略制定过程。数字化财务结合投融资市场、客户、竞争对手、政策环境等情况，对企业内部、对标公司及行业、资源运作等情况进行全面分析，深度参与企业多元化经营、商业模式转型、区域市场进入等中长期目标的制定过程，最终形成具体的财务指标、预算安排、现金流预测和融资计划，支持企业战略和业务策略的制定。在战略实施过程中，定期评估执行情况，提出必要的调整建议，以保证战略的前瞻性和可行性。数字化财务可以发现企业未来的价值，从长远、可持续发展的角度为股东创造价值。

（二）业财融合

业财融合是指将企业经营中的三大主要流程，即业务流程、财务流程、管理流程有机融合，将计算机的"事件驱动"概念引入流程设计，建立基于业务事件驱动的财务—体化信息处理流程，使财务数据和业务融为一体。随着信息技术的不断发展，业财融合是大势所趋。业财融合是财务与业务活动的有机融合，从经营的角度理解企业，从管理的高度理解财务，业务利用财务资源，财务推动业务改善。

在业财融合模式下，打破了专业、部门的界限，财务人员更多地接触业务活动，对本企业生产经营中的各个环节有独立、审慎的理解和思考，参与业务部门的日常运营和决策。财务部门与其他部门实现无边界，财务部门全面参与处理业务部门的业务，作为专职的财务伙伴为业务部门的日常运营提供财务咨询和财务评估服务。比如，在销售部门设置销售财务岗位，在采购部门设置应付账款和成本会计岗位，在研发部门设置成本会计岗位，在生产部门设置现场成本会计岗位。

（三）智能化

数字化财务最重要的价值，是对不同职能部门、不同业务活动、不同经营地区的信息和数据，能够以成本更低、效率更高、质量更有保证的方式进行收集，并为后续处理和决策运用做好准备。具体来说，可以构建企业的大数据中心，运用连接、共生、协同、平台等理念，针对来自企业内外部的大量、完整、多类型、异构的数据，运用数据采集、数据加工、数据挖掘、算法、模型等方法进行数据的加工与管理，并进行数据的可视化展示，推动财务智能化。

智能财务通过将企业业务、财务场景和数字化技术相融合，重塑企业组织和流程，构建新的财务管理模式。智能财务是"人机"协同共生的新型财务管理模式，是"业财税银"高度融合的信息系统平台，是数字化时代下财务转型的终极目标。

智能财务通过机器学习、多维建模、数据中台、云计算、智能搜索引擎、数据挖掘等智能化技术，进行大量数据筛选、复杂逻辑计算、实时业务追踪等，实现实时风险预警、市场变化预测、决策方案编写等，提升财务对企业的业务、管控、决策的全方位支持。

10

任务二 认识财务共享服务

财务共享服务是财务领域的工业化革命，是将财务基础业务不断专业化、标准化、流程化和自动化的过程，实现企业内外部数据的连接和协同。财务数字化转型始于财务共享服务，企业财务部门需要在共享服务的支持下，完成财务数字化和智能化转型。

一、财务共享服务的含义、特点及内涵

世界上第一个财务共享中心是由福特汽车集团公司构建的，福特汽车集团公司在企业内部实施统一的财务核算流程和统一的管理制度。之后，杜邦公司、壳牌公司、摩托罗拉公司，以及海尔集团、中兴通讯股份有限公司、苏宁电器集团等也纷纷成立了自己的财务共享服务中心，力求在企业集团的财务管理方面转型升级。图10-1所示为中兴财务共享服务全周期解决方案。

（一）财务共享服务的含义

财务共享服务（Financial Shared Service，FSS）是依托信息技术，以财务业务流程处理为基础，以优化组织结构、规范流程、提升流程效率、降低运营成本或创造价值为目的，以市场视角为内外部客户提供专业化生产服务的分布式管理模式。财务共享服务是企业集中式管理模式在财务管理上的新应用，其目的在于通过一种有效的运作模式来解决大型集团公司财务职能建设中的重复投入和效率低下的问题。它最初源于一个很简单的想法：将集团内各分公司的某些事务（如会计账务处理、员工工资福利处理等）集中处理，以达到规模效应，降低运作成本。

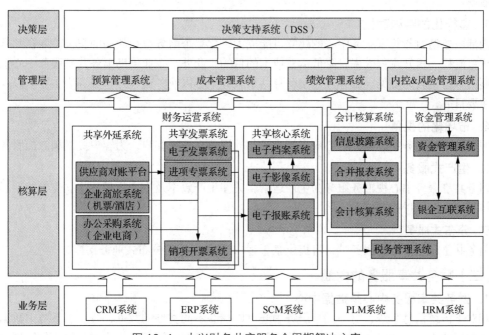

图 10-1 中兴财务共享服务全周期解决方案

财务共享服务作为一种新的财务管理模式正在许多跨国公司和国内大型集团公司中兴起与推广。众多《财富》500强公司已引入、建立共享服务运作模式。根据埃森哲公司（Accenture）在欧洲的调查，30多家在欧洲建立财务共享服务中心的跨国公司平均降低了30%的财务运作成本。

10

知识拓展

某知名餐饮企业通过富士施乐的外包服务建立了财务共享服务中心，利用这一数字化财务管理平台，这家餐饮企业的会计中心开始了全新的工作方式。其中，负责应付账款的财务人员每天只需将票据扫描成电子文件、加上检索关键字，然后上传至管理平台，系统就会生成相应的电子凭证，进入财务审批流程。各地分店还能独立、快捷地通过该数字化财务管理平台查询发票信息和付款进程。这样不但工作效率得以大幅提升，而且简化了部门及异地公司的查询流程。此餐饮企业建立财务共享服务中心之后，原先以录入为主的工作人员由 25 人降至 5 人，发票归档人员从6 人降至 1 人。

（二）财务共享服务的特点

财务共享服务是一种管理模式，是包括信息技术、组织管理、服务管理、质量管理、绩效管理等多种管理手段的综合体，具有以下特点。

1. 以信息技术为基础

信息技术的广泛应用已成为现代财务共享服务的基础，财务共享信息技术应用多为 ERP 财务模块，但呈现 ERP 财务模块—ERP 非财务模块—ERP 外围辅助业务系统的转移趋势。同时，工作流、票据影像、OCR 等信息技术得到广泛应用。

2. 以业务流程为核心

财务共享服务中心的组织形式更多地考虑流程的因素，基于流程加强专业化分工能力，改进生产效率。

3. 多样化的实施动机

内部服务型财务共享服务中心的建立可能成为优化整个财务组织架构的契机，并在此基础上达到规范流程、提升流程效率、降低运营成本的目的。此外，企业借助财务共享服务中心加强内部控制的行为也较为常见。服务经营型财务共享服务中心以业务流程外包服务为主导，以获取利润为主要目的。

4. 市场化的视角

服务经营型财务共享服务中心应保持市场化的视角，重视客户，为客户提供满意的服务。

5. 生产式服务

财务共享服务中心视财务服务为生产运营，关注生产效率及生产质量，建立完善的现场绩效评估体系及生产质量控制体系。

6. 分布式服务

财务共享服务中心为服务端，可提供基于客户/服务模式的分布式业务支持。

（三）财务共享服务的内涵

1. 财务共享服务中心是数据中心

相对于传统信息系统，财务共享服务中心可以捕获不同类型的数据，改进了系统中数据输入和利用数据的水平，同时体现了大数据管理的要求。财务共享服务中心为财务数字化转型提供数据基础的优势体现在以下几个方面。

（1）提升数据质量与传输效率。财务共享服务中心作为企业的财务大数据中心，可以对所有的交易性业务、相似性质的业务设置统一的数据接口，规范、统一各类会计数据的处理流程、数据标准，以确保数据的一致性和可比性。同时，集中处理会计数据，可以强化集团对分支机构会计数据的管控，确保集团上下是一个目标一致的信息系统，进而保证财务数据的真实性。集中处理避免了集团总部与分支机构数据传递与合并带来的交互不及时的情况，财务共享服务中心的规模效应也使集团缩短了生成原始会计数据所需要的时间，提升了数据传输的效率。

（2）实现业务数据整合与实时处理。传统信息系统"烟囱式"的建设，阻碍了数据的跨业务线连接。财务共享服务中心能够将传统模式下相对分散的各类财务工作和财务相关职能进行有效整合，从而实现内部信息的快速传输和有效交流；将企业财务流程和业务流程联系起来、会计数据和业务数据整合起来，缓解"数据孤岛"问题，使得信息系统整体运转更为顺畅。

财务共享服务中心基于流程再造和应用开发，通过差旅服务、供应商采购、物流服务集中、人力资源集中、客户关系管理集中等措施，实现财务介入业务前端，业务和财务的高度一体化。

（3）提供大数据分析所需的数据规模。财务共享服务中心在统一数据标准的前提下，拥有相关子公司的所有财务数据，此时数据汇总、分析将不再费时费力，更容易实现跨地域、跨部门整合数据，形成数据仓库。当财务共享服务中心把整个集团公司的基础核算业务集中在一起处理时，本身就意味着相比于传统模式下更大的会计数据规模。同时，业务财务高度一体化使得财务数据不仅是一个核算结果，更包含了与其同步产生、同时流动、高度相关且类型更加多样化的半结构化甚至非结构化业务数据，这些数据进一步扩大了集团数据的规模。不仅如此，财务共享服务中心还因与供应商、客户及其他机构的广泛联系，获得了更多的外部数据。

2. 财务共享服务中心是决策服务中心

财务共享服务中心为财务转型提供了决策服务理念基础。当前，大型企业集团的经营活动面临着集约化、规模化和国际化的挑战，而风险带来的不确定性增加了企业对科学财务预测、财务分析、财务控制与决策能力的需求。财务共享服务在释放核算资源、实现财务组织的专业化分工后，更有利于发挥其服务的职能。这种服务职能不仅仅是提升现有核算的服务效率，更重要的是运用数字技术手段，提供一种基于大数据的服务支持。财务共享服务中心通过移动终端进行数据报表的查询和展示，是数据服务理念的一种实际应用。相对于标准化的财务报告，移动端数据报告可以自定义功能、精准匹配需求，并且具备形象直观、界面友好的优势，有利于发挥数据服务功能、改善用户体验。财务共享服务中心还可以将数据的收集、处理和应用基于系统、模型和逻辑进行沉淀，展开更为深入、贴近业务实质的分析工作，并直接面向业务用户提供决策支持服务。

二、财务共享服务建设目标

（一）优化业务流程，降低财务成本

制度烦琐及组织机构官僚化使得一些企业集团陷入烦琐的日常操作管理与较难的职责确定之中，尤其是价值链中的辅助部门严重拖延了业务部门拓展的速度，大大提高了企业集团的运作成本。

实施财务共享后，企业可以对所有子公司采用相同的标准作业流程，以固定数量的员工负责多个子公司相同流程的操作，进而通过提升员工的工作熟练程度达到提高效率、降低成本的目的。同时，财务共享服务中心会计处理的规模化"生产"，利用特定区域的人力、地区成本优势，也成为集团运作成本大幅度降低的原因之一。

（二）集中规范管理，强化集团管控

随着企业集团的全球化经营和多元化扩张，集团逐渐形成了分散的财务管理模式。在这种分散的财务管理模式下，集团总部对于分/子公司的管控水平十分有限。财务共享服务中心的出现，

10

为集团管控水平的提升提供了一个很好的平台与工具。从事会计运营的财务人员实现了从分散到集中的转变，所有的人员能够基于统一的制度、标准、流程开展工作，人员管理、绩效考核能够得到有效的贯彻落实。同时，财务信息也可实现集中共享。此时，集团公司可以随时获取各分/子公司的经营结果，并基于财务共享服务中心产生的数据进行实时财务分析。因此，从管控角度来看，财务共享服务实现了会计核算流程的逻辑集中，有利于实现财务信息的实时性，加强集团管控能力。

（三）保证服务质量，提升工作效率

在财务共享服务中心模式下，业务部门或外部客户参与对财务共享服务中心的监督，财务共享服务中心对其提供的服务的成本和质量承担责任。因此，财务共享服务中心十分注重服务质量，这也体现了财务共享服务中心模式的目标优势在于"服务"，而不仅是"共享"，所提供财务信息的真实性和准确性正是衡量其服务质量的重要标准。

此外，由于财务共享服务中心可以成为单独核算的利润中心，出于对本身经营利润的要求，财务共享服务中心会专注于流程再造以提升工作效率。

（四）采集优质数据，数据赋能业务

财务共享服务在打通财务、业务和管理信息系统，实现数据规范化共享的基础上，使企业低成本地获得大量统一、真实、可靠的业务和财务数据，并在数据中心的建设下将不同业务场景的通用能力抽离出来，下沉到一个共享平台，用数据赋能业务，更好地支持变化灵活的前台业务系统。

（五）推动财务组织架构与人员方面的转型

财务共享服务模式通过将财务会计工作进行流程再造与标准化，将分散的、重复性的财务工作进行整合，集中到财务共享服务中心进行统一处理。由分散到集中的规模效益、流程的标准化和技术的进步极大地释放了核算资源，为高效配置财务资源提供了可能性。财务共享服务中心的建立，使得财务人员从传统的低附加值、占用大量劳动力的传统会计核算业务中解脱出来，去从事附加价值更高的业务财务和战略财务，进而形成共享财务、业务财务和战略财务的专业化职能分工。财务共享服务中心建立的目的表面上是集中，其实是为了将高附加值财务人员更好地分散到各个业务中心和地方区域公司，从事预算管理、财务分析、绩效考核、税收筹划、战略管理等高附加值的管理会计工作，了解业务部门需求，以更好地服务于当地的管理层，促进核心业务的发展。

三、集团管控型财务共享

集团管控型财务共享，是将企业分散在各业务单元中易于标准化和规范化的财务业务进行流程再造与标准化，集中处理，同时纵向上加强对下属业务单元的管控力度，横向上实现业务财务一体化，为集团企业实现有效监管和管理决策提供强有力的技术支撑。集团管控型财务共享的本质是在共享的基础上加强管控。

集团管控型财务共享的适用情况如下：①企业要达到一定的规模，拥有多家跨地域或跨国的分支机构；②每个分支机构的财务事务能够按统一的规则和流程处理，可复制、可批量处理；③企业经营相对单一，在多元化经营的企业中，因核算准则不同，可考虑按行业提供财务共享服务；④重组、并购、变革比较频繁的企业在建立新业务、扩大企业规模时可以大大降低管理难度，促进新业务的快速整合；⑤集团在对分支机构实行财务和资金的集权管理时不受相关法规制约。

集团管控型财务共享服务中心的组织架构如图 10-2 所示。

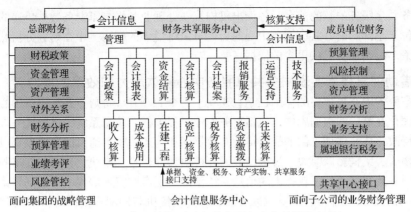

图 10-2 集团管控型财务共享服务中心的组织架构

相关主体的职能范围和工作重心如下。

（1）集团财务部门：制定集团层面的宏观政策，指导监督所属单位财务制度的建立和执行。

（2）财务共享服务中心：报账业务的稽核、结算和核算，记账，出具财务报表，进行存档管理，提供完整、准确的会计信息等。

（3）下属公司的财务部门：组织本单位的财务工作，并接受上级单位的指导和监督，审核本地经济业务，输入业务信息和财务信息，提供对决策有用的相关数据支持。

四、财务共享服务建设策略

财务共享服务建设，除了要考虑企业文化与技术支持方面的基本问题外，还要思考以下问题：财务共享服务的收费该如何定价；如何在减少成本与提高服务水平之间找到均衡；企业内部如何形成一种面向不同部门的服务文化；不同业务单元或事业部门是否可以被视为不同的细分顾客；实行财务共享服务后，现有的部门绩效评价方式该如何改进；等等。结合以上问题，提出构建财务共享服务的策略。

（一）实行标准化的财务管理制度

财务管理制度的创新主要体现在整个集团财务管理制度的标准化，这也是财务共享服务构建的基础。首先，在集团层面制定标准业务规范，并以经过评审的标准业务规范作为实施财务共享服务的基础。其次，通过集中培训的方式使各地的财务组织全面掌握新的标准，为正式实施财务共享服务打下基础。最后，持续的监督执行是最终完成财务管理制度标准化的保障。

（二）从分散式管理模式向集中管理模式的转变

财务共享服务是一种典型的集中式组织模式，它通过将服务端（共享服务中心）和客户端（企业集团成员单位）分离的方式，重新定位集团和基层业务及分/子公司之间的业务界面和业务关系，并将从事标准化财务工作的财务人员从成员单位分离出来，归属到财务共享服务中心，以实现财务人员的集中化。

（三）财务流程再造，实现财务共享服务中心的业务和数据整合

实施财务共享服务时的流程再造应遵循六个原则：财务数据业务化；数据全程共享；财务流程标准化；财务流程模块化；集成财务信息系统；将基础业务与财务分析分离。例如，国泰君安总部通过创建财务共享服务中心将各个营业部的财务权限上收，取消原各个营业部的财务部门，在区域管理总部设置派出机构，统一处理审查、记账、支付、监督、报表及核对等基础性会计作

10

业。作为财务共享服务中新的前台，各派出机构统一处理业务提高了财务数据传递的及时性和准确性，使得位于总部的财务共享服务中心的后台可以将更多的精力集中在财务分析和报告上，为制定财务政策、编制预算提供更多的依据。

（四）借助信息技术实现财务共享服务中心整体能力和效率的提升

财务共享服务中心最重要的作用在于它建立了一个 IT 平台，将财务共享服务中心制定的一切财务制度都固化在统一的数据库中，包括财务作业流程等都在信息系统中进行统一设定，成员单位不得随意修改，从而保证总部的战略得到有效贯彻和落实。中兴通讯的实践表明以网上报销模块、票据实物流、票据影像模块、过程绩效测评模块和综合管理模块为核心的共享服务系统平台为财务共享服务的实施奠定了较强大的信息系统基础。国泰君安采取集中方式部署系统，即总部设立 Web 服务器、应用服务器和数据服务器，通过交换机与外网连接；23 个区域管理总部和 5 个分公司通过网络登录到总服务器，110 多个营业部的员工直接通过网络提交费用报销申请等。

任务三　认识财务机器人

数字经济时代，企业加速拥抱数字化变革，以 RPA 为代表的人工智能技术成为企业实现数字化转型的重要工具，领跑企业服务赛道。信息技术研究和咨询公司高德纳发布的调研报告显示，RPA 受到企业的一致认可，位居影响企业未来发展的十大科技之首。业界人士认为，RPA 有着"带动第二次经济飞跃"的巨大潜力。RPA 能帮助企业解放人力、提高数据质量、降低操作风险、提升管理效能、激发业务新增长活力，尤其是在企业财务管理方面，应用前景十分光明。

财务机器人是流程自动化在财务领域的具体应用，它有助于实现财务管理的自动化，是财务流程节点上的自动化应用。财务机器人是财务共享中心流程节点上的技术应用典型。

一、财务机器人概述

（一）财务机器人的产生及其背景

目前财务工作仍存在大量高度重复、有规则的手工劳动，许多账务仍然需要人工处理，这不仅需要耗费人力资源，更影响财务人员工作积极性、稳定性，同时影响财务报告输出的及时性。此外，手工记账受人的因素（态度、心情、环境等）的影响，审核质量及稳定性难以保障，经常出错。账务质量得不到保障，影响了记账品质，不利于企业财务精准化、规范化管理。票据作为会计核算工作的原始资料和重要依据，主要凭借人工整理、计算金额、录入、查验等，效率低且差错率高，作业重复且量大，票据的合法性、真实性、完整性等难以把控，易导致记账错误，令企业面临税务风险。

2016 年 3 月，德勤会计师事务所将人工智能引入会计、税务、审计等工作当中。德勤研发的"小勤人"财务机器人能够代替财务流程中的手工操作，录入信息，合并数据并汇总统计，根据既定的业务逻辑进行判断，完成专票管理和纳税申报、往来结转和盘点开票等大量繁重的工作，打开了一个全新的时代。紧接着，普华永道、安永、毕马威等会计师事务所也相继推出了 RPA 解决方案。

（二）财务机器人的含义

财务机器人是 RPA 在财务领域的具体应用。财务机器人是以 RPA 技术为主，能够针对财务的业务内容和流程特点，以自动化处理替代人工操作，辅助财务人员完成交易量大、重复性高、易于标准化的基础业务，从而优化财务流程，提高业务处理效率和质量。

财务机器人主要帮助财务人员完成机械性、高重复、低价值的财务核算等工作，它能完成大部分与账务处理有关的重复工作，以及小部分比较个性化、与不同企业业务特点相关的、重复性较大的单项细分的工作任务，如订单处理、银行流水下载、项目文本审核、发票开具、进项认证、纳税申报和银行相关业务。

财务机器人基于明确的流程规则，实现了部分业务处理的自动化。但是，RPA 没有真正实现智能化，它只能通过固定的脚本执行命令，进行重复性和机械性的劳动，以外挂的方式部署在原有系统上来满足财务工作服务业务自动化的需求。

二、财务机器人的基本功能

（一）智能识别票据

财务机器人集成高清机器眼，可以自动对焦、自动拍摄，拍摄后对影像进行处理，包括去边、裁切等，最后将影像上传到云端进行识别。上传完成后，由人工智能对票据进行识别，将图片信息转化成文本信息。票据识别应用了人工智能深度学习算法及全文识别算法，结合预设模板，区分不同票种版面类别，精准获取字段栏位信息，自动进行精准切割，将图片信息转化为文本信息。目前支持增值税发票、定额发票等十几种发票识别，财务票据识别率准确率达 99.99%。

（二）智能查验发票

财务机器人在票据查验过程自动抓取税务局校验结果，比对发票代码、发票号码、开票日期、发票专用章等票面信息，呈现比对结果，验证票据真伪性。后期还将进行开票方的工商检查、行政检查、司法监测、征信检查等风险评估，以此从票据合法性、真实性、合理性、完整性、准确性等多方面查验，杜绝票据造假、防范税务风险。

（三）智能账务处理

依据会计准则，通过分析数据的逻辑关系来建立财务机器人自动编制记账凭证的能力。原始数据采集和审核后，通过事先建立的量化规则和建模，财务机器人可以实现智能填写摘要和借贷方金额，及相应的辅助核算等信息，实现记账凭证编制的自动化。

三、财务机器人的应用

（一）财务机器人适用标准

财务机器人适用于以下业务。

1. 基于标准化规则操作的业务

财务机器人模仿人的行为，实际是按照既定的规则实现自动化，并且本身并非实质性的智能，仅适用于规则明确、标准化程度高的流程。

2. 结构化、数字化的信息

财务机器人仅对结构化、数字化的数据和信息进行识别处理。在输入端，可以结合 OCR、语音识别等认知技术，将信息转化为计算机可以处理的信息后再由财务机器人进行后续处理。

3. 大量重复的流程

采用财务机器人处理业务需要投入一定的人力与资金，因此，适用的流程必须是投入产出比合理的流程。例如：应用于大容量的计算、核对、验收、审核判断等；流程应该具备重复性，且必须有明确的、可被数字化的触发指令。

10

（二）财务机器人应用场景

财务机器人应用场景如表 10-2 所示。

表 10-2 财务机器人应用场景

模块	具体业务
费用报销	报销单据接收；智能审核；自动付款；账务处理及报告出具
采购到付款	请购单处理；采购付款；供应商对账；供应商主数据维护；供应商资料审核
订单到收款	销售订单输入和变更；发票开具；返利管理；客户对账与收款核销；客户信用审核和主数据维护
固定资产管理	资产卡片管理；资产变动管理；资产账龄分析
存货到成本	成本统计指标输入；成本与费用分摊；账务处理及报告出具
总账到报表	关账；标准记账分录处理；关联交易处理；对账；单体报表和合并报表出具
资金管理	银企对账；现金管理；收付款处理；支付指令查询
税务管理	纳税申报准备；纳税申报；增值税发票开具；发票验真；涉税会计入账及提醒

财务机器人目前在各场景应用的比重如图 10-3 所示。

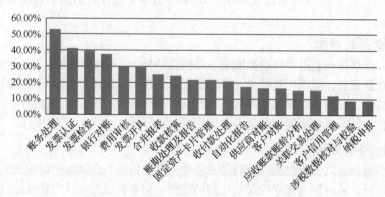

图 10-3 财务机器人在各场景应用的比重

（三）财务机器人应用注意事项

在部署 RPA 过程中，需要考虑以下两个问题。

（1）在技术与业务双轮驱动的原则下，RPA 的实施并不仅仅是一个技术问题，其核心在于对流程的分析和梳理，并基于流程分析结果设计实施方案。可见，RPA 项目的开展不能脱离业务，必须依赖一线业务人员的深度参与。

（2）应意识到 RPA 并不是万能的，其部署需要衡量投入与产出的效益。实践中，投入 RPA后的企业很容易不断追加投入。但事实上，80%自动化的业务可能只需要 20%的开发时长，剩下的业务自动化则需耗费更多资源，因此并不一定要依靠 RPA 实现业务流程 100%自动化，更好的解决方案是实现系统的深度集成。

四、财务机器人对财务管理的意义

财务机器人对财务管理具有重大意义，具体如下所示。

（1）快速实现自动核算：发票扫描识别，支持高效核算；非侵入式配置，操作简易。

（2）快速实现知识更新与转换：在政策、业务变更或轮岗时，资深会计人员理解业务后，一次配置，全系统完成知识更新与转换。

（3）提升内控：集中配置，无缝执行财务主管对业务的理解和标准，解决集中核算出现的不准确、时效差、业务财务脱节、财务监督弱化等问题。

（4）提升财务部门价值：财务人员从枯燥、重复的数据录入、审账工作中解脱出来，从事更高端、对企事业单位更有价值的战略规划和监察管理等工作。

（5）快速适应会计准则：实现业务场景与会计核算准则的高度一体化；支持最新会计制度；快速适应政策法规变化。

项目演练

论述题

1. 请论述数字化财务与传统财务的区别。
2. 请论述财务共享服务对企业财务管理的意义和作用。
3. 请论述财务机器人对企业财务管理的意义和作用。

10

附表一　复利终值系数表

期数	1%	2%	3%	4%	5%	6%	7%	8%	9%	10%
1	1.010 0	1.020 0	1.030 0	1.040 0	1.050 0	1.060 0	1.070 0	1.080 0	1.090 0	1.100 0
2	1.020 1	1.040 4	1.060 9	1.081 6	1.102 5	1.123 6	1.144 9	1.166 4	1.188 1	1.210 0
3	1.030 3	1.061 2	1.092 7	1.124 9	1.157 6	1.191 0	1.225 0	1.259 7	1.295 0	1.331 0
4	1.040 6	1.082 4	1.125 5	1.169 9	1.215 5	1.262 5	1.310 8	1.360 5	1.411 6	1.464 1
5	1.051 0	1.104 1	1.159 3	1.216 7	1.276 3	1.338 2	1.402 6	1.469 3	1.538 6	1.610 5
6	1.061 5	1.126 2	1.194 1	1.265 3	1.340 1	1.418 5	1.500 7	1.586 9	1.677 1	1.771 6
7	1.072 1	1.148 7	1.229 9	1.315 9	1.407 1	1.503 6	1.605 8	1.713 8	1.828 0	1.948 7
8	1.082 9	1.171 7	1.266 8	1.368 6	1.477 5	1.593 8	1.718 2	1.850 9	1.992 6	2.143 6
9	1.093 7	1.195 1	1.304 8	1.423 3	1.551 3	1.689 5	1.838 5	1.999 0	2.171 9	2.357 9
10	1.104 6	1.219 0	1.343 9	1.480 2	1.628 9	1.790 8	1.967 2	2.158 9	2.367 4	2.593 7
11	1.115 7	1.243 4	1.384 2	1.539 5	1.710 3	1.898 3	2.104 9	2.331 6	2.580 4	2.853 1
12	1.126 8	1.268 2	1.425 8	1.601 0	1.795 9	2.012 2	2.252 2	2.518 2	2.812 7	3.138 4
13	1.138 1	1.293 6	1.468 5	1.665 1	1.885 6	2.132 9	2.409 8	2.719 6	3.065 8	3.452 3
14	1.149 5	1.319 5	1.512 6	1.731 7	1.979 9	2.260 9	2.578 5	2.937 2	3.341 7	3.797 5
15	1.161 0	1.345 9	1.558 0	1.800 9	2.078 9	2.396 6	2.759 0	3.172 2	3.642 5	4.177 2
16	1.172 6	1.372 8	1.604 7	1.873 0	2.182 9	2.540 4	2.952 2	3.425 9	3.970 3	4.595 0
17	1.184 3	1.400 2	1.652 8	1.947 9	2.292 0	2.692 8	3.158 8	3.700 0	4.327 6	5.054 5
18	1.196 1	1.428 2	1.702 4	2.025 8	2.406 6	2.854 3	3.379 9	3.996 0	4.717 1	5.559 9
19	1.208 1	1.456 8	1.753 5	2.106 8	2.527 0	3.025 6	3.616 5	4.315 7	5.141 7	6.115 9
20	1.220 2	1.485 9	1.806 1	2.191 1	2.653 3	3.207 1	3.869 7	4.661 0	5.604 4	6.727 5
21	1.232 4	1.515 7	1.860 3	2.278 8	2.786 0	3.399 6	4.140 6	5.033 8	6.108 8	7.400 2
22	1.244 7	1.546 0	1.916 1	2.369 9	2.925 3	3.603 5	4.430 4	5.436 5	6.658 6	8.140 3
23	1.257 2	1.576 9	1.973 6	2.464 7	3.071 5	3.819 7	4.740 5	5.871 5	7.257 9	8.954 3
24	1.269 7	1.608 4	2.032 8	2.563 3	3.225 1	4.048 9	5.072 4	6.341 2	7.911 1	9.849 7
25	1.282 4	1.640 6	2.093 8	2.665 8	3.386 4	4.291 9	5.427 4	6.848 5	8.623 1	10.835
26	1.295 3	1.673 4	2.156 6	2.772 5	3.555 7	4.549 4	5.807 4	7.396 4	9.399 2	11.918
27	1.308 2	1.706 9	2.221 3	2.883 4	3.733 5	4.822 3	6.213 9	7.988 1	10.245	13.110
28	1.321 3	1.741 0	2.287 9	2.998 7	3.920 1	5.111 7	6.648 8	8.627 1	11.167	14.421
29	1.334 5	1.775 8	2.356 6	3.118 7	4.116 1	5.418 4	7.114 3	9.317 3	12.172	15.863
30	1.347 8	1.811 4	2.427 3	3.243 4	4.321 9	5.743 5	7.612 3	10.063	13.268	17.449
40	1.488 9	2.208 0	3.262 0	4.801 0	7.040 0	10.286	14.975	21.725	31.409	45.259
50	1.644 6	2.691 6	4.383 9	7.106 7	11.467	18.420	29.457	46.902	74.358	117.39
60	1.816 7	3.281 0	5.891 6	10.520	18.679	32.988	57.946	101.26	176.03	304.48

续表

期数	12%	14%	15%	16%	18%	20%	24%	28%	32%	36%
1	1.120 0	1.140 0	1.150 0	1.160 0	1.180 0	1.200 0	1.240 0	1.280 0	1.320 0	1.360 0
2	1.254 4	1.299 6	1.322 5	1.345 6	1.392 4	1.440 0	1.537 6	1.638 4	1.742 4	1.849 6
3	1.404 9	1.481 5	1.520 9	1.560 9	1.643 0	1.728 0	1.906 6	2.097 2	2.300 0	2.515 5
4	1.573 5	1.689 0	1.749 0	1.810 6	1.938 8	2.073 6	2.364 2	2.684 4	3.036 0	3.421 0
5	1.762 3	1.925 4	2.011 4	2.100 3	2.287 8	2.488 3	2.931 6	3.436 0	4.007 5	4.652 6
6	1.973 8	2.195 0	2.313 1	2.436 4	2.699 6	2.986 0	3.635 2	4.398 0	5.289 9	6.327 5
7	2.210 7	2.502 3	2.660 0	2.826 2	3.185 5	3.583 2	4.507 7	5.629 5	6.982 6	8.605 4
8	2.476 0	2.852 6	3.059 0	3.278 4	3.758 9	4.299 8	5.589 5	7.205 8	9.217 0	11.703
9	2.773 1	3.251 9	3.517 9	3.803 0	4.435 5	5.159 8	6.931 0	9.223 4	12.167	15.917
10	3.105 8	3.707 2	4.045 6	4.411 4	5.233 8	6.191 7	8.594 4	11.806	16.060	21.647
11	3.478 5	4.226 2	4.652 4	5.117 3	6.175 9	7.430 1	10.657	15.112	21.199	29.439
12	3.896 0	4.817 9	5.350 3	5.936 0	7.287 6	8.916 1	13.215	19.343	27.983	40.038
13	4.363 5	5.492 4	6.152 8	6.885 8	8.599 4	10.699	16.386	24.759	36.937	54.451
14	4.887 1	6.261 3	7.075 7	7.987 5	10.147	12.839	20.319	31.691	48.757	74.053
15	5.473 6	7.137 9	8.137 1	9.265 5	11.974	15.407	25.196	40.565	64.359	100.71
16	6.130 4	8.137 2	9.357 6	10.748	14.129	18.488	31.243	51.923	84.954	136.97
17	6.866 0	9.276 5	10.761	12.468	16.672	22.186	38.741	66.461	112.14	186.28
18	7.690 0	10.575	12.376	14.463	19.673	26.623	48.039	85.071	148.02	253.34
19	8.612 8	12.056	14.232	16.777	23.214	31.948	59.568	108.89	195.39	344.54
20	9.646 3	13.744	16.367	19.461	27.393	38.338	73.864	139.38	257.92	468.57
21	10.804	15.668	18.822	22.575	32.324	46.005	91.592	178.41	340.45	637.26
22	12.100	17.861	21.645	26.186	38.142	55.206	113.57	228.36	449.39	866.67
23	13.552	20.362	24.892	30.376	45.008	66.247	140.83	292.30	593.20	1 178.7
24	15.179	23.212	28.625	35.236	53.109	79.497	174.63	374.14	783.02	1 603.0
25	17.000	26.462	32.919	40.874	62.669	95.396	216.54	478.90	1 033.6	2 180.1
26	19.040	30.167	37.857	47.414	73.949	114.48	268.51	613.00	1 364.3	2 964.9
27	21.325	34.390	43.535	55.000	87.260	137.37	332.96	784.64	1 800.9	4 032.3
28	23.884	39.205	50.066	63.800	102.97	164.84	412.86	1 004.3	2 377.2	5 483.9
29	26.750	44.693	57.576	74.009	121.50	197.81	511.95	1 285.6	3 137.9	7 458.1
30	29.960	50.950	66.212	85.850	143.37	237.38	634.82	1 645.5	4 142.1	10 143
40	93.051	188.88	267.86	378.72	750.38	1 469.8	5 455.9	19 427	665 21	*
50	289.00	700.23	1 083.7	1 670.7	3 927.4	9 100.4	46 890	*	*	*
60	897.60	2 595.9	4 384.0	7 370.2	20 555	56 348	*	*	*	*

注：* > 99 999

附表二　复利现值系数表

期数	1%	2%	3%	4%	5%	6%	7%	8%	9%	10%
1	0.990 1	0.980 4	0.970 9	0.961 5	0.952 4	0.943 4	0.934 6	0.925 9	0.917 4	0.909 1
2	0.980 3	0.961 2	0.942 6	0.924 6	0.907 0	0.890 0	0.873 4	0.857 3	0.841 7	0.826 4
3	0.970 6	0.942 3	0.915 1	0.889 0	0.863 8	0.839 6	0.816 3	0.793 8	0.772 2	0.751 3
4	0.961 0	0.923 8	0.888 5	0.854 8	0.822 7	0.792 1	0.762 9	0.735 0	0.708 4	0.683 0
5	0.951 5	0.905 7	0.862 6	0.821 9	0.783 5	0.747 3	0.713 0	0.680 6	0.649 9	0.620 9
6	0.942 0	0.888 0	0.837 5	0.790 3	0.746 2	0.705 0	0.666 3	0.630 2	0.596 3	0.564 5
7	0.932 7	0.870 6	0.813 1	0.759 9	0.710 7	0.665 1	0.622 7	0.583 5	0.547 0	0.513 2
8	0.923 5	0.8535	0.789 4	0.730 7	0.676 8	0.627 4	0.582 0	0.540 3	0.501 9	0.466 5
9	0.914 3	0.836 8	0.766 4	0.702 6	0.644 6	0.591 9	0.543 9	0.500 2	0.460 4	0.424 1
10	0.905 3	0.820 3	0.744 1	0.675 6	0.613 9	0.558 4	0.508 3	0.463 2	0.422 4	0.385 5
11	0.896 3	0.804 3	0.722 4	0.649 6	0.584 7	0.526 8	0.475 1	0.428 9	0.387 5	0.350 5
12	0.887 4	0.788 5	0.701 4	0.624 6	0.556 8	0.497 0	0.444 0	0.397 1	0.355 5	0.318 6
13	0.878 7	0.773 0	0.681 0	0.600 6	0.530 3	0.468 8	0.415 0	0.367 7	0.326 2	0.289 7
14	0.870 0	0.757 9	0.661 1	0.577 5	0.505 1	0.442 3	0.387 8	0.340 5	0.299 2	0.263 3
15	0.861 3	0.743 0	0.641 9	0.555 3	0.481 0	0.417 3	0.362 4	0.315 2	0.274 5	0.239 4
16	0.852 8	0.728 4	0.623 2	0.533 9	0.458 1	0.393 6	0.338 7	0.291 9	0.251 9	0.217 6
17	0.844 4	0.714 2	0.605 0	0.513 4	0.436 3	0.371 4	0.316 6	0.270 3	0.231 1	0.197 8
18	0.836 0	0.700 2	0.587 4	0.493 6	0.415 5	0.350 3	0.295 9	0.250 2	0.212 0	0.179 9
19	0.827 7	0.686 4	0.570 3	0.474 6	0.395 7	0.330 5	0.2765	0.2317	0.194 5	0.163 5
20	0.819 5	0.673 0	0.553 7	0.456 4	0.376 9	0.311 8	0.258 4	0.214 5	0.178 4	0.148 6
21	0.811 4	0.659 8	0.537 5	0.438 8	0.358 9	0.294 2	0.241 5	0.198 7	0.163 7	0.135 1
22	0.803 4	0.646 8	0.521 9	0.422 0	0.341 8	0.277 5	0.225 7	0.183 9	0.150 2	0.1228
23	0.795 4	0.634 2	0.506 7	0.405 7	0.325 6	0.261 8	0.210 9	0.170 3	0.137 8	0.111 7
24	0.7876	0.621 7	0.491 9	0.390 1	0.310 1	0.247 0	0.197 1	0.157 7	0.126 4	0.101 5
25	0.779 8	0.609 5	0.477 6	0.375 1	0.295 3	0.233 0	0.184 2	0.146 0	0.116 0	0.092 3
26	0.772 0	0.597 6	0.463 7	0.360 7	0.281 2	0.219 8	0.172 2	0.135 2	0.106 4	0.083 9
27	0.764 4	0.585 9	0.450 2	0.346 8	0.267 8	0.207 4	0.160 9	0.125 2	0.097 6	0.076 3
28	0.756 8	0.574 4	0.437 1	0.333 5	0.255 1	0.195 6	0.150 4	0.115 9	0.089 5	0.069 3
29	0.749 3	0.563 1	0.424 3	0.320 7	0.242 9	0.184 6	0.140 6	0.107 3	0.082 2	0.063 0
30	0.741 9	0.552 1	0.412 0	0.308 3	0.231 4	0.174 1	0.131 4	0.099 4	0.075 4	0.057 3
35	0.705 9	0.500 0	0.355 4	0.253 4	0.181 3	0.130 1	0.093 7	0.067 6	0.049 0	0.035 6
40	0.671 7	0.452 9	0.306 6	0.208 3	0.142 0	0.097 2	0.066 8	0.046 0	0.031 8	0.022 1
45	0.639 1	0.410 2	0.264 4	0.171 2	0.111 3	0.072 7	0.047 6	0.031 3	0.020 7	0.013 7
50	0.608 0	0.371 5	0.228 1	0.140 7	0.087 2	0.054 3	0.033 9	0.021 3	0.013 4	0.008 5
55	0.578 5	0.336 5	0.196 8	0.115 7	0.068 3	0.040 6	0.024 2	0.014 5	0.008 7	0.005 3

续表

期数	12%	14%	15%	16%	18%	20%	24%	28%	32%	36%
1	0.892 9	0.877 2	0.869 6	0.8621	0.8475	0.833 3	0.806 5	0.781 3	0.757 6	0.735 3
2	0.797 2	0.769 5	0.756 1	0.7432	0.7182	0.694 4	0.650 4	0.610 4	0.573 9	0.540 7
3	0.711 8	0.675 0	0.657 5	0.6407	0.6086	0.578 7	0.524 5	0.476 8	0.434 8	0.397 5
4	0.635 5	0.592 1	0.571 8	0.5523	0.5158	0.482 3	0.423 0	0.372 5	0.329 4	0.292 3
5	0.567 4	0.519 4	0.497 2	0.4761	0.4371	0.401 9	0.341 1	0.291 0	0.249 5	0.214 9
6	0.506 6	0.455 6	0.432 3	0.4104	0.3704	0.334 9	0.275 1	0.227 4	0.189 0	0.158 0
7	0.452 3	0.399 6	0.375 9	0.3538	0.3139	0.279 1	0.221 8	0.177 6	0.143 2	0.116 2
8	0.403 9	0.350 6	0.326 9	0.3050	0.2660	0.232 6	0.178 9	0.138 8	0.108 5	0.085 4
9	0.360 6	0.307 5	0.284 3	0.2630	0.2255	0.193 8	0.144 3	0.108 4	0.082 2	0.062 8
10	0.322 0	0.269 7	0.247 2	0.2267	0.1911	0.161 5	0.116 4	0.084 7	0.062 3	0.046 2
11	0.287 5	0.236 6	0.214 9	0.1954	0.1619	0.134 6	0.093 8	0.066 2	0.047 2	0.034 0
12	0.256 7	0.207 6	0.186 9	0.1685	0.1372	0.112 2	0.075 7	0.051 7	0.035 7	0.025 0
13	0.229 2	0.182 1	0.162 5	0.1452	0.1163	0.093 5	0.061 0	0.040 4	0.027 1	0.018 4
14	0.204 6	0.159 7	0.141 3	0.1252	0.098 5	0.077 9	0.049 2	0.031 6	0.020 5	0.013 5
15	0.182 7	0.140 1	0.122 9	0.1079	0.083 5	0.064 9	0.039 7	0.024 7	0.015 5	0.009 9
16	0.163 1	0.122 9	0.106 9	0.093 0	0.070 8	0.054 1	0.032 0	0.019 3	0.011 8	0.007 3
17	0.145 6	0.107 8	0.092 9	0.080 2	0.060 0	0.045 1	0.025 8	0.015 0	0.008 9	0.005 4
18	0.130 0	0.094 6	0.080 8	0.069 1	0.050 8	0.037 6	0.020 8	0.011 8	0.006 8	0.003 9
19	0.116 1	0.082 9	0.070 3	0.059 6	0.043 1	0.031 3	0.016 8	0.009 2	0.005 1	0.002 9
20	0.103 7	0.072 8	0.061 1	0.051 4	0.036 5	0.026 1	0.013 5	0.007 2	0.003 9	0.002 1
21	0.092 6	0.063 8	0.053 1	0.044 3	0.030 9	0.021 7	0.010 9	0.005 6	0.002 9	0.001 6
22	0.082 6	0.056 0	0.046 2	0.038 2	0.026 2	0.018 1	0.008 8	0.004 4	0.002 2	0.001 2
23	0.073 8	0.049 1	0.040 2	0.032 9	0.022 2	0.015 1	0.007 1	0.003 4	0.001 7	0.000 8
24	0.065 9	0.043 1	0.034 9	0.028 4	0.018 8	0.012 6	0.005 7	0.002 7	0.001 3	0.000 6
25	0.058 8	0.037 8	0.030 4	0.024 5	0.016 0	0.010 5	0.004 6	0.002 1	0.001 0	0.000 5
26	0.052 5	0.033 1	0.026 4	0.021 1	0.013 5	0.008 7	0.003 7	0.001 6	0.000 7	0.000 3
27	0.046 9	0.029 1	0.023 0	0.018 2	0.011 5	0.007 3	0.003 0	0.001 3	0.000 6	0.000 2
28	0.041 9	0.025 5	0.020 0	0.015 7	0.009 7	0.006 1	0.002 4	0.001 0	0.000 4	0.000 2
29	0.037 4	0.022 4	0.017 4	0.013 5	0.008 2	0.005 1	0.002 0	0.000 8	0.000 3	0.000 1
30	0.033 4	0.019 6	0.015 1	0.011 6	0.007 0	0.004 2	0.001 6	0.000 6	0.000 2	0.000 1
35	0.018 9	0.010 2	0.007 5	0.005 5	0.003 0	0.001 7	0.000 5	0.000 2	0.000 1	*
40	0.010 7	0.005 3	0.003 7	0.002 6	0.001 3	0.000 7	0.000 2	0.000 1	*	*
45	0.006 1	0.002 7	0.001 9	0.001 3	0.000 6	0.000 3	0.000 1	*	*	*
50	0.003 5	0.001 4	0.000 9	0.000 6	0.000 3	0.000 1	*	*	*	*
55	0.002 0	0.000 7	0.000 5	0.000 3	0.000 1	*	*	*	*	*

注：*＜0.000 1

附表三　年金终值系数表

期数	1%	2%	3%	4%	5%	6%	7%	8%	9%	10%
1	1.000 0	1.000 0	1.000 0	1.000 0	1.000 0	1.000 0	1.000 0	1.000 0	1.000 0	1.000 0
2	2.010 0	2.020 0	2.030 0	2.040 0	2.050 0	2.060 0	2.070 0	2.080 0	2.090 0	2.100 0
3	3.030 1	3.060 4	3.090 9	3.121 6	3.152 5	3.183 6	3.214 9	3.246 4	3.278 1	3.310 0
4	4.060 4	4.121 6	4.183 6	4.246 5	4.310 1	4.374 6	4.439 9	4.506 1	4.573 1	4.641 0
5	5.101 0	5.204 0	5.309 1	5.416 3	5.525 6	5.637 1	5.750 7	5.866 6	5.984 7	6.105 1
6	6.152 0	6.308 1	6.468 4	6.633 0	6.801 9	6.975 3	7.153 3	7.335 9	7.523 3	7.715 6
7	7.213 5	7.434 3	7.662 5	7.898 3	8.142 0	8.393 8	8.654 0	8.922 8	9.200 4	9.487 2
8	8.285 7	8.583 0	8.892 3	9.214 2	9.549 1	9.897 5	10.260	10.637	11.029	11.436
9	9.368 5	9.754 6	10.159	10.583	11.027	11.491	11.978	12.488	13.021	13.580
10	10.462	10.950	11.464	12.006	12.578	13.181	13.816	14.487	15.193	15.937
11	11.567	12.169	12.808	13.486	14.207	14.972	15.784	16.646	17.560	18.531
12	12.683	13.412	14.192	15.026	15.917	16.870	17.889	18.977	20.141	21.384
13	13.809	14.680	15.618	16.627	17.713	18.882	20.141	21.495	22.953	24.523
14	14.947	15.974	17.086	18.292	19.599	21.015	22.551	24.215	26.019	27.975
15	16.097	17.293	18.599	20.024	21.579	23.276	25.129	27.152	29.361	31.773
16	17.258	18.639	20.157	21.825	23.658	25.673	27.888	30.324	33.003	35.950
17	18.430	20.012	21.762	23.698	25.840	28.213	30.840	33.750	36.974	40.545
18	19.615	21.412	23.414	25.645	28.132	30.906	33.999	37.450	41.301	45.599
19	20.811	22.841	25.117	27.671	30.539	33.760	37.379	41.446	46.019	51.159
20	22.019	24.297	26.870	29.778	33.066	36.786	40.996	45.762	51.160	57.275
21	23.239	25.783	28.677	31.969	35.719	39.993	44.865	50.423	56.765	64.003
22	24.472	27.299	30.537	34.248	38.505	43.392	49.006	55.457	62.873	71.403
23	25.716	28.845	32.453	36.618	41.431	46.996	53.436	60.893	69.532	79.543
24	26.974	30.422	34.427	39.083	44.502	50.816	58.177	66.765	76.790	88.497
25	28.243	32.030	36.459	41.646	47.727	54.865	63.249	73.106	84.701	98.347
26	29.526	33.671	38.553	44.312	51.114	59.156	68.677	79.954	93.324	109.18
27	30.821	35.344	40.710	47.084	54.669	63.706	74.484	87.351	102.72	121.10
28	32.129	37.051	42.931	49.968	58.403	68.528	80.698	95.339	112.97	134.21
29	33.450	38.792	45.219	52.966	62.323	73.640	87.347	103.97	124.14	148.63
30	34.785	40.568	47.575	56.085	66.439	79.058	94.461	113.28	136.31	164.49
40	48.886	60.402	75.401	95.026	120.80	154.76	199.64	259.06	337.88	442.59
50	64.463	84.579	112.80	152.67	209.35	290.34	406.53	573.77	815.08	1 163.9
60	81.670	114.05	163.05	237.99	353.58	533.13	813.52	1 253.2	1 944.8	3 034.8

续表

期数	12%	14%	15%	16%	18%	20%	24%	28%	32%	36%
1	1.000 0	1.000 0	1.000 0	1.000 0	1.000 0	1.000 0	1.000 0	1.000 0	1.000 0	1.000 0
2	2.120 0	2.140 0	2.150 0	2.160 0	2.180 0	2.200 0	2.240 0	2.280 0	2.320 0	2.360 0
3	3.374 4	3.439 6	3.472 5	3.505 6	3.572 4	3.640 0	3.777 6	3.918 4	4.062 4	4.209 6
4	4.779 3	4.921 1	4.993 4	5.066 5	5.215 4	5.368 0	5.684 2	6.015 6	6.362 4	6.725 1
5	6.352 8	6.610 1	6.742 4	6.877 1	7.154 2	7.441 6	8.048 4	8.699 9	9.398 3	10.146
6	8.115 2	8.535 5	8.753 7	8.977 5	9.442 0	9.929 9	10.980	12.136	13.406	14.799
7	10.089	10.731	11.067	11.414	12.142	12.916	14.615	16.534	18.696	21.126
8	12.300	13.233	13.727	14.240	15.327	16.499	19.123	22.163	25.678	29.732
9	14.776	16.085	16.786	17.519	19.086	20.799	24.713	29.369	34.895	41.435
10	17.549	19.337	20.304	21.322	23.521	25.959	31.643	38.593	47.062	57.352
11	20.655	23.045	24.349	25.733	28.755	32.150	40.238	50.399	63.122	78.998
12	24.133	27.271	29.002	30.850	34.931	39.581	50.895	65.510	84.320	108.44
13	28.029	32.089	34.352	36.786	42.219	48.497	64.110	84.853	112.30	148.48
14	32.393	37.581	40.505	43.672	50.818	59.196	80.496	109.61	149.24	202.93
15	37.280	43.842	47.580	51.660	60.965	72.035	100.82	141.30	198.00	276.98
16	42.753	50.980	55.718	60.925	72.939	87.442	126.01	181.87	262.36	377.69
17	48.884	59.118	65.075	71.673	87.068	105.93	157.25	233.79	347.31	514.66
18	55.750	68.394	75.836	84.141	103.74	128.12	195.99	300.25	459.45	700.94
19	63.440	78.969	88.212	98.603	123.41	154.74	244.03	385.32	607.47	954.28
20	72.052	91.025	102.44	115.38	146.63	186.69	303.60	494.21	802.86	1 298.8
21	81.699	104.77	118.81	134.84	174.02	225.03	377.46	633.59	1 060.8	1 767.4
22	92.503	120.44	137.63	157.42	206.34	271.03	469.06	812.00	1 401.2	2 404.7
23	104.60	138.30	159.28	183.60	244.49	326.24	582.63	1040.4	1 850.6	3 271.3
24	118.16	158.66	184.17	213.98	289.49	392.48	723.46	1 332.7	2 443.8	4 450.0
25	133.33	181.87	212.79	249.21	342.60	471.98	898.09	1 706.8	3 226.8	6 053.0
26	150.33	208.33	245.71	290.09	405.27	567.38	1114.6	2 185.7	4 260.4	8 233.1
27	169.37	238.50	283.57	337.50	479.22	681.85	1383.1	2 798.7	5 624.8	11 198
28	190.70	272.89	327.10	392.50	566.48	819.22	1716.1	3 583.3	7 425.7	15 230
29	214.58	312.09	377.17	456.30	669.45	984.07	2129.0	4 587.7	9 802.9	20 714
30	241.33	356.79	434.75	530.31	790.95	1 181.9	2 640.9	5 873.2	12 941	28 172
40	767.09	1 342.0	1779.1	2360.8	4163.2	7 343.9	22 729	69 377	207 874	609 890
50	2 400.0	4 994.5	7217.7	10436	21813	45 497	195 373	819 103	*	*
60	7 471.6	18 535	29 220	46 058	114 190	281 733	*	*	*	*

注：*>999 999.99

附表四 年金现值系数表

期数	1%	2%	3%	4%	5%	6%	7%	8%	9%	10%
1	0.990 1	0.980 4	0.970 9	0.961 5	0.952 4	0.943 4	0.934 6	0.925 9	0.917 4	0.909 1
2	1.970 4	1.941 6	1.913 5	1.886 1	1.859 4	1.833 4	1.808 0	1.783 3	1.759 1	1.735 5
3	2.941 0	2.883 9	2.828 6	2.775 1	2.723 2	2.673 0	2.624 3	2.577 1	2.531 3	2.486 9
4	3.902 0	3.807 7	3.717 1	3.629 9	3.546 0	3.465 1	3.387 2	3.312 1	3.239 7	3.169 9
5	4.853 4	4.713 5	4.579 7	4.451 8	4.329 5	4.212 4	4.100 2	3.992 7	3.889 7	3.790 8
6	5.795 5	5.601 4	5.417 2	5.242 1	5.075 7	4.917 3	4.766 5	4.622 9	4.485 9	4.355 3
7	6.728 2	6.472 0	6.230 3	6.002 1	5.786 4	5.582 4	5.389 3	5.206 4	5.033 0	4.868 4
8	7.651 7	7.325 5	7.019 7	6.732 7	6.463 2	6.209 8	5.971 3	5.746 6	5.534 8	5.334 9
9	8.566 0	8.162 2	7.786 1	7.435 3	7.107 8	6.801 7	6.515 2	6.246 9	5.995 2	5.759 0
10	9.471 3	8.982 6	8.530 2	8.110 9	7.721 7	7.360 1	7.023 6	6.710 1	6.417 7	6.144 6
11	10.367 6	9.786 8	9.252 6	8.760 5	8.306 4	7.886 9	7.498 7	7.139 0	6.805 2	6.495 1
12	11.255 1	10.575 3	9.954 0	9.385 1	8.863 3	8.383 8	7.942 7	7.536 1	7.160 7	6.813 7
13	12.133 7	11.348 4	10.635 0	9.985 6	9.393 6	8.852 7	8.357 7	7.903 8	7.486 9	7.103 4
14	13.003 7	12.106 2	11.296 1	10.563 1	9.898 6	9.295 0	8.745 5	8.244 2	7.786 2	7.366 7
15	13.865 1	12.849 3	11.937 9	11.118 4	10.379 7	9.712 2	9.107 9	8.559 5	8.060 7	7.606 1
16	14.717 9	13.577 7	12.561 1	11.652 3	10.837 8	10.105 9	9.446 6	8.851 4	8.312 6	7.823 7
17	15.562 3	14.291 9	13.166 1	12.165 7	11.274 1	10.477 3	9.763 2	9.121 6	8.543 6	8.021 6
18	16.398 3	14.992 0	13.753 5	12.659 3	11.689 6	10.827 6	10.059 1	9.371 9	8.755 6	8.201 4
19	17.226 0	15.678 5	14.323 8	13.133 9	12.085 3	11.158 1	10.335 6	9.603 6	8.950 1	8.364 9
20	18.045 6	16.351 4	14.877 5	13.590 3	12.462 2	11.469 9	10.594 0	9.818 1	9.128 5	8.513 6
21	18.857 0	17.011 2	15.415 0	14.029 2	12.821 2	11.764 1	10.835 5	10.016 8	9.292 2	8.648 7
22	19.660 4	17.658 0	15.936 9	14.451 1	13.163 0	12.041 6	11.061 2	10.200 7	9.442 4	8.771 5
23	20.455 8	18.292 2	16.443 6	14.856 8	13.488 6	12.303 4	11.272 2	10.371 1	9.580 2	8.883 2
24	21.243 4	18.913 9	16.935 5	15.247 0	13.798 6	12.550 4	11.469 3	10.528 8	9.706 6	8.984 7
25	22.023 2	19.523 5	17.413 1	15.622 1	14.093 9	12.783 4	11.653 6	10.674 8	9.822 6	9.077 0
26	22.795 2	20.121 0	17.876 8	15.982 8	14.375 2	13.003 2	11.825 8	10.810 0	9.929 0	9.160 9
27	23.559 6	20.706 9	18.327 0	16.329 6	14.643 0	13.210 5	11.986 7	10.935 2	10.026 6	9.237 2
28	24.316 4	21.281 3	18.764 1	16.663 1	14.898 1	13.406 2	12.137 1	11.051 1	10.116 1	9.306 6
29	25.065 8	21.844 4	19.188 5	16.983 7	15.141 1	13.590 7	12.277 7	11.158 4	10.198 3	9.369 6
30	25.807 7	22.396 5	19.600 4	17.292 0	15.372 5	13.764 8	12.409 0	11.257 8	10.273 7	9.426 9
35	29.408 6	24.998 6	21.487 2	18.664 6	16.374 2	14.498 2	12.947 7	11.654 6	10.566 8	9.644 2
40	32.834 7	27.355 5	23.114 8	19.792 8	17.159 1	15.046 3	13.331 7	11.924 6	10.757 4	9.779 1
45	36.094 5	29.490 2	24.518 7	20.720 0	17.774 1	15.455 8	13.605 5	12.108 4	10.881 2	9.862 8
50	39.196 1	31.423 6	25.729 8	21.482 2	18.255 9	15.761 9	13.800 7	12.233 5	10.961 7	9.914 8
55	42.147 2	33.174 8	26.774 4	22.108 6	18.633 5	15.990 5	13.939 9	12.318 6	11.014 0	9.947 1

续表

期数	12%	14%	15%	16%	18%	20%	24%	28%	32%	36%
1	0.892 9	0.877 2	0.869 6	0.862 1	0.847 5	0.833 3	0.806 5	0.781 3	0.757 6	0.735 3
2	1.690 1	1.646 7	1.625 7	1.605 2	1.565 6	1.527 8	1.456 8	1.391 6	1.331 5	1.276 0
3	2.401 8	2.321 6	2.283 2	2.245 9	2.174 3	2.106 5	1.981 3	1.868 4	1.766 3	1.673 5
4	3.037 3	2.913 7	2.855 0	2.798 2	2.690 1	2.588 7	2.404 3	2.241 0	2.095 7	1.965 8
5	3.604 8	3.433 1	3.352 2	3.274 3	3.127 2	2.990 6	2.745 4	2.532 0	2.345 2	2.180 7
6	4.111 4	3.888 7	3.784 5	3.684 7	3.497 6	3.325 5	3.020 5	2.759 4	2.534 2	2.338 8
7	4.563 8	4.288 3	4.160 4	4.038 6	3.811 5	3.604 6	3.242 3	2.937 0	2.677 5	2.455 0
8	4.967 6	4.638 9	4.487 3	4.343 6	4.077 6	3.837 2	3.421 2	3.075 8	2.786 0	2.540 4
9	5.328 2	4.946 4	4.771 6	4.606 5	4.303 0	4.031 0	3.565 5	3.184 2	2.868 1	2.603 3
10	5.650 2	5.216 1	5.018 8	4.833 2	4.494 1	4.192 5	3.681 9	3.268 9	2.930 4	2.649 5
11	5.937 7	5.452 7	5.233 7	5.028 6	4.656 0	4.327 1	3.775 7	3.335 1	2.977 6	2.683 4
12	6.194 4	5.660 3	5.420 6	5.197 1	4.793 2	4.439 2	3.851 4	3.386 8	3.013 3	2.708 4
13	6.423 5	5.842 4	5.583 1	5.342 3	4.909 5	4.532 7	3.912 4	3.427 2	3.040 4	2.726 8
14	6.628 2	6.002 1	5.724 5	5.467 5	5.008 1	4.610 6	3.961 6	3.458 7	3.060 9	2.740 3
15	6.810 9	6.142 2	5.847 4	5.575 5	5.091 6	4.675 5	4.001 3	3.483 4	3.076 4	2.750 2
16	6.974 0	6.265 1	5.954 2	5.668 5	5.162 4	4.729 6	4.033 3	3.502 6	3.088 2	2.757 5
17	7.119 6	6.372 9	6.047 2	5.748 7	5.222 3	4.774 6	4.059 1	3.517 7	3.097 1	2.762 9
18	7.249 7	6.467 4	6.128 0	5.817 8	5.273 2	4.812 2	4.079 9	3.529 4	3.103 9	2.766 8
19	7.365 8	6.550 4	6.198 2	5.877 5	5.316 2	4.843 5	4.096 7	3.538 6	3.109 0	2.769 7
20	7.469 4	6.623 1	6.259 3	5.928 8	5.352 7	4.869 6	4.110 3	3.545 8	3.112 9	2.771 8
21	7.562 0	6.687 0	6.312 5	5.973 1	5.383 7	4.891 3	4.121 2	3.551 4	3.115 8	2.773 4
22	7.644 6	6.742 9	6.358 7	6.011 3	5.409 9	4.909 4	4.130 0	3.555 8	3.118 0	2.774 6
23	7.718 4	6.792 1	6.398 8	6.044 2	5.432 1	4.924 5	4.137 1	3.559 2	3.119 7	2.775 4
24	7.784 3	6.835 1	6.433 8	6.072 6	5.450 9	4.937 1	4.142 8	3.561 9	3.121 0	2.776 0
25	7.843 1	6.872 9	6.464 1	6.097 1	5.466 9	4.947 6	4.147 4	3.564 0	3.122 0	2.776 5
26	7.895 7	6.906 1	6.490 6	6.118 2	5.480 4	4.956 3	4.151 1	3.565 6	3.122 7	2.776 8
27	7.942 6	6.935 2	6.513 5	6.136 4	5.491 9	4.963 6	4.154 2	3.566 9	3.123 3	2.777 1
28	7.984 4	6.960 7	6.533 5	6.152 0	5.501 6	4.969 7	4.156 6	3.567 9	3.123 7	2.777 3
29	8.021 8	6.983 0	6.550 9	6.165 6	5.509 8	4.974 7	4.158 5	3.568 7	3.124 0	2.777 4
30	8.055 2	7.002 7	6.566 0	6.177 2	5.516 8	4.978 9	4.160 1	3.569 3	3.124 2	2.777 5
35	8.175 5	7.070 0	6.616 6	6.215 3	5.538 6	4.991 5	4.164 4	3.570 8	3.124 8	2.777 7
40	8.243 8	7.105 0	6.641 8	6.233 5	5.548 2	4.996 6	4.165 9	3.571 2	3.125 0	2.777 8
45	8.282 5	7.123 2	6.654 3	6.242 1	5.552 3	4.998 6	4.166 4	3.571 4	3.125 0	2.777 8
50	8.304 5	7.132 7	6.660 5	6.246 3	5.554 1	4.999 5	4.166 6	3.571 4	3.125 0	2.777 8
55	8.317 0	7.137 6	6.663 6	6.248 2	5.554 9	4.999 8	4.166 6	3.571 4	3.125 0	2.777 8

参考文献

[1] 财政部会计资格评价中心. 财务管理[M]. 北京：经济科学出版社，2020.

[2] 中国注册会计师协会. 财务成本管理[M]. 北京：中国财政经济出版社，2020.

[3] 布里格姆，休斯敦. 财务管理. [M]. 12 版. 佟岩，译. 北京：中国人民大学出版社，2020.

[4] 布里格姆. 财务管理[M]. 14 版. 北京：机械工业出版社，2018.

[5] 荆新，王化成，刘俊彦. 财务管理学[M]. 8 版. 北京：中国人民大学出版社，2020.

[6] 张庆龙. 财务数字化转型始于共享服务[J]. 财会月刊，2020（13）：8-14.

[7] 张庆龙. 财务共享服务数字化转型的动因与技术影响[J]. 财会月刊，2020（15）：12-16.

[8] SAP Concur. 财务管理数字化助力企业重启增长[J]. 软件和集成电路，2020（5）：46-47.

[9] 裴丽群，许文平，张洁丽，等. 搭建业财融合财务共享服务中心助力集团公司数字化转型[J]. 中国总会计师 2020（2）：76-80.

[10] 用友. 打造长三角数字化空港：杭州萧山国际机场财务共享应用实践[J]. 新理财，2018（10）：63-65.

[11] 施永霞. 对数字化背景下企业财务转型的思考[J]. 江苏经贸职业技术学院学报，2019（4）1-3.

[12] 李一硕. 企业云服务助推财务数字化转型[N]. 中国会计报，2019-04-26（007）.

[13] 李霞. 浅析数字化环境下企业财务管理面临的机遇和挑战[J]. 中国总会计师 2019（10）：62-63.

[14] 解芳. 数字化背景下企业财务转型的思考[J]. 中国商论，2020（13）：143-144.

[15] 李鸿，张倞非. 财务管理正向数字化智能化挺进[J]. 经营管理者，2020（7）：40-41.

[16] 远光软件股份有限公司. 智慧共享，引领企业财务数字化转型：集团企业财务共享信息化创新实践[J]. 中国总会计师，2019（7）：18-19.

[17] 廖万里. RPA 助力企业财务管理向数字化转型[J]. 中国总会计师，2020（8）：20-21.